中国汽车工程学会汽车工程图书出版专家委员会推荐
卓越汽车工程师系列教材

汽车检测诊断技术
（第4版）

主　编　陈成法　金　灵
副主编　白云川
主　审　夏均忠

北京理工大学出版社
BEIJING INSTITUTE OF TECHNOLOGY PRESS

内 容 简 介

本书包括七章，主要介绍了汽车检测诊断基础、发动机技术状况检测诊断、底盘技术状况检测诊断、电子控制系统检测诊断、整车性能检测、汽车检测站等内容。同时还介绍了与汽车检测诊断密切相关的七个试验。

本书可用作高等院校车辆工程、汽车运用工程、交通运输、汽车服务工程以及汽车维修等专业的教材，也可作为广大汽车工程技术人员和汽车维修人员的参考用书。

版权专有　侵权必究

图书在版编目（CIP）数据

汽车检测诊断技术 / 陈成法，金灵主编. -- 4 版
. -- 北京：北京理工大学出版社，2020.10（2023.12 重印）
 ISBN 978-7-5682-9121-7

Ⅰ.①汽⋯　Ⅱ.①陈⋯　②金⋯　Ⅲ.①汽车–故障检测②汽车–故障诊断　Ⅳ.①U472.9

中国版本图书馆 CIP 数据核字（2020）第 188454 号

责任编辑：申玉琴　　　　**文案编辑**：申玉琴
责任校对：刘亚男　　　　**责任印制**：李志强

出版发行 /	北京理工大学出版社有限责任公司
社　　址 /	北京市丰台区四合庄路 6 号
邮　　编 /	100070
电　　话 /	（010）68944439（学术售后服务热线）
网　　址 /	http://www.bitpress.com.cn

版 印 次 /	2023 年 12 月第 4 版第 2 次印刷
印　　刷 /	廊坊市印艺阁数字科技有限公司
开　　本 /	787 mm × 1092 mm　1/16
印　　张 /	21.75
字　　数 /	361 千字
定　　价 /	52.00 元

图书出现印装质量问题，请拨打售后服务热线，负责调换

第4版前言

△ 汽车检测诊断技术（第4版）

为了满足汽车检测诊断专门技术人才的培训需要，受北京理工大学出版社的委托，结合高等职业院校汽车运用与维修专业的教学大纲，2005年编写了本教材的第1版，2009年对本教材进行了修订，出版了本教材的第2版。第2版被列入普通高等教育"十一五"国家级规划教材，第3版被列入普通高等教育"十三五"国家级规划教材。此次修订是本教材的第4版。

本次修订的主要特点是：第一，注重知识的更新，吸收最新的技术、设备和标准对教材内容进行更新和补充，删除过时内容；第二，简化了理论分析过程，进一步强化汽车检测诊断实际操作技术的介绍，注重实践应用，提高了内容的针对性；第三，注重理论联系实际，反映汽车检测诊断工作中的新知识、新技术、新设备、新工艺和新方法；第四，对整车性能检测这一章的"第五节排放污染物与噪声检测"结合国家最新的排放法规进行了重新编写，新增OBD检测等相关要求，对于"第六章汽车检测站的分类和各类检测站的检测项目"，也根据新国标要求进行了重新编写。

本教材共包括七章。第一章汽车检测诊断基础，主要介绍了汽车检测概况、测量基础、常用传感器、检测诊断标准及参数、I/M制度；第二章发动机技术状况检测诊断，主要介绍了发动机特性及性能指标，发动机功率、起动系统、点火系统、燃油供给系统、润滑系统、冷却系统检测诊断，以及发动机性能试验等；第三章底盘技术状况检测诊断，主要介绍了传动系统、制动系统、转向系统与行驶系统的检测诊断技术要求和检测设备工作原理；第四章电子控制系统检测诊断，主要介绍了电子控制系统检测诊断的程序与分类，电子控制系统自诊断测试，数据流读取与分析，电子控制系统主要传感器、执行器以及电控单元的检测，发动机电子控制系统故障检测与诊断以及电控自动变速器的检测；第五章整车性能检测，主要介绍了汽车基本性能的评价指标和影响因素，以及汽车动力性、经济性、制动性、排放与噪声、前照灯以及车速表检测的检测方法；第六章汽车检测站，主要介绍了汽车安全环保性能检测站、综合性能检测站、检测线计算机控制系统等汽车检测站相关知识；此外，在第七章还分项目详细说明了与汽车检测诊断密切相关的七个试验流程。

此次修订由陈成法、金灵任主编，白云川任副主编，夏均忠任主审，徐臻圆、安相璧、董宏国、李泽华、董中天参与了编写。

在本教材的修订过程中，参考和借鉴了大量国内外公开出版和发表的论文、图书以及国家和行业发布的标准法规，在此表示感谢！

由于时间仓促、水平有限，书中难免存在不足和疏漏之处，恳请广大读者批评指正。

编　者

第3版前言

△ 汽车检测诊断技术（第3版）

为了满足汽车检测诊断专门技术人才的培训需要，受北京理工大学出版社的委托，结合高等院校汽车运用与维修专业的教学大纲，2005年编写了本教材的第1版，2009年被列入普通高等教育"十一五"国家级规划教材，对本教材进行修改后再版，此次改版是本教材的第3版。

本次修订的主要特点是：第一，注重知识的更新，吸收最新的技术和标准对教材内容进行更新和补充，删除过时内容；第二，简化了理论分析过程，进一步强化汽车检测诊断实用技术的介绍，注重理论与实践的紧密结合，提高内容的针对性；第三，注重理论联系实际，反映汽车检测诊断工作中的新知识、新技术、新设备、新工艺和新方法；第四，对电子控制系统检测诊断一章进行了重新编写。

本教材共包括七章。第一章汽车检测诊断基础，主要介绍了汽车检测概况、测量基础、常用传感器、检测诊断标准及参数、I/M制度；第二章发动机技术状况检测诊断，主要介绍了发动机特性与性能指标与发动机功率、起动系统、点火系统、燃油供给系统、润滑系统、冷却系统检测诊断，以及发动机性能试验等；第三章底盘技术状况检测诊断，主要介绍了传动系统、制动系统、转向系统与行驶系统的检测诊断；第四章电子控制系统检测诊断，主要介绍了电子控制系统检测诊断的程序与分类、电子控制系统自诊断测试、数据流读取与分析、电子控制系统主要传感器、电子控制系统主要执行器、发动机电子控制系统故障检测与诊断，以及电控自动变速器的检测；第五章整车性能检测，主要介绍了汽车基本性能与汽车动力性、经济性、制动性、排放与噪声以及前照灯、车速表的检测；第六章汽车检测站，主要介绍了汽车安全环保检测站、综合性能检测站、汽车检测线控制系统等与汽车检测站相关的知识，此外，在第七章还介绍了与汽车检测诊断密切相关的七个试验。

此次修订由军事交通学院安相璧任主编，军事交通学院杜艾永、广州军区检测中心李振生任副主编，军事交通学院张程任主审，军事交通学院董宏国、王虎、白云川、陈成法、夏均忠、但佳壁、党潇正、谢鑫鹏以及兰州军区检测中心李永军等参与了编写。

在本教材的修订过程中，参考和借鉴了大量国内外公开出版和发表的论文与图书，在此表示感谢！

由于时间仓促、水平有限，书中难免存在不足和疏漏之处，恳请广大读者批评指正。

编　者

第2版前言

△ 汽车检测诊断技术（第2版）

传统的汽车检测诊断手法是老师傅通过"眼看、手摸、耳听、鼻闻"和自己的实践经验来评判一辆汽车的技术状况，这样做的结果必然是评判不够准确、劳动效率低；随着现代汽车工业的快速发展，这种传统方法已不能满足需要。

现代的汽车检测诊断技术充分利用了先进的测试技术和手段，可以快速、准确地对汽车的技术状况进行综合检测与科学评价，确定故障部位，找出故障原因。因此，现代汽车检测诊断技术已成为提升营运车辆管理水平、保证车辆维修质量、提高车辆维修效率的重要手段。

为了满足汽车检测诊断专门技术人才的培训需要，受北京理工大学出版社的委托，结合高等职业院校汽车运用与维修专业的教学大纲，2005年编写了本教材的第1版。第1版使用了4年，被列入普通高等教育"十一五"国家级规划教材之后，再次受北京理工大学出版社的委托，对本教材进行改版。

此次改版是对第1版的修订。本修订主要做了以下工作：第一，注重知识的更新，对原版过时的内容进行删改、更新；第二，注重内容的针对性，对理论性较强的部分内容以及与本课程相关性不强的内容进行了删除；第三，注重技术的通用与实用结合，对具体仪器设备的操作过程等内容进行了删减；第四，更注重语言的凝练与定义的准确性。

本教材包括六章，主要介绍了汽车检测诊断基础、发动机技术状况检测诊断、底盘技术状况检测诊断、电子控制系统检测诊断、整车性能检测等内容。同时还介绍了与汽车检测诊断密切相关的八个试验。

此次修订由军事交通学院安相璧、陈成法编写，由军事交通学院李树珉主审。

在编写中，参考了大量同行专家发表、出版的论文与图书，在此表示感谢！

尽管在编写中自认为已经认认真真、一丝不苟，但鉴于水平有限，肯定还会有不少的错误和疏漏，恳请广大读者批评指正。

编　者

目 录

△ 汽车检测诊断技术（第 4 版）

▶ **第一章 汽车检测诊断基础** ·· 1

   第一节　汽车检测诊断概述 ·· 1
   第二节　测量基础 ·· 4
   第三节　汽车检测诊断用传感器 ·· 8
   第四节　汽车检测诊断标准 ·· 10
   第五节　汽车检测诊断参数 ·· 17
   第六节　I/M 制度 ·· 20
   小结 ··· 23
   复习思考题 ··· 23

▶ **第二章 发动机技术状况检测诊断** ·· 24

   第一节　发动机特性及性能指标 ·· 24
   第二节　发动机功率检测诊断 ·· 29
   第三节　发动机密封性检测 ·· 31
   第四节　起动系统检测诊断 ·· 39
   第五节　点火系统检测诊断 ·· 41
   第六节　燃油供给系统检测诊断 ·· 48
   第七节　润滑系统检测诊断 ·· 54
   第八节　冷却系统检测诊断 ·· 60
   第九节　发动机性能试验 ·· 63
   小结 ··· 68
   复习思考题 ··· 69

▶ **第三章 底盘技术状况检测诊断** ·· 71

   第一节　传动系统检测诊断 ·· 71
   第二节　制动系统检测诊断 ·· 75

第三节　转向系统检测诊断 …………………………………………………………… 79
　　第四节　行驶系统检测诊断 …………………………………………………………… 95
　　小结 …………………………………………………………………………………… 106
　　复习思考题 …………………………………………………………………………… 107

▶ **第四章　电子控制系统检测诊断** ……………………………………………………… 109
　　第一节　电子控制系统检测诊断的程序与方法 ……………………………………… 109
　　第二节　电子控制系统自诊断测试 …………………………………………………… 114
　　第三节　数据流读取与分析 …………………………………………………………… 122
　　第四节　电子控制系统主要传感器的检测 …………………………………………… 136
　　第五节　电子控制系统主要执行器的检测 …………………………………………… 147
　　第六节　电控单元的检测 ……………………………………………………………… 153
　　第七节　发动机电子控制系统故障检测与诊断 ……………………………………… 159
　　第八节　电控自动变速器的检测 ……………………………………………………… 166
　　小结 …………………………………………………………………………………… 172
　　复习思考题 …………………………………………………………………………… 173

▶ **第五章　整车性能检测** ………………………………………………………………… 174
　　第一节　汽车基本性能 ………………………………………………………………… 174
　　第二节　动力性能检测 ………………………………………………………………… 190
　　第三节　经济性能检测 ………………………………………………………………… 209
　　第四节　制动性能检测 ………………………………………………………………… 222
　　第五节　排放污染物与噪声检测 ……………………………………………………… 231
　　第六节　前照灯与车速表性能检测 …………………………………………………… 274
　　小结 …………………………………………………………………………………… 282
　　复习思考题 …………………………………………………………………………… 283

▶ **第六章　汽车检测站** …………………………………………………………………… 285
　　第一节　汽车安全环保性能检测站 …………………………………………………… 285
　　第二节　汽车综合性能检测站 ………………………………………………………… 297
　　第三节　检测线计算机控制系统 ……………………………………………………… 305
　　小结 …………………………………………………………………………………… 309
　　复习思考题 …………………………………………………………………………… 310

第七章 试验 ……………………………………………………………………… 311

试验一 用发动机综合性能检测仪诊断发动机技术状况 …………………… 311
试验二 用车轮定位仪检测车轮定位 …………………………………………… 318
试验三 用车轮平衡机检测车轮不平衡量 ……………………………………… 320
试验四 汽车动力性能道路试验 ………………………………………………… 322
试验五 汽车经济性能道路试验 ………………………………………………… 325
试验六 汽车制动性能道路试验 ………………………………………………… 329
试验七 用底盘测功机检测汽车的动力性、经济性 ……………………………… 331

参考文献 …………………………………………………………………………… 334

第一章 汽车检测诊断基础

汽车检测诊断技术是以汽车检测技术为基础,依靠人工智能科学确定汽车技术状态,识别、判断故障的综合性技术。汽车检测诊断结果是合理使用、维护、修理汽车的科学依据。本章主要介绍汽车检测诊断的发展历史、测量知识、检测诊断用传感器、检测诊断标准、检测诊断参数以及 I/M 制度。

第一节 汽车检测诊断概述

汽车检测诊断技术包括汽车检测技术和汽车诊断技术两个方面,主要是通过对汽车进行性能检测和故障诊断,在整车不解体情况下判断汽车的技术状况,为汽车是否继续运行或对其进行修理提供可靠依据。

(1) 汽车检测。汽车检测是指为确定汽车技术状况或工作能力所进行的测量和检验,含有测量和检验双重含义。测量是指运用检测工具对被测汽车,在规定环境条件下,确定项目量值的过程;而检验是对汽车进行测量后,将实测指标值与相应的标准值比较,进行定性或定量评价的过程。在有关技术标准中,对汽车整体、结构、总成等性能和安全指标都有定性和定量的要求,并且定量要求必须在规定的精度下,获得准确的测量值方可评价。

(2) 汽车诊断。汽车诊断是指在不解体条件下,为确定汽车技术状况或查明故障部位及原因所进行的分析和判断。汽车故障是指汽车部分或完全丧失工作能力的现象。通过故障现象的具体表现,分析故障产生的可能原因,按照一定的程序判断故障部位,就是我们通常所说的故障诊断。

在汽车发展的早期,人们主要是通过有经验的维修人员发现汽车的故障并进行有针对性的修理,即过去人们常讲的"眼看""耳听""手摸"方式。随着现代科学技术的进步,特别是计算机技术的进步,汽车检测诊断技术得到了飞速发展。目前,人们能够依靠各种先进的、智能化的仪器设备对汽车进行不解体检测,而且安全、迅速、可靠。

一、国外汽车检测诊断技术发展概况

20 世纪 50 年代,一些工业发达国家就形成以故障诊断和性能调试为主的单项检测诊断技术,并生产单项检测设备,如发动机分析仪、发动机点火系统故障诊断仪和汽车道路试验速度测试仪等。20 世纪 60 年代初期,这些设备逐渐进入我国。进入 20 世纪 60 年代后,汽车检测诊断技术得到了较大发展,演变成为既能进行维修诊断,又能进行性能检测的综合检

测技术，新出现了简易的汽车检测站。1972年，联邦德国首次推出了采用微型计算机系统的车外诊断装置。1975年，美国哈美顿公司、日本三菱重工业公司等厂家相继推出了自己的汽车诊断装置。

20世纪70年代，随着计算机技术的发展，出现了汽车检测诊断、数据采集处理自动化、检测结果直接打印等功能的汽车性能检测仪器和设备。20世纪80年代后，一些先进国家的现代检测诊断技术已达到广泛应用的阶段，不仅社会上针对在用汽车的专职汽车检测站众多，而且汽车制造厂装配线终端和汽车维修企业内部也都建有汽车检测线，给交通安全、环境保护、节约能源、降低运输成本和提高运力等方面带来了明显的社会效益和经济效益。汽车检测在管理上实现了"制度化"，在检测结果的判别方面实现了"标准化"，在检测技术上已向"智能化、自动化检测"方向发展。

二、我国汽车检测诊断技术发展概况

1. 我国汽车检测诊断技术发展历程

我国从20世纪60年代开始研究汽车检测诊断技术。为了满足汽车维修需要，由交通部主持进行了发动机气缸漏气量检测仪、点火正时仪等较简单的检测仪器的研究与开发。

进入20世纪70年代，为了改变我国汽车维修落后的局面，汽车不解体检测技术及设备被列为国家科委的开发应用项目，我国的汽车检测技术也得到了较大的发展。由交通部主持研制开发了滚筒反力式汽车制动检验台、惯性式汽车制动检验台、发动机综合检测仪、汽车性能综合检验台（具有制动性检测、底盘测功、速度测试等功能）等。

20世纪80年代，我国的汽车制造业和公路交通运输业发展迅猛，汽车保有量迅速增加，随之而来的是交通安全和环境保护等社会问题，如何保证汽车运行快速、经济、灵活，并尽可能减轻环境污染等问题，逐渐被政府有关部门提到了议事日程。由交通部主持研制开发了汽车制动检验台、侧滑检验台、轴（轮）重仪、速度表检验台、前照灯检测仪、发动机综合性能检测仪、底盘测功机等。

在单台检测设备研制成功的基础上，为了保证汽车技术状况良好，加强在用汽车的技术管理，充分发挥检测设备的作用，交通部从1980年开始有计划地在全国公路运输和汽车管理系统（交通部当时负责汽车监理）筹建汽车检测站，检测内容以汽车安全性能检测为主。20世纪80年代初，交通部在大连市建立了我国第一个汽车检测站，从工艺上提出将各种单台检测设备安装连线，构成功能齐全的汽车检测线。继大连检测站之后，作为"六五"科技项目，交通部先后要求10多个省市、自治区交通厅（局）筹建汽车检测站。

20世纪80年代中期，汽车监理由公安部主管，公安部在交通部建设汽车检测站的基础上，进行了推广和发展。在此基础上，由国家相关部委起草颁布实施了规范和约束汽车检测和汽车检测设备的国家标准：GB 7258—1987《机动车运行安全技术条件》（现为GB 7258—2017《机动车运行安全技术条件》）和GB 11798.1~11798.6—1989《汽车检测设备 检定技术条件》（现为GB/T 11798.1~11798.9—2001《机动车安全检测设备 检定技术条件》）。

20世纪90年代至21世纪初，伴随着国民经济的高速增长和科学技术特别是计算机技术的突飞猛进，我国的汽车检测技术在标准化、科学化、智能化和网络化方面也取得了飞速的发展。尤其是在2010年以后，汽车检测行业发生了重大的变革。2014年，国家发布了私家车6年内免于上线检测的通知。2015年，国家有关部门积极推广了检测数据实时上传、检测过程联网监控、远程线上审核结果、现场直接打印标志等车辆检测综合信息管理，实现了全国车辆检测信息的联网。2018年，国务院正式发布了"三检"合一的通知，实现了一次上线、三份报告、三检认可。

2. 我国汽车检测类别

（1）汽车安全技术检测。

汽车安全技术检测的目的是在汽车不解体情况下建立安全监控体系，确保车辆具有符合要求的外观容貌和良好的安全性能。汽车安全技术检测是根据《中华人民共和国道路交通安全法》《中华人民共和国道路交通安全法实施条例》、GB21861—2014《机动车安全技术检验项目和方法》以及GB 7258—2017《机动车运行安全技术条件》等法规标准，定期检测车辆安全有关的项目，保证汽车安全行驶。汽车安全技术检测由公安部所属的交通警察部门负责，用于在用车辆的年审工作。检测的主要项目包括汽车外观检查、安全装置检查、底盘动态检验、车辆底盘部件检查、仪器设备检验，其中仪器设备检验中包括行车制动、驻车制动、转向轮横向侧滑、车速表示值误差、前照灯检验等项目。

（2）汽车综合性能技术检测。

汽车综合性能技术检测的目的是在汽车不解体情况下，对运行车辆确定其工作能力和技术状况，查明故障或隐患部位，对维修车辆实行质量监督，建立质量监控体系，确保车辆具有良好的安全性、可靠性、动力性、经济性、排气净化性和噪声污染性，以创造更大的经济效益和社会效益。

汽车综合性能技术检测是根据《中华人民共和国道路运输条例》《道路运输车辆技术管理规定》以及GB 18565—2016《道路运输车辆综合性能要求和检测方法》等法规标准，对道路运输车辆进行的检测。汽车综合性能技术检测由交通部所属的运输管理部门负责，用于营运车辆的年审工作。主要项目除包含汽车安全技术检测的项目外，还包含动力性、发动机性能、悬架特性等检测项目。

（3）汽车排放技术检测。

汽车排放检测是根据《中华人民共和国大气污染防治法》等法规以及GB 18285—2018《汽油车污染物排放限值及测量方法（双怠速法及简易工况法）》、GB 3847—2018《柴油车污染物排放限值及测量方法（自由加速法及加载减速法）》等技术标准，对在用机动车的排放污染物进行检测，以确定其是否达标。排放检测业务指导由国务院生态环境主管部门负责。2018年颁布的排放法规规定排放检测的检测项目主要包括外观检验（含对污染控制装置的检查和环保信息随车清单核查）、车载诊断（OBD）系统检查以及排气污染物检测。

三、我国汽车检测诊断技术的发展趋势

我国汽车检测诊断技术应在汽车检测技术基础、检测设备智能化和检测管理网络化等方面进行研究和发展。

1. 汽车检测诊断技术基础规范化

目前，我国的检测方法和限值标准大多是采用发达国家的标准，而真正符合我国国情，且被国际公认的检测方法和限值标准还太少。在我国汽车检测诊断技术的发展过程中，不仅要重视硬件技术，还要加强检测方法、限值标准等基础性技术的研究。随着检测手段的完善，与硬件相配套的检测技术软件的建设也应进一步完善。因此应重点开展检测技术的基础

研究,其主要内容包括:

(1) 制定和完善汽车检测项目的检测方法和限值标准。如发动机排放、驱动轮输出功率,底盘传动系统功率损耗、滑行距离、加速时间和距离、悬架性能、可靠性等。

(2) 制定用于综合性能检测站大型检测设备的认证规则,以保证综合性能检测站履行其职责。

2. 汽车检测诊断设备智能化、集成化、综合化

(1) 智能传感、微型计算机、单片机将成为诊断仪器的一个组成部分,虚拟仪器技术与嵌入式系统的广泛应用,使汽车检测诊断技术的自动化、智能化水平进一步提高。

(2) 信息科学中的时—频分析技术、机械系统中的磨屑光谱分析技术、红外热成像技术、机械振动、噪声分析技术、近似推理、模糊识别、机器学习、数据挖掘、知识发现应用于汽车智能诊断系统,为故障分析开辟了新的途径,故障诊断将向多参数综合发展。

(3) 汽车检测诊断技术向集成化、综合化方向发展。大型汽车检测诊断设备将综合采用声、光、电等技术,进一步提高诊断系统的智能化、自动化水平。便携式检测诊断设备体积将更小,具有更加友好的人机界面,在统一的硬件平台下,采用更换软件模块的方法,实现更强大的功能。

3. 汽车检测管理网络化

目前,检测站主要检测设备采用了计算机联网控制,但计算机测控方式千差万别,大多在检测站内部实现了网络化。

随着技术和管理的进步,今后汽车检测将实现真正的网络化。从检测站内部来讲,是一个功能齐全、检测流程合理、管理严密、工作效率和专业化程度较高的局域网。通过内部局域网,可以完成汽车检测自动化、汽车维修、检测管理,检测数据统计查询、检测结果告示,检测财务管理等功能。检测站与检测站之间,通过广域网可做到信息资源共享、硬件资源共享、软件资源共享。在此基础上,将全国的汽车安全检测站、汽车综合性能检测站、汽车质量保证检测线和汽车修理厂用检测线联成一个全国范围的广域网,使上级汽车管理部门可以及时了解各地区不同行业汽车的技术状况。

4. 汽车远程故障诊断

利用互联网和各种通信网络,更多的远程故障诊断与技术支援系统投入使用。人们可以通过网上查询法迅速获得需要的大量资料,获得专家的热线咨询。当汽车有故障时,可以获得"故障诊断专家系统"的指导。通过网络技术,可以将传感器检测到的数据远程传输到计算中心处理,并可立即得到分析结果反馈回现场指导故障诊断。

总之,汽车检测诊断技术将朝着技术更先进、设备更智能、标准更科学、检测网络更发达、检测数据更准确、检测流程更合理、检测管理更完善的方向发展。

第二节 测量基础

一、测量的基本概念

测量是检测的基础,在科学实验或生产过程中,必须对客观事物进行定性或定量分析,

这就需要对被测对象进行测量。所谓测量即以确定量值为目的的操作，也就是将被测量和作为测量单位的标准量进行比较，得到被测量是测量单位的多少倍，并用数字和单位表示出来。

如以 X 表示被测量，以 E 表示测量单位的标准量，两者的比值为：

$$n = \frac{X}{E}$$

显然 n 是一个纯数，对应的被测量为：

$$X = nE$$

例如，$E=1$ mm，$n=6.3$，则 $X=6.3$ mm。

由上可见，测量过程就是一个比较过程。测量结果可用一定的数值表示，也可以用一条曲线或某种图形表示。但无论其表现形式如何，测量结果应包括两大部分：一部分是数值的大小和符号（正或负）；另一部分是相应的单位。表示测量结果时，不注明单位，该结果将无意义。

测量过程的核心是比较，但在近代测量中除了大量遇到比较过程外，还必须进行各种转换。转换的目的有两方面：第一，由于被测量能直接与标准量比较的场合不多，大多数的被测量和标准量都要变换到双方便于比较的某个中间变量后再进行比较；第二，随着电子技术、传感技术、电子计算机技术的发展，将非电量转换成电量测量，具有能对电信号进行远距离传输、便于动态测量等优点。转换包括物理量或化学量的转换（非电量转换成电量）和能量转换（如电压放大、功率放大）。可以说转换是现代检测技术的特征之一。

二、测量方法

测量的具体方法是由被测量的种类、数值的大小、所需的测量精确度、测量速度等一系列因素决定的。

测量可按被测量的获得方法不同，分为直接测量和间接测量两大类。按测量方法不同也可分为直接比较测量法、微差测量法、零位测量法、组合测量法等。

1. **直接测量法与间接测量法**

（1）直接测量法。无须对与被测量有函数关系的其他量进行测量，而直接得到被测量值的测量称为直接测量法。例如，用标准尺测量长度、用等臂天平测量质量等。由于它"直接"，因而比较简便，在工程参数检测中得到最广泛的应用。但是直接测量并不等于完全用直读式仪表的测量，如用电压表（直读式仪表）和用电位差计（比较式仪表）测电压，两者均属于直接测量法。

只要参与测量的对象就是被测量本身，都属于直接测量。

（2）间接测量法。通过对与被测量有函数关系的其他量进行测量，才能得到被测量值的测量方法，称为间接测量法。

间接测量过程比较麻烦，一般在直接测量很不方便、直接测量误差较大或缺乏直接测量仪器时才被采用。

2. **直接比较测量法、微差测量法、零位测量法、组合测量法**

（1）直接比较测量法。将被测量直接与已知其值的同类量进行比较的测量方法称为直接比较测量法。例如，用一根标度尺测量长度。

直接比较测量法所使用的测量仪表大多是直读指示式仪表，如压力表、电流表、玻璃温度计等。仪表刻度预先用标准量具进行分度和校准，在测量过程中，指示标记在标尺上的位移就表示了被测量的值。对测量人员来说，除了将其指示值乘以测量仪器的常数或倍率外，无须做附加的动作或计算。由于测量过程简单方便，在实际工作中应用比较广泛。

（2）微差测量法。它将被测量与只有微小差别的已知量相比较并测出这两个量值间的差值以确定被测量的测量方法称为微差测量法。

微差测量法的特征是测量被测量与已知量之间的差值，这种测量方法的最大优点是已知量的精确度很高，其值又很接近被测量时，用精度较低的测量仪表也能得到精确的测量结果。微差测量法是一种很有发展前途的测量方法，在工程测量中会获得愈来愈广泛的应用。

（3）零位测量法。零位测量法是通过调整一个或几个与被测量有已知平衡关系的量（或已知其值的）而用平衡法确定被测量的测量方法。

（4）组合测量法。利用直接或间接办法测得一定数目的测量值，根据不同组合，列出一组方程，通过解方程组得到测量值的一种方法称为组合测量法。

上述四种测量法中，前三种属于直接测量，后一种属于间接测量。

除上述分类外，还可根据传感器与被测对象是否接触分为接触式测量法和非接触式测量法等。

三、测量误差

由于测量工具不准、测量方法不当以及各种不可避免因素的影响，使得测量结果与真实量值不尽相同，这个差别就是测量误差。其中一种是基本误差，它是由仪表构造和制作上的不完善所引起的。例如磁场分布不理想、轴和轴承间的摩擦、弹簧变形、零件安装移位以及标尺刻度不准确等。另一种是附加误差，它是因外界因素不符合仪表的规定工作条件而引起的，例如环境温度与湿度、仪表安放位置、周围外磁场等不符合规定的要求。

误差的分类方法不一，测量误差一般有按照误差出现的规律性和按被测量随时间变化两种分类方法。

（一）按误差出现的规律性分类

按误差出现的规律性，可以分为随机误差、系统误差两种。区分系统误差与随机误差便于计算和分析它们的影响，从而提高传感器的性能与精度。

1. 随机误差（或偶然误差）

出现误差没有特定的规律，对同一量进行多次测量时，由于种种原因，随机误差有大有小，有正有负，其每次测量误差的大小，不能预知，但经多次测量后，其测量数据有一定的统计规律。这样，可按此统计规律，计算与分析随机误差。

2. 系统误差（或规律误差）

按特定规律出现的误差，称为系统误差，又称为规律误差。系统误差反映的是测量结果偏离真值的程度。系统误差越小，说明测量结果越正确，系统误差可用来评价测量结果的准确度。系统误差分为恒值系统误差和变值系统误差。按特定规律产生的误差，可以是不变的，称恒值系统误差。变值系统误差是指对每次测量值的影响按照某种规律变化的误差。变值系统误差可能是周期性的误差，也可能是规律复杂的误差，但总可用方程或曲线表示它的规律。正因为系统误差的变化规律便于掌握，所以在原则上可以修正或消除。

引起系统误差的原因一般有以下几种：

（1）原理误差（方法误差）。传感器原理方法上存在的误差，如计算公式近似、原理方案近似等因素引起的误差。

（2）结构误差。由于元件或装置本身质量不高而产生的误差。

（3）环境影响误差。由于气温、湿度、气压等因素带来的误差。

（4）粗大误差。人为因素产生的误差。

（二）按被测量随时间变化的情况分类

1. 静态误差

输入量不随时间变化或变化缓慢的，输出量与理论计算输出量的差，称为静态误差。

2. 动态误差

系统在接收输入量后，达到稳定输出前的短暂历程，叫做系统的过渡过程。在此过渡过程中，系统的输出值与相应的正确输出值之差叫做动态误差。

3. 稳态误差

系统由过渡过程进入平稳状态后所产生的误差叫做稳态误差。

误差的表示方法主要有绝对误差和相对误差。

绝对误差（ΔA）是指仪表的指示值 A_x 与被测量实际值 A_0 之间的差值，即

$$\Delta A = A_x - A_0$$

相对误差（γ）是指绝对误差 ΔA 与被测量的实际值 A_0 的比值，通常用百分数表示，即

$$\gamma = \frac{\Delta A}{A_0} \times 100\%$$

四、误差数据处理

在测量过程中，测量误差总是不可避免地存在。为了评价测量数据的质量，往往需要对结果进行必要的处理，也就是数据处理，主要包括剔除粗大误差和估算随机误差。

1. 剔除粗大误差

理论和实践证明，绝大多数测量数据的随机误差服从正态分布规律。标准误差 σ 是对正态分布曲线产生影响的唯一参数。正态分布理论中的分布范围虽为无穷大，但其实际分布范围通常取为 $\pm 3\sigma$，这是由于测量数据超出 $\pm 3\sigma$ 的概率仅为 0.27%，因而一般将 $\pm 3\sigma$ 称为测量结果的极限误差。当有些测量结果的剩余误差比极限误差大时，则认为该数据有粗大误差存在，必须剔除。这里所谓的剩余误差是指每一个测量数据 A_i 与算术平均值 $\overline{A}$ 的差值，表明该次测量数据对平均值的偏离程度。算术平均值是指在相同的测量条件下，n 次测量数据之和与测量次数 n 的比值。

2. 估算随机误差

在实际测量中，对于某一被测值，重复测量的次数 n 是有限的。由于 n 次测量的数据带有随机性，在算术平均值中仍然不可避免地存在着误差，因此在数据处理中，采用算术平均值的标准误差 $\overline{\sigma}$ 来评价算术平均值的精度。根据误差理论，$\overline{\sigma}$ 与 σ 存在下列关系：

$$\overline{\sigma} = \frac{\sigma}{\sqrt{n}}$$

这样就使随机误差减小为原来的 $1/\sqrt{n}$。

3. 数据处理的一般步骤

（1）计算 n 次测量数据的算术平均值。

$$\bar{A} = \frac{\sum_{i=1}^{n} A_i}{n}$$

（2）计算标准误差 σ。

$$\sigma = \sqrt{\frac{\sum_{i=1}^{n}(A_i - \bar{A})^2}{n-1}}$$

（3）检查有无粗大误差数据：若有剩余误差超过 $\pm 3\sigma$，则加以剔除。然后重复以上步骤，直到无粗大误差数据存在。

（4）计算算术平均值的标准误差。

$$\bar{\sigma} = \frac{\sigma}{\sqrt{n}}$$

（5）写出测量结果的表达式。

$$A_0 = \bar{A} \pm 3\bar{\sigma}$$

第三节　汽车检测诊断用传感器

传感器是一种以一定精确度把被测量（主要是非电量）转换为与之有确定关系、便于应用的某种物理量（主要是电量）的测量装置。传感器的输出信号多为易处理的电量，如电压、电流、频率等。

一、传感器的组成

传感器一般由敏感元件、转换元件、转换电路三部分组成，如图 1-3-1 所示。

图 1-3-1　传感器组成

（1）敏感元件：它是直接感受被测量，并输出与被测量成确定关系的某一物理量的元件。

（2）转换元件：敏感元件的输出就是它的输入，它把输入转换成电路参数。

（3）转换电路：将上述电路参数接入转换电路，便可转换成电量输出。

二、传感器的分类

传感器的原理各种各样，种类繁多，分类方法也很多，目前广泛采用的分类方法有：

（1）按照传感器的工作机理，可分为物理型、化学型、生物型等。

（2）按构成原理，可分为结构型和物性型两大类。

结构型传感器是利用物理学中场的定律构成的，包括力场的运动定律、电磁场的电磁定律等。这类传感器的特点是传感器的性能与它的结构材料没有多大关系，如差动变压器。

物性型传感器是利用物质定律构成的，如欧姆定律等。物性型传感器的性能随材料的不同而异，如光电管、半导体传感器等。

（3）按传感器的能量转换情况，可分为能量控制型传感器和能量转换型传感器。

能量控制型传感器在信息变换过程中，其能量需外电源供给。如电阻、电感、电容等电路参量传感器属于这一类传感器等。

能量转换型传感器，主要是由能量变换元件构成，它不需要外电源。如基于压电效应、热电效应、光电效应、霍尔效应等原理构成的传感器属于此类传感器。

（4）按照物理原理分类，可分为电参量式传感器（包括电阻式、电感式、电容式等基型式）、磁电式传感器（包括磁感应式、霍尔式、磁栅式等）、压电式传感器、光电式传感器、气电式传感器、波式传感器（包括超声波式、微波式等）、射线式传感器、半导体式传感器、其他原理的传感器（如振弦式和振筒式传感器等）。

（5）按照传感器的使用分类，可分为位移传感器、压力传感器、振动传感器、温度传感器等。

三、常用传感器

（1）电阻应变式传感器。电阻应变式传感器主要由电阻应变片及测量转换电路等组成。当弹性元件感受被测物理量时，其表面产生应变，粘贴在弹性元件表面的电阻应变片的电阻值也随着弹性元件的应变而发生变化。通过测量转换电路将电阻的变化转换成电压或电流的变化，达到测量零件变形、受力等目的。电阻应变式传感器主要应用于测量加速度、测力及称重。

（2）热电阻传感器。热电阻传感器主要用于测量温度和与温度有关的参量。按照热电阻性质不同可分为金属热电阻和半导体热电阻两类。前者通常称为热电阻，后者通常称为热敏电阻。

热电阻主要利用电阻随温度升高而增大这一特性来测量温度。温度升高，金属内部原子晶格的振动加剧，从而使金属内部的自由电子通过金属导体时的阻力增大，宏观上表现出电阻率变大，总电阻值增大。

热敏电阻是一种新型的半导体测温元件，按温度系数可分为负温度系数热敏电阻（NTC）和正温度系数热敏电阻（PTC）两大类。

（3）电感式传感器。电感式传感器是一种以电磁感应原理为基础，把被测物理量转换为电感量变化，再通过测量电路转换为电压或电流的装置。可用于测量位移、加速度、压力、流量等物理量。电感式传感器分为自感式和互感式两大类。

自感式电感传感器由线圈、铁芯、衔铁及测杆等组成。工作时，衔铁通过测杆与被测物体相接触，被测物体的位移将引起线圈电感量的变化，当传感器线圈接入测量转换电路后，电感的变化将被转换为电压、电流或频率的变化，从而完成非电量到电量的转换。

互感式电感传感器，两个完全相同的单个线圈的电感传感器并用一根活动衔铁就构成了互感式电感传感器。互感式电感传感器，当衔铁随被测量移动而偏离中间位置时，两个线圈的电感量一个增加，一个减小，测量两线圈中电压或电流变化的差值，即可测得位移量的变化。

（4）压电传感器。压电传感器是基于某些物质的压电效应的传感器。某些物质在沿一定方向受到压力或拉力作用而发生改变时，其表面上会产生电荷，若将外力去掉时，它们又重新回到不带电的状态，这种现象就称为正压电效应。在压电材料的两个电极面上，如果加以交流电压，那么压电片能产生机械振动，即压电片在电极方向上有伸缩的现象，压电材料的这种现象称为电致伸缩效应，也叫做逆压电效应。压电传感器是力敏感元件，它可以测量最终能够变换为力的那些非电物理量。主要用于动态作用力、压力、加速度的测量。

（5）超声波传感器。超声波是一种频率超过 20 kHz 的机械波，由于它具有遇到杂质和分界面产生显著反射的特点，因此，在汽车检测设备中应用广泛，常用于测量速度、流量、厚度及工件内隐伤等。

（6）霍尔传感器。将金属或半导体薄片垂直放置于磁场中，当有电流流过金属或半导体中时，在垂直于电流和磁场的方向上就会产生一定的电动势，这种效应称为霍尔效应。霍尔传感器是利用霍尔效应制作的一种传感器，在汽车检测中，霍尔传感器主要应用于转速的测量和位置的确定。

（7）光电传感器。光电传感器是一种将光信号转换为电信号的传感器，工作原理是光电效应。光电传感器由光源、光学元件和光电元件组成。光源发射出一定光通量的光线，经光学元件照射到光电元件上。光的粒子即光子具有能量，当光照射到光电元件时，光电元件吸收了光的能量而产生电量输出，这就是光电效应。使用这种传感器测量其他非电量（如转速、液体浊度）时，只要将这些非电量信号转换为光信号的变化即可。这种测量方法具有结构简单、精度高、反应快、非接触等优点。

第四节　汽车检测诊断标准

一、标准的定义及其种类

（一）标准的定义

标准是为了在一定范围内获得最佳秩序，经协商一致制定并由公认机构批准，共同使用和重复使用的一种规范性文件。标准宜以科学、技术和经验的综合成果为基础，以促进最佳的共同利益为目的。

（二）标准的种类

1. 按适用范围区分

按照标准的适用范围，标准可以分为国家标准、行业标准、地方标准和企业标准。

国家标准权威性最高,行业标准不得与国家标准相抵触,地方标准不得与国家标准、行业标准相抵触。

(1)国家标准。

国家标准是由国家制定的冠以中华人民共和国国家标准字样颁布的标准,在全国范围内执行,具有强制性和权威性。国家标准一般由行业部委提出,由国家标准化行政主管部门发布。国家标准一经发布,全国各个单位都要严格执行。国家标准的代号为"国标",用汉语拼音的第一个字母"GB"表示。如 GB 7258—2017《机动车运行安全技术条件》,其中 GB 表示国家标准,7258 表示编号,2017 表示发布年号。

(2)行业标准。

由国家行业部门制定,如公安部、交通部标准,其代号分别为 GA、JT,如 JT/T 711—2016《营运客车燃油消耗量限值及测量方法》。

(3)地方标准。

地方标准是由省、自治区、直辖市标准化行政主管部门制定和发布的,在本地区范围内统一使用的标准。

(4)企业标准。

企业标准是由企业制定的标准,并报当地标准化行政主管部门或行业主管部门备案,在本企业范围内使用。为了提高产品质量,企业标准一般严于国家标准或行业标准。

2. 按标准性质区分

按照标准的性质,标准可以分为强制性标准和推荐性标准。

(1)强制性标准。

强制性标准是国家为了保护社会利益和公众利益而制定的标准,它是政府实施管理的重要基础。安全、卫生、环境保护等方面的标准和法律、法规等,是必须执行的强制性标准。如 GB 7258—2017《机动车运行安全技术条件》便是强制性国家标准,图 1-4-1 是我国汽车强制性标准分类。

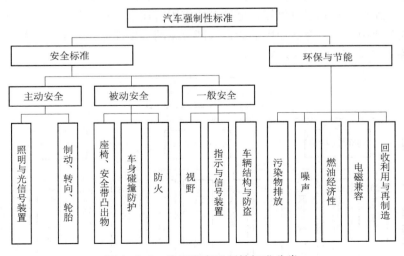

图 1-4-1 我国汽车强制性标准分类

（2）推荐性标准。

凡是国家标准中带有"T"符号的，均为推荐性国家标准，"T"即为"推荐"的"推"汉语拼音的缩写。如，GB/T 17993—2017《汽车综合性能检测机构能力的通用要求》。图1-4-2是我国汽车推荐性标准的分类图。

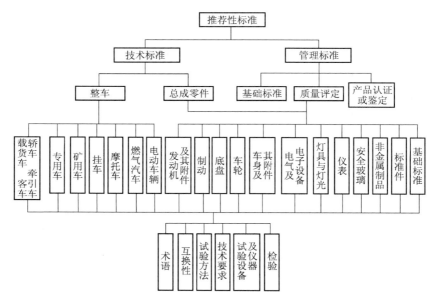

图 1-4-2　我国汽车推荐性标准的分类

二、汽车检测维修标准体系

标准化工作有利于保证和提高汽车维修服务质量，有利于提高汽车检测诊断维修设备的产品质量，是规范市场行为、提倡公平竞争、增强经济效益的重要手段，是推行科学管理、促进技术进步的有效途径，有利于更可靠、更经济地应用新技术、新工艺、新材料开发新产品，也有利于提高汽车使用水平，降低使用消耗，保证汽车的各项性能，减少汽车的环境污染。

汽车维修标准体系如图1-4-3所示。

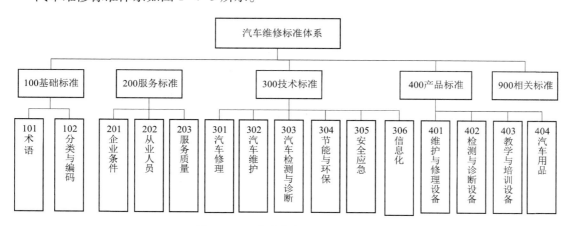

图 1-4-3　汽车维修标准体系结构

汽车维修标准体系分为五个层次：基础标准、服务标准、技术标准、产品标准和相关标准，基本上涵盖了汽车维修的基础、管理、维修工艺、检测方法、维修检测设备等各个分支领域，形成了较为完整的汽车维修标准体系。第一层是基础标准，包括101术语、102分类与编码等两方面基础通用性标准。第二层是服务标准，包括201企业条件、202从业人员、203服务质量三个方面。第三层是技术标准，包含301汽车修理、302汽车维护、303汽车检测与诊断、304节能与环保、305安全应急、306信息化六个方面。第四层是产品标准，包含401维护与修理设备、402检测与诊断设备、403教学与培训设备及404汽车用品四个方面。第五层为相关标准，是与汽车维修相关的标准，由其他相应的专业技术标委会归口管理。

三、现行汽车检测维修标准

根据汽车维修标准体系，现有汽车检测维修的基础标准如表1-4-1所示、服务标准如表1-4-2所示、技术标准如表1-4-3所示、产品标准如表1-4-4所示以及相关标准如表1-4-5所示。

表1-4-1　汽车检测维修的基础标准

类　　别	标准代号和编号	标准名称
101 术语	GB 5624—2005	汽车维修术语
102 分类与编码		汽车维修配件编码规则
		汽车维修设备分类及编码规则

表1-4-2　汽车检测维修的服务标准

类　　别	标准代号和编号	标准名称
201 企业条件	GB/T 16739.1—2014	汽车维修业开业条件 第1部分：汽车整车维修企业
	GB/T 16739.2—2014	汽车维修业开业条件 第2部分：汽车专项维修业户
	GB/T 17993—2017	汽车综合性能检验机构能力的通用要求
	GB/T 18189—2008	摩托车维修业开业条件
		机动车维修救援服务执业条件
202 从业人员	JT/T 425—2000	汽车维修业质量检验人员技术水平要求
	JT/T 698—2007	机动车维修技术人员从业资格培训技术要求
	GB/T 21338—2008	机动车维修从业人员从业资格条件
		公共汽电车修理工岗位操作规程
		纯电动汽车电控系统维修人员资格条件
		上门汽车维修服务人员服务能力要求
203 服务质量	GB/T 15746—2011	汽车修理质量检查评定方法
	JT/T 816—2011	机动车维修服务规范
	JT/T 900—2014	汽车售后服务客户满意度评价方法

表 1-4-3 汽车检测维修的技术标准

类　别	标准代号和编号	标准名称
301 汽车修理	GB/T 3798.1—2005	汽车大修竣工出厂技术条件 第1部分：载客汽车
	GB/T 3798.2—2005	汽车大修竣工出厂技术条件 第2部分：载货汽车
	GB/T 15746.1—1995	汽车修理质量检查评定标准—整车大修
	GB/T 15746.2—1995	汽车修理质量检查评定标准—发动机大修
	GB/T 15746.3—1995	汽车修理质量检查评定标准—车身大修
	GB/T 3799.1—2005	商用汽车发动机大修竣工出厂技术条件 第1部分：汽油发动机
	GB/T 3799.2—2005	商用汽车发动机大修竣工出厂技术条件 第1部分：柴油发动机
	GB/T 5336—2005	大客车车身修理技术条件
	GB/T 18274—2000	汽车鼓式制动器修理技术条件
	GB/T 18275.1—2000	汽车制动传动装置修理技术条件 气压制动
	GB/T 18275.2—2000	汽车制动传动装置修理技术条件 液压制动
	GB/T 18343—2001	汽车盘式制动器修理技术条件
	GB/T 19910—2005	汽车发动机电子控制系统修理技术要求
	JT/T 720—2008	汽车自动变速器维修通用技术条件
	JT/T 774—2010	汽车空调制冷剂回收、净化、加注工艺规范
	JT/T 795—2011	事故汽车修复技术规范
302 汽车维护	GB/T 18344—2001	汽车维护、检测、诊断技术规范
	GB/T 25349—2010	使用乙醇汽油车辆检查、维护技术规范
	GB/T 25350—2010	使用乙醇汽油车辆燃油供给系统清洗工艺规范
	GB/T 27876—2011	压缩天然气汽车维护技术规范
	GB/T 27877—2011	液化石油气汽车维护技术规范
	JT/T1009—2015	液化天然气汽车维护技术规范
	JT/T1010—2015	液化天然气汽车日常检查方法
	JT/T1011—2015	纯电动汽车日常检查方法
303 汽车检测与诊断	GB 21861—2014	机动车安全技术检验项目和方法
	GB 18565—2001	营运汽车综合性能要求和检验方法
	QC/T 476—2007	客车防雨密封性限值及试验方法
	GB/T 18276—2000	汽车动力性台架试验方法和评价指标
	JT/T 198—2004	营运汽车技术等级划分和评定要求
	GB/T 18566—2011	运输汽车能源利用检测评价方法

续表

类　别	标准代号和编号	标准名称
304 节能与环保	GB/T 14951—2007	汽车节油技术评定方法
	JT/T 306—2007	汽车节油产品使用技术条件
	GB 12981—2012	机动汽车制动液
	GB/T 25351—2010	使用乙醇汽油车辆性能技术要求
	JT/T 938—2014	汽车喷烤漆房能源消耗量限值及能源效率等级
305 安全应急	JT/T 937—2014	在用汽车喷烤漆房安全评价规程
306 信息化	JT/T 478—2017	汽车检测站计算机控制系统技术规范
	JT/T 640—2005	汽车维修行业计算机管理信息系统技术规范

表 1-4-4　汽车检测维修的产品标准

类　别	标准代号和编号	标准名称
401 维护与修理设备	JT/T 155—2004	汽车举升机
	JT/T 324—2008	汽车喷烤漆房
	JT/T 635—2005	轮胎拆装机
	JT/T 636—2005	立轴缸体缸盖平面磨床
	JT/T 637—2005	气门座镗床
	JT/T 639—2005	汽车车体校正机
	JT/T 115—2007	移动式气缸镗床
	JT/T 122—2007	连杆轴瓦镗床
	JT/T 123—2007	气缸体轴瓦镗床
	JT/T 125—2007	气缸珩磨机
	JT/T 126—2007	立式制动鼓镗床
	JT/T 129—2007	磨气门机
	JT/T 783—2010	汽车空调制冷剂回收、净化、加注设备
402 检测与诊断设备	GB/T 13563—2007	滚筒式汽车车速表检验台
	GB/T 13564—2005	滚筒反力式汽车制动检验台
	JT/T 386—2004	汽车排气分析仪
	JT/T 445—2008	汽车底盘测功机
	JT/T 448—2001	汽车悬架装置检测台
	JT/T 503—2004	汽车发动机综合检测仪
	JT/T 504—2004	前轮定位仪
	JT/T 505—2004	四轮定位仪

续表

类　别	标准代号和编号	标准名称
402 检测与诊断设备	JT/T 506—2004	不透光烟度计
	JT/T 507—2004	汽车侧滑检验台
	JT/T 508—2004	汽车前照灯检测仪
	JT/T 510—2004	汽车防抱制动系统检测技术条件
	JT/T 632—2005	汽车故障电脑诊断仪
	JT/T 633—2005	汽车悬架转向系统间隙检查仪
	JT/T 634—2005	汽车前轮转向角检验台
	JT/T 638—2005	汽车发动机电喷嘴清洗检测仪
	JT/T 413—2000	就车式车轮动平衡仪技术条件
	JJG 188—2002	声级计检定规程
	JJG 653—2003	测功装置检定规程
	JJG 688—2007	汽车排放气体测试仪检定规程
	JJG 745—2002	汽车前照灯检测仪检定规程
	JJG 847—2011	滤纸式烟度计检定规程
	JJG 906—2008	滚筒反力式制动检验台检定规程
	JJG 908—2009	汽车侧滑检验台检定规程
	JJG 909—2009	滚筒式车速表检验台检定规程
	JJG 976—2010	透射式烟度计检定规程
	JJG（交通）007—2005	汽车转向盘转向力—转向角检测仪检定规程
	JJG（交通）008—2005	汽车制动踏板力计检定规程
	JJG（交通）013—2005	汽车发动机检测仪检定规程
	HJ/T 289—2006	汽油车双怠速法排气污染物测量设备技术要求
	HJ/T 291—2006	汽油车稳态工况法排气污染物测量设备技术要求
	HJ/T 290—2006	汽油车简易瞬态工况法排气污染物测量设备技术要求
	HJ/T 292—2006	柴油车加载减速工况法排气烟度测量设备技术要求
	JT/T 649—2006	多功能汽车制动性能检验台
	JT/T1012—2015	汽车外廓尺寸检测仪
	JT/T1013—2015	碳平衡法汽车燃料消耗量检测仪
403 教学与培训设备	JT/T1070.1—2016	汽车维修培训设备第1部分：发动机实训台
	JT/T1070.2—2016	汽车维修培训设备第2部分：自动变速器实训台
	JT/T1070.3—2016	汽车维修培训设备第3部分：防抱死制动系统实训台

续表

类　　别	标准代号和编号	标准名称
404 汽车用品	JT 225—1996	汽车发动机冷却液安全使用技术条件
	GB/T 23435—2009	电喷汽车喷油嘴清洗液
	GB/T 23436—2009	汽车风窗玻璃清洗液
	GB/T 23437—2009	汽车上光蜡
	GB 29743—2013	机动车发动机冷却液
	GB/T 31025—2014	机动车发动机外表面清洗液
	GB/T 31026—2014	机动车发动机润滑系统清洗液
	GB/T 31027—2014	机动车发动机冷却系统内部清洗剂
	JT/T 224—2008	中负荷车辆齿轮油

表 1-4-5　汽车检测维修的相关标准

类　　别	标准代号和编号	标准名称
900 相关标准	GB/T 7607—2010	柴油机油换油指标
	GB/T 8028—2010	汽油机油换油指标
	GB 7258—2017	机动车运行安全技术条件
	GB 18285—2018	汽油车污染物排放限值及测量方法（双急速法及简易工况法）
	GB 3847—2018	柴油车污染物排放限值及测量方法（自由加速法及加载减速法）
	GB/T 18566—2011	道路运输车辆燃料消耗量检测评价方法
	GB 26877—2011	汽车维修业水污染物排放标准

第五节　汽车检测诊断参数

一、参数种类

参数是表明事物某一种重要性质的量。汽车诊断参数是供诊断用的，表征汽车、总成及机构技术状况的量。

汽车检测诊断参数包括工作过程参数、伴随过程参数和几何尺寸参数。

（1）工作过程参数。该参数是汽车、总成或机构工作过程中输出的一些可供测量的物理量和化学量。例如发动机功率、驱动车轮输出功率或驱动力、汽车燃料消耗量、制动距离、制动力、制动减速度、滑行距离等，往往能表征诊断对象工作过程中总的技术状况，适合于总体诊断。如：通过检测得知底盘输出功率符合要求，这说明汽车动力性符合要求；反之，通过检测得知底盘输出功率不符合要求，说明汽车动力性不符合要求。汽车不工作时，工作过程参数无法测得。

（2）伴随过程参数。该参数是伴随汽车、总成或机构工作过程输出的一些可测量。例如，汽车、总成或机构工作过程中出现的振动、噪声、异响、过热等，可提供检测诊断对象的局部信息，常用于复杂系统的深入检测诊断。汽车不工作（过热除外）时，伴随过程参数无法测得。

（3）几何尺寸参数。该参数可提供总成或机构中配合零件之间或独立零件的技术状况，例如，总成或机构中的配合间隙、自由行程、圆度、圆柱度、端面圆跳动、径向圆跳动等，都可以作为检测诊断参数使用。它们提供的信息量虽然有限，但却能表征检测诊断对象的具体状态。

汽车常用检测诊断参数如表 1-5-1 所示。

表 1-5-1 汽车常用检测诊断参数

检测对象	检测参数	检测对象	检测参数
汽车总体	最高车速（km/h） 最大爬坡度（%） 加速时间（s） 驱动车轮输出功率（kW） 驱动车轮驱动力（N） 汽车燃油消耗量（L/100 km），L/（100 t·km） 侧倾稳定角（°）	冷却系统	冷却液工作温度（℃） 散热器入口与出口温差（℃） 风扇传动带张力（N/mm） 曲轴与发电机轴转速差（%）
发动机总体	功率（kW） 曲轴角加速度（rad/s^2） 单缸断火时功率下降率（%） 油耗（L/h） 曲轴最高转速（r/min） 废气成分（体积浓度分数） 额定转速（r/min） 最大转矩（N·m） 最大转矩转速（r/min）	点火系统	点火提前角（°） 点火电压（kV） 一次电路电压（V） 一次电路电压降（V） 电容器容量（μF） 断电器触点闭合角及重叠角（°） 二次电路开路电压（kV） 发动机电压、电流（V、A） 整流器输出电压（V）
气缸活塞组	曲轴箱窜气量（L/min） 曲轴箱气体压力（kPa） 气缸间隙（按振动信号测量）（mm） 气缸压力（MPa） 气缸漏气率（%） 发动机异响 机油消耗量（L/100 km）	起动系统	起动机电流（A）电压（V） 蓄电池负荷状态下的电压（V） 震动特性（m/s^2）

续表

检测对象	检测参数	检测对象	检测参数
曲柄连杆组	主油道机油压力（MPa） 主轴承间隙（按油压脉冲量）（mm） 连杆轴承间隙（按振动信号测量）（mm）	传动系统	车轮驱动力（N） 底盘输出功率（kW） 滑行距离（m） 传动系统噪声（dB）
配气机构	气门间隙（mm） 气门行程（mm） 配气相位（°）	转向系统	主销内倾角（°） 主销后倾角（°） 车轮外倾角（°） 车轮前束（mm） 转向轮侧滑量（mm/m、m/km） 转向盘自由转动量（°） 转向盘操作力（N） 最小转弯直径（m） 转向轮最大转角（°）
柴油机供给系	喷油提前角［按油管脉动压力测量］（°） 单缸柱塞供油断续时间（按油管脉动压力测量），曲轴转角（°） 各缸供油均匀度（%） 每一工作循环供油量（mL/循环） 高压油管中压力波增长时间，曲轴转角（°） 按喷油脉冲相位测定喷油提前角的不均匀度，曲轴转角（°） 喷油嘴初始喷射压力（MPa） 曲轴最小和量大转速（r/min） 燃油细滤器出口压力（MPa）	制动系统	制动距离（m） 车轮制动力（N） 制动减速度（m/s²） 跑偏，左右轮制动力差值（N） 制动滞后时间（s） 制动释放时间（s） 地面制动力（N） 驻车制动力（N） 制动阻滞力（N） 制动协调时间（s）
供油系统及滤清器	燃油泵清洗前的油压（MPa） 燃油泵清洗后的油压（MPa） 空气滤清器进口压力（MPa） 涡轮压气机的压力（MPa） 涡轮增压器润滑系统油压（MPa）	行驶系统	车轮动平衡 车轮跳动（m/s²） 悬架系统固有频率（Hz） 车轮接地性指数 车轮动平衡量（g） 车轮静平衡量（g） 车轮侧滑量（m/km） 悬架吸收率（%）

续表

检测对象	检测参数	检测对象	检测参数
润滑系统	润滑系统机油压力（MPa） 曲轴箱机油温度（℃） 机油含铁（或钢、铬、铝、硅等）量质量分数（%） 机油透光度（%） 机油介电常数	照明系统及其他	前照灯发光强度（cd） 光轴偏移量（mm） 车速表指示误差 喇叭声级（A声级）（dB） 客车车内噪声级（A声级）（dB） 驾驶员耳旁噪声级（A声级）（dB）

二、检测诊断参数与测量条件、测量方法的关系

不同的测量条件和不同的测量方法，可以测得不同的检测诊断参数值。测量条件中，一般有温度条件、速度条件、负荷条件等。多数检测诊断参数的测量需要汽车运行至正常工作温度，只有少数检测诊断参数可在冷状态下进行。除了温度条件外，速度条件和负荷条件也很重要。如发动机功率的检测，需在一定的转速和节气门开度下进行；汽车制动距离的检测，需在一定的制动初速度和装载（空载或满载）下进行。对检测诊断参数的测量方法也有规定，如汽油车排放污染物的测量，按照国家标准 GB 18285—2018《汽油车污染物排放限值及测量方法（双怠速法及简易工况法）》的规定，点燃式发动机汽车排气污染物测量应采用双怠速法或简易工况法进行；柴油车排气污染物检测，按照国家标准 GB 3847—2018《柴油车污染物排放限值及测量方法（自由加速法及加载减速法）》的规定，从 2019 年 5 月 1 日起，在全国范围内进行的汽车环保定期检验应采用加载减速法进行，对于无法按加载减速法进行测试的车辆，可采用自由加速法进行。新生产的汽车下线检查从 2019 年 11 月 1 日起按此标准要求实施检验。

没有规范统一的测量条件和测量方法，测得的检测诊断参数值也就无法评价汽车的技术状况。所以，要把检测诊断参数及测量条件、测量方法看成是一个不可分割的整体。

第六节　I/M　制　度

目前我国的汽车检测站制度是根据汽车的安全性、动力性、经济性、可靠性和寿命来强制维护检测的，所规定的日常、一级、二级维护周期也与汽车排放污染控制周期不一致。I/M制度，是一种新的与国际接轨的检测维护制度，目前我国北京、上海等地已开始实施。

一、I/M 制度的含义与内容

I/M 制度是英语 Inspection Maintenance Program 的缩写，意思是通过对在用车的检测确定其尾气排放污染严重的原因，然后再针对性地采取维护措施，使在用车最大限度地发挥自

身的尾气排放净化潜力。

I/M 制度是一套十分严格而完整的制度，通常一个完整的 I/M 制度包括以下内容：
(1) 立法和政策。
(2) 基本规范参数。
(3) 测试程序和有关政策。
(4) 测试设备。
(5) 质量控制和保证。
(6) 维修技术及人员设备的鉴定。
(7) 信息、认识和关系。

二、I/M 制度的作用

1. 确定在用车尾气排放与其维护的关系

任何汽车的发动机本身都具有一定的自身尾气净化能力，但随着行驶里程的增加，尾气排放净化能力会逐渐下降，其主要原因是：

(1) 某些调整参数改变，如气缸压力减小、气门间隙变化、怠速调节螺钉位置变化、白金间隙不正常、点火正时变化或调整不当、火花塞间隙不正常等。

(2) 某些部件磨损或性能劣化，如气门与摇臂之间磨损不均匀造成气门在工作中间隙变化、白金烧蚀或漏电、点火高压不够、分电器凸轮磨损，等等。

(3) 与尾气排放有关的某些零部件污染或积炭，如火花塞积炭、气门及气门座积炭、活塞环及活塞顶积炭、气缸盖上的燃烧室积炭等。

这些原因影响着发动机的燃烧质量，造成汽车尾气排放恶化，并且排放中有害物的增加往往是成倍、十几倍甚至几十倍的。而实施 I/M 制度，对汽车定期进行排放检测和相关部位的维护、调整，可将上述绝大多数问题加以解决，使在用车恢复到接近新车的排放水平。

2. I/M 制度的着眼点是使在用车达到自身的最佳尾气排放净化水平

I/M 制度并不强求在用车上安装新型净化装置，而是对排放净化系统故障检测与排除，是减少汽车尾气排放和蒸发排放的关键所在。

三、I/M 制度的发展

对在用汽车实行定期检测和及时维护修理，是保证在用汽车处于良好的技术状况的有效管理制度，已为许多国家所采用。

我国公安交通管理部门对在用汽车实行年检制度。交通管理部门主要对在用营运汽车进行定期检测和维修管理。此外，许多城市的环保部门还经常对路上行驶的汽车进行尾气排放抽检。

美国于 20 世纪 80 年代前后研究发展了 I/M 制度体系。建立 I/M 制度的出发点是：城市中汽车尾气污染，主要来自那些"高排放"汽车（指排放高于标准值 10 倍以上的汽车）。据统计，占汽车总数 10%~15% 的"高排放"汽车所排放的污染物，占了排放总量的 50%~60%。为了加强对"高排放"汽车的排气控制，必须对在用车实行有效的监督、检查和及时维护，使汽车保持良好的技术状态，达到或接近出厂时的排放水平。为此建立了检测/维护站网和一套完整的监控、管理制度。为了改进检测效果，美国于 20 世纪 80 年代研究发展了适合在用车排放检测的加速模拟工况法（ASM 方法）。在此基础上，美国国家环保局于 1992 年要求各州都要建立 I/M 制度体系。执行 I/M 制度后，对排放产生了显著的影响。例如美国科罗拉多州实行 I/M 制度后，CO 的排放减少了 59%。另外，据美国 1992 年对轻型车的统计，实行 I/M 制度后，车龄达 24 年的"高排放"汽车的 HC 的排放已经减少到原来的 20% 左右。

目前，北京、上海等大城市，在吸收国外先进管理经验的基础上，研究和试验适合我国的 I/M 制度，建设权威性的 I 站（检测站）和 M 站（维修站），实施定期检查、强制维护和监控评价管理体系，并已经取得了良好的效果。例如，北京市自 1999 年 1 月 1 日起率先在国内实施欧洲 I 号标准，规定在北京市上牌的轿车必须采用电控燃油喷射和三元催化技术，对高排放在用车实行每季度检测一次，取得尾气排放合格证后才允许上路行驶。这一系列措施的执行，对改进汽车尾气排放起到很大的作用。据统计，北京市在用车排放路检合格率由 1998 年的 40% 提高到 2008 年的 90% 以上。

四、国内外 I/M 制度的异同

我国的汽车检测维修制度强调的目的是通过检测汽车整体性能，包括动力性、安全性、经济性和排放性能，发现技术故障和对故障隐患进行维修，恢复汽车整体技术状况。排放性能的检测仅仅是检测/维修作业内容的一部分。而 I/M 制度的目的是针对汽车排放单一性能进行检测，对排放超标车进行维修，恢复汽车的排放性能。因此，在检测、维修规范方面，我国汽车检测/维修范围宽，但对排放方面的规定比较粗；I/M 制度虽然涵盖的范围窄，但对排放检测/维修从法规建设、检测方法、网络建设、质量控制和质量保证、人员培训等方面规定非常详细。

在管理方式上，国外 I/M 制度实施机构、监督评价机构和执行机构分属不同部门，规定汽车管理统一由交通部门负责，凡涉及汽车的管理均由交通部负责，职责清晰，交通部根据环保部门对在用车排放的要求，制定相应的规定，保证 I/M 制度的实施效果。而我国汽车属多部门交叉管理，仅就汽车检测而言，就存在公安部门的年检、交通部门的二级维护检测以及环保部门的排放检测，检测项目相互重复，部门之间缺少相互配合和交流，职责不清，又缺少监督评价环节，使许多制度的执行流于形式，难以达到预期效果。

在汽车排放检测方法方面，我国汽车年检时只检测尾气排放情况。除北京、上海等少数城市外，全国执行统一的排放标准。对检测不合格车的维修停留在简单的调整，而且调整工作一般就在检测站进行，或在检测站附属的修理厂进行。我国的检测维修主要以检测站为主，修理厂为辅，修理厂的技术水平较低，难以从根本上消除排放故障，经常是临时调整，应付检测的问题，存在较大的管理漏洞。I/M 制度对检测站和维修站都有严格的要求，检测站只能从事检测，不能进行任何维修作业，检测站不能附属维修厂，而且在周围一定范围内不能建汽车维修厂，排放不合格汽车必须到认证的维修厂进行维修，维修厂与检测站无任何连带关系。维修厂技术力量雄厚，水平高，信誉好，并且配备符合排放检测要求的仪器设备。即使如此，I/M 制度的实施部门对检测、维修的监督管理力度也较大，还制定了严格的、细致的质量保证体系。

在维修方面，我国的维护制度的流程是维护—检测—维修—检测，遵循有关维修技术规范，作业内容多，是全面恢复汽车技术性能的有效措施。I/M 制度中的维修是依据汽车的维修手册。对排放系统的维修作业内容二者基本相同。除此之外，我国汽车二级维护制度与I/M制度在检测/维修技术、质量、保证和人员要求等方面基本相似。

小　结

1. 汽车检测诊断技术是以汽车检测技术为基础，依靠人工智能科学地确定汽车技术状态，识别、判断故障的综合性技术。汽车检测诊断结果是合理使用、维护、修理汽车的科学依据。

2. 汽车检测的目的不同，可分为安全性能检测、综合性能技术检测、汽车排放检测三种类型。

3. 测量方法可按被测量的获得方法不同，分为直接测量和间接测量两大类。按测量方法不同也可分为直接比较测量法、微差测量法、零位测量法、组合测量法等。

4. 测量过程中会出现测量误差，对误差应进行处理。误差数据处理的方法主要包括剔除粗大误差和估算随机误差。

5. 传感器是一种以一定精确度把被测量（主要是非电量）转换为与之有确定关系、便于应用的某种物理量（主要是电量）的测量装置。传感器一般由敏感元件、转换元件、转换电路三部分组成。

6. 检测标准按适用范围分为四级，即国家标准、行业标准、地方标准和企业标准。国家标准权威性最高，行业标准不得与国家标准相抵触，地方标准不得与国家标准、行业标准相抵触。按性质区分为强制性标准与推荐性标准两级。

7. 汽车诊断参数包括工作过程参数、伴随过程参数和几何尺寸参数。工作过程参数是汽车、总成或机构工作过程中输出的一些可供测量的物理量和化学量。伴随过程参数是伴随汽车、总成或机构工作过程输出的一些可测量。几何尺寸参数可提供总成或机构中配合零件之间或独立零件的技术状况。

8. I/M制度的主要目的是通过对在用车的检测，确定其尾气排放污染严重的原因，然后再针对性地采取维护措施，使在用车最大限度地发挥自身的尾气排放净化潜力。

复习思考题

1. 简述汽车检测诊断的定义及其作用。
2. 根据检测目的不同，汽车检测分为哪几类？
3. 常用的测量方法有哪些？什么是绝对误差？什么是相对误差？
4. 误差数据处理的方法包括哪些？数据处理的一般步骤是哪些？
5. 简述传感器的定义、传感器的组成。
6. 按检测标准的适用范围不同，检测标准分为哪四级，相互间是什么关系？
7. 汽车诊断参数包括几类？每类参数有什么区别？
8. 简述实施I/M制度的主要目的。

第二章 发动机技术状况检测诊断

发动机是汽车的心脏,是汽车的动力来源。发动机性能的好坏直接影响汽车动力性、经济性、排放等指标的发挥。发动机技术状况检测诊断是考核发动机性能的重要手段。

本章主要介绍发动机动力性、经济性、环境性能、密封性检测指标及方法;按照结构特点,介绍发动机起动系统、点火系统、供给系统、润滑系统、冷却系统等各个系统的检测诊断指标及方法。

第一节 发动机特性及性能指标

发动机性能指标分为两种:一种是以工质对活塞做功为基础的性能指标,简称指示指标,包括平均指示压力 p_{mi}、指示功率 P_i、指示燃油消耗率 g_i 和指示热效率 η_i。指示指标不受动力输出过程中机械摩擦和附件消耗等各种外来因素的影响,直接反映由燃烧到热功转换的工作循环进行的好坏,因而在工作过程的分析研究中得到广泛的应用。另一种是以曲轴输出功率为基础的性能指标,简称有效指标。有效指标被用来直接评定发动机实际工作性能的优劣,因而在生产实践中获得广泛的应用。发动机有效指标包括动力性指标、经济性指标、强化性指标、环境性能指标等,本节主要对此进行介绍。

发动机性能指标随调整运转工况而变化的关系称为发动机特性。其中性能指标随调整情况变化的关系称为调整特性;性能指标随运转工况变化的关系称为性能特性。发动机特性用曲线表示称为特性曲线。通过特性曲线可以分析在不同使用工况下,发动机特性变化的规律及影响因素,评价发动机性能,从而提出改善发动机性能的途径。

一、发动机动力性指标

1. 有效功率 P_e

发动机的指示功率 P_i 并不能完全对外输出,在发动机内部的传递过程中,不可避免有损失,这些损失包括:

(1) 发动机内部运动零件的摩擦损失,如活塞、活塞环对缸壁的摩擦,曲柄连杆机构轴承的摩擦,气阀机构的摩擦等。这部分损失所占比例最大。

(2) 驱动附属机构的损失,如驱动水泵、机油泵、喷油泵、风扇、发电机等。

(3) 泵气损失,即进排气过程所消耗的功。

上述损失所消耗的功率称为机械损失功率 P_m。指示功率减去机械损失功率,才是发动机对外输出的功率，称为有效功率 P_e（单位是 kW）。

发动机有效功率由试验测得。

2. 有效扭矩 T_{tq}

发动机工作时，由功率输出轴输出的扭矩称为有效扭矩 T_{tq}。它与有效功率 P_e 之间的关系是

$$P_e = \frac{2\pi n T_{tq}}{60 \times 1\,000} = \frac{T_{tq} n}{9\,549} = 0.104\,7 T_{tq} n \times 10^{-3} \tag{2-1-1}$$

式中　T_{tq}——有效扭矩，N·m；

　　　n——发动机转速，r/min。

3. 平均有效压力 p_{me}

平均有效压力 p_{me}（单位是 MPa）是发动机单位气缸工作容积输出的有效功。它与有效功率 P_e 之间的关系是：

$$P_e = \frac{p_{me} \cdot V_s \cdot i \cdot n}{30\tau} \tag{2-1-2}$$

式中　V_s——气缸工作容积，L；

　　　i——气缸数；

　　　τ——每循环行程数，四行程发动机 $\tau=4$。

四行程发动机：

$$P_e = \frac{p_{me} \cdot V_s \cdot i \cdot n}{120}$$

二行程发动机：

$$P_e = \frac{p_{me} \cdot V_s \cdot i \cdot n}{60}$$

由式（2-1-2）可得到：

$$p_{me} = \frac{30 P_e \tau}{V_s \cdot i \cdot n}$$

将式（2-1-1）代入上式可到：

$$p_{me} = 3.14 \frac{T_{tq} \tau}{i V_s} \times 10^{-3}$$

由此可得，p_{me} 值大，说明单位气缸工作容积对外输出的功多，做功能力强。它是评定发动机动力性的重要指标。汽油机的 p_{me} 的一般范围为 0.7~1.3 MPa，柴油机为 0.6~1.0 MPa，增压柴油机为 0.9~2.2 MPa。

4. 转速 n 和活塞平均速度 C_m

提高发动机转速，增加单位时间的做功次数，从而使发动机在体积、重量基本不变情况下获得较大功率。转速 n 增加，活塞平均速度 C_m 也增加，n 与 C_m（m/s）的关系为

$$C_m = \frac{S \cdot n}{30}$$

式中　S——活塞行程，m。

C_m 大，则活塞组的热负荷和曲柄连杆机构的惯性力均增大，磨损加剧，寿命下降，C_m

已成为表征发动机强化程度的参数。一般汽油机不超过 18 m/s，柴油机不超过 13 m/s。

为了提高转速又不使活塞平均速度 C_m 过大，由上式可知，可以减小行程 S，即对于高速发动机，在结构上采用较小的行程缸径比值。但行程缸径比值小也会造成燃烧室高度减小，其表面积与容积的比 A/V 值增大，混合气形成条件变差，不利于燃烧。

二、发动机经济性指标

1. 有效热效率 η_e

η_e 是发动机的有效功 W_e（单位为 J）与所消耗燃油热量 Q_1（单位为 J）的比值：

$$\eta_e = \frac{W_e}{Q_1}$$

2. 有效燃油消耗率 b_e

b_e 是单位有效功的耗油量（简称耗油率），通常以每千瓦小时的耗油量表示，单位为 g/(kW·h)。

$$b_e = \frac{B}{P_e} \times 1\,000$$

式中　B——每小时的耗油量，kg/h；
　　　P_e——有效功率，kW。

汽油机、柴油机的有效热效率和有效燃油消耗率值的范围如表 2-1-1 所示。

表 2-1-1　有效热效率和有效燃油消耗率范围

发动机	η_e	b_e/g·(kW·h)$^{-1}$
汽油机	0.25~0.30	270~325
柴油机	0.30~0.45	190~285

三、发动机强化指标

1. 升功率 P_L 和比质量 m_e

升功率 P_L（单位为 kW/L）是发动机每升工作容积所发出的有效功率，提高升功率的主要措施是提高平均有效压力和转速。它表征发动机容积的利用程度。汽车发动机发展的方向之一是继续提高升功率。

比质量 m_e（kg/kW）是发动机的净质量 m 与所给出的标定功率之比，它表征质量利用程度和结构紧凑性。

$$m_e = \frac{m}{P_e}$$

2. 强化系数 $p_{me}C_m$

平均有效压力 p_{me} 与活塞平均速度 C_m 的乘积称为强化系数。它与活塞单位面积的功率成正比。其值愈大，发动机的热负荷和机械负荷愈高。由于发动机的发展趋势是强化程度不断提高，所以强化系数值 $p_{me}C_m$ 增大，也是技术进步的一个标志。

对于汽油机，$p_{me}C_m$ 的大致范围为 8~17 MPa·m/s，小型高速柴油机为 6~11 MPa·m/s，重型柴油机为 9~15 MPa·m/s。

四、环境性能指标

发动机的环境指标主要指排气品质和噪声。由于它们关系到人类的生存环境和健康,各国都采取了许多对策并制定相应的法规,给予严格控制。排放和噪声已成为发动机的重要性能指标。有关排气污染物与噪声检测将在第五章整车性能检测中介绍。

(一) 环境指标

1. 排放指标

发动机的排放物中含有对人类有害的有毒物质,造成大气污染,从而形成公害。其排出的有害物主要有以下两类:

(1) 有害气体。汽油车排放的尾气中,有害气体成分主要有一氧化碳、碳氢化合物及氮氧化合物等。以前使用含铅汽油作为燃油时,尾气中还会有含铅化合物。

(2) 排气微粒。它指排气中除水以外的,单个颗粒大于 0.002 μm 任何液体或固体微粒。其中,以碳为主要成分的固体颗粒形成碳烟,是排气微粒最主要的成分,目前我国只规定碳烟限值。

2. 噪声

噪声会刺激神经,使人心情烦躁、反应迟钝,甚至产生耳聋、高血压和神经系统疾病。汽车是城市的主要噪声源之一,发动机又是汽车的主要噪声源,因此必须给予控制。我国 GB 7258—2017 规定,汽车喇叭声级在距车前 2 m、离地高 1.2 m 处测量时,应在 90 dB (A)~115 dB (A) 之间;汽车驾驶员耳旁噪声声级不应大于 90 dB (A),客车以 50 km/h 的速度匀速行驶时,客车车内噪声声级应不大于 90 dB (A)。

(二) 汽油机的排放污染物

1. 排气有害物与危害

烃类燃油的燃烧物主要有 CO_2、H_2O、N_2、CO、HC、NO_x 等。HC 表示未燃烧的烃,其中受汽车排放法规限制的有害成分是 CO、HC 和 NO_x。

CO 的毒性较强,血液中的血红素对 CO 比对氧有更高的亲和力,生成的一氧化碳血红蛋白,破坏了血液的输氧能力,使人缺氧,严重时可导致休克和死亡。

HC 包括未燃和未完全燃烧的燃油、润滑油及其裂解产物与部分氧化物,未燃烃成分复杂,多达 200 多种。其中有一些成分对人体有严重危害,损害人的呼吸道与中枢神经,更严重的是含有致癌物质。另外,HC 可在阳光下与 NO_x 进行化学反应,产生一种毒性较大的光化学烟雾,其中最主要的生成物是臭氧 O_3,它具有很强的氧化力,能使橡胶裂损,损害植物生长,大气的可见度降低,并刺激眼睛及咽喉。

氮氧化物 NO_x 主要是指 NO 和 NO_2,NO 的毒性比 NO_2 小,但 NO 在大气中会缓慢氧化形成 NO_2。NO_2 是有刺激性臭味的气体,空气中若含有 $(10\sim20)\times10^{-6}$ 的 NO_2,即可刺激口腔和鼻道;含有 $(50\sim300)\times10^{-6}$ 则可引起头痛与损伤组织;大于 500×10^{-6},经几分钟就可使人出现肺浮肿而陷入危险。

CO_2 虽对人体无直接危害,但它是温室效应气体,大气中 CO_2 浓度增大,会导致地球变暖,对地球环境的破坏更为严重,因此控制 CO_2 的排放,越来越受到人们的重视。

2. 排气有害物的生成及影响因素

(1) CO。汽油燃烧时空气不足,在缺氧区会产生不完全氧化的产物 CO。气缸内燃气中的 CO 浓度，在燃烧时最大；在随后的膨胀过程中，部分 CO 在生成水蒸气的还原作用下成为 CO_2。在富氧区域，生成 CO 的主要原因是由于 CO_2 热分解。但在膨胀过程中，也有的 CO 氧化成为 CO_2；因而，CO 的浓度在膨胀过程中也可能不断下降。在局部缺氧区，HC 在膨胀过程中的不完全氧化也会产生部分 CO。

影响 CO 排放的主要因素是空燃比。CO 的浓度随空燃比的增加而迅速下降，当空燃比大于 15∶1 后仍有少量的 CO 生成。这是由于局部缺氧及 CO_2 高温分解所造成的。

（2）HC。在理想碳氧化合物燃烧中、火焰过后应测不到 HC，发动机排气中的 HC 只能从火焰达不到或不能完全达到的区域中形成。

壁面的激冷生成 HC。由于壁面的激冷条件，散热大于放热，使火焰在低温壁面与缝隙处不能进行传播，冷壁上的附面层混合气或油膜未能燃烧。当活塞下行后，气流又将附面层上的燃油卷入燃烧室空间，此时已缺乏燃烧的条件，因此排出 HC。

混合气的空燃比不适合也会产生 HC。偏浓的混合气，因缺氧必然有未燃烃排出；偏稀的混合气会引起燃烧的不稳定，严重时会有一定的失火率，造成 HC 的排出。当混合气过稀且超出稀着火界限时，会导致失火，有大量的 HC 排出。

在气门重叠期及二冲程发动机的扫气过程中，可能出现混合气直接从进气系统回路进入排气系统而排出 HC。另外，如果减小燃烧室表面积与容积比，则可减小 HC 排放量；推迟点火，排温增加，有利于 HC 在膨胀及排气过程中的氧化，可使 HC 排放量下降。

（3）NO_x。燃烧高温容易形成 NO_x，但发动机排出的 NO_x 峰值并不在燃烧温度最高、氧含量最高处，而是落在微富氧区。NO_x 的形成，除了高温之外，还需要富氧的条件。

生成 NO_x 的关键因素是氧原子浓度，而氧原子是在燃烧的高温下由氧分子分解生成的，因此造成高温和富氧的因素都会导致 NO_x 生成。例如压缩比增大，NO_x 的排放量增加；点火提前角加大，NO_x 排放量也增大。

（三）柴油机的排放污染物和噪声振动

1. 柴油机的排放污染物

柴油机废气中的排放污染物主要包括：微粒、NO_x、CO 以及 HC 等。与汽油机相比，柴油机废气中的 CO 以及 HC 相对比较少（尤其是 CO，大约不到汽油机的 1/10），NO_x 的排放量也较汽油机低，所以微粒的排放是柴油机所特有的问题。

（1）微粒。它是指温度在 52 ℃ 以下时，排气中除水以外的固态和液态物质。柴油机废气中的微粒主要由碳烟微粒和吸附与凝聚其上的碳氢化合物组成。

微粒主要是在高温、极度缺氧的条件下生成的。微粒的生成是一个十分复杂的过程，一般认为这一过程经历了微粒成核、表面增长、凝聚、集聚、吸附等阶段，生成的微粒在随后的燃烧过程中还会有部分被氧化。当过量空气系数 α 减小至一定程度后，微粒的排放量随 α 的下降而较快地增长。

（2）NO_x。NO_x 主要是在高温富氧、相对有较充裕反应时间的条件下生成的。当过量空气系数 α 在一定范围内时，NO_x 的排放量随 α 的下降而较快地增长；而当 α 过大或过小时，NO_x 的排放量变化都很小。此外，柴油机废气中的 NO_x 与汽油机废气中 NO_x 的成分有所不同，其中 NO_2 占 5%~15%。

由于在分隔式燃烧室柴油机燃烧过程中，在副燃烧室内混合气很浓而在主燃烧室内温度又相对较低，因此在较高负荷的区域内，分隔式燃烧室柴油机 NO_x 的排放量约为直喷式燃烧室柴油机的 50%。

（3）CO。CO 是不完全燃烧的产物，由于柴油机的过量空气系数较大，产生的 CO 又有可能有足够的空气在膨胀过程中氧化为 CO_2，因此柴油机废气中的 CO 含量很低，仅在接近全负荷附近，即过量空气系数过小时，CO 的排放量才有所上升。

（4）HC。柴油机排放物中的 HC 主要是在混合气过稀的情况下产生的。特别在低负荷时过量空气系数过大，由于温度过低，反应不能及时进行，使 HC 的排放量有所增大。

（5）白烟与蓝烟。在柴油机冷起动后怠速或低负荷下暖机的过程中，特别在寒冷天气时，会产生白烟与蓝烟。由于燃烧室内工质的温度低，燃油不能完全蒸发燃烧，未燃烧或部分氧化的燃油一般以液态微粒的形式随排放物排出后，冷凝而形成白烟与蓝烟。白烟与蓝烟之间并没有严格的成分差异，只是由于微粒直径不同（白烟的微粒直径较蓝烟的微粒直径大）而对光线的反射不同，从而产生不同的颜色。一般白烟在柴油机暖机的过程中逐渐变为蓝烟，再变为无色烟。

2. 柴油机的噪声和振动

汽车是城市中的主要噪声源之一，而汽车噪声主要与发动机有关。发动机的噪声主要由气体动力噪声、机械噪声和燃烧噪声三部分组成。

气体动力噪声是指由于进、排气系统及冷却风扇工作时气流压力脉动而产生的噪声，其中排气噪声占主要部分。气体动力噪声除高速气流流经进、排气阀变化着的最小流通截面时产生高频噪声外，一般呈中、低频特性。

机械噪声主要是由曲轴连杆活塞机构、配气机构、齿轮系统、喷油泵及其他附属机构等部分的高速运动并与其相邻部件发生频繁的机械撞击，激励结构振动而产生的噪声。

燃烧噪声主要是因为迅速地燃烧引起燃烧室内压力急剧变化所致，随压力升高率的增大而增大，它导致缸套、机体、缸盖等零部件的强烈振动并向外界辐射中、高频噪声。燃烧噪声大、工作粗暴的问题，在柴油机中，特别在直喷式柴油机中较为突出。

若在着火延迟期内形成的可燃混合气过多且同时燃烧或过早地喷油燃烧，则在柴油机燃烧过程的速燃期内，会引起燃烧室内的压力过分急剧地上升，使缸套和活塞等受到冲击，产生振动和特有的金属敲击声，这是柴油机工作粗暴较为突出时的表现，也称为敲缸，严重时将出现运转不稳定，功率下降的情况。

发动机振动的危害也越来越受到人们的重视，它不仅会通过其振动表面向外界辐射出强烈的噪声，而且也会给机器本身带来损害，例如，曲轴、凸轮轴的断裂，传动齿轮的磨损，有关零部件、附件以及汽车其他部分的破坏等。

第二节　发动机功率检测诊断

一、功率检测方法

发动机的有效功率是曲轴对外输出的净功率，是发动机综合性能的评价指标。发动机功率检测常采用两种方法：稳态测功和动态测功。

稳态测功是指发动机在节气门开度一定、转速一定和其他参数保持不变的稳定状态下，在测功器上测定功率的一种方法，须在试验台架上进行。

动态测功是指发动机在节气门开度和转速均为变动的状态下，测定其功率的一种方法。由于动态测功时无须对发动机施加外部负荷，因而又称为无负荷测功或无外载测功。

由于动态测功可以在发动机不解体的情况下快速测定发动机功率，不需大型设备，既可以在台架上进行，也可以就车进行，因而提高了检测的快捷性，所以，对在用发动机常采用动态测功方法进行检测。

二、动态测功原理

动态测功是一种基于动力学方法。如果把发动机的所有运动部件看成一个绕曲轴中心线转动的回转体，当没有任何外界负荷时，发动机在急速下突然将节气门打开至最大开度时，发动机产生的动力除克服机械阻力矩和压缩气缸内混合气阻力矩外，所剩余的有效扭矩将全部用来使发动机运动部件加速。此时，发动机将克服本身惯性力矩迅速加速到空载最大转速。对于某一型号的发动机而言，其运动部件的转动惯量近似为一个定值。如果被测发动机的有效功率愈大，其瞬时角加速度愈大，运动部件的加速度也愈大，加速时间愈短。因此，可以通过测定发动机在某一转速下的瞬时角加速度或指定转速范围内急加速时的平均加速度来确定发动机有效输出功率的大小。

三、动态测功的方法

目前，国产很少有单一功能的无负荷测功仪，无负荷测功通常由发动机综合性能检测仪完成。发动机综合性能检测仪除了能完成发动机功率测量，通常还可以完成发动机点火系统性能检测、低压电路检测、气缸密封性检测等。发动机综合性能检测仪型号很多，其功能与使用方法也各不同，因此，使用之前一定要认真阅读仪器的使用说明书。

（一）动态功率检测前的准备

进行测量之前需做以下准备：

（1）调整发动机配气机构、供油系统和点火系统，使之处于技术完好状态；预热发动机至正常工作温度（80℃~90℃）；调整发动机急速，使之在规定范围内稳定运转。

（2）接通电源，预热仪器并调零，把传感器按要求连接在规定部位。

（3）对于测加速时间——平均功率的仪器，应按要求把起始转速 n_1、终止转速 n_2 调好。

（4）需置入转动惯量 J 的仪器，要把被测发动机的转动惯量 J 置入仪器内。若被测发动机的转动惯量未知时，则应先测定其转动惯量。其方法为：

先选一台已知最大功率 P_{emax} 的同类型发动机，并设定其转动惯量为 J_1，利用无负荷测功仪对该发动机进行多次功率测量，若测得的最大功率为 P_1，则被测发动机的转动惯量 J 可按下式计算：

$$J = \frac{J_1}{P_1} \times P_{emax} \qquad (2-2-1)$$

（二）动态功率检测方法

常用的测试方法主要为急速加速法。

发动机在急速下稳定运转，然后突然将节流阀开到最大位置，发动机转速猛然上升，当转速达到所确定的测试转速（测瞬时功率）或超过终止转速 n_2 时，仪表显示出所测功率值。此后应立即松开加速踏板，以避免发动机长时间高速运转。记下或打印出读数后，按"复零"键使指示装置复零。为保证测试结果可靠，一般重复测量3次取其平均值。该测试方法既适用于汽油机，又适用于柴油机。

必须说明的是上述无外载测功的理论依据在机理上尚需斟酌，首先这一方法所测得的是发动机的加速性能，仅仅是动力性的一个侧面，而不是全部。众所周知，功率指标高的发动机其加速性能不一定优良。

但因无外载测功法简单易行，在没有测功设备或无须严格要求最终测试结果的情况下，例如作为同一台发动机调整前后或维修前后的质量判断，还是十分有效的。

第三节 发动机密封性检测

发动机气缸密封性与气缸活塞组（气缸、活塞、活塞环、气门、气缸盖和气缸垫等包围发动机工作介质的零部件）的技术状况直接相关，因而气缸密封性的检测参数可作为气缸活塞组技术状况的评价指标。

评价气缸密封性的主要参数有：气缸压缩压力、气缸窜气量（率）、曲轴箱窜气量等。

一、气缸压缩压力检测

（一）利用气缸压力表检测法

1. 气缸压力表

气缸压力表（图2-3-1）是一种专用压力表，一般由表头、导管、单向阀和接头等组成。气缸压力表接头有螺纹管接头和锥形或阶梯形橡胶接头两种。螺纹管接头可以拧在火花塞或喷油器的螺纹孔中；橡胶接头可以压紧在火花塞或喷油器孔中。单向阀处于关闭位置时，可

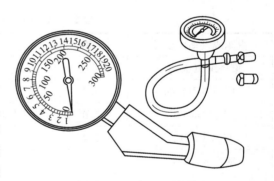

图2-3-1 气缸压力表

保持测得的气缸压缩压力读数（保持压力表指针位置）；单向阀打开时，可使压力表指针回零，以便于下次测量。

2. 检测方法

（1）起动发动机，使其运转至正常工作温度（冷却水温70℃~90℃）。

（2）发动机熄火，清除发动机火花塞或喷油器（柴油机）周围脏物并将火花塞或喷油器全部拆下。

（3）把节气门和阻风门置于全开位置。

（4）把气缸压力表的锥形橡胶接头压紧在被测气缸的火花塞孔内（或把螺纹管接头拧在火花塞孔上）。

（5）用起动机带动曲轴旋转3~5 s（不少于四个压缩行程），指针稳定后读取读数，然后按下单向阀使指针回零。

（6）重复步骤（5）。需要说明的是：每个气缸的测量次数应不少于两次，测量结果应取其测量次数的平均值。

（7）按上述方法依次检测各个气缸。

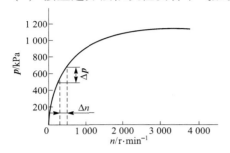

图 2-3-2 气缸压缩压力与曲轴转速的关系

3. 检测结果的影响因素

使用气缸压力表测得的气缸压缩压力，不仅与气缸密封性有关，还受发动机转速的影响，即所测气缸压缩压力与活塞在缸内压缩行程所持续的时间密切相关。图 2-3-2 为气缸压缩压力与发动机曲轴转速的关系曲线。由图可见，当起动机带动发动机在较低转速范围内运转时，即使是转速差 Δn 较小，也能使气缸压缩压力检测结果发生较大的变化 Δp。只有当发动机曲轴转速超过某一值时（一般为 1 500 r/min），检测结果受转速的影响才会较小。而不同型号的发动机，由于起动机带动曲轴的转速不可能一致，即使是同一型号的发动机，由于蓄电池、起动机和发动机的技术状况不一，其起动转速也不可能完全一致。这就出现了检测转速是否符合规定值的问题。这是用气缸压力表检测气缸压力误差较大的主要原因之一。因此在使用气缸压力表测取气缸压缩压力时，应该用转速表监视曲轴转速，尽可能在发动机转速符合制造厂规定的数据下进行检测，表 2-3-1 为部分常用汽车气缸压缩压力值。

表 2-3-1 部分常用汽车气缸压缩压力

汽车或发动机型号	压缩比	气缸压力/kPa	检测时曲轴转速/（r·min^{-1}）
桑塔纳 2000AFE	9.0	1 000～1 300	200～250
广州本田雅阁	8.9	930～1 230	200～250
东风 EQ6100-1	7.0	不小于 833（各缸差<147）	100～150
解放 CA6120	7.4	930	100～150
跃进 NJG427A	7.5	981	200～250
夏利 TJ7100	9.5	1 029～1 225	350
捷达	8.5	900～1 200（各缸差<300）	200～250

4. 检测结果分析

当气缸压缩压力的检测值低于标准值时，常根据润滑油具有密封作用的特点，用下述方法确定导致气缸密封性不良的原因所在。

由火花塞或喷油器孔注入适量（一般为 20～30 mL）润滑油后，再次检测气缸压缩压力，并比较两次检测结果。

（1）如果第二次检测结果比第一次高，并接近标准值，则表明气缸密封性不良是由于气缸、活塞环、活塞磨损过大或活塞环对口、卡死、断裂及缸壁拉伤等原因而引起。

（2）如果第二次检测结果与第一次近似，则表明气缸密封性不良的原因为进、排气门或气缸衬垫不密封（滴入的润滑油难以达到这些部位）。

（3）两次检测结果均表明某相邻两缸压缩压力低，其原因可能是两缸相邻处的气缸衬垫烧损窜气。

如果所测气缸压缩压力高于标准值，并不一定说明气缸密封性好，而应结合使用和维修情况分析具体原因。因为燃烧室内积炭过多、气缸衬垫过薄或缸体与缸盖的结合平面经多次修理后加工过度，均会导致气缸压缩压力过高。同时，气缸压缩压力高于标准值常会导致爆燃、早燃等不正常燃烧情况的发生。

为了准确地测出故障部位，可在测量完气缸压力后，针对压力低的气缸，采用以下方法进行确诊：拆下空气滤清器，打开散热器盖、加机油口盖和节气门，用一条3 m长的胶管，一头接压缩空气气源（600 kPa以上），另一头通过锥型橡胶头插在火花塞或喷油器孔内。摇转发动机曲轴，使被测气缸活塞处于压缩终了上止点位置，然后将变速器挂入低速挡，拉紧驻车制动器，打开压缩空气开关，注意倾听发动机漏气声。如果在进气管口处听到漏气声，说明进气门关闭不严密；如果在排气消声器口处听到漏气声，说明排气门关闭不严密；如果在散热器加水口处看到有气泡冒出，说明气缸衬垫不密封造成气缸与水套沟通；如果在加机油口处听到漏气声，说明气缸活塞配合副磨损严重。

气缸压缩压力与发动机的压缩比有直接关系，因此也可根据下列公式近似计算，但对于新型轿车，该计算值偏低。

$$P = 0.15\varepsilon - 0.22 \tag{2-3-1}$$

式中　P——气缸压缩压力，MPa；

　　　ε——压缩比。

5. 诊断参数标准

对于在用汽车发动机，按照交通部令第13号《汽车运输业车辆技术管理规定》第五十八条第三款的规定，在用车发动机气缸压力不得低于原设计值的25%以上。对于营运车辆发动机的性能检测，根据GB 18565—2016《道路运输车辆综合性能要求和检验方法》的规定，发动机各气缸压缩压力不小于原设计规定值的85%；每缸压力与各缸平均压力的差：汽油机应不小于8%，柴油机应小于10%。

对于大修竣工发动机，按照GB/T 15746—2011《汽车修理质量检查评定方法》规定：大修竣工发动机的气缸压力应符合原设计规定，每缸压力与各缸平均压力的差：汽油机不超过5%，柴油机不超过8%。

（二）利用气缸压力测试仪检测法

1. 检测原理

发动机起动过程中，起动机的电磁转矩M为驱动力矩，稳定运转时，应与发动机的起动阻力矩M'平衡。发动机的起动阻力矩M'由机械阻力矩、惯性阻力矩和气缸压缩空气的反力矩构成。正常情况下，前两种阻力矩变化不大，可看作常数；而压缩空气反力矩显然是周期性波动的，在每一缸活塞到达压缩行程上止点时具有峰值。若阻力矩增加，电磁转矩M便暂时小于阻力矩M'，起动机转速n下降；随着n下降，反电动势E'将减小，而电枢电流I_s将增大。于是电磁转矩M随之增加，直到与阻力矩M'达到新的平衡。若阻力矩降低，则起动机加速旋转，转速n增大，反电动势E'随之增大，从而电枢电流I_s及转矩M减小，直至M与M'平衡。由此可见，发动机起动时，压缩压力的波动引起了起动机起动工作电流的波动，电流波动的峰值与气缸压缩压力成正比。如果能确定某一电流峰值所对应的气缸，如第一缸，按点火次序即可确定各缸所对应的起动电流峰值，其大小可代表该气缸压缩压力值。用示波器记录的起动机起动电流曲线如图2-3-3所示。如果在测取发动机起动电流的

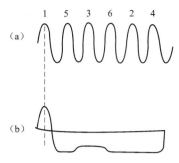

图 2-3-3 起动电流与缸压波形
(a) 起动电流波形；(b) 缸压波形

同时，用缸压传感器测出任一气缸（例如 1 缸）的气缸压缩压力值，则其他各缸的气缸压缩压力值可按其起动电流波形峰值计算而得。

起动机工作电流 I_s 与蓄电池端电压 V 的关系为：

$$V = E - I_s \cdot R \tag{2-3-2}$$

式中　V——蓄电池电动势，V；
　　　R——蓄电池内阻，Ω。

因此，由气缸压缩空气阻力矩引起的起动机工作电流波动会导致蓄电池端电压的波动。起动电流增大时，端电压降低，即起动电流与电压降成正比。如前所述，起动电流峰值与气缸压缩压力成正比，因此起动时蓄电池的电压降也与气缸压缩压力成正比。所以，可以通过测量蓄电池的起动电压降检测气缸压缩压力。

根据上述原理制成的气缸压缩压力测试仪，称为起动电流式或起动电压降式气缸压缩压力测试仪。有的测试仪可以显示各缸压缩压力的具体数值，甚至在显示各缸压缩压力具体数值的同时并能与标准值对照；有的仅能定性显示"合格"或"不合格"；有的只能显示波形。对于后者，如果检测时显示的各缸波形振幅一致，峰值又在规定范围内，说明各缸压缩压力符合要求；若各缸波形振幅不一致，对应某缸电流峰值低于规定范围，则说明该缸压缩压力不足，应借助其他方法测出压缩压力的具体数值，以便分析判断。至于各缸波形峰值对应的缸号，一般是通过点火传感器或喷油传感器（柴油机）确定气缸（如 1 缸）波形位置，其他缸的波形位置按点火次序确定。

2. 检测方法

用气缸压力测试仪检测气缸压力时，发动机亦应首先运转至正常工作温度，并把节气门和阻风门置于全开位置。其传感器的安装及测试过程中的操作应按测试仪使用说明书的要求进行。

使用国产 WFJ—I 型发动机检测仪（济南）测试气缸压力时，传感器的安装和操作过程如下：

（1）拆下任一缸火花塞，把缸压传感器安装在火花塞孔中。

（2）把电流传感器夹在蓄电池的搭铁线上，传感器上箭头指向蓄电池负极，两爪对正、密合；转速传感器安装于分缸线上，白金信号红鱼夹夹在点火线圈"-"极接线柱上或分电器接线柱上（触点点火系统），白金信号黑鱼夹搭铁。

（3）在输入键盘上键入操作码 06，用起动机带动发动机运转 4~6 s，仪器将会自动打印出各缸的压缩压力值。缸压传感器所在缸为标准缸，其余各缸的压缩压力值从标准缸以下按点火次序排列。

应注意的是：标准缸的气缸压缩压力值是由缸压传感器直接测出的，其余各缸的压力值则是通过各缸起动电流峰值与标准缸起动电流峰值相比较而得到的。因此，为保证测试结果可靠、准确，应经常用气缸压力表的检测值与用缸压传感器的检测值相比较，以检查缸压传感器是否可靠。

二、气缸漏气量（率）检测

气缸的密封性可用检测气缸漏气量的方法进行评价。检测时，发动机不运转，活塞处于压缩行程上止点;把具有一定压力的压缩空气从火花塞或喷油器孔充入气缸,通过压力的变化即可检测气缸的密封性。

(一) 气缸漏气量检测仪结构与工作原理

图 2-3-4 为某型气缸漏气量检测仪,它主要由调压阀、进气压力表、测量表、校正孔板、橡胶软管、快速接头、充气嘴等组成。测试时,检测仪的充气嘴安装于所测气缸的火花塞孔上,该缸活塞处于上止点位置。外接气源的压力应相当于气缸压缩压力,一般为 0.6~0.8 MPa,其具体压力值由进气压力表显示;经调压阀调压至某一确定压力 P_1(0.4 MPa)后,压缩空气经过校正孔板上的量孔及快速管接头、充气嘴进入气缸。当气缸密封不严时,压缩空气就会从不密封处溢漏出去,校正孔板量孔后的空气压力下降为 P_2。则 P_1 和 P_2 的关系式为:

$$P_1 - P_2 = \rho \cdot Q^2 / 2\varphi^2 \cdot A^2 \qquad (2-3-3)$$

式中 Q——空气流量;
A——量孔截面积;
ρ——空气密度;
φ——流量系数。

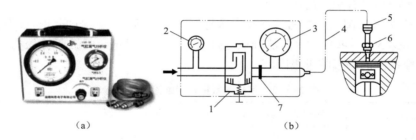

1—调压阀;2—进气压力表;3—测量表;4—橡胶软管;5—快速接头;6—充气嘴;7—校正孔板。

图 2-3-4 气缸漏气量检测仪
(a) 仪器外形图;(b) 工作原理图

当校正孔板量孔截面积和结构一定时,A 和 φ 为常数;而进气压力 P_1 及测试时的环境温度一定时,空气密度 ρ 亦为常数,因此校正孔板量孔后的压力 P_2(由测量表指示)取决于经过量孔的空气流量 Q。显然,空气流量 Q 的大小(漏气量)与气缸的密封程度有关。由于气缸、活塞、活塞环和气门、气门座等处磨损过大或因故障密封不良时,漏气量 Q 增大,而使测量表指示压力 P_2 低于进气压力 P_1 的量增大。因此,根据测量表压力下降值即可判断气缸的漏气量,并由此判断出气缸的密封性。

对于气缸漏气率检测,无论所使用的是何种仪器、检测方法,还是何种判断故障的方法,都与气缸漏气量的检测基本一致。所不同的是气缸漏气量的测量表以 kPa 或 MPa 为单位,而气缸漏气率测量表的标定单位为百分数(%),即:密封仪器出气口,漏气率为 0 时,测量表指针指示 0;而打开仪器出气口,表示气缸内压缩空气完全漏掉,测量表指针指示值为 100%。测量表指示值在 0~100% 之间均匀分度,并以百分数表示。这样,把原表盘的气压值标定为漏气的百分数,就能直观地指示气缸的漏气率。

（二）检测方法

（1）将发动机各火花塞卸下，利用手摇把转动曲轴，使活塞处于上止点，挂直接挡，拉紧驻车制动器，以防测试时压缩空气推动活塞移动。

（2）在处在压缩上止点的第一缸上拧上送气接头，将导气管带快换接头一端与测量仪输出端相接，同时，将空气压缩机与测试仪器输入端相接。将仪器调压阀门关闭（使用时将调压器旋钮拉出）。

（3）开动空气压缩机充气，当充到0.8 MPa时关闭，准备好计时秒表，迅速开启调压阀，同时按动秒表，记录保压时间，观察测量压力表的变化，当表压降至0.4 MPa时，按停秒表，记录表压从0.8 MPa降到0.4 MPa所用的时间，用这时间的长短进行同类机比较，即可诊断出气缸漏气量损坏的程度，维持时间越长，气缸密封性越好；如保压维持时间很短，通常在10秒以下，说明气缸漏气严重，必须进行修理。为方便测试，各缸的测试顺序依气缸点火顺序进行，曲轴每转半转（180°），即可试验一个气缸。

（4）漏气部位判断。同气缸压力检测漏气部位判断方法。

（三）检测参数标准

气缸漏气量检测标准应根据发动机种类、缸径、磨损情况等因素通过试验确定。对于气缸漏气量，我国还没有统一的诊断标准。

表2-3-2为气缸漏气量参考性诊断参数标准。表2-3-3是气缸漏气率参考性检测标准。当气缸漏气率达30%~40%时，若能确认进排气门、气缸衬垫、气缸盖等处均不漏气，则说明气缸活塞摩擦副的磨损临近极限值。

表2-3-2 气缸漏气量参考性诊断参数标准

气缸密封状况	测量表读数值/kPa	气缸密封状况	测量表读数值/kPa
合格	>250	不合格	<250

表2-3-3 气缸漏气率参考性诊断参数标准值

气缸密封状况	测量表读数/%	气缸密封状况	测量表读数/%
良好	0~10	较差	20~30
一般	10~20	换环或镗缸	30~40

三、曲轴箱窜气量检测

（一）检测原理

气缸活塞组配合副磨损、活塞环弹性下降或黏结均会使密封性下降，工作介质和燃气将会从不密封处窜入曲轴箱。窜入曲轴箱的气体量越多，表明气缸与活塞、活塞环间不密封程度越高。我们可以用发动机工作时，单位时间内窜入曲轴箱的气体量衡量气缸活塞配合副密封性的评价指标。窜入曲轴箱的废气可以溢出的通道有：加机油口、机油尺口和曲轴箱强制通风阀。

显然，曲轴箱窜气量与使用工况有关，在稳定工况下，曲轴箱窜气量可反映气缸活塞组的技术状况或磨损程度。图2-3-5表明曲轴箱窜气量与发动机输出功率和油耗的关系。

（二）检测方法

由于从曲轴箱窜出的气体具有温度高、体积少、脉动、污浊等特点，因而检测难度较大。根据国家标准《装用点燃式发动机重型汽车曲轴箱污染物排放限值及测量方法》（GB 11340—2005）和《轻型汽车污染物排放限值及测量方法（中国Ⅲ、Ⅳ阶段）》（GB 18352.3—2005）规定，对

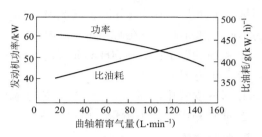

图 2-3-5　曲轴箱窜气量与功率、油耗的关系

于装用点燃式发动机重型汽车，其曲轴箱污染物排放试验可以用整车在底盘测功机上进行，也可以用与被试车辆相应的发动机在发动机台架上进行。用发动机台架试验时，试验发动机应安装与被试车辆相同的零部件（如空气滤清器、曲轴箱污染物控制装置等）。装用点燃式发动机的轻型汽车采用整车在底盘测功机上进行。

1. 试验条件

（1）怠速调整到制造厂规定的状况。

（2）当用底盘测功机进行曲轴箱污染物排放试验时，车辆运转工况如表 2-3-4 所示。

表 2-3-4　曲轴箱排放试验车辆运转工况

工况顺序	车速/（km·h^{-1}）	测功机吸收的功率
1	0	无
2	50±2（三挡或前进挡）	车辆以基准质量，在平坦路面上，以直接挡 50 km/h 等速行驶时的负荷
3	50±2（三挡或前进挡）	工况 2 的负荷乘以系数 1.7
注：对于装用点燃式发动机的轻型汽车，在进行工况 2、工况 3 时采用 3 挡或前进挡。		

（3）当用发动机台架进行曲轴箱污染物排放试验时，发动机运转工况为表 2-3-4 所示的三个工况。但是表 2-3-4 中工况顺序 2 中测功机吸收的功率及车速，必须用被试车辆以基准质量在平坦道路上以直接挡 50 km/h 等速行驶时测取的发动机负荷和转速来替代。工况顺序 3 中测功机吸收的功率为工况顺序 2 中测功机吸收功率的 1.7 倍。发动机的转速同工况顺序 2。

2. 试验设备

（1）测功系统。

1）发动机测功机。可测定发动机稳定工况、精度符合 GB/T 18297《汽车发动机性能试验方法》规定的测功机。

2）底盘测功机。对于底盘测功机具有如下要求：

① 测功机必须能模拟道路载荷。

② 测功机的设定应不受时间推移的影响，且不应使车辆产生任何妨碍车辆正常运行的振动。

③ 测功机必须装有模拟惯量和模拟载荷的装置，若为双转鼓测功机，则这些模拟装置是与前转鼓连接。

④ 准确度：测量和读出的指示载荷，其准确度应能达到±5%；测功机在 50 km/h 时载荷设定的准确度必须达到±5%；车速应通过转鼓（对于双转鼓测功机，用前转鼓）的转速

来测量。车速大于 10 km/h 时,其测量准确度应为±1 km/h。对于轻型汽车,测量测功机指示的车速,其准确度应在±2 km/h 以内。

⑤ 载荷的设定:应在 50 km/h 等速下调整载荷模拟器,使其吸收作用在驱动轮上的功率。

(2) 压力测量设备。

① 进气支管中的压力测量,应使用准确度在±1 kPa 以内的压力计。

② 曲轴箱内的压力测量,应使用准确度在±0.01 kPa 以内的压力计。

3. 试验方法

(1) 发动机的缝隙或孔隙应保持原装配状态。

(2) 应在适当位置测量曲轴箱内的压力,如在机油标尺孔处使用倾斜式压力计测量。

(3) 如果在规定的各测量工况下,测得的曲轴箱内的压力均不超过测量时的大气压力,则应认为该车辆满足要求。

(4) 如果在规定的测量工况下,在曲轴箱内测得的压力超过大气压力,若制造厂提出要求,则应进行追加试验。

4. 追加试验

追加试验的方法如图 2-3-6 所示。

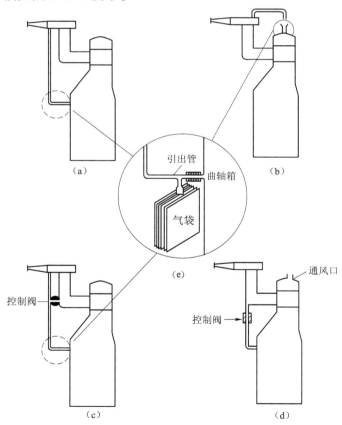

图 2-3-6　轻型汽车曲轴箱污染物试验检查方法
(a) 在微小真空度时直接再循环;(b) 在微小真空度时间接再循环;(c) 双回路直接再循环;
(d) 带控制阀的曲轴箱通风(气袋必须接到通风口上);(e) 引出管和气袋的连接

（1）发动机的缝隙或孔隙应保持原装配状态。

（2）在机油标尺孔处连接一个其容积大约为 5 L 的不泄漏曲轴箱气体的柔性袋。在每次测量前应将气袋排空。

（3）每次测量前气袋应该封闭，在规定的每种测量工况下，气袋应与曲轴箱接通 5 min。

（4）若在规定的每一测量工况下，气袋均没有出现可观察到的充气现象，则认为曲轴箱污染物排放满足要求。

（5）若受发动机结构的限值，不能按照追加试验中（1）~（4）所述方法进行试验，则应按下述方法进行测量：

① 试验之前，除回收气体所需的孔外，所有的缝隙或孔隙均应封闭。

② 气袋应装在再循环管路中一个不应导致任何额外压力损失的合适的取气管中，且再循环装置直接装在发动机连接孔上。

（三）诊断参数标准

依据 GB 11340—2005 和 GB 18352.3—2005 规定，发动机曲轴箱通风系统不允许有任何曲轴箱污染物排入大气。

第四节　起动系统检测诊断

发动机起动系统用于在接通起动机电源时，起动机带动曲轴以高于保证发动机顺利起动所必需的最低转速运转。起动系统性能主要取决于起动电流、蓄电池起动电压、起动转速。起动系统检测，通常在关闭车上所有电器的情况下接通起动机，由起动机带动曲轴旋转，测量蓄电池的输出总电流、蓄电池正负极柱间的电压和发动机曲轴转速 3 个参数，一般分别简称为起动电流、起动电压和起动转速。

起动系统检测诊断设备包括发动机综合性能检测仪和汽车电器万能试验台，下面分别介绍它们的使用方法。

1. 发动机综合性能检测仪检测起动系统

（1）测试方法。起动电流、电压测试。在检测前，将大电流钳测试线夹在与电瓶相连的电动机电源线上（大电流钳测试线箭头的指向应与电流的流向相同），将电瓶电压及充电电压测试线的红色夹、黑色夹分别夹在电瓶的正负极上，将一缸信号适配器夹在一缸高压线上，如图 2-4-1 所示。

在汽油机测试菜单中单击"起动电压、起动电流"图标，进入起动电压、起动电流测试界面。

单击"测试"图标，起动发动机，系统即可自动检测起动电压、起动电流波形并显示发动

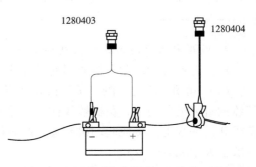

图 2-4-1　大电流钳测试线和电瓶电压及充电电压测试线安装示意图

机当前转速、电瓶电压值、起动电压值、起动电流值。

单击"显示菜单"图标可返回上级菜单。

单击"保存波形"图标可将波形保存于指定目录。

单击"保存数据"图标可将检测有效结果进行保存。

单击"图形打印"图标可对界面有效区域进行图形打印。

单击"显示专家分析"图标，可显示本项目测试的智能提示内容。

（2）检测标准。一般采用12 V电源系统的汽油机起动初始电压U_B应大于或等于12.0 V，起动终止电压U_E应大于或等于9.6 V；采用24 V电源系统的柴油机起动初始电压应大于或等于24 V，起动终止电压应大于19.2 V。汽油机的起动转速n应为（50~70）r/min，柴油机的起动转速应为（100~200）r/min。起动电流因蓄电池和起动机配置不同差异很大，每一车型的起动初始电流I_B和起动稳定电流I_E的实测值应符合该车型相关资料的规定。

（3）检测结果分析。检测结果分析如下：

① 起动电流：黄颜色曲线是起动后的起动电流变化曲线。在开始起动瞬间，起动机所用电流非常大，一般为100~200 A，经过1~2 s的时间，起动电流就比较稳定，蓄电池内阻越大，起动电流的曲线就越粗。

② 电动电压：红颜色曲线是蓄电池空载时的电压，黄颜色曲线是蓄电池起动后的变化曲线，起动电压中间值为起动电压，一般汽油机为12 V。起动电压末值比起动电压中值小得越多，说明蓄电池亏电越多。

起动系统检测结果分析如表2-4-1所示。

表 2-4-1 起动系统检测结果

	检测参数					故障原因
	U_B	U_E	I_B	I_E	n	
检测结果	偏低	偏低	偏小	偏小	偏低	蓄电池内部故障或亏电严重
	正常	偏低	正常	偏小	偏低	蓄电池存电不足
	正常	偏低	偏大	偏大	偏低	起动机内部短路或发动机阻力过大
	正常	正常	偏小	偏小	偏低	起动机电路断路或接触不良
	正常	正常	正常	波动过大	波动过大	电刷与换向器接触不良，电磁开关故障，各缸压力差异过大

2. 汽车电器万能试验台检测起动系统

汽车电器万能试验台检测起动系统的方法如下：

（1）起动电压的检测。按下仪表面板上的50 V开关。将测试线的红、黑插片分别接到仪器的直流电压的正、负极接线柱上。然后将测试线另一端的红、黑夹子分别接到蓄电池的正极和搭铁线上。接通起动机开关，此时仪表读数值即为蓄电池起动电压。蓄电池起动电压一般应大于或等于8 V。

（2）测量起动机工作状况。按下仪表面板直流电流300 A开关。先将仪器的两根粗备用线的插片端（区别正负）牢固地拧在仪器直流电流300 A的接线柱上、备用线的另一端分别牢固地拧在备用的 300 A 分流器的两端；再自备两根粗备用线，其一端分别与 300 A 分流器的两端牢固连接，然后将自备的备用线分别极性与被测起动机串联。此时接通起动开关使起动机运转，300 A 仪表指针应指示在规定的范围内。否则说明起动机绕组有短路或搭铁故障。

第五节　点火系统检测诊断

在汽油机各系统中点火系统对发动机的性能影响最大，统计数字表明，有将近一半的故障是因为电气系统工作不良而引起的，因此发动机性能检测往往从点火系统开始。

检测点火系统技术状况通常使用发动机综合性能检测仪。点火系统的结构原理不同，检测方法也有所不同，应区别对待。

进行点火系统检测时，无论是传统的触点式点火系统还是其他形式的点火系统，必须首先将所需连接的测试导线（传感器连线）连接好，然后按照检测仪说明书介绍的操作方法进行测试，测定点火系统的各种参数，最后将测得的参数或波形数据与标准参数或波形数据进行比较，从而判断该点火系统的技术状况。

一、检测准备

（一）测试导线的连接

1. 传统点火系统

由于各厂家的发动机综合性能检测仪的信号预处理系统、信号提取系统的不同，所以发动机综合性能检测仪断电触点传感器（点火线圈初级信号传感器）接法也有所不同，大概分为三种：一种是将红黑两个夹子分别夹接在点火线圈初级绕组正负两端的金属部分；一种是将红夹子夹在点火线圈初级的负极，黑夹子搭铁；有的发动机综合性能检测仪只有一个点火线圈初级信号传感器，将其接在点火线圈的初级负极接头或分电器连接到点火线圈负极的接头上，这两个接头在电路上是直接连接的。

将点火高压传感器的夹子夹接在点火线圈次级（即分电盘的中心线）的绝缘导线中，并尽可能使夹子的磁路成环形闭合，如果检测仪采用串接式点火高压传感器，可将点火高压中心线拔出，并将点火高压传感器串接在点火线圈与分电盘的中心接头间。

将标准缸传感器（通常选一缸）夹在分电盘与一缸的火花塞间的绝缘导线间，尽可能使夹子的磁路形成环形闭合，有的检测仪还要求有一定的电流方向，此时应使标准缸传感器夹子上的箭头指向火花塞。

如果同时需要用缸压法测量点火正时信号（点火提前角），则还需要接上缸压传感器。将标准缸的火花塞拆下，将缸压传感器代替该缸的火花塞拧上，并用火花塞套筒拧紧，然后将缸压传感器到发动机综合性能检测仪主机（或黑盒子）的连线接好。

2. 无触点式点火系统

在无触点式点火系统（电子点火系统）中，初级电流流经点火线圈初级绕组后，不流经分电器，而是通过点火控制器搭铁。因而，初级信号传感器必须夹在点火初级信号的输出端或点火线圈的负极接线柱上。点火高压传感器、标准缸传感器、缸压传感器的接法同传统触点式点火系统。

3. ECU 控制点火系统

ECU 控制点火系统可以看成一种用微处理器代替了无触点式点火系统的非接触式断电器的电子点火系统。其检测原理与无触点式点火系统大致一样。

4. 无分电器点火系统的检测

无分电器点火系统（DIS）有两种形式。一种是同时点火系统，该系统一个点火线圈同时对两个气缸点火，所以有一个火花塞的电压是正，一个火花塞的电压是负，检测时要注意区分。一种是独立点火，每个火花塞独立用一个点火线圈，点火线圈一般跟火花塞连在一起装入气缸中，所以通常没有高压线外露。

独立点火系统的点火线圈与火花塞一起装在气缸内，一般用片式点火传感器测量，如果没有合适的片式点火传感器，那么只能检测初级信号，其初级信号传感器的接法与其他点火系统一样。

（二）仪器预热

测试前要对检测仪进行预热，测试时首先要输入被测汽车的信息（如气缸数、冲程数、点火顺序等参数，详细操作请参考检测仪说明书），然后起动发动机进行测试。测试时发动机转速一般处于怠速，通过在发动机综合性能检测仪上采取相应的操作，可对应在屏幕上看到被测发动机的点火电压、闭合角、重叠角、点火提前角，以及初、次级的点火波形等数据。

二、波形分析

（一）次级电压标准波形分析

发动机点火系统的波形有初级波形和次级波形，初级波形是点火线圈初级绕组电压信号随时间变化的曲线，如图 2-5-1 所示。同样，次级波形是点火线圈次级绕组电压信号随时间变化的曲线。在波形的形状上，初级波形和次级波形基本一致，只是它们的幅值不一样。习惯上按传统触点点火系统的断电触点是否闭合将发动机次级点火系统波形分为两段，即触点开启段及触点闭合段，也有的分成三段，将其中触点开启段再分为点火段与低频振荡段；其中点火段又可分成点火线与火花线两段。由于初级点火系统波形与次级波形的形状大体一样，而且时间变化是一致的，所以也按上述方法分段。

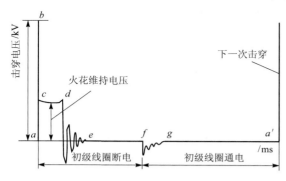

图 2-5-1 次级点火电压标准波形

触点开启段（a—f）：指断电触点开启时的电压波形。它包括了点火段与低频振荡段。

触点闭合段（f—a'）：是点火线圈的充磁区。触点闭合段右段即触点张开点，是下一次发火线的起点。

点火段（a—b—c—d）：包括发火线和火花线。

低频振荡段（d—f）：火花消失后，点火线圈中仍有一些残余能量继续释放，它使线圈和电路中的分布电容形成低频衰减振荡,直至能量耗尽。正常工作的点火系统的衰减振荡应显示3个以上的波峰。

闭合段（$f—a'$）:当传统点火系统的触点闭合或电子点火系统的晶体管导通时,点火线圈初级绕组开始通电。由于线圈的电抗作用,电流由零逐渐增大,在变化的初级电流作用下,次级电路中也感应出电动势,并与电路电容互相作用,形成又一次振荡。当初级电流稳定后,次级中既无电压,也无电流,波形呈一条水平线。

发火线（$a—b$）:最左边的垂线是发火线,为一尖脉冲。发火线的高度代表火花塞击穿电压（点火电压）,一般在 7~11 kV。电子点火的车一般在 8~16 kV。火花塞不工作时点火电压为 20~30 kV。其值受火花塞或次级电路、发动机温度、混合气浓度和气缸压缩压力的影响。

火花线（$c—d$）:火花线是指发火线后面一条波小而密的曲线。这一阶段为高频振荡,它反映了火花塞的放电过程。标准的火花线为一条向下弯曲的弧线,如果混合气过浓或气缸压力低,则火花线的后部不向上翘起,而是向下倾斜。火花线的平均高度代表击穿火花塞电极之后,维持两电极间火花放电所需要的电压值（火花电压）,其正常高度约为发火线的 1/4。火花线的长度代表火花延续的时间,火花线的右端表示放电结束。

（二）初级电压标准波形分析

初级与次级电压随时间变化的规律是类似的。不过初级电压的标准波形与点火系统的结构有一定的关系,这种区别如图 2-5-2 所示。

对于传统点火系统,在断电触点刚断开后,由于触点并联电容的存在,会在初级回路中形成明显的高频衰减振荡[图 2-5-2（a）的 $a—c$ 段]。而对于电子点火系统来说,由于没有触点并联的电容,所以不存在这一振荡过程,其波形与次级电压波形更相似一些[图 2-5-2（b）]。$a—b$ 段电压并不高,一般只有 150~200 V。图中 $c—d$ 段与次级电压标准波形（图 2-5-1）中的 $d—e$ 段是对应的。在这段时间内,火花消失后的残余能量在点火线圈初、次级内同时产生衰减振荡。

在 e 点,由于初级线圈闭合导通,因初级电流开始增加,所以在线圈中感应电压与断电阶段的方向相反。

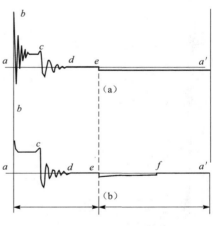

图 2-5-2 初级电压波形
(a) 传统点火系统；(b) 电子点火系统

对于某些电子点火系统,反向电压到 f 点就消失了,这是因为电子点火器多具有限制初级电流的作用。

（三）点火系统故障波分析

点火系统故障的原因很多,现场测得的故障波形十分复杂,且不同型号的发动机综合性能检测仪,由于其数据采集速度、数据处理方法以及显示方式的不同,显示的波形也有所差异。以下就一些常见的典型故障波形进行简略说明。

(1) 初级电压故障波形。根据发动机综合性能检测仪所采集到的各故障初级电压波形（如图 2-5-3 所示）可以分析点火系统断电电路有关电器元件和机械装置的状态,为电路的调整和维修提供可靠的依据，以避免盲目拆卸。

① 图 2-5-3（a）所示波形在触点开启点出现大量杂波，显然是触点严重烧蚀而造成的，打磨触点或更换断电器即可排除。

② 图 2-5-3（b）所示的初级电压波形在火花期的衰减周期数明显减少，幅值也变低，显然是电容漏电造成的。

③ 图 2-5-3（c）所示波形在触点闭合阶段有意外的跳动，造成这种现象的原因是触点因弹簧力不足引起不规则跳动。

④ 图 2-5-3（d）所示波形在触点闭合阶段出现大量杂波，一般是由于触点搭铁不良引起的。

⑤ 图 2-5-3（e）为电子点火系统的低压故障波形，对比正常波形，在充磁阶段电压没有上升，说明电路的限流作用失效，无分电器点火系统元件可调整，当这一波形严重失常时只能逐一更换点火线圈、点火器、点火信号发生器和凸轮位置传感器等，找出故障器件或模块。

（2）次级电压故障波形，如图 2-5-4 所示。

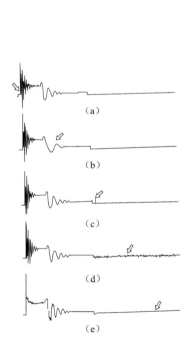

图 2-5-3 初级电压故障波形

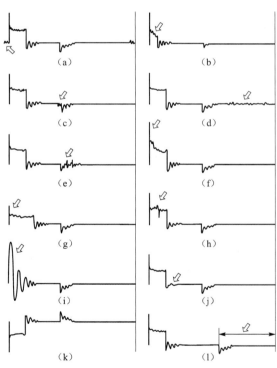

图 2-5-4 次级电压故障波形

① 图 2-5-4（a）断电高压产生之前出现小的多余波形，说明断电器触点接触面不平，在完全断开之前有瞬间分离现象，引起电压抖动。

② 图 2-5-4（b）点火能量小，火花很快熄灭，说明点火系统储能不足。可能是供电电压偏低，或初级电路导线接触不良造成的。

③ 图 2-5-4（c）第二次振荡波形之前出现小的杂波，可能是由断电器触点接触面不

平，在完全闭合之前有不良接触所致。

④ 图2-5-4（d）在触点闭合阶段，存在多余的小杂波，可能是初级电路断电器触点搭铁不良，或各接点接触不良，引起了小的电压波动。

⑤ 图2-5-4（e）第二次振荡波形存在严重的杂波，这一般是由于断电器触点臂弹簧弹力太软使触点闭合瞬间引起弹跳所致。

⑥ 图2-5-4（f）击穿电压过高，且火花线较为陡峭，这可能是火花塞间隙太大，或次级电路开路等所引起。火花塞间隙越大，所需击穿电压越高，而且往往没有良好的放电过程。

⑦ 图2-5-4（g）击穿电压和火花线都太低，且火花线变长，这可能是火花塞间隙太小或积炭严重。在这种情况下，击穿电压会很低，而火花放电时间则较长。

⑧ 图2-5-4（h）火花线中出现干扰"毛刺"，可能是分电器盖或分火头松动。这样，在发动机高速运转时，因分电器的振动会使火花塞上的电压不稳定而出现抖动。

⑨ 图2-5-4（i）完全没有高压击穿和火花线波形，说明火花塞未被击穿，也就没有火花放电过程。产生的原因可能是次级高压线接触不良或断路，或者火花塞间隙过大。

⑩ 图2-5-4（j）第一次振荡次数明显减少，可能的原因是断电器触点并联的电容漏电、电容器容量不够或初级电路接触不良，导致线路上电阻增大、耗能增加，火花熄灭后剩余能量小，振荡衰减加快。

⑪ 图2-5-4（k）整个次级电压波形上下颠倒，说明点火线圈初级两端接反或将电源极性接反。从而使初级电流、次级电压都改变了方向。

⑫ 图2-5-4（l）与正常时相比，触点闭合阶段变短，说明断电器触点间隙过大。反之，若闭合阶段变长，就说明触点间隙太小。

（四）不同气缸次级点火电压波形对比分析

若将不同气缸次级点火电压波形排列在一起，通过对比观察分析，常常可以发现某些气缸点火方面的故障现象。常用的方法是将波形重叠起来（重叠波），或上下排列（并列波），或左右排列（平列波）。以下主要介绍重叠波和平列波。

（1）重叠波。在正常情况下，各气缸次级点火电压波形是非常相似的。利用重叠波，主要是检查传统点火系统中断电器触点闭合角的大小，以及各气缸对应触点闭合时刻（图2-5-5中的f点）的分散程度，从而间接判断分电器凸轮磨损情况。

图2-5-5给出了重叠波形示意图。图中用两种不同的线条表示了触点闭合时刻最早和最晚的两个波形，其他各缸波形介于这二者之间。

在标准重叠波中，闭合段应占全部波形周期的比例为：

四缸发动机：45%～50%；

六缸发动机：63%～70%；

八缸发动机：64%～71%。

若闭合段太短，即闭合角太小，一般是触点间隙过大造成的。它将导致点火储能不足。反之若闭合段过长、闭合角过大，则在发动机低速时点火线圈可能会发热。

此外，要求闭合段波形的变化范围（图2-5-5

图2-5-5 次级对应的重叠波形示意图

中的 d 部分）不应超过波段长度的 5%。否则说明分电器凸轮角不规则，或分电器轴松旷。

（2）平列波。将各气缸的次级电压波形按点火顺序依次排列显示，即所谓平列波，如图 2-5-6 所示。通过各缸的波形对比，很容易观察到某气缸点火状况是否正常。例如，图中第三缸击穿电压太低，说明该气缸火花塞间隙太小，或绝缘体有裂纹。反之，若图中第二缸击穿电压过高，说明该缸火花塞间隙太大或已经烧坏。另外，当取下某缸的高压分线

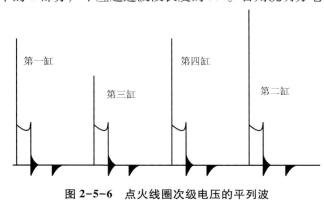

图 2-5-6 点火线圈次级电压的平列波

后，该缸击穿电压应立即升至 20 kV 以上才正常。否则说明点火线圈性能不好，或分电器、高压线有漏电。

三、点火提前角检测

（一）点火提前角

点火提前角对发动机的动力性和经济性影响很大。若点火晚，则发动机不易起动，提速慢，感觉"发闷"，还会出现排气管放炮，发动机过热的现象。若点火早，加速时会出现爆震，发出"嘎啦、嘎啦"清脆的类似金属敲击声。爆震会使功率下降并有损发动机的寿命。调整正确点火时间的工作叫"点火正时"。除安装分电器时设置的初始点火提前角外，发动机还可以根据转速、负荷等因素自动调整点火时间。自动调整点火时间可分为离心提前、真空提前和电脑控制提前。

1. 离心提前

点火提前角应随发动机转速增高而增大。因为转速升高时，曲轴转过同样角度所用的时间将会缩短。非电脑控制的发动机，分电器中装有离心点火提前机构。离心点火提前机构可使点火提前 7°～15°凸轮转角，相当于 14°～30°曲轴转角。当发动机转速超过一定转速时，点火不再随转速升高而提前。

2. 真空提前

点火提前角应随发动机的负荷（即节气门的开度）增大而减小。因为在大负荷时，压缩冲程终了的压力和温度增大，燃烧速度加快；在小负荷时，吸入气缸中的可燃混合气减少，残存废气量相对增加，混合气燃烧速度慢。进气管的真空度能反映发动机负荷的变化。在怠速和低速时，进气管的真空度最大（57~70 kPa），当节气门全开时，真空度很小（5~7 kPa）。

3. 电脑控制提前

普通离心提前和真空提前装置，都不可能达到电脑控制那样的精确程度。电脑通过各种传感器送来的发动机工作情况的信息，计算出正确的点火时间，指挥初级点火电流截止。电脑控制点火时间，除按照转速和负荷两种因素外，还根据以下因素：

（1）发动机的工作温度。低温时将点火提前。

（2）海拔高度。海拔增高时，将点火提前。

（3）爆震传感器传来的信息。使用这种控制，可以在不发生爆震的情况下，将点火最

大限度地提前，以便取得最大的动力和最低的油耗。

（二）点火提前角检测原理

1. 闪光法检测点火提前角

利用闪光法检测点火提前角的仪器是正时仪，如图 2-5-7 所示。

一般在发动机的旋转部件（飞轮或曲轴皮带轮）上，都刻有正时标记。在与其相邻的固定机壳上也有一标记。当曲轴旋转到使两标记对齐时，第一缸活塞刚好到达上止点位置。如果用第一缸的点火信号去触发点亮一个闪光灯，并用闪光灯来照射这个旋转体（如飞轮），每次闪光灯点亮时（即一缸点火时刻），一缸活塞尚未到达上止点，飞轮上的标记和

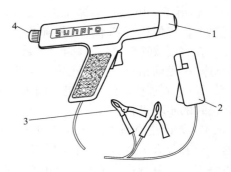

1—正时仪；2—点火脉冲传感器；
3—电源夹；4—电位器旋钮。
图 2-5-7 正时仪

飞轮壳上的标记还没有对齐，上述两标记之间的角度差，即为发动机的点火提前角。

闪光和点火是完全同步的，由于频闪效应，当发动机转速不变时，我们看到飞轮上的标记似乎是不动的，两个标记间有一个固定的角度差。如果在闪光灯的延时电路中安装一个电位器，用它来延迟闪光时刻，当旋转电位器时，我们会看到飞轮上的标记向前移动至两标记对齐。把延迟的时间换算成曲轴转角标在电位器旋钮上，当两标记对齐时，旋钮转过的角度即为被测发动机的点火提前角。在点火正时仪中，可以将发动机的转速和提前角在仪表上显示出来。取第一缸点火信号的方法有两种，一种是将点火脉冲传感器串接在第一缸的高压线与火花塞之间；另一种是感应法，将传感器外卡在第一缸的高压线上。有的正时仪不用这种闪光法，而是在飞轮上的上止点刻记处贴上宽 3 mm 长 15 mm 的锡纸，将一个既能发光又能接收反射回来的光线并能将其转换成电信号的传感器安装在飞轮壳上，用它取得上止点信号，并与点火信号进行比较来检测点火提前角。

正时仪的电源可以用汽车蓄电池的 12 V 电源，也有用电池或 110 V 交流电作电源的。用电池作电源的正时仪还可检查发动机的点火系统是否工作。当汽车发动不着时，首先要看是否点火，再看是否来油。现代汽车的火花塞与高压线连接处都有护套，不便于试火，拆卸也较费事。用由干电池做电源的正时仪，当用起动机带动发动机旋转时，将传感器分别往各缸高压线上一卡，闪光灯亮则证明有火。不用拆卸任何零件，十分方便。

2. 缸压法检测点火提前角

检测点火提前角，实际上就是测量某一缸（一般为第一缸）的点火时刻与活塞到达上止点时刻的时间间隔，并转换成曲轴转角。检测活塞到达上止点的时刻，除了用频闪灯照亮旋转零件上的上止点标记的方法以外，还可以用缸压法。当某一缸活塞到达压缩冲程上止点时，气缸内的压缩压力最高。用缸压传感器检测出这一时刻，与点火时刻进行比较，即可测出点火提前角。

（三）正时仪的使用

在检查点火提前角时，应注意以下几点：

① 对有触点点火系统，闭合角必须正确。因为调整触点间隙改变闭合角时，会影响到点火时间。即触点间隙增大，点火提前角增大；触点间隙减小，点火提前角减小。

② 发动机充分预热，使其达到正常工作温度。

③ 检测时，发动机应稳定在规定转速。

④ 拆下分电器真空提前装置的真空软管，并将软管堵住。在真空提前装置不起作用的情况下，以便检查基本点火提前角。

⑤ 确定好第一缸。因为大多数发动机以第一缸为参照缸，第一缸点火提前角正确，其他缸点火提前角也基本上正确。某些车型对第一缸位置的规定与众不同，这一点应注意。

⑥ 对电脑控制的发动机，因为有其特殊要求，应查阅说明书，按制造厂规定的校准点火正时的步骤进行。

⑦ 无论是有触点点火还是电子点火，顺着分火头旋转方向转动分电器壳都可使点火延迟，逆着分火头旋转方向转动分电器壳可使点火提前。有的电脑控制点火机构使用曲轴位置传感器，为电脑输送信号，分电器只起分配高压电的作用，这时就不能用转动分电器壳的方法来调整点火正时。

第六节　燃油供给系统检测诊断

按照使用燃油的类型，汽车燃油供给系统分为汽油机燃油供给系统和柴油机燃油供给系统。燃油供给系统技术状态的好坏直接影响着发动机动力性、经济性、排放污染物和可靠性，是汽车检测与诊断的重点内容。根据汽油机燃油供给系统和柴油机燃油机供给系统的不同特点，其检测诊断内容和方法有所不同。

一、汽油机燃油供给系统检测诊断

汽油机燃油供给系统的作用是根据发动机各种工况的要求，适时向气缸提供一定数量和浓度的可燃混合气，以便在临近压缩终了时使发动机点火燃烧而膨胀做功，最后把燃烧产物排至大气。

1. 电控喷油信号和燃油压力的检测

（1）喷油信号的检测。对于电控燃油喷射系统，如果燃油压力由调节器控制，燃油压力与进气歧管的压力之差为常值，则从喷油器喷出的燃油量仅取决于喷油器的开启时刻，该时刻是由微处理器向喷油器电磁线圈发出的指令信号控制的。测得了该指令信号，即可判断其技术状况。发动机综合性能检测仪可以完成此测量。

为测得电控喷油系统的喷油电压信号，可拆开喷油器电路插头，中间接入专用T形接头。其一端接喷油器，另一端接电路插头，中间引出端接发动机综合性能检测仪的信号提取系统的信号探针，如图2-6-1所示。该T形接头有两种型式，图2-6-1（a）为直接插头引出式，图2-6-1（b）为鱼夹引出式，可供多种传感器信号引出使用。

图2-6-2为发动机综合性能检测仪采集到的喷油器喷油电压信号波形。图中，① 为喷油器关闭时的信号；② 为电子控制装置（ECU）给出喷油信号开始喷油的时刻；③ 为针阀全开提供给发动机基本喷油量的时期，该时期长短由ECU根据传感器输送的空气流量、水温、气温、气压等信号计算确定，一般为0.8~1.1 ms；④ 为基本供油电压信号终止时刻，喷油器线圈因自感而产生约35 V的电压脉冲；⑤ 为补偿加浓时期，该时期长短由ECU根据各种传感器输送的有关转速、负荷、进气温度、进气歧管压力的信息计算确定，一般约为1.2~2.5 ms；⑥与④相似，为补

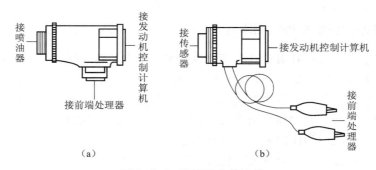

图 2-6-1 T 形接头的连接

偿加浓电压信号终止时在喷油器线圈中产生的自感电压脉冲，一般为 30 V。

（2）燃油压力的检测。对于多点燃油喷射系统（MPI），燃油压力检测时应把压力表接到燃油分配总管的测压接口上，使油泵工作或发动机怠速运转，从压力表上可测得调节压力；拔掉燃油压力调节器上的真空软管，可测得系统压力。测得系统压力后，使发动机熄火。待 10 min 或 20 min 后，压力表上指示的压力值就是保持压力。所谓保持压力，是指发动机熄火后为便于再次起动，燃油管路中所应保持的压力。保持压力低的原因是由于燃油泵单向阀不密封或喷油器、燃油压力调节器泄漏。

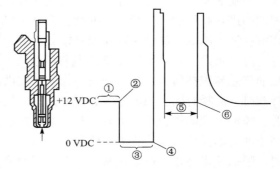

图 2-6-2 喷油器电压信号波形

对于单点燃油喷射系统（SPI），一般情况下应检测系统压力或调节压力，压力表应安装在喷油器与滤清器之间。

表 2-6-1 为电控燃油喷射系统供油压力和供油量的规定值。

表 2-6-1 电控燃油喷射系统的供油压力和供油量

类型	测试项目		压力值/MPa	测试条件
MPI 型电控喷射系统	系统压力		0.25~0.35	油泵运转或怠速
	调节压力		0.20~0.26	
	系统保持压力	10min 后	大于 0.20	熄火后开始计时
		20min 后	大于 0.15	
	油泵压力		0.5~0.7	油泵运转
	油泵保持压力		0.35	油泵运转
	油泵供油量/（L·min^{-1}）		1.2~1.6	油泵运转
SPI 型电控喷射系统	系统压力		0.07~0.10	油泵运转或怠速
	调节压力		0.10	
	调节保持压力		0.05	
	油泵压力		0.30	油泵运转
	油泵供油量/（L·min^{-1}）		0.83~1.5	油泵运转

二、柴油机燃油供给系统检测诊断

柴油的自燃点比汽油约低 200 ℃,可以在压缩行程末期喷入气缸自行着火燃烧。因此柴油机供油系统并无电量可采集。这是柴油机检测的难点之一。发动机综合性能检测仪在检测柴油机的供油系统时,首先要将非电量的供油压力转变成电量,在不解体检验作业中,只能用外卡式传感器。它以一定的预紧力卡夹在喷油泵与喷嘴之间的高压油管上,如图 2-6-3 所示,油管在高压油脉冲的作用下产生微小膨胀,挤压外卡式传感器内的压电传感元件,产生压电电荷,经分析仪中的电荷放大器放大后供采控系统分析。

高压柴油在喷油泵出口到喷油嘴的油管沿程以波动方式传播,即在同一瞬间喷油泵端的压力和喷油嘴端的压力是不同的,图 2-6-4 为实测到的喷油泵出口压力波和喷油嘴端压力波。当喷油泵柱塞上升,开始关闭进油孔时,高压油管的压力上升,当超过剩余压力 p_r 时,燃油即进入高压油管,当油压继续上升达喷油嘴的针阀开启压力 p_0 时针阀开启,开始向燃烧室喷油。所以喷油嘴实际喷油开始点落后于喷油泵的供油开始点,这一段时间差称喷油延迟。由于延迟必将导致实际喷油提前角较几何供油提前角要小,提高针阀开启压力 p_0 和增加油管总容积都使这一延迟加长,为使各缸供油提前角均衡,各缸高压油管都是等长度的。针阀打开的瞬时因容积的增大和部分油进入气缸,喷油嘴端的压力微降。但因柱塞的继续上升,喷油泵端的压力继续上升直到喷油泵回油孔打开,泵端压力速降。但喷油嘴端的压力因高压油管的弹性收缩使压力下降缓慢,这一压力一直下降到低于喷油嘴针阀的落座压力 p_s 时,喷油才告终止。这是正常压力波。当油管中的压力波激起针阀的振动或压力波在高压油管两端的反射波过大时会引起不规则喷射或两次喷射等不正常现象。

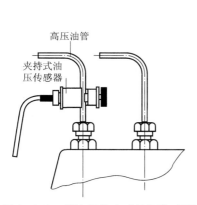 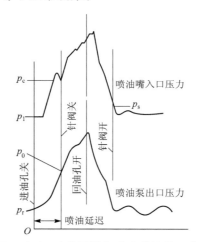

图 2-6-3 柴油机外卡式油压传感器　　　　图 2-6-4 喷油泵端和喷油嘴端的压力波

1. 上止点(TDC)传感器的安装

上止点的确定对分析喷油压力波形至关重要,因此在测取压力波前必须正确安装调试 TDC 传感器,以供检测仪准确测量发动机的上止点信号。

常用的 TDC 传感器有两种结构形式,即磁电式和光学式两种。光学式精度高,在整个转速范围内分辨率均匀,且安装方便,因此被普遍使用。以下以光学 TDC 传感器简述其安装方法。

首先将随机提供的反光片（10~15 mm 宽）贴于飞轮或皮带轮上（视被测车结构而定），有的车型其皮带轮与扭转减振器为一体，即必须贴于扭转减振器外壳上，注意反光片贴于上止点记号之后方（以旋转方向为前），反光片前缘对准 TDC 记号，如图 2-6-5 所示，以专用夹持器将光学传感器安置于发动机相应位置，并使其光束对准反光片，光束距离不要超过 50 cm。为使上止点信号的提取不受发动机振动的影响，TDC 传感器不能安装在汽车底盘或车身上。

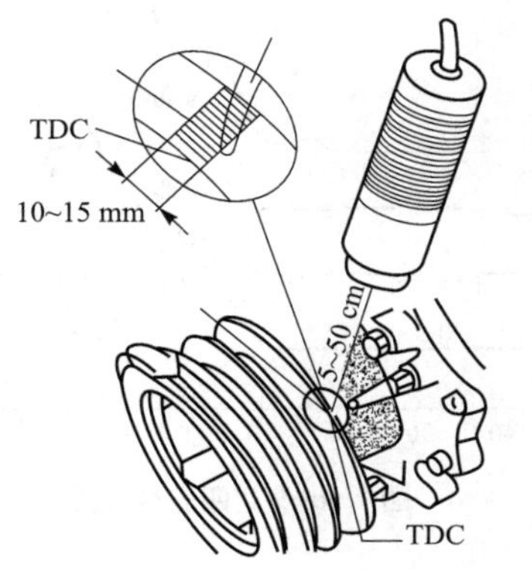

2. 喷油提前角测定

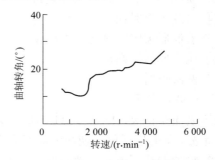

图 2-6-5　光学 TDC 传感器的安装

夹持式油压传感器和 TDC 传感器安装就位后，使柴油机运转预热，并达到正常温度。为减小测试的随机误差，提高检测精度，仪器都设计有多个循环测试结果取平均值的功能。因此试验前须设定平均循环数，例如选取 8 个循环平均值，则最终显示器上的显示值即为所测转速下的 8 个循环的平均喷油提前角值。如图 2-6-6 所示。

喷油提前角随发动机转速变化，如图 2-6-7 所示为某发动机喷油提前角随发动机转速变化的关系曲线。因此，测量时可以通过移动转速标尺的位置（图 2-6-6 上方标尺即为发动机转速标尺），即可测取不同转速下的提前角值，并显示于显示器。

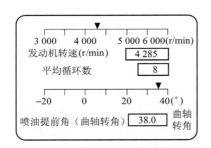

图 2-6-6　定转速测喷油提前角
（使用 TDC 传感器）

图 2-6-7　某发动机喷油提前角
随发动机转速变化曲线

如果不安装 TDC 传感器，也可用频闪灯测定喷油提前角。方法如同频闪灯测量汽油机点火提前角。

3. 供油压力波

发动机综合性能检测仪还可以测量多缸柴油机的各缸供油压力波形，并通过信息处理软件如同汽油机点火波形一样组合成平列波、并列波和重叠波形，如图 2-6-8、图 2-6-9、图 2-6-10 所示。但因传感器压电特性和高压油管弹性的差异以及夹持式传感器安装过程的随机误差，使各缸供油压力信号的采集差别比各缸点火信号采集差别要大，从而导致根据这些图形分析各缸供油一致性的推理可信度下降。

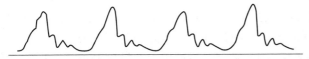

图 2-6-8　四缸供油压力平列波

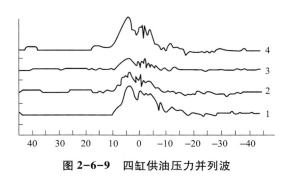
图 2-6-9 四缸供油压力并列波

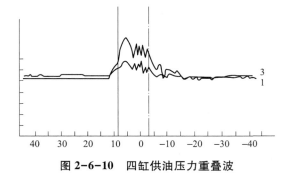
图 2-6-10 四缸供油压力重叠波

4. 故障喷油压力波的加载分析

喷油压力波与点火波形不同，后者几乎与发动机的负荷无关，而前者正是柴油机的负荷调节方式，因此要正确分析供油压力波，就必须使发动机在有载荷的工况下运行。对于整车调试只能在底盘测功机上进行。为了使采集的信号能准确地反映喷油器的工作状态，夹持式传感器应装卡在喷油器进口端。

（1）喷油压力波形的特征。

① 喷油器开启前的压力上升。

② 喷油器开启时刻与压力值。

③ 喷油器开启后的压力变化特性。

④ 喷油延迟时期。

⑤ 喷油器关闭时刻与压力变化。

⑥ 压力反射波幅值。

⑦ 两次喷射。

（2）波形分析。

① 喷油器积炭，图 2-6-11 的虚线为故障波，实线为正常波，相比之下故障波因喷油器积炭而减小了通道截面，使喷油器开启后的压力上升出现尖峰，喷油持续时间加长。

② 喷油器针阀卡死，故障曲线上无开启和关闭信号（如图 2-6-12 所示），压力建立不起来，这是喷油器最大也最易于检测的故障。

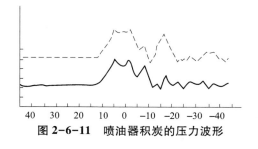
图 2-6-11 喷油器积炭的压力波形

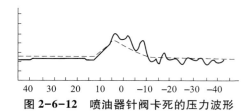
图 2-6-12 喷油器针阀卡死的压力波形

③ 喷油器滴漏，所形成的波形如图 2-6-13 所示，曲线压力上升平缓，喷油延迟期缩短，无明显的喷油器针阀关闭时刻，钩状的光滑曲线是典型的滴漏现象所造成的。

④ 喷油压力过低，所形成的波形如图 2-6-14 所示，喷油压力在针阀开启和关闭时都较低，且喷油持续时间过长，这时需调整针阀压力。

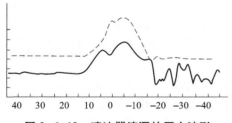

图 2-6-13 喷油器滴漏的压力波形

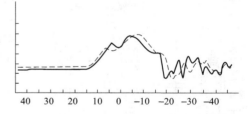

图 2-6-14 针阀开启压力过低的压力波形

⑤ 针阀开启压力过高，所形成的波形如图 2-6-15 所示，剩余压力升高，开始喷油时刻推迟，反射波幅加大，其结果是喷油率下降，喷油压力峰值的增高可能损坏喷油泵。

5. 故障供油压力波的加载分析

如果将夹持式传感器移至喷油泵出口端，就可采集到反映喷油泵性能的压力波信息。

① 出油阀密封不良，所形成的波形如图 2-6-16 所示，故障曲线在针阀关闭后剩余压力下降，并造成压力的上升和下降曲线变化平坦，因为剩余压力降低而显得与压力峰值之间的差值变大。

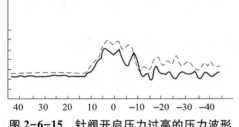

图 2-6-15 针阀开启压力过高的压力波形

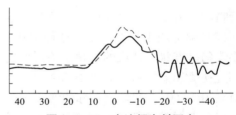

图 2-6-16 出油阀密封不良

② 出油阀磨损，造成高压油管内剩余压力上升（如图 2-6-17 所示），喷油持续时间加长，同时出现两次喷射（注意反射压力波幅已达喷油压力幅值，促使喷油器针阀两次开启），这时常伴有排气冒烟现象。

③ 高压油泵柱塞磨损，压力波曲线如图 2-6-18 所示，喷油开始时刻推迟，喷油压力峰值和喷油持续期明显下降。

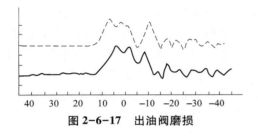

图 2-6-17 出油阀磨损

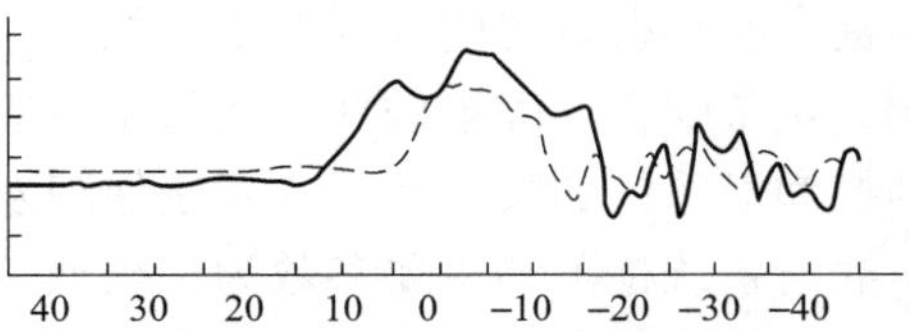

图 2-6-18 高压油泵柱塞磨损

6. 喷油器技术状况检测

喷油器的技术状况决定柴油机燃油的喷射质量，因此对柴油机的燃烧过程和技术性能有重大影响。

喷油器技术状况的检测应在专用试验器上进行，如图 2-6-19 所示。试验器由手压泵、油箱及压力表组成。油箱内的柴油经滤清后流入手压油泵的油腔，压动手压油泵泵油时，高压油经油阀流入喷油器，使喷油器喷油，同时在压力表上显示出油压。

（1）喷油压力测试。拆下试验器的锁紧螺母，旋松调节螺钉，然后把喷油器装在试验器上；压动试验器手柄，排除留在油管和喷油器中的空气和脏物。

以每分钟60次的速度按压试验器手柄，同时观察喷油器喷油过程中压力表上的读数。各缸喷油器的喷油压力应相同，并应符合制造厂的规定标准。如果喷油器的喷油压力不符合规定，可通过增、减喷油器调压弹簧处的垫片或调整喷油器调压螺钉的旋入量调节喷油压力。旋入调压螺钉时，喷油压力应提高；反之，则应降低。

调整喷油器后，应旋紧试验器锁紧螺母，再次

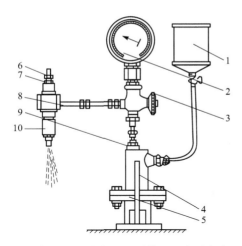

1—油箱；2—压力表；3—开关；4—高压油泵；
5—手柄；6—调节螺钉；7—锁紧螺母；
8—高压油管；9—放气螺塞；10—喷油器。
图 2-6-19 喷油器试验

进行喷油压力试验，直至调整到符合标准值。

（2）喷雾质量检查。以每分钟120次的速度按压试验器手柄，喷油器喷出的油雾束应细小均匀呈雾状，油束的锥角、喷射方向应符合要求。

五孔喷油器应喷出五束锥角在10°~40°、均匀并对称的油雾，轴针喷油器应能喷出一束锥角在10°~60°、均匀并对称的油雾。

（3）喷油滴漏现象的检查。当以较慢的速度按压试验器手柄，或在低于标准喷油压力时停止按压时，喷油器喷孔处不应有油滴流出。

第七节　润滑系统检测诊断

摩擦阻力是发动机起动和运转时的主要内部阻力，改善润滑状况可减小发动机的机械损失，提高发动机输出的有效功率；相反，润滑状况不良时，发动机做相对运动的配合副磨损加剧，正常配合间隙被破坏，还易于造成发动机"拉缸"或"烧瓦"等破坏性故障。因此，发动机润滑系统的技术状况，对于保障发动机正常工作、提高使用寿命非常重要。

润滑系统检测的主要参数为：机油压力、机油消耗量和机油品质。这些参数既可表征润滑系统的技术状况，又可反映曲柄连杆机构有关配合副的技术状况。

一、机油压力检测

为了给摩擦表面不断供给润滑油，以使摩擦副保持可靠润滑，润滑系统的机油压力应高于某一最低压力。在低于最低允许压力时，由于润滑不良会使零件磨损加剧而早期损坏。技术状况正常的发动机在常用转速范围内，汽油机机油压力应为 196~392 kPa，柴油机应为

294~588 kPa。若中等转速下的机油压力低于147 kPa，怠速时低于49 kPa，则说明发动机润滑系统机油压力过低，发动机继续运转则有可能导致严重故障。

发动机润滑系统机油压力的高低首先取决于润滑系统的技术状况，如机油泵性能、限压阀的调整、机油通道和机油滤清器的阻力等，同时，机油压力还与机油品质和机油的温度、黏度有关。机油黏度低、温度高，则机油压力变小；反之，则油压升高。此外，机油压力还与曲轴主轴承、连杆轴承和凸轮轴轴承的间隙有关，轴承磨损后间隙增大时，轴承间隙处机油泄漏量增大而使机油压力下降，因此机油压力也常常作为诊断相关轴承间隙的重要参数。若机油泵技术状况正常，则机油压力降低主要是由曲轴主轴颈和连杆轴颈磨损过大而引起。试验表明，曲轴主轴承间隙每增加0.01 mm时，其机油压力大约降低0.01 MPa。

润滑系统的机油压力值可在汽车仪表盘上的机油压力表上显示出来，但由于机油压力表和油压传感器不能保证必要的测量精度，因此在定期检测时，应采用专用机油油压检测仪器。检测时，首先拆下发动机润滑油道上的油压传感器，装上油压检测仪取样头；然后起动发动机使其在规定转速下运转，此时检测仪油压表上的指示值即为润滑系统的机油压力。表2-7-1为部分发动机润滑系统的机油压力。

表 2-7-1 部分发动机润滑系统的机油压力

厂牌车型	机油压力		主油道限压阀	
	转速/(r·min^{-1})	压力/kPa	安装位置	开启压力/kPa
北京 BJ2020	450~500 中速	≥49 196~392	气缸体右前方 主油道末端	294~392
东风 EQ1090	450~550 1 200~1 400	≥147 ≥294		
东风 EQ1090E	热车怠速 其余工况	≥98 98~392		
解放 CA1090	怠速 1 400~3 000	≥98 294~392	气缸体左侧 后部	392~441

二、机油消耗量检测

机油消耗量的影响因素很多，润滑系统渗漏、空气压缩机工作不正常、机油规格不符、气缸活塞组磨损等都会影响机油消耗量。因此，机油消耗量除可反映发动机润滑系统技术状况外，还可据此判断发动机气缸活塞组的磨损情况。当气缸活塞组磨损过多、间隙增大，机油窜入燃烧室燃烧，导致机油消耗量增大。

汽车正常使用时，发动机机油消耗量并不大。磨损小、工作正常的发动机，机油消耗量为0.1~0.5 L/100 km；发动机磨损严重时，可达1 L/100 km或更多。

测定机油消耗量时，只需把汽车行驶一定里程（1 000~1 500 km）后机油的实际消耗量（L）换算为汽车每百公里的平均机油消耗量（L/100 km）即可。

三、润滑油品质检测

汽车发动机润滑油为机油，机油在使用过程中，由于杂质污染、燃油稀释、高温氧化、添加剂消耗或性能丧失等原因，致使机油品质逐渐下降直至功能丧失。同时在外观上，还表现为颜色变黑、黏度上升或下降。

引起机油污染的杂质主要来自摩擦表面的磨损微粒、外界尘埃以及积炭等；发动机工作不正常、不完全燃烧或缺火可使未燃燃油流入油底壳而使机油稀释；发动机工作过程中产生的高温，特别是当发动机气缸活塞组磨损严重、间隙增大，在燃烧行程有高温、高压气体窜入曲轴箱时，会加剧机油氧化，生成氧化产物和氧化聚合物而使机油变质。

机油中的清净分散剂是机油的一种重要添加剂，具有从发动机摩擦表面分散、移走磨损微粒、积炭等的能力，使之悬浮在机油中而不沉淀在摩擦表面，以减轻摩擦表面的磨损。由于机油在使用过程中清净分散剂的消耗及性能降低，也会逐渐失去其清净分散作用。

综上所述，机油品质下降将严重影响发动机性能，有时会导致严重后果，因而加强对机油的定期检测与分析，实行按质换油，具有极为重要的意义。这样做不仅可以节约机油，保证发动机良好润滑，而且可以据此了解掌握润滑系统直至整台发动机技术状况的变化。在 GB 18565—2016《道路运输车辆综合性能要求和检验方法》中，明确规定了我国营运柴油车和汽油车的机油换油指标要符合 GB/T 7607《柴油机油换油指标》和 GB/T 8028《汽油机油换油指标》，表 2-7-2 为柴油机油主要换油指标、表 2-7-3 为汽油机油主要换油指标。表中运动黏度 100 ℃变化率 η（%）按下式计算：

$$\eta = \frac{v_1 - v_2}{v_2} \times 100$$

式中　v_1——使用中机油黏度的实测值，mm^2/s；
　　　v_2——新机油黏度的实测值，mm^2/s。

表 2-7-2　柴油机油主要换油指标

项　　目		换油指标				试验方法
		CC	DC、SF/CD	CF-4	CH-4	
运动黏度变化率（100℃）/%	超过	±25		±20		GB/T 11137 和 GB/T 7607 中 3.2
闪点（闭口）/℃	低于	130				GB/T 261
碱值下降率/%	大于	50[b]				SH/T0251[c]、SH/T068 和 GB/T 7607 中 3.3
酸值增值(以 KOH 计)/(mg·g^{-1})	大于	2.5				GB/T 7304
正戊烷不溶物（质量分数）/%	大于	2.0				GB/T 8926 B 法
水分（质量分数）/%		0.20				GB/T 260
铁含量/（μg·g^{-1}）	大于	200 100[a]	150 100[a]	150		SH/T 0077、GB/T 17476[c] ASTM D6595
铜含量/（μg·g^{-1}）	大于	—		50		GB/T 17476

续表

项 目	换油指标				试验方法
	CC	DC、SF/CD	CF-4	CH-4	
铅含量/(μg·g^{-1}) 大于	—	—		30	GB/T 17476
硅含量（增加值）/(μg·g^{-1}) 大于	—	—		30	GB/T 17476

注：执行本标准的柴油发动机技术状况和使用情况正常。
　　c 此方法为仲裁方法。

表 2-7-3　汽油机油主要换油指标

项 目	换油指标		试验方法
	SE、SF	SG、SH、SJ（SJ/GF-2）SL（SL/GF-3）	
运动黏度变化率（100℃）/% ＞	±25	±20	GB/T 265 或 GB/T 11137^a 和 GB/T 8028 中 3.2
闪点（闭口）/℃ ＜	100		GB/T 261
碱值-酸值（以 KOH 计）/(mg·g^{-1}) ＜	0.5		SH/T 0251 GB/T 7304
燃油稀释（质量分数）/% ＞	—	5.0	SH/T 0474
酸值增加值（以 KOH 计)/(mg·g^{-1}) ＞	2.0		GB/T 7304
正戊烷不溶物（质量分数）/% ＞	1.5		GB/T 8926 B 法
水分（质量分数）/%	0.2		GB/T 260
铁含量/(μg·g^{-1}) ＞	150	70	SH/T 17476^a、SH/T 0077 ASTM D6595
铜含量/(μg·g^{-1}) ＞	—	40	GB/T 17476
铅含量/(μg·g^{-1}) ＞	—	30	GB/T 17476
硅含量（增加值）/(μg·g^{-1}) ＞	—	30	GB/T 17476

注：执行本标准的汽油发动机技术状况和使用情况正常。
　　a 此方法为仲裁方法。

机油品质检测与分析的常用方法有：不透光度分析法、介电常数分析法、滤纸油斑试验法、光谱分析法、铁谱分析法和磁性探测器分析法等。

(一) 不透光度分析法

利用机油不透光度制成的机油污染测定仪是最常用的机油不透光度分析法测定仪。

如前所述，发动机在使用过程中，润滑油的杂质含量将逐渐增多，黏度下降或增加，添加剂性能丧失。表现在外表上，润滑油颜色会逐渐变黑。机油污染程度越大，变黑的程度也越大。根据这一现象，可通过测量一定厚度机油膜的不透光度来检测机油的污染程度。

机油污染测定仪的结构原理如图 2-7-1 所示。稳压电源保证光源和电桥电路的电压稳定；油池由两块玻璃构成，具有确定的间隙，用于放入机油试样，以形成确定厚度的机油膜；其中电桥的一个臂上装有光导管，当电源发出的光线透过油膜照射到光导管上时，作为一个桥臂的光电管电阻发生相应变化，以此判定机油的污染程度。具体的检测过程是：

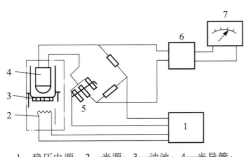

1—稳压电源；2—光源；3—油池；4—光导管；
5—参比电阻；6—直流放大器；7—透光度计。

图 2-7-1 机油污染测定仪结构原理

首先在油池内放入所测机油的标准油样（清洁机油），调整参比电阻使电桥平衡，此时透光度计指示为零；然后把发动机刚停车后曲轴箱油尺上的机油作为测试油样滴入油池。由于测试油样已受到污染，油池内测试油样油膜与标准油样油膜的透光度有差异，光源照到光电管上的光线强度也有差异，从而引起光电管阻值的变化使电桥失去平衡。所测油样污染程度越大，电桥不平衡程度越大，电桥输出的电流越强，透光度计指针偏转越大，从而反映出了机油的污染程度。

(二) 介电常数分析法

利用不同物质介电常数不同的特性制成的机油污染测定仪是又一种常用的机油污染分析仪。

电容的电容值除了与两极板间的面积和极板间的距离有关外，还与极板间的填充物质有关。对于一个已经确定了极板面积和距离的电容，极板间填充物质对于电容值的影响可用一个系数反映，这个系数可称为介电常数。即

$$C = \frac{\varepsilon \cdot S}{\delta}$$

式中　C——电容；

　　　S——极板间相互覆盖的面积；

　　　δ——极板间距离；

　　　ε——介电常数。

每种物质都有其自身的介电常数，润滑油也不例外。清洁机油不含有杂质，有其较为稳定的介电常数；而使用中的机油，由于污染程度不同，机油中所含杂质成分和数量也就不同，其介电常数势必也会发生变化。因此，介电常数值便可反映润滑油的污染程度。不难理解，如果被测机油的介电常数与清洁机油介电常数的差别越大，机油的污染程度也就越大。

国产 RZJ—2A 型油质仪外形如图 2-7-2 所示。该检测仪的关键元件为安装在油槽底部的螺旋状电容。测试时，机油作为电容介质。当机油污染后，其介电常数发生变化，引起该电容的电容值变化。以该电容作为传感器并使其作为检测仪测试电路的一部分，传感器电容

的变化引起测试电路中电量的变化，电信号通过专用数字电路转变为数字信号，送入微电脑处理并与参考信号比较。当数字显示屏显示值为零时，表明所测机油无污染；当显示值不为零时，表明所测机油受到一定污染，显示值偏离零值越远，表明机油污染程度越大。

以上两种润滑油品质检测分析方法的共同特点是，仅能检测润滑油的污染程度，但不能反映机油清净性分散剂的消耗程度及性能，也难以判断引起机油污染的杂质种类。

1—数字显示屏；2—机油传感器；3—清零按键；
4—测量按键；5—电源开关；6—固定螺钉。

图 2-7-2　RZJ—2A 型润滑油质量检测仪

（三）滤纸油斑试验法

滤纸油斑试验法是利用现代电测方法测定机油污染程度和清净性添加剂消耗程度及性能的机油污染测试方法。该方法在无全套理化性能指标化验检测手段时，可作为更换新机油的依据，其特点是简单、快速，但不对机油中各种杂质的成分进行测定。

1. 测试原理

实践证明，若把使用中的机油按规定要求滴在专用滤纸上，油滴逐渐向四周浸润扩散，最终形成中央有深色核心的颜色深浅不同的多圈环形油斑，如图 2-7-3 所示。若机油所含杂质的浓度和粒度不同及清净分散能力不同，所形成油斑每一环形区域的颜色深浅亦有不同。

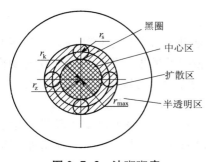

图 2-7-3　油斑斑痕

如果机油中杂质粒度小，且清净分散剂性能良好，则杂质颗粒就会扩散到较远处，中心区与扩散区的杂质浓度及颜色深浅程度差别较小；若机油中杂质粒度大，且清净分散剂性能丧失，则机油中杂质就越来越集中于中心区，中心区与扩散区的杂质浓度和颜色深浅程度的差别也就越大。因此，油斑上中心区杂质浓度反映机油的总污染程度，而中心区单位面积的杂质浓度与扩散区单位面积杂质浓度之差可反映机油中清净分散剂的清净分散能力。

为了可靠测定机油油斑中心区杂质浓度及扩散区杂质浓度，必须控制油斑尺寸并确定油斑的尺寸规律。对实际油斑尺寸的统计分析表明，油滴在滤纸上扩散终了时，扩散区的最大半径取决于滴棒的尺寸（直径），所以应使用统一规格的滴棒，并使滴棒尺寸保证油斑的尺寸等于光度计的感光半径。

2. 测试方法

油斑中心区和扩散区的杂质浓度可用两区域的透光度评价。透光度大，则杂质浓度小；反之，则杂质浓度大。测试两区域透光度所采用的滤纸油斑检验光度计的原理框图如图 2-7-4 所示。

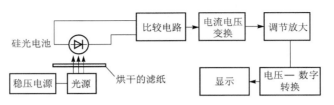

图 2-7-4　滤纸油斑检验光度计框图

第八节　冷却系统检测诊断

冷却系统冷却液温度过高或过低，都会引起发动机功率下降，油耗增加。因此，在正常情况下，冷却液温度保持在 80 ℃ ~ 90 ℃。在使用过程中，冷却系统的技术状况逐渐变坏，使冷却系统冷却液温度过高或过低，其主要原因为：冷却液过少，有渗漏处；散热器水管堵塞；冷却系统内有水垢；风扇传动带打滑；节温器失灵，等等。根据这些情况，可以把外观检查、压力试验及部件检验结合起来，综合地对冷却系统进行检测与诊断，以排除故障。

冷却系统检测与诊断的目的主要是查明系统中存在的故障，常用的方法有外观检查、气缸和冷却系统密封性检查、水泵性能检查、散热器管道检查、节温器性能检查及水温表的检测等。

一、外观检查

外观检查主要是察看散热器、水泵、水管、水套和放水开关等部位是否泄漏，冷却液的量是否足够，风扇和散热器的距离是否正确，传动带两侧面是否磨损。外观检查应在发动机静止而且冷机状态下进行，因为冷却系统的外部渗漏在发动机冷态时容易被发现，当发动机热态时，这种泄漏因蒸发而不易被发现。对那些不容易接近的部位（气缸体后部、放水阀以及水泵的密封圈等）可以通过留在地面上的水迹判断泄漏部位。检查风扇传动带松紧度可用拇指压在风扇和发电机带轮中间的传动带上，施加 20 ~ 50 N 的力，传动带压进距离应为 10 ~ 20 mm。

二、气缸和冷却系统密封性检测

（1）气缸密封性试验。通过压力试验检查内部渗漏。一般常见的内部渗漏有气缸衬垫漏气、气缸盖螺栓松脱及气缸盖或气缸体上有裂纹等。试验方法见本章第三节。

（2）冷却系统密封性能和具有空气蒸汽阀的散热器盖压力的检测。冷却系统密封性能和具有空气蒸汽阀的散热器盖压力通常用散热器及冷却系统密封性测试仪（如图 2-8-1 所示）检测。测试散热器盖压力的方法如下：从散热器上拆下散热器盖，若有污垢须用水清洗干净；按不同车种选择合适的散热器盖装在连接端，并旋紧，将另一端装在测试仪上，旋紧并检查是否漏气。

起动发动机使水泵提高压力，当仪表上的指针上升停止后立刻读取读数；若读数值超过技术标准，即为不良。测试冷却系统密封性的方法是：先在测试之前按规定在散热器中补充足够的冷却液，并使发动机暖机至正常工作温度；不使用连接器，直接将测试器装在散热器的冷却液注入口，在确定没有漏气的情况下拧紧；使水泵工作压力达到规定压力值，然后给冷却系统加压，使压力值达到规定值以上（一般为120～150 kPa）；检查水泵、散热器、橡胶接管及连接部是否有漏冷却液现象。

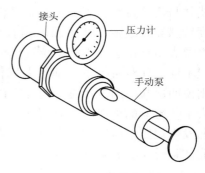

图 2-8-1　散热器盖测试仪

三、水泵性能检查

水泵工作状态不正常或水泵叶轮打滑，使水泵的泵水量不能与发动机的转速成正比，或者水封泄漏。

（1）水泵工作状态检查。打开散热器盖，使发动机缓慢加速，察看散热器内冷却液的循环。若不断加快，则水泵工作正常，叶轮也不打滑；反之，水泵有问题。当不易从冷却液加注口观察冷却液的循环情况时，可用另一种方法：让发动机在冷却液温度高时熄火，并迅速拆下气缸盖通往散热器上水室接头的胶管，再用布团将上水室接头塞住，从冷却液加注口向散热器内加注冷却液，再起动发动机；如气缸水套内和散热器中的冷却液被水泵泵出胶管口外 200 mL 左右，说明水泵工作正常，叶轮也不打滑；反之则异常。

（2）水泵流量试验。水泵流量试验在专用试验台上进行，由试验台驱动装置带动水泵转动，观察泵水量是否符合制造厂的标准或者是否有漏冷却液现象。

四、节温器性能检查

节温器是一个随冷却液温度高低，自动调节流经散热器的冷却液流量的装置，从而使冷却液温度保持平衡。节温器是否失灵的检查方法是：在冷却液温度高时，拆下气缸盖通往散热器上水室接头的胶管，用布或棉纱塞住上水室接头，向散热器内加注冷却液，然后起动发动机。当冷却液温度达到 80 ℃时，节温器处于开启状态，此时，就看到散热器中的冷却液从开启的节温器内泵出。发动机转速越高，泵出的距离越远，高温冷却液泵出一段时间后，向散热器内加入冷却液，节温器随着发动机温度降低而关闭，通往上水室的胶管就没有冷却液泵出了。如果发动机继续运转，冷却液温度升到 80 ℃以上时，节温器又重新开启。当上述动作异常时，可拆下节温器或换装新的节温器试验，以确定使用的原节温器是否失灵。应当注意的是，不同的汽车用的节温器开启和关闭温度是不一样的。检验节温器好坏还可以用另一种方法：把节温器从发动机上拆下，清洗后放在水中加热，用量程为 100 ℃的温度计测量温度，按节温器主阀门开启或侧阀门关闭的温度规定，检查其性能是否良好，工作是否可靠。

五、水温表的检测

正常的水温表，在打开点火开关后，指针应从 100 ℃向 40 ℃方向偏转，然后逐渐指示正确水温。当打开点火开关，仪表板上的其余仪表正常，水温表如果不动，可能有两种情况：一是水温表损坏；二是冷却液温度传感器损坏。用工具将冷却液温度传感器接线柱与机件短路,若产生水温表指针从 100 ℃ 向 40 ℃ 摆动,说明水温表正常,冷却液温度传感器有故障。如水温表指针仍然不动,说明水温表本身有故障。当打开点火开关,水温表指针迅速从 100 ℃ 位置移至 40 ℃ 位置,但发动机温度升高后,指针仍然在 40 ℃ 位置不动,此时可拆下冷却液温度传感器导线,若指针迅速从 40 ℃ 位置回到 100 ℃ 位置,则说明冷却液温度传感器内部有搭铁短路之处,若指针仍然在 40 ℃ 位置不动,说明水温表至传感器的连接导线有搭铁处。诊断时若发现传感器内部有故障,接线与发动机机体间发生短路,应立即关掉点火开关,以免烧坏水温表。另外,水温表还可以用汽车电器万能试验器等设备检测。

六、电动风扇

某些发动机冷却系统和空调冷凝器共用的风扇是直流永磁电动机驱动的电动风扇,它用装在散热器上的温度控制开关或空调继电器控制,当散热器中冷却液温度高于 93 ℃ ~ 98 ℃ 时,风扇开始运转(温控开关接通);当温度降到 88 ℃ ~ 93 ℃ 时风扇停转。由于风扇电动机的电源不受点火开关控制,因此发动机熄火后,散热器中冷却液的温度高于 88 ℃ ~ 93 ℃,电动风扇运转是正常的,不要误认为是故障加以处理。若低于 88 ℃ 时风扇仍转,则是不正常了;若温度高于 98 ℃ 时,风扇仍不能转动也是不正常的。

当出现不正常时,首先应检查熔丝。若熔丝完好,则应检查温控开关,将温控开关短接,若此时风扇转动,说明温控开关损坏。若风扇仍不转动,说明是电动风扇损坏。同时由于空压机和冷凝器是靠冷却系统的风扇冷却的,当空调工作时,电动风扇维持正常转动。所以当电动风扇因故障停止转动时,应立即停止使用空调,否则制冷系统产生超高压,会损坏空调电磁离合器等。若使用空调时,电动风扇不转,首先应检查熔丝;若熔丝完好,应检查冷却继电器和空调继电器;若完好,应检查电动风扇。

七、温度控制开关

温控开关又称热敏开关,它的作用是根据冷却液温度不同自动接通和切断风扇电动机电源电路。检查温控开关是否工作正常时,应将温控开关拆下放入冷却液中,将万用表两个触笔分别接到温度控制开关的接线端和外壳上,当冷却液温度低于 87 ℃ ± 2 ℃ 时,万用表指针应指示断开,即电阻无穷大。改变冷却液温度,当冷却液温度达到 92 ℃ ± 2 ℃ 时,万用表指针指示一定电阻值即接通。否则说明温控开关损坏,应更换。

八、散热器管道和膨胀水箱的检查

散热器管道因杂质、油污、积垢多而堵塞时,冷却系统就会因冷却液循环受阻而使冷却液温度过高。

检查的方法是:打开散热器盖,使上水室的液面低于加水口 10 cm 左右,然后起动发动机,先以怠速运转,注意观察冷却液流量和液面,随后使发动机转速提高到 1 200 r/min 左右,仔细观察转速提高时的液面变化,如果比怠速时的液面升高,甚至冷却液溢出加水口,说明管道堵塞;如果比怠速时液面略低,而且随着发动机转速的稳定,液面相对保持不变,则表示散热器畅通。

某些发动机(如桑塔纳汽车发动机)的散热器芯由铝质管片构成,固定在发动机左前侧，通过软管与膨胀水箱相连接。散热器盖上有循环阀和排液阀，冷却液通过此阀进出膨胀水箱。

膨胀水箱内装有自动液位报警装置，当液面过低时，仪表板上的冷却液温度和液面警告灯会连续闪烁。当液面低于最低线时，应及时添注冷却液，但不应超过最高线。

散热器和膨胀水箱的检验主要是检查散热器有无泄漏和膨胀水箱盖的开启压力。

膨胀水箱盖的开启压力检验是在测试仪上进行测试的。将膨胀水箱盖套上检测仪，用手动泵使压力上升到 120~150 kPa 时，限压阀必须开启，否则应更换膨胀水箱盖。

第九节 发动机性能试验

汽车发动机性能试验，一般在专门的试验台架上进行，所以又叫发动机台架试验。

一、发动机台架试验概述

（一）发动机台架试验的分类

发动机试验按其目的可分为性能试验和可靠性试验两大类。发动机性能试验是为了评定其动力性、经济性及其他重要性能。可靠性试验的目的是在台架上使发动机受到较大的实际交变应力及交变热负荷，并提高单位时间内的交变次数，以期在较短的时间内考验发动机的可靠性。我们大多讨论的是发动机性能试验，它是将发动机测功设备和各种测试仪器组成一个测试系统，按照规定的方法和要求模拟发动机实际使用的各种工况所进行的试验。

（二）发动机台架试验的要求

一般发动机试验除有特殊规定及要求外，都要满足以下要求：

① 燃油及机油：采用制造厂所规定的牌号，柴油中不得有消烟添加剂。
② 磨合：按制造厂规定的磨合规范进行。
③ 冷却液的出口温度：按制造厂的规定或控制在 (80±5)℃；风冷发动机的散热片等温度按制造厂的决定。
④ 机油温度：按制造厂的规定或控制在 (85±5)℃。
⑤ 柴油温度：控制在 (40±5)℃。
⑥ 排气背压：按制造厂规定或低于 3.3 kPa。
⑦ 发动机的冷却：若发动机不带风扇，所有试验均可设置外加风扇或相应的装置向发动机吹拂。
⑧ 发动机的调整：在进行定型、验证及抽查三种类型试验时，除试验标准有特殊规定外，不应再进行调整。
⑨ 测量数据的条件：待发动机转速、扭矩及排气温度稳定 1 min 后，方可进行各种数据的测量。

转速、扭矩及燃油消耗量三者应同时测量，测量油耗时间应大于 20 s。

另外，凡属维持发动机工作所不可少的附件，如燃油输油泵、燃油喷射系、分电器、水泵等诸如此类的附件一律带上；凡属不是为发动机本身服务的附件，如制动用的压气泵、空调用的冷气泵、动力转向用的液压泵等附件一律不带；若因为结构的原因，不便于从发动机拆下来时，其所消耗的功率应加到发动机的实测有效功率中去或从机械损失功率中扣除；试验中发动机不带离合器及变速器。

二、主要性能参数测量

（一）有效转矩和功率的测量

发动机的有效转矩、转速是直接测量出来的，而有效功率由计算得出。

1. 转矩的测量

发动机的转矩是用测功机来测量的。现在应用最普遍的是吸收式测功机，也叫摇摆式测功机。即将测功机的外壳通过轴承支撑在支架上，工作时当受外力作用时能自由地回转，在外壳上装有力臂，连接载荷单元。这样，就能将作用在外壳上的转矩测量出来。如图2-9-1所示，其转矩的表达式如下：

$$M_e = F \cdot L$$

式中　　F——作用在载荷单元上的力，N；
　　　　L——力臂长度，m。

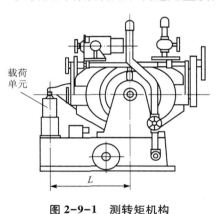

图 2-9-1　测转矩机构

2. 功率的测量

有效功率由下式计算：

$$P_e = \frac{M_e \cdot n}{9\,549}$$

式中　　P_e——有效功率，kW；
　　　　M_e——转矩，N·m；
　　　　n——发动机转速，r/min。

（二）转速的测量

发动机试验时用转速表测量转速。按转速表工作原理分为机械式、电气式和电子式三种型式。发动机转速测量因目的不同对测量精度要求也不同。对于参与发动机功率计算的转速，要求有较高的精度，而对于供监督用的则可用较低的精度。

现代的测功机都附有转速测量装置，且几乎都采用磁电式转速计。如图2-9-2所示，在转轴上装有测速齿盘1和装在支架上的磁电传感器。磁电传感器由绕有线圈2的永久磁铁3制成。齿盘一般制有60个齿。当轴旋转时，每转一周，磁电传感器能产生60个脉冲信号。设脉冲信号的频率为f（Hz），n为发动机的转速（r/min），Z为齿数，则：

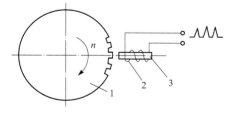

图 2-9-2　磁电式转速计原理

$$f = \frac{n \cdot Z}{60}$$

所以，当齿数为60时，磁电传感器脉冲信号的频率与转速的数值相同。

（三）燃油消耗量的测量

有效燃油消耗率（g_e）是发动机经济性的主要指标。其表达式如下：

$$g_e = \frac{G_T}{P_e} \times 1\,000$$

式中　G_T——燃油消耗量，kg/h；
　　　P_e——有效功率，kW。

油耗仪是测量发动机燃油消耗量的仪器或装置，也称燃油流量计。它有各种不同的类型和结构样式，适用不同的目的和要求。测量燃油消耗量的方法有容积法和质量法。

三、发动机台架试验方法

有关发动机性能鉴定试验的方法，在国家标准中有详细的说明。一般是检查发动机的动力性、经济性和可靠耐久性。评定动力性、经济性的基本指标是功率和燃油消耗率，一般用速度特性、负荷特性、调速特性和空转特性、怠速特性、起动性能、加速性能及各缸工作的均匀性等性能来表示。可靠耐久性的评定指标，主要是长期运转中各零件的可靠性、耐磨性以及动力经济指标的稳定情况等。

一般发动机试验时，需要测定的主要参数有：有效功率（转速、扭矩），燃油消耗量，润滑油的温度和压力，冷却水出、入口的温度，节气门的开度或喷油泵调节杆的行程或喷油提前角，进、排气的温度等。必要时，还要检查排气的烟度、烟色、噪声和振动以及发动机工作的异常情况。有时，为了便于在试验后进行比较，需要把测定结果换算成标准大气状况，这时，还需测定室温、湿度和大气压力等。

发动机试验的一般程序如下：

试验准备→磨合运转→调整试验→性能鉴定试验→可靠耐久性试验→使用试验。

（一）在试验过程中的注意事项

① 只有在发动机的热状态已经稳定以后，才能测定有关参数。热状态的确定是按冷却水出水或润滑油的温度来判断的，一般起动后预热约需在空转中运转 8~10 min，变更发动机工况时需经 2~3 min 运转，才能达到稳定的热状态。

② 在每种状态中最少进行两次重复测量。这样，不仅可以确信在该状态下测量条件保持不变，也可以查明测量是否准确。

③ 及时将所有原始测量数据记录下来，并绘出试验监督曲线，以判断该试验过程所得出的关系是否正确。所谓试验监督曲线是以图解法绘出的主要原始数据与试验中选定的变化参数之间的关系。

④ 为了获得确切的试验曲线关系，在每一曲线上需要有不少于五个均匀分布的试验点。因此，每一特性曲线至少应取五个试验工况。

⑤ 试验时，除了进行必要的测量外，还要注意观察试验中的各种现象，如排气烟色，有无局部过热、振动和敲缸等，并将所有不正常现象记录下来。

（二）主要性能试验方法

1. 功率试验

试验目的是评定发动机在全负荷下的动力、经济性能。测定项目分总功率测定和净功率测定两种。测定总功率时发动机仅带维持运转所必需的附件。测定净功率时发动机带全套附件。试验中如有火花塞炽热点火,可采用冷型火花塞。

试验方法:节气门全开,在发动机工作转速范围内,顺序地改变转速进行测量。适当分布 8 个以上的测量点。

测量项目:进气状态、转速、扭矩、燃油消耗量、实测空气消耗量、排气烟度值、噪声值、排气温度、点火或喷油提前角及汽油机进气管真空度、燃油的辛烷值或十六烷值、柴油低热值及馏程。

根据记录进行计算,并绘制总(净)功率曲线。

2. 负荷特性试验

试验目的是评定在规定转速下发动机部分负荷的经济性。

试验方法:在 50%~80% 的额定转速下进行,发动机转速不变,从小负荷开始,逐渐调大油门,直至油门全开,适当分布 8 个以上的测量点。

测量项目:进气状态、转速、扭矩、燃油消耗量、汽油机进气管真空度、燃油的辛烷值或十六烷值及馏程。

绘制负荷特性曲线。

3. 万有特性试验

试验目的是评定发动机在各种工况下的经济性,为选用汽车发动机提供依据。

试验方法:下列两种方法可任选其一。

(1) 负荷特性法。在发动机工作转速范围内均匀地选择 8 种以上的转速,按负荷特性的试验方法,在选定的各种转速下进行负荷特性试验。

(2) 速度特性法。根据额定功率的百分数,适当地选择 8 种以上的油门开度,在一种油门开度下,在发动机工作转速范围内,顺序地改变转速进行测量,适当地选取 8 个以上的测量点。转速测量点包括额定转速点和最大转矩下的转速点。

测量项目:进气状态、转速、扭矩、燃油消耗量,必要时可测排气温度、油门开度及汽油机的进气管真空度、燃油的辛烷值或十六烷值及馏程。

根据所得到的负荷或速度特性曲线,绘制万有特性曲线。

4. 柴油机调速特性试验

试验目的是评定柴油机的稳定调速度。本试验可与总功率试验结合在一起进行。

试验方法:卸除全部负荷,油门置于全开位置,使发动机转速达到最高稳定空转转速,然后逐步增加负荷,使转速逐步下降,直至最大扭矩转速的附近,选取 10 个以上的测量点,包括额定转速点,并使较多的点分布在转折处。

测量项目:进气状态、转速、扭矩、燃油消耗量,调速器开始不起作用的转速及最高稳定空转转速。

根据所得数据计算稳定调速度,绘制柴油机调速特性曲线。

5. 柴油机怠速试验

试验目的是评定柴油机怠速稳定性。发动机按规定带附件并与测功机分开,预热发动机到制造厂规定的温度。用示波器测量转速的变化量。

试验方法:关小油门,使转速下降,直至触及低速限制螺钉,再运行 5 min,并同时进行测量。

在定型及验证类型试验时，可调整低速限制螺钉的位置及控制气动调速器的节流阀开度，以达到规定的稳定怠速转速，再进行测量。

测量项目：燃油消耗量、平均转速、最大和最小转速及转速变化率（即最大、最小转速的差值与平均转速的百分比）。

6. 汽油机怠速试验

试验目的是评定怠速稳定性及怠速排放量。发动机按规定带附件，并与测功机脱开，预热发动机到规定温度。用示波器测量转速的变化量；用排气分析仪测量一氧化碳及碳氢化合物。

试验方法：关小油门直至怠速位置，在怠速工况下运行 10 min，并同时进行测量。定型及验证类型试验时，可交替地调整怠速混合气调整螺钉及怠速节气门调节螺钉，使发动机的怠速转速达到规定值，并使发动机的排放量及转速变化量达到较好的匹配。

测量项目：怠速时排气中的一氧化碳及碳氢化合物浓度、燃油消耗量、进气管真空度、平均转速、最大和最小转速及转速变化率（即最大、最小转速的差值与平均转速的百分比）。

7. 一般性起动试验

试验目的是评定发动机的一般起动性能。

试验条件：发动机按规定带附件，不采用特殊的低温起动措施，发动机与测功机脱开，汽油机在 -10 ℃、柴油在 -5 ℃以下的气温条件下进行，加足防冻液及机油的发动机、充足电的蓄电池和燃油一起置入试验规定的气温环境，待蓄电池电解液、防冻液及机油温度不高于上述气温 1 ℃，即可开始试验。用示波器记录动态参数。

试验方法：起动机拖动发动机 15 s 以内能自行运转，即为起动成功；若超过了 15 s 未能自行运转，其间无断续着火声，即为起动失败；若其间有断续着火声，允许继续接通 1 s（共 30 s），如能自行运转，亦为起动成功。

若起动成功，在 30%~50% 额定转速下运行 10~20 min，停机，待电解液、防冻液、机油及燃油温度下降至上述规定后，可进行下一次；若起动失败，可在 2 min 以后再进行下一次。共进行三次。

测量项目：起动成功及失败次数、着火时间（即起动机接通起到开始有着火声止）、起动时间（从起动机接通起到发动机自行运转止）、进气状态、起动前的电解液比重及温度、防冻液和机油温度、起动机工作电压及电流、蓄电池工作电压、发动机拖动转速、机油黏度及汽油馏程。

8. 机械损失功率试验

试验目的是评定发动机的机械损失功率。

试验条件：发动机按规定带附件。本试验应和总功率试验一起进行，以便准确地计算发动机的机械效率。

试验方法：发动机油门全开，在额定转速下运行，保持冷却液及机油温度符合一般试验条件规定，然后切断油路，以使管路中的剩余燃油迅速燃尽；汽油机还需切断点火电源，用直流电力测功机拖动发动机；保持油门全开，从额定转速起，逐渐降低转速，直至最低转速，适当选取 8 个以上的测量点，试验应在发动机熄火后 3 min 内完成。

以上所介绍的方法是应优先采用的试验方法，若采用其他方法，需要在试验报告里加以说明。

测量项目：进气状态、转速、机械损失扭矩、汽油机进气管真空度、机油温度及黏度。根据试验结果计算机械效率，绘制机械损失功率曲线。

小　结

1. 发动机指示指标用于评定工作循环的好坏；发动机有效指标用于评定发动机性能的优劣。发动机有效功率、有效转矩、平均有效压力越大，动力性越好；发动机有效燃油消耗率越小，有效热效率越高，经济性越好。汽油发动机的排放物是烃类燃油的燃烧物，主要有 CO_2、H_2O、N_2、CO、HC、NO_x 等。HC 表示未燃烧的烃，其中受汽车排放法规限制的有害成分是 CO、HC 和 NO_x。柴油机废气中的有害排放物主要包括：微粒、氮氧化合物（NO_x）、一氧化碳（CO）以及碳氢化合物（HC）等。与汽油机相比，柴油机废气中的 CO 以及 HC 相对比较少，NO_x 的排放量也较汽油机的低，而微粒的排放则是柴油机所特有的问题。

2. 发动机的有效功率是曲轴对外输出的净功率，是发动机综合性能的评价指标。发动机功率检测常采用两种方法：稳态测功和动态测功。动态测功也称为无外载（负荷）测功，无外载测功的方法所测得的是发动机的加速性能，仅仅是动力性的一个侧面，而不是动力性的全部。众所周知，功率指标高的发动机其加速性能不一定优良。动态测功的常用设备是发动机综合性能检测仪。

3. 评价气缸密封性的主要参数有：气缸压缩压力、气缸漏气量（率）、曲轴箱窜气量等。检测密封性的方法有多种，各自检测原理也不同。

4. 起动系统的功能是在接通起动机电源时，起动机带动曲轴以高于保证发动机顺利起动所必需的转速运转。起动机性能的好坏，主要取决于起动电流、蓄电池起动电压、起动转速和起动系统其他零部件的技术状态。

5. 在汽油机各系统中点火系统对发动机的性能影响最大，统计数字表明，有将近一半的故障是因为电气系统工作不良而引起的，因此发动机性能检测往往从点火系统开始。点火波形反映点火系统的技术状况。点火波形的检测设备通常是发动机综合性能检测仪。

点火提前角对发动机的动力性和经济性影响很大。若点火晚，则发动机不易起动，提速慢，感觉"发闷"。点火过晚，还会出现排气管放炮，发动机过热的现象。若点火早，加速时会出现爆震，发出"嘎啦、嘎啦"清脆的类似金属敲击声。爆震会使功率下降并有损发动机的寿命。调整正确点火时间的工作叫"点火正时"。除安装分电器时设置的初始点火提前角外，发动机还可以根据转速、负荷等因素自动调整点火时间。自动调整点火时间可分为离心提前、真空提前和电脑控制提前。点火提前角的检测设备是正时仪，大部分型号的发动机综合性能检测仪也具有点火提前角检测功能。

6. 汽油机燃油供给系统的作用为：根据发动机各种工况的要求，向气缸即时提供一定数量和浓度的可燃混合气，以便在临近压缩终了时使发动机点火燃烧而膨胀做功，最后把燃烧产物排至大气。燃油供给系统是发动机较易发生故障的系统之一，其技术状况好坏直接影响着发动机的动力性、经济性和工作稳定性。主要的检测内容有：混合气质量检测、电控喷油信号与喷油压力检测、汽油泵检测等。

7. 柴油机供油系统技术状况检测也是使用发动机综合性能分析仪，在检测柴油机的供油系统时，外卡式压力传感器，将供油管路的非电量供油压力信号转变成电量；由显示器显示出供油压力波形；依据供油压力波形分析供油系统技术状况。

柴油机供油系统技术状况检测内容主要包括：喷油提前角检测、各缸供油压力波形检测、故障喷油压力波的加载分析、故障供油压力波的加载分析、喷油器的技术状况检测等。

8. 润滑系统检测的主要参数为：机油压力、机油消耗量和机油品质。这些参数既可表明润滑系统的技术状况，又可反映曲柄连杆机构有关配合副的技术状况。机油品质检测与分析的常用方法有：不透光度分析法、介电常数分析法、滤纸油斑试验法、光谱分析法、铁谱分析法和磁性探测器分析法等。

9. 冷却系统冷却液温度过高或过低，都会引起发动机功率下降，油耗增加。因此，在正常情况下，冷却液温度保持在 80 ℃~90 ℃。在使用过程中，冷却系统的技术状况逐渐变坏，使冷却系统冷却液温度过高或过低，其主要原因为：冷却液过少，有渗漏处；散热器水管堵塞；冷却系统内有水垢；风扇传动带打滑；节温器失灵等。

冷却系统检测与诊断的目的主要是查明系统中存在的故障，常用的方法有外观检查、气缸和冷却系统密封性检查、水泵性能检查、散热器管道检查、节温器性能检查及水温表的检测等。

10. 汽车发动机的性能试验，一般在专门的试验台架上进行，所以又叫发动机台架试验。

发动机试验台一般由以下几个基本部分组成：试验台基础、铸铁底板和发动机支架，制动测功装置，燃油供给系统，机油冷却和自动控温系统，发动机冷却系统，进、排气系统，装有各种测量装置、仪表和操纵机构的控制台等。发动机性能试验测量的主要性能参数有：发动机有效扭矩、转速、有效功率、有效燃油消耗率等。

复习思考题

1. 发动机的动力性、经济性指标有哪些，各是怎样的含义？
2. 发动机环境性能指标有哪些？
3. 汽油机、柴油机排气中的污染物主要有哪些成分？简述其产生与影响因素。
4. 简述柴油机噪声和振动是如何产生的。
5. 简述汽油机的排气成分与空燃比的关系。
6. 简述汽油机、柴油机排气污染物的危害。
7. 发动机功率检测方法有哪几种？
8. 简述动态测功的原理。
9. 评价气缸密封性的主要参数是什么？各参数是如何检测的？
10. 起动系统的检测诊断参数有哪些，使用哪些设备进行检测？
11. 点火提前角是如何影响汽油机性能的？如何测量点火提前角？
12. 怎样根据点火波形评价点火系统技术状况？

13. 汽油机供油系统的主要检测内容有哪些，各如何检测？
14. 柴油机供油系统的主要检测内容有哪些，各如何检测？
15. 如何根据柴油机供油压力波评判供油系统技术状况？
16. 润滑系统检测的主要参数有哪些？
17. 为什么要进行机油品质检测？机油品质检测与分析的常用方法有哪些？
18. 冷却系统检测的主要参数有哪些？
19. 发动机试验台架有哪些组成部分？发动机性能试验测量的主要性能参数有哪些？

第三章
底盘技术状况检测诊断

汽车底盘各系统零部件由于长期使用造成的磨损、疲劳、变形和老化会致使其技术状况逐渐恶化，如不及时发现和解决，将直接影响各系统的寿命，同时还影响发动机动力的传递和燃油的消耗，甚至对整车行驶的操纵性和安全性造成影响。

本章主要介绍国家标准对于底盘的传动系统、制动系统、行驶系统和转向系统的技术要求，说明底盘各系统检测诊断的基本原理、方法及相关检测诊断设备。

第一节 传动系统检测诊断

汽车传动系统将发动机输出的动力传给驱动车轮，它主要由离合器、变速器、分动器、传动轴、万向传动装置，以及安装在驱动桥壳中的主减速器、差速器和半轴组成。传动系统的技术状况变化后将直接影响发动机动力的传递。

传动系统技术状况检测诊断项目主要包括：离合器自由行程检测、离合器打滑检测、传动系统游动角度检测。

一、汽车传动系统的技术要求

GB 7258《机动车运行安全技术条件》对于传动系统的要求主要有以下几方面。

1. 离合器

汽车的离合器应接合平稳，分离彻底，工作时不允许有异响、抖动或不正常打滑等现象。踏板自由行程应与该车型的技术要求一致。离合器彻底分离时，踏板力应不大于 300 N（拖拉机运输机组应不大于 350 N），手握力应不大于 200 N。

2. 变速器和分动器

换挡时齿轮应啮合灵便，互锁、自锁和倒挡锁装置应有效，不允许有乱挡和自行跳挡现象；运行中应无异响；换挡杆及其传动杆件不应与其他部件干涉。在换挡装置上应有驾驶员在驾驶座位上即可容易识别变速器和分动器挡位位置的标志。若换挡装置上难以布置，则应布置在换挡杆附近易见部位或仪表板上。有分动器的汽车，应在挡位位置标牌或产品使用说明书上说明连通分动器的操作步骤。如果电动汽车是通过改变电机旋转方向来实现倒车行驶，且前进和倒车两个行驶方向的转换仅通过驾驶员的一个操作动作来完成，应通过设计保证只有在汽车静止或低速时才能够实现转换。

3. 传动轴

传动轴在运转时不应发生振抖和异响，中间轴承和万向节不应有裂纹和松旷现象。发动机前置后驱动的客车的传动轴在车厢地板下面沿纵向布置时，应有防止传动轴滑动连接（花键或其他类似装置）脱落或断裂等故障而引起危险的防护装置。

4. 驱动桥

驱动桥壳、桥管不应有变形和裂纹，驱动桥工作应正常且无异响。

5. 车速受限汽车的特殊要求

三轮汽车和低速货车等车速受限汽车应在设计及技术特性上确保其实际最大行驶速度在满载状态下不会超过其最高设计车速，在空载状态下不会超过其最高设计车速的110%。

二、离合器自由行程检测

除自调式离合器外，在离合器踏板处于抬起状态时，分离轴承都不应该与压盘分离杠杆接触，其间隙用于防止离合器盘、压盘和分离轴承过早磨损。随着离合器盘磨损变薄，其间隙也会减小。

离合器自由行程是离合器踏板从踩下到分离轴承与分离杠杆或膜片弹簧接触时所经过的距离。若间隙太小甚至没有，将使分离轴承因与分离杠杆长时间接触而迅速磨损，导致损坏，使离合器在接合期间出现"打滑"故障；如间隙太大，离合器将出现分离不开的故障。

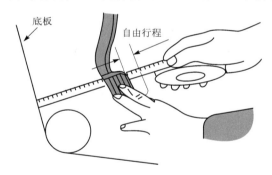

图 3-1-1 离合器自由行程的测量

用卷尺或直尺检查踏板的自由行程，将卷尺或直尺放在离合器踏板的旁边，使一端顶在汽车的底板上，读取尺寸值（如图 3-1-1 所示），然后将离合器踏板踩到刚好将自由行程消除，再次读取尺寸值。两次读取尺寸值的差值就是踏板的自由行程。

当自由行程不正确或离合器不能可靠分离和接合时，应该调整离合器联动机构。调整离合器踏板自由行程之前，应查阅车型维修手册，以确定正确的步骤和调整点的位置。通常，离合器踏板自由行程的调整螺钉位于仪表板下方的离合器踏板上端或联动机构与离合器分离叉的连接处。

三、离合器打滑检测

离合器打滑会使发动机发出的动力不能有效地传递到驱动车轮上去，并使离合器自身过热、加剧磨损、燃焦甚至损坏。离合器打滑频闪测定仪可检测离合器是否存在打滑现象。

（一）检测仪结构与工作原理

离合器打滑频闪测定仪主要由透镜、闪光灯、电阻器、电容器、电源和传感器等组成，如图 3-1-2 所示，电源采用汽车蓄电池。

使用该仪器时，需由点火信号给仪器内高压电极输入电脉冲信号。火花塞每跳火一次，闪光灯就亮一次，且闪光频率与发动机转速成正比。离合器不打滑时，传动轴上设定点会与闪亮点同步动作，传动轴似乎处于不转动状态。否则，轴上设定点转速会滞后于闪亮点动作,而说明离合器存在打滑现象。

(二) 检测仪测量与使用方法

首先把被测汽车驶上底盘测功机上,将驱动车轮停置在两滚筒之间,降下举升装置,车轮与滚筒接触。在传动轴上作一标记点,将变速器置入选定挡位,松开驻车制动装置,踩下加速踏板,同时,调节测功机制动力矩对滚筒加载,增加驱动车轮负荷。若无底盘测功机,也可将驱动桥支起,变速器置入直接挡,踩下加速踏板使汽车原地运转,利用行车制动或驻车制动方式对车轮加载。再将闪光灯发出的闪亮点投射到传动轴上预设的标记点,通过加载改变发动机转速,观察传动轴在不同转速下,轴上标记点的转动是否与闪亮频率同步,从而判断离合器打滑程度。

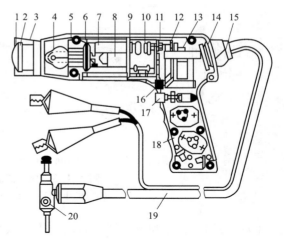

1—环;2—透镜;3—框架;4—闪光灯;5—护板;
6、9、11、12、18—隔板;7—电阻器;8、10—电容器;
13—二极管;14—支持器;15—座套;16—变压器;
17—开关;19 导线;20—传感接头

图 3-1-2 离合器打滑频闪测定仪

四、传动系统游动角度检测

在汽车使用过程中,传动系统因传递动力,且配合表面或相啮合零件间有相对滑移而产生磨损或由于维护保养不当时,就会发生使用时的振抖和异响。传动系统机件磨损松旷是由于各部分间隙(离合器、变速器、万向传动装置和驱动桥各总成游动角度之和)超过允许值的结果,因而传动系统游动角度可以作为评价汽车传动系统技术状况的一般性综合诊断参数。利用传动系统游动角度检测仪可以对各传动部分的游动角度进行检测。游动角度检测仪有指针式和数字式两种。

(一) 指针式游动角度检测仪

1. 检测仪结构与工作原理

该仪器主要由指针、刻度盘和测量扳手组成。指针固定在驱动桥主动轴上,刻度盘则固定在主传动器壳上,如图 3-1-3 (a) 所示。测量扳手一端带有 U 形卡嘴,以使其卡在十字万向节上。为了适应多种车型,卡嘴上带有可更换的钳口。测量扳手另一端有指针和刻度盘,可指示转动扳手的转矩值,如图 3-1-3 (b) 所示。

检测传动系统游动角度时,将测量扳手卡在万向节上,用不小于 30 N·m 的转矩转动,使之从一个极端位置转动到另一个极端的位置,刻度盘上指针转过的角度即为游动角度值。

2. 检测方法

传动系统游动角度的检测应分段进行。具体检测方法如下:

(1) 检测驱动桥的游动角度。变速器挂空挡,驻车制动器松开,驱动轮制动,将测量扳手卡在驱动桥主动轴万向节的从动叉上,即可测得驱动桥的游动角度。

(2) 检测万向传动装置的游动角度。与测驱动桥游动角度的方法基本相同,只是将测量扳手卡在变速器后端万向节的主动叉上。此时获得的游动角度减去驱动桥的游动角度,即为万向传动装置的游动角度。

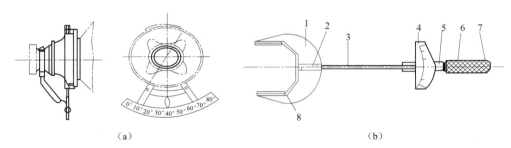

1—卡嘴；2—指针座；3—指针；4—刻度盘；5—手柄；6—手柄套筒；7—定位销；8—可换钳口。

图 3-1-3 指针式游动角度检测仪

（a）指针与刻度盘的安装；（b）测量扳手

（3）检测离合器和变速器的游动角度。放松制动器，离合器处于接合状态，视必要可支起驱动桥。测量扳手仍卡在变速器后端万向节的主动叉上，依次挂入各挡即可获得不同挡位下从离合器到变速器的游动角度。

对上述三段游动角度求和，即可获得传动系统游动角度。

（二）数字式游动角度检测仪

1. 检测仪结构与工作原理

该仪器由倾角传感器和显示器两部分组成，检测范围通常为 0°~30°，使用的电源为直流 12 V。

图 3-1-4 为倾角传感器结构示意图。图中弧形线圈固定在外壳中的夹板上，弧形铁氧体磁棒通过摆杆和心轴支承在夹板的两轴承上，因此可绕心轴轴线摆动。在重力作用下，摆杆与重力方向始终保持某一夹角 α。当传感器外壳倾斜角度不同时，弧形线圈内弧形磁棒的长度亦随之不同，产生的电感量亦不同，因而也就改变了电路的振荡频率。可见，传感器实际上是一个倾角频率转换器。为使传感器可动部分摆动后能迅速处于平衡状态，传感器外壳内装变压器油。显示器实际上是一台专用的数字式频率计，能直接显示传感器的倾角。

2. 检测方法

将倾角传感器固定在传动轴上。

（1）检测万向传动装置的游动角度。把传动轴置于驱动桥游动范围的中间位置或将驱动桥支起，拉紧驻车制动器。左、右旋转传动轴至极端位置，测量仪便直接显示出固定在传动轴上的传感器的倾斜角度。将两个极端位置的倾斜角度记下，其差值即为万向传动装置的游动角度。此角度不包括传动轴与驱动桥之间的万向节的游动角度。

（2）检测离合器与变速器各挡的游动角度。放松驻车制动器，变速器挂入选定挡位，离合器处于接合状态，传动轴置于驱动桥游动

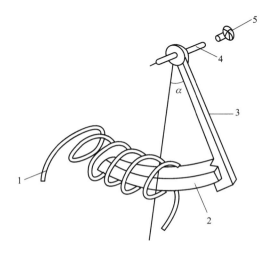

1—弧形线圈；2—弧形铁氧体磁棒；
3—摆杆；4—心轴；5—轴承。

图 3-1-4 倾角传感器结构示意图

范围中间位置或将驱动桥支起。左、右旋转传动轴至极端位置，测量仪便显示出传感器的倾斜角度。求出两极端位置倾斜角度的差值，便可得到一游动角度值。该游动角度减去已测得的万向传动装置的游动角度，即为离合器与变速器在该挡位下的游动角度。按同样方法，依次挂入各挡位，便可测得离合器与变速器各挡位下的游动角度。

（3）检测驱动桥的游动角度。变速器置于空挡位置，松开驻车制动器，踩下制动踏板将驱动轮制动。左、右旋转传动轴至极端位置，即可测得驱动桥的游动角度。该角度包括传动轴与驱动桥之间万向节的游动角度。

对于多桥驱动的汽车，当需要检测每一段的游动角度时，传感器应分别固定在变速器与分动器之间的传动轴、前桥传动轴、中桥传动轴和后桥传动轴上。

在测量仪上读取数值时应注意，其显示的角度值在 0°～30°内有效。出现大于 30°的情况，可将固定在传动轴上的传感器适当转过一定角度。若其中一极限位置为零度，另一极限位置超过 30°，说明该段游动角度已大于 30°，超出了仪器的测量范围。

目前，我国尚无具体的游动角度检测标准，据国外资料介绍，对于中型载货汽车传动系统游动角度及各分段游动角度应不大于表 3-1-1 所列数据。

表 3-1-1　游动角度参考数据

部　　位	游动角度	部　　位	游动角度
离合器与变速器	≤5°～15°	驱动桥	≤55°～65°
万向传动装置	≤5°～6°	传动系	≤65°～86°

注：此表所列数据仅供检测时参考

第二节　制动系统检测诊断

制动系统是汽车底盘的重要组成部分，汽车制动性能直接影响汽车安全性，是汽车安全行车的重要因素之一，因此也是汽车检测诊断的重点。本节主要介绍汽车制动系统检测诊断的基本要求。制动性能的检测流程将在第五章中专门介绍。

一、汽车制动系统检测一般技术要求

1. 基本要求

汽车应设置足以使其减速、停车和驻车的制动系统或装置。
（1）汽车应具有完好的行车制动系统。
（2）汽车应具有应急制动功能。
（3）汽车应具有驻车制动装置。
（4）行车制动的控制装置与驻车制动的控制装置应相互独立。
（5）制动系统应经久耐用，不允许因振动或冲击而损坏。
（6）某些零件，如制动踏板及其支架、制动主缸及其活塞、制动总阀、制动主缸和踏板、制动气室、轮缸及其活塞和制动臂及凸轮轴总成之间的连接杆件应视为不易失效的零部

件。这些零部件应易于维修保养。若这些零部件的失效会导致汽车无法达到应急制动规定的性能,则这些零部件都必须用金属材料或具有与金属材料性能相当的材料制造,并且在制动装置正常工作时不应产生明显的变形。

(7) 制动系统的各种杆件不允许与其他部件在相对位移中发生干涉、摩擦,以防杆件变形、损坏。

(8) 制动管路应为专用的耐腐蚀的高压管路。它们的安装必须保证其具有良好的连续功能、足够的长度和柔性,以适应与之相连接的零件所需要的正常运动,而不致造成损坏;它们必须有适当的安全防护,以避免擦伤、缠绕或其他机械损伤,同时应避免安装在可能与汽车排气管或任何高温源接触的地方。制动软管不允许与其他部件干涉且不应有老化、开裂、被压扁、鼓包等现象。其他气动装置在出现故障时不应影响制动系统的正常工作。

(9) 汽车制动完全释放时间(从松开制动踏板到制动消除所需要的时间)对两轴汽车应小于或等于 0.8 s,对三轴及三轴以上汽车应小于或等于 1.2 s。

(10) 汽车在运行过程中不应有自行制动现象,但属于设计和制造上为保证车辆安全运行的除外。当挂车(由轮式拖拉机牵引的装载质量 3 000 kg 以下的挂车除外)与牵引车意外脱离后,挂车应能自行制动,牵引车的制动仍应有效。

2. 行车制动

汽车应具有完好的行车制动系统,其中汽车(三轮汽车除外)的行车制动应采用双回路或多回路。当部分管路失效后,剩余制动效能仍应能保持原规定值的 30% 以上。行车制动必须保证驾驶员在行车过程中能控制汽车安全、有效地减速和停车。行车制动必须是可控制的,且除残疾人专业汽车外,应保证驾驶员在其座位上双手无须离开方向盘就能实现制动。

(1) 汽车、挂车(总质量不大于 750 kg 的挂车除外)的所有车轮应装备制动器。

(2) 行车制动应作用在汽车的所有车轮上。

(3) 行车制动的制动力应在各轴之间合理分配。

(4) 汽车行车制动的制动力应在同一车轴左右轮之间相对汽车纵向中心平面合理分配。

(5) 制动器应有磨损补偿装置。制动器磨损后,制动间隙应易于通过手动或自动调节装置来补偿。

制动控制装置及其部件以及制动器总成应具备一定的储备行程,当制动器发热或制动衬片的磨损达到一定程度时,在不必立即作调整的情况下,仍应保持有效的制动。

(6) 采用真空助力的行车制动系统,当真空助力器失效后,制动系统仍应能保持规定的应急制动性能。

(7) 行车制动系统制动踏板的自由行程应与该车型的技术要求一致。

(8) 行车制动在产生最大制动效能时的踏板力,对于乘用车应不大于 500 N;对于其他汽车应不大于 700 N。

(9) 液压行车制动在达到规定的制动效能时,踏板行程应不大于踏板全行程的四分之三;制动器装有自动调整间隙装置的汽车的踏板行程应不大于踏板全行程的五分之四,且乘用车应不大于 120 mm,其他汽车应不大于 150 mm。

(10) 液压行车制动系统不允许因制动液对制动管路的腐蚀或由于发动机及其他热源的作用形成气阻而影响行车制动系统的功能。

（11）所有汽车（三轮汽车、五轴及五轴以上专项作业车除外）及总质量大于 3 500 kg 的挂车应装备符合规定的防抱制动装置。总质量大于或等于 12 000 kg 的危险货物运输货车还应装备电控制动系统（EBS）。

（12）汽车列车行车制动系统的设计和制造应保证挂车最后轴制动动作滞后于牵引车前轴制动动作的时间不大于 0.2 s。

3. 应急制动和剩余制动性能

汽车应具有应急制动功能。

（1）应急制动应保证在行车制动只有一处管路失效的情况下，在规定的距离内将汽车停住。

（2）应急制动应是可控制的，其布置应使驾驶员容易操作，驾驶员在座位上至少用一只手握住方向盘的情况下，就可以实现制动。它的控制装置可以与行车制动的控制装置结合，也可以与驻车制动的控制装置结合。

（3）采用助力制动系统的行车制动系统，当助力装置失效后，仍应能保持规定的应急制动性能。

（4）客车、货车和货车底盘改装的专项作业车，当行车制动传输装置部分失效时，仍应具有符合 GB 12676 规定的剩余制动性能。

4. 驻车制动

汽车应具有驻车制动装置。

（1）驻车制动应能使汽车即使在没有驾驶员的情况下，也能停在上、下坡道上。驾驶员必须在座位上就可实现驻车制动。对于汽车列车和轮式拖拉机运输机组，若挂车与牵引车脱离，挂车应能产生驻车制动。挂车的驻车制动装置应能够由站在地面上的人实施操纵。

（2）驻车制动应通过纯机械装置把工作部件锁止，并且驾驶员施加于操纵装置上的力：手操纵时，乘用车应不大于 400 N，其他汽车应不大于 600 N；脚操纵时，乘用车应不大于 500 N，其他汽车应不大于 700 N。

（3）驻车制动的控制装置的安装位置应适当，操纵装置应有足够的储备行程（开关类操作装置除外），一般应在操纵装置全行程的三分之二以内产生规定的制动效能；驻车制动机构装有自动调节装置时允许在全行程的四分之三以内达到规定的制动效能。棘轮式制动操纵装置应保证在达到规定驻车制动效能时，操纵杆往复拉动的次数不允许超过三次。

（4）采用弹簧储能制动装置做驻车制动时，应保证在失效状态下能方便地解除驻车状态；如需使用专用工具，这种工具应随车配备。

（5）采用液压制动的汽车，制动管路不应存在渗漏（包括外泄和内泄）现象，在保持踏板力为 700 N 达到 1 min 时，踏板不允许有缓慢向前移动的现象。

（6）采用气压制动的汽车，在气压升至 750 kPa（或能达到的最大行车制动管路压力，两者取小的值）且不使用制动的情况下，停止空气压缩机 3 min 后，其气压的降低值应不大于 10 kPa。在气压为 750 kPa 的情况下，停止空气压缩机工作，将制动踏板踩到底，待气压稳定后观察 3 min，汽车气压降低值应不大于 20 kPa，汽车列车、铰接客车及铰接式无轨电车、轮式拖拉机运输机组气压降低值应不大于 30 kPa。

（7）采用气压制动的汽车，发动机在 75% 的额定转速下，4 min（汽车列车为 6 min，铰接客车和铰接式无轨电车为 8 min）内气压表的指示气压应从零开始升至起步气压（未标起步气压者，按 400 kPa 计）。

注：起步气压是指车辆制造厂家标明的车辆（起步后）能够满足正常（制动）工作要求的储气筒最小压力。

（8）气压制动系统应装有限压装置，以确保储气筒内气压不超过允许的最高气压。

（9）气压制动系统应安装保持压缩空气干燥、油水分离的装置。

（10）储气筒。

① 压缩空气与真空保护：装备储气筒或真空罐的汽车均应采用单向阀或相应的保护装置，以保证在筒（罐）与压缩空气源（真空源）连接失效或漏损的情况下，由筒（罐）提供的压缩空气（真空度）不致全部丧失。

② 储气筒的容量应保证在额定工作气压且不继续充气的情况下，汽车在连续五次踩到底的全行程制动后，气压不低于起步气压（未标起步气压者，按 400 kPa 计）。

③ 储气筒应有排污阀。

④ 采用气压制动的汽车和具有储气筒的挂车，应在产品标牌（或车辆易见部位上设置的其他能永久保持的标识）上清晰标示储气筒额定工作气压的数值。

（11）制动报警装置。

① 采用液压制动的汽车，其储液器的加注口必须易于接近，从结构设计上必须保证在不打开容器的条件下就能很容易地检查液面。若不能满足此条件，则必须安装制动液面过低报警装置。

② 采用液压制动的汽车（三轮汽车和装用单缸柴油机的低速货车除外），若液压传能装置任一部件失效，应通过红色报警信号灯通知驾驶员，该信号灯应不迟于促动控制装置发亮。只要失效继续存在且点火开关处在开（运行）的位置，该信号灯应保持发亮。但也允许采用当储液器内液面低于制造厂规定值时点亮的红色信号灯。报警信号灯即使在白天也应很醒目，驾驶员在其座位上应能很容易地检查报警信号灯工作是否正常，该装置的失效不应导致制动系统完全丧失制动效能。

③ 采用气压制动的汽车，当制动系统的气压低于起步气压（未标起步气压时按 400 kPa 计）时，报警装置应能连续向驾驶员发出容易听到或看到的报警信号。

④ 安装具有防抱制动装置的汽车，当防抱制动装置失效时，报警装置应能连续向驾驶员发出容易听到或看到的报警信号。

⑤ 安装制动间隙自动调整装置的客车、货车和总质量大于 3 500 kg 的专项作业车，当行车制动器制动衬片需要更换时，应采用光学或声学的报警装置向在驾驶座上的驾驶人报警。

二、制动性能检测评价参数

根据 GB 7258—2017《机动车运行安全技术条件》的规定，机动车可以用路试检测制动距离、制动减速度、制动稳定性以及制动踏板力，用台试检验制动力、制动协调时间以及车轮阻滞率等参数来判别制动性能，只要台试和路试任意一项检测合格，则汽车制动性能合格。

1. 制动距离

制动距离是指机动车在规定的初速度下急踩制动时，从脚接触制动踏板时起至车辆停止车辆驶过的距离。

2. 制动减速度

制动减速度是指车辆在行驶过程中迅速降低行驶速度直至停车的能力。制动减速度与地面制动力、与制动器制动力（车轮滚动时）及附着力（车轮抱死滑动时）有关。GB7258—2017《机动车运行安全技术条件》中用制动过程中充分发出的平均减速度作为制动减速度的评价指标。

3. 制动稳定性

制动稳定性是指机动车在制动过程中机动车的任何部位（不计入车宽的部位除外）不超出规定宽度的试验通道的边缘线的能力。汽车在制动过程中，有时会出现制动跑偏、后轴侧滑或前轮失去转向能力而使汽车失去控制，离开原来的行驶方向，甚至发生撞入对方车辆行驶轨道、下沟、滑下山坡的危险情况。所以评价汽车制动性时，也会将汽车制动过程中维持直线行驶或按预定弯道行驶的能力作为评价指标。

4. 制动力平衡

制动力平衡是指在机动车制动力增长全过程中同时测得的左右轮制动力差的最大值，与全过程中测得的该轴左右轮最大制动力中大者（当后轴制动力小于该轴轴荷的60%时为与该轴轴荷）之比。

5. 制动协调时间

制动协调时间是指在急踩制动时，从脚接触制动踏板（或手触动制动手柄）时起至机动车减速度（或制动力）达到GB 7258—2017规定的机动车充分发出的平均减速度（或制动力）的75%时所需的时间。

6. 车轮阻滞率

车轮阻滞率是指行车和驻车制动装置处于完全释放状态，变速器置空挡位置时，试验时，试验台驱动车轮所需的作用力与车轮轴重之比。进行制动力检验时，汽车、汽车列车各车轮的阻滞力均应小于等于轮荷的10%。

第三节 转向系统检测诊断

转向系统是汽车底盘的重要组成部分，其技术状况的变化对汽车的操纵稳定性和高速行驶的安全性有直接影响。

转向系统技术状况检测诊断项目主要包括：转向盘自由转动量、转向盘转向力、转向轮定位参数及转向轮侧滑量。

一、转向系统基本要求

根据GB 7258要求，转向系统应符合以下基本要求。

（1）汽车的方向盘必须设置于左侧，专项作业车按需要可设置左右两个方向盘。

（2）汽车的方向盘（或方向把）应转动灵活，无卡滞现象。汽车应设置转向限位装置。转向系统在任何操作位置上，不允许与其他部件有干涉现象。

（3）汽车转向轮转向后应能自动回正，以使汽车具有稳定的直线行驶能力。

（4）机动车方向盘的最大自由转动量应小于或等于：

① 最大设计车速大于或等于 100 km/h 的机动车：15°；

② 三轮汽车：35°；

③ 其他机动车：25°。

（5）汽车（三轮汽车除外）应具有适度的不足转向特性。

（6）汽车在平坦硬实干燥和清洁的道路上行驶不应跑偏，其方向盘（或方向把）不应有摆振等异常现象。

二、汽车转向特性和技术参数

1. 操纵稳定性

汽车的操纵稳定性是指在驾驶者不感到过分紧张、疲劳的条件下，汽车能遵循驾驶者通过转向系统及转向车轮给定的方向行驶，且当遭遇外界干扰时，汽车能抵抗而保持稳定行驶的能力。

汽车在实际运行中，遇到的情况是很复杂的，有时是直线行驶，有时是曲线行驶，在发生意外情况时，驾驶员还要对汽车作紧急异常操纵，力求避免事故。汽车在一般运行中，还要经受来自地面不平、坡道、大风等各种外部因素的干扰。

具体地说，从驾驶员方面，维持汽车按给定的路线行驶，以及按驾驶员给定的方向行驶的能力，称为汽车的操纵性；汽车在给定的方向行驶，抵抗力图改变其行驶方向的外力的能力，称为汽车的稳定性。从汽车行驶安全来看，稳定性就是抗翻车和侧滑的能力。

汽车的操纵性和稳定性是互相依存、密切相关的，操纵性的破坏常常会引起翻车和侧滑，而汽车侧滑有时也可使操纵失灵，所以一般统称为汽车的操纵稳定性。

影响操纵稳定性的因素包括结构因素和使用因素。在结构因素方面，如转向系统的主要性能参数（转向系统的传动比、转向系统的效率、转向器的啮合特性、转向系统的刚度及转向盘转动的总圈数等）、重心位置、轴距、轮距、质量分配、轮胎的型式和气压以及悬架的导向装置。使用因素对汽车的操纵稳定性，特别是在汽车运行中的稳定性的影响是很大的，如，道路状况（地面不平、纵向和横向的坡度等）、气候条件（侧向风力、下雨下雪对地面附着状态的改变等）、左右车轮的附着情况不相同以及汽车转弯行驶时的离心力等。

2. 转向操纵轻便性

操纵稳定性优良的汽车，应有适度的转向轻便性。转向沉重，易使驾驶员疲劳或转向不正确、不及时而影响行车安全；太轻，驾驶员路感太弱、方向飘移而不利于安全行车。

转向轻便性直接表现在转向盘的转动阻力上，因此为了保证汽车转向操纵轻便性，在 GB 7258 中规定：汽车在平坦、硬实、干燥和清洁的道路上行驶，以 10 km/h 的速度在 5 s 之内沿螺旋线从直线行驶过渡到外圆直径为 25 m 的车辆通道圆行驶，施加于转向盘外缘的最大切向力应不大于 245 N。

3. 驾驶的机动性

驾驶的机动性是指汽车在最小面积内活动的能力，它决定了驾驶员为装卸货物而移动汽车，或者在停车场地及维修车间内调动汽车时所需要场地的面积、车道宽度以及驾驶员的劳动强度，机动性还影响着汽车能够通过狭窄弯曲地带或绕开不可越过障碍物的能力。

4. 转向车轮的稳定效应

由于汽车行驶条件复杂，道路对汽车的冲击或对左右轮不均匀的冲击等情况经常发生，使车轮偶然受到外力作用。当车轮在偶然受外力作用或转向盘稍微转动而偏离直线行驶时，转向车轮应有自动回正恢复直线行驶的能力。当转向车轮摆转一定的角度后，在放松转向盘时，转向车轮应有迅速回正直线行驶的能力。转向车轮具有的保持自动返回直线行驶位置的能力，称为转向车轮的稳定效应。转向车轮愈稳定，汽车向前直线行驶的性能愈好，操纵愈轻便。汽车只有在转向车轮稳定时，才能降低燃油消耗和减少轮胎和零件的磨损。同时，转向车轮具有稳定效应，可以减轻驾驶员的紧张程度。

转向车轮的稳定效应是通过转向车轮的定位角来实现的；同时，转向车轮的稳定效应也与轮胎的横向弹性有关。

三、转向盘自由转动量和转向力检测

转向系统的性能好坏直接影响汽车的行车安全，其技术状况常用转向盘转向力和转向盘自由转动量作为诊断参数进行评价。

1. 转向盘转向力的检测

操作稳定优良的汽车，具有适度的转向轻便性。转向轻便性可用一定行驶条件下在转向盘上的转向力（即作用在转向盘外缘的切向力）的大小来表示。

转向盘自由转动量和转向力均可采用转向力-角测量仪进行检测，如图 3-3-1 所示。该仪器由操纵盘、主机箱、连接叉和定位杆四部分组成，具有测试转向盘自由行程、转向角和转向力的功能。操纵盘实际上是一个附加转向盘，用螺栓固定于三爪底板，底盘与连接叉间装有力矩传感器，以测出转向时的操纵力矩；连接叉通过装在其上的长度可伸缩的活动卡爪与被测转向盘连接；主机箱固定在底盘中央，内装力矩传感器、转角编码器、打印机和电池等；从底板下伸出的定位杆，通过磁座吸附在驾驶室内仪表盘上，其内端与装在主机箱下部的光电装置连接；使用时，把转向力-角测量仪对准被测转向盘中心，调整好三只伸缩爪的长度，使之与转向盘牢固连接后，转动操纵盘的转向力通过底板、力矩传感器、连接叉传递到被测转向盘上，使转向轮偏转实现汽车转向。此时，力矩传感器把转向力矩转变成电信号，定位杆内端所连接的光电装置将转向角的变化转化为电信号。传感器信号输送至主机箱后，由装在其内的微机自动完成数据采集、转角编码、运算、分析、存储、显示并打印出所测结果。

无转向力-角测量仪时，也可通过弹簧秤沿切向拉动转向盘的边缘来测量转向力。转向力的检测方法有多种，目前在实际上应用最多的为以下两种：

（1）路试检测转向力。

转向力-角测量仪安装在被测的转向盘上，让汽车在平坦、硬实、干燥和清洁的水泥或沥青路面上，以 10 km/h 的速度在 5 s 内沿螺旋线从直线行驶过渡

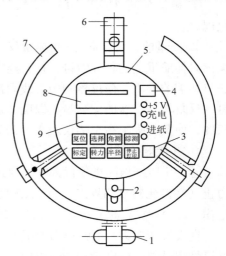

1—定位杆；2—固定螺栓；3—电源开关；
4—电压表；5—检测仪主机；6—连接装置；
7—操纵盘；8—打印机；9—显示器。

图 3-3-1　ZC—2A 型方向盘力-角仪

到外圆直径为 25 m 的车辆通道圆行驶，测出施加于转向盘外缘的最大切向力数值，该数值即为转向盘转向力。

这种检测方法为 GB 7258 推荐使用的方法，其检测标准：转动转向盘的最大转向力应小于或等于 245 N。

（2）原地检测转向力。

① 将转向参数测量仪或测力弹簧秤安装在被测车辆的转向盘上。

② 将汽车转向轮置于带有刻度的转角盘上，接通仪器电源。

③ 按下"力测"按钮，按照检测标准缓慢地转动转向盘，使转向轮能达到原厂规定的最大转角。

④ 在转向轮转动的全过程中，用测力装置测得的最大数值即车轮原地转动的转向盘转向力。

检测过程中，应注意转向轮能否转到极限位置，同时还应观察其转动是否会与其他部件发生干涉现象。

2. 转向盘自由转动量的检测

转向盘自由转动量是指汽车转向轮处于直线行驶位置静止不动时，转向盘可以自由转动的角度。它是转向系统内部各传动连接部件间隙的总反映，过大的转向盘自由转动量，一方面，将直接导致汽车转向不灵敏，影响行车安全；另一方面，由于转向系统存在着较大的传动间隙而削弱了对转向轮的约束，从而导致汽车直线行驶不稳定。因此，对转向盘的自由转动量应进行检查和调整，使其符合要求。

GB 7258—2017 规定：汽车转向盘的最大自由转动量不得大于：最高设计车速不小于 100 km/h 的汽车为 15°，三轮汽车为 35°，其他汽车为 25°。

转向盘自由转动量可用转向力-角测量仪进行检测，其检测方法如下：

① 被检车辆放置于平坦、干燥、清洁的硬质地（路）面，转向轮保持回正位置，发动机熄火。

② 测量前，将转向力-角测量仪可靠地安装在被测车辆的转向盘上。安装时，松开连接叉三只伸缩爪上的紧固螺钉，松开连接卡头，将卡头扣在被测车辆的转向盘上并拧紧。调整三只伸缩的卡爪，使仪器的中心线同被测车辆转向盘的中心线重合，旋紧伸缩爪上的紧固螺钉并反复转动仪器的操纵盘，以确认仪器连接无松动现象和两中心线已重合，调整定位杆的长度，使其与吸附在车辆仪表盘（或风窗玻璃）上背侧的磁力吸座相固定。

③ 并接好仪器电源。

④ 转向力-角测量仪设为峰值保持并清零，转动转向力-角测量仪的操纵盘至一侧有阻力止（转向轮转动临界点），读取角度值，记作 A_1，再转至另一侧有阻力止，读取角度值，记作 A_2，A_1 与 A_2 间的自由角度即为转向盘最大自由转动量。

在没有转向力-角测量仪的情况下，可用简易的转向盘自由转动量测量仪进行检测。这种简易测量仪由刻度盘和指针组成，如图 3-3-2 所示。

检测时将刻度盘和指针分别固定在转向盘轴管和转向盘边缘上，使前轮位于直线行驶位置，在转向盘转至自由转动的一侧极限位置时调整指针对零，再向另一侧轻轻转动转向盘，当手感变重时指针所扫过的角度即为转向盘的自由转动量。

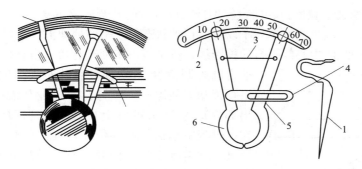

1—指针；2—刻度盘；3—弹簧；4—连接板；5—固定螺钉；6—夹臂。

图 3-3-2 简易转向盘自由转动量检测仪

四、转弯参数检测

（一）基本概念

汽车的最小转弯直径和通道圆是汽车的机动性参数，其大小影响汽车的通过性。

（1）转弯直径 d_1：转向盘转到极限位置时，车辆内外侧各车轮胎面中心（若为双胎，则为双胎中心）在平整地面上的轨迹圆直径，如图 3-3-3 所示。

（2）最小转弯直径 d_4：转向盘转到极限位置时车辆外侧转向轮胎面中心在平整地面上的轨迹圆直径中的较大者。

（3）转弯通道圆：车辆转弯行驶时，下述两圆为车辆转弯通道圆，如图 3-3-4 所示。

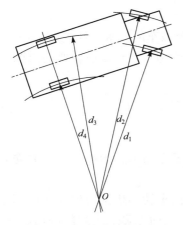

图 3-3-3 转弯直径示意

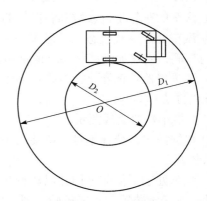

图 3-3-4 转弯通道圆示意

① 转弯通道圆外圆（直径 D_1）：车辆所有点（后视镜、下视镜和天线除外，下同）在平整地面上的投影均位于圆内的最小外圆。

② 转弯通道圆内圆（直径 D_2）：车辆所有点在平整地面上的投影均位于圆外的最大内圆。

（4）转弯通道宽度 B：车辆转弯通道圆外圆直径 D_1 与转弯通道圆内圆直径 D_2 之差的二分之一，即 $B=(D_1-D_2)/2$。

（5）最小转弯通道圆：转向盘转到极限位置时的转弯通道圆。

（6）最大转弯通道宽度：转向盘转到极限位置时的转弯通道宽度。

（7）外摆值 T：汽车或汽车列车以直线行驶状态停于平整地面上，沿过车辆最外侧的点向地面作一与车辆纵向中心线平行的投影线，汽车或汽车列车起步，由直线行驶过渡到转弯通道圆外圆直径（按照车辆最外侧部位计算，后视镜、下视镜和天线除外，不计具有作业功能的专用装置的突出部分）为 25 m 的圆上行驶，直到车尾完全进入该圆，在此过程中车辆任何部位在地面上的投影行程一组外摆轨迹，这组轨迹与车辆静止时车辆最外侧部位在地面上形成的投影线的距离即为外摆值，如图 3-3-5 所示。

国家标准 GB 17675—1999《汽车转向系统 基本要求》规定：当汽车前行向左或向右转弯时，转向盘的回转角和回转力不得有显著差异。

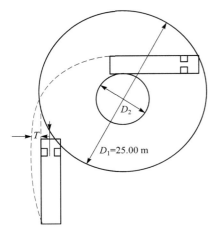

图 3-3-5 外摆值示意

（二）测量方法

GB/T 12540—2009《汽车最小转弯直径、最小转弯通道圆直径和外摆值测量方法》规定了适用于前轮转向的各类汽车的汽车最小转弯直径、最小转弯通道圆直径和外摆值测量方法。

试验条件要求：

① 试验场地为平整的混凝土或沥青地面，其大小应能允许车辆作直径不小于 30 m 的圆周运动。

② 汽车装备的轮胎应符合该车技术条件的规定。

③ 汽车的车轮定位参数和转向轮的最大转角应符合该车的技术条件规定。

④ 汽车处于空载状态，只乘坐一名驾驶员，全轮着地。（对最小转弯通道圆外圆接近 25 m 的车辆，应增加满载状态下的试验。）

⑤ 测量仪器：钢卷尺：量程不小于 30 m，精度不小于 0.1%。

试验方法：

（1）最小转弯直径测量。

① 根据需要，选择车身上离转向中心最远点、最近点和车轮胎面中心上方安装行驶轨迹显示装置。

② 汽车处于最低前进挡并以较低的车速行驶，方向盘转到极限位置并保持不动，稳定后起动轨迹显示装置，车辆行驶一周，使各测点分别在地面上显示出封闭的运动轨迹之后，将车开出测量区域。

③ 用钢卷尺测量各测点在地面上形成的轨迹圆直径，应在互相垂直的两个方向测量，测量时应向左向右移动，读取最大值，取两个方向的测量值的算术平均值作为试验结果。

④ 汽车向左转和向右转各测定 1 次，记录试验结果。

⑤ 如果左、右转方向测得的试验结果之差在 0.1 m 以内，则取左、右转方向试验结果的平均值作为该车的最终结果，否则以左、右转方向测得的试验结果的较大值作为最终结果。

（2）最小转弯通道圆直径测量。测量方法同最小转弯直径测量。

（3）外摆值测量。

① 在平整地面上画一直径为 25 m 的圆周；在车辆尾部最外点和车体离转向中心最远点安装轨迹显示装置。

② 汽车或汽车列车处于最低前进挡并以较低车速进入该圆周内行驶，调整转向盘转角，起动车体离转向中心最远点轨迹显示装置，使轨迹落在该圆周上，记下这时的转向盘转角位置。

③ 汽车或汽车列车以直线行驶状态停于平整地面上，沿车辆最外侧向地面作一与车辆纵向中心线平行的投影线，转动转向盘到预定转角位置并保持，起动车辆尾部最外点轨迹显示装置，汽车或汽车列车起步前行，直至车辆尾部最外点轨迹与已做好的车辆最外侧投影线相交为止。

④ 测量车辆尾部最外点在地面上形成的轨迹与车辆静止时车辆外侧部位在地面上形成的投影线的最大距离。

⑤ 左右转方向各进行一次试验，记录试验结果，其中较大者为该车的外摆值。

五、车轮定位参数检测

车轮定位的检测包括转向轮（通常为前轮）定位参数的检测和非转向轮（通常为后轮）定位参数的检测。转向轮和非转向轮定位参数的检测统称为四轮定位检测。

在设计汽车时，为使转向轮具有转向轻便、准确和行驶稳定的性能，在转向车轮上设计有主销后倾角、主销内倾角、车轮外倾角和车轮前束等，这些参数统称为车轮定位参数，它是评价汽车的操纵性和直线行驶稳定性的重要参数。如果前轮定位不正常，不仅会引起转向沉重，增加驾驶员的劳动强度，汽车的行驶不稳定，不能保持直线行驶、车轮失去自动回正作用，而造成汽车难以操纵，有导致事故的危险，而且还会加剧转向机构和转向轮胎的磨损、燃油消耗量增加、动力性能下降等许多不利因素。后轮定位主要包括后轮外倾和后轮前束，可用于评价后轮的直线行驶稳定性和后轴的技术状况。为此，汽车车轮定位检测是安全检测中的重点检测项目之一。

（一）车轮定位参数

1. 主销内倾角

主销在装配时，上端略有内倾，使主销轴线延长线和路面相交时，交点可与轮胎中线和路面接触点很接近。通过该交点的垂线与真实或假想的转向节主销轴线在垂直于汽车纵向对称平面的垂面上的投影锐角，就是主销内倾角，如图 3-3-6 所示。

主销内倾角的作用是：

① 使得主销轴线延长线与路面交点到车轮中心面的距离减小，减小车轮偏转时路面作用于车轮上的阻力矩，使汽车的转向操纵较为轻便，减轻从车轮传到转向机构上的冲击。

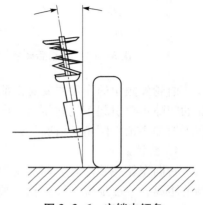

图 3-3-6　主销内倾角

② 保持车轮直线行驶的稳定性。转向轮由中立位置偏转一个角度时，轮胎的最低点将沿圆弧旋转。圆弧所在平面应和主销轴线相垂直，也就是和路面相倾斜。在轮胎旋转 180°

后，车轮的最低点将陷入路面以下，但实际上车轮的下边缘并不可能陷入道路下面，最低点仍在路面上，而是使转向车轮连同整个汽车前端相应地向上抬升一定高度。这时由于汽车本身的重力作用，迫使车轮自动回正恢复直线行驶，起到抵抗车轮偏离直线行驶的稳定作用。这就是由于主销内倾而使转向轮具有的稳定效应。

主销内倾角一般为 5°~8°（有的达到 10°）。这个角度是由汽车原设计决定的，是不可调节的。

2. 主销后倾角

主销在纵向平面内向后倾斜一定角度。通过主销中心的垂线与转向节主销轴线在汽车纵向对称平面上的投影锐角称为主销后倾角，如图 3-3-7 所示。当主销向后倾斜时其角度为正；主销向前倾斜则其角度为负。现代汽车的主销后倾角一般在 0°~7°。

主销后倾的主要作用在于使前轮在行进过程中具有回正能力。但角度不能过大，以免回正过猛，转向沉重。因此，主销内倾角和后倾角既要保证足够的稳定效应又要保证转向的轻便。主销后倾角一般在 1°~3°。有些汽车上采用了动力转向，主销后倾角值较小。小客车采用低压轮胎，弹性较大，轮胎横向弹性产生了足够大的稳定力矩，所以主销后倾角逐渐减小，常为 0，甚至采用负角。

3. 前轮外倾角

当前轮处于正前方的位置时，前轮的轴线并不与地面平行，而是向下倾斜，从而使前轮由垂直于地面的位置向外倾斜一个角度。在通过车轮轴线的垂面内，车轮轴线与水平线之间的夹锐角，称为前轮的外倾角，如图 3-3-8 所示。

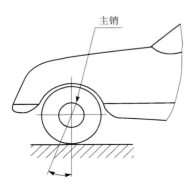

图 3-3-7 主销后倾角

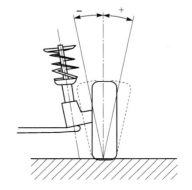

图 3-3-8 前轮外倾角

前轮外倾角的作用主要是使前轴及悬架系统在受载后的变形和转向节各轴承磨损后所增加的间隙不致引起车轮向相反方向倾斜。其次，外倾可产生把轮毂紧靠在轴上的轴向力，并在不增加主销内倾角的情况下减小转臂。一般载货汽车的前轮外倾角为 1°。

4. 前轮前束

转向车轮在装配时，两前轮中心平面相互向内偏转一个角。使车轮间后端的距离大于前端的距离，一般地说，转向轮后端距离与前端距离之差值即为前束，如图 3-3-9 所示。当后端的距离比前端大时为正，当后端的距离比前端小时为负。

可通过调节横拉杆的长度来调整前轮前束，转向车轮的前束一般在 0~12 mm。

前轮前束的作用：车轮有了外倾以后，当车轮滚动时有向外分开的趋势，由于车桥的约束，车轮不能向外滚开，车轮将不断地相对于路面作侧向滑动，从而加速轮胎的磨损。有了车轮前束，使前轮沿直线滚动时的横向偏离角产生附加横向反作用力和附加力矩。此横向反作用力的方向与前轮外倾产生的横向反作用力方向相反，可以在一定程度上抵消。当外倾角保持不变，前束由零逐渐增大时，横向力向相反方向增大。故相对于某一外倾角，都有一个相应的最有利的前束。

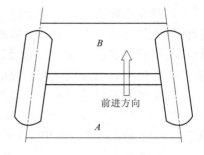

图 3-3-9　前轮前束

汽车不仅具有前轮定位参数，有些高速客车和高级轿车还具有后轮外倾角和后轮前束等参数。

5. 包容角

主销内倾角和车轮外倾角的和叫包容角，如图 3-3-10 所示，在悬架系统没有损坏的情况下，内倾角和外倾角会有变化，但是包容角不变。如表 3-3-1 所示。主销内倾角虽然一般都不能调整，但是主销内倾角、车轮外倾角和包容角的变化，能帮助判断悬架系统的主要构件是否完好。

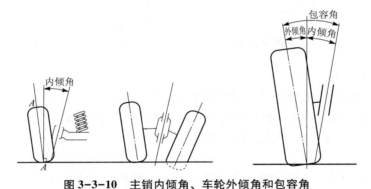

图 3-3-10　主销内倾角、车轮外倾角和包容角

表 3-3-1　外倾角、内倾角与包容角的变化关系

外　倾　角	主销内倾角	包　容　角
2°	7°	9°
1°	8°	9°
0°	9°	9°
-1°	10°	9°
-2°	11°	9°

6. 后轮推进角

后桥弹簧座磨损，后桥下悬臂胶套损坏，整体式后桥胶套损坏，均会引起后桥轴线与前桥轴线不平行，后轮的行进方向与汽车纵向几何中心线形成一个角度，叫推进角。如图 3-3-11 所示。

后轮沿推进线给汽车一个力矩，引起汽车跑偏，这是汽车跑偏的一个重要原因。当然，如果汽车后轮轴线没有偏斜，但是两后轮的前束不一致，也会形成推进角（如图 3-3-12 所示），也会引起跑偏。

目前大多数汽车后桥是整体式的,后轮垂直装在后桥上,不能调整前束和车轮外倾角。有的后轮虽然是独立悬架,但是前束并不能调整。这样,当后桥轴线有偏斜,或者后轮独立悬架的拉臂有变形,均会引起后轮前束失准,后轮的推进线就产生了。当后轮推进线大于0.1°小于0.4°,就应当用前轮前束来补偿,叫做补偿四轮定位。

如某汽车左后轮前束为0.20°,右后轮前束为0.60°,后轮推进角为(0.20°-0.60°)/2 = -0.20°。这将使汽车向右跑偏。为此,要把前轮总前束调为向左,即让右前轮前束比左前轮大0.20°。一般前轮补偿为0.30°~0.40°,如果推进角太大,则应考虑校正或更换后桥或后悬臂。

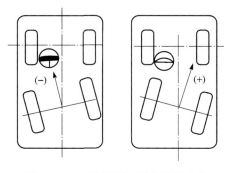

图 3-3-11 后桥不正引起的推力角

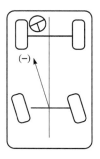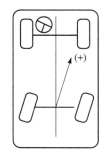

图 3-3-12 后轮前束不准引起的推力角

7. 转向20°时张角

转向20°时张角为转向20°时两前轮转向角度之差,如图3-3-13所示。转弯时内轮所转的角度通常大于外轮,其目的是在转弯时使汽车能以后轴延伸线的瞬时中心为圆心顺利转弯。此外当内轮转角较大时,阻力也较大,阻力的不同可使汽车偏向阻力大的一方,使转向容易。

8. 轴距差

两前轮中心的连线与两后轮中心的连线之间的夹角称为汽车的轴距差,如图3-3-14所示。当右侧车轮的距离比左侧车轮的距离大时,此状态下规定轴距差为正值;反之当右侧车轮的距离比左侧车轮的距离小时,此状态下规定轴距差为负值。如果汽车的前后轮距已经知道,则轴距差可以用角度值来表示。

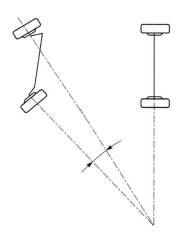

图 3-3-13 转向20°时张角

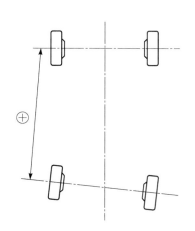

图 3-3-14 轴距差

（二）四轮定位仪检测车轮定位

车轮定位仪又称四轮定位仪，是专门用来测量车轮定位参数的设备。四轮定位仪通常可检测的项目包括：前轮前束值/角、前轮外倾角、主销后倾角、主销内倾角、后轮前束值/角、后轮外倾角、汽车轮距、汽车轴距、推力角和左右轴距差等。

1. 四轮定位仪的结构

四轮定位仪分为水泡水准式、光学投影式和拉线式、CCD式、3D影像式等形式。早期的车轮定位仪为前轮定位仪，即只对转向轮定位参数进行测量，如水泡水准式、光学投影式等。现代的车轮定位仪均为四轮定位仪，可同时测量前轮和后轮定位参数，为汽车的四轮定位参数调整提供依据，如拉线式、CCD式、3D影像式等。CCD式四轮定位仪目前使用较多。下面以KWA-300 3D型四轮定位仪介绍其组成与使用。

KWA-300 3D四轮定位仪由数据采集和数据处理两部分组成，如图3-3-15所示。

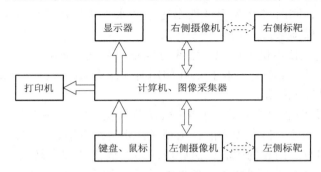

图3-3-15　KWA-300 3D四轮定位仪工作原理

数据采集部分的组成部件为四部高分辨率摄像机和标靶。左、右侧摄像机分别摄取汽车左右侧标靶图像，并通过图像采集器传输给数据处理部分。标靶通过轮夹与被测车轮固定连接在一起，从而由标靶上的目标点计算，确定车轮的位置关系，并确定车轮的定位参数。数据处理部分为3D四轮定位仪主机，主要包括一台工业控制计算机系统、电源系统及接口系统。其作用是实现用户对四轮定位仪的操作指令，自动引导并指示主要操作过程，对数据进行处理并与原厂设计参数一起显示出来，同时指导用户对汽车进行调整，最后打印出相应的报表。

KWA-300 3D四轮定位仪主要由主机、摄像机及其立柱、标靶、轮夹、标定架、通信线、转盘、转向盘固定架、制动踏板固定架等组成，如图3-3-16所示。

（1）主机。主机是用户的一个控制操作平台，由机柜、计算机、电源、主机接口等部分构成。计算机部分包括主机、显示器、键盘、鼠标、打印机、图像采集卡等。其中显示器、鼠标、打印机安装在机柜的上部，主机安装在机柜下层间隔内，图像采集卡安装在主机内部，键盘

图3-3-16　KWA-300 3D四轮定位仪结构

安装在键盘板上。电源部分包括电源引线、电源插座、电源总开关。其中电源插座安装在机柜的下部，电源总开关按钮安装在机柜右侧板上部。

（2）摄像机与立柱。定位仪含有四部 CCD 摄像机，分别对安装在车轮上的四个标靶图像进行捕捉。摄像机固定于两个立柱外壳之内。摄像机在首次安装时进行了精确标定，用户在定位仪的使用过程中无须再对其进行标定。

定位仪的两个立柱用于容纳和固定 CCD 摄像机及其信号线。两个立柱分别用地脚螺栓固定于地面上。无论在使用中还是使用后，务必防止立柱发生晃动，否则会改变摄像机的位置，影响检测结果。

（3）标靶和轮夹。定位仪共有四个标靶轮夹合成体，如图 3-3-17 所示，是整个检测系统的关键部件，为摄像机监测的目标，在标靶背面有安装车轮的标识。在装配轮夹时，需通过调节旋钮将轮爪的间距调整合适，并选择没有形状损伤或配重铅块的轮辋处作为安装位置，与汽车轮辋相连，同时务必先保证四个轮爪的水平小端面与轮辋紧密接触，再锁紧轮夹，同时给轮夹装上保险带。

（4）通信线。定位仪主机与摄像机之间有四根信号线和两根红外灯电源线，首次安装时固定于地面上，并外加套管进行保护。在使用时应注意防护，禁止液体进入内部或放置重物于上面，以免对其造成损伤。

（5）转角盘及过渡桥。定位仪配有两个机械转角盘，如图 3-3-18 所示，转角盘放置于举升机的汽车前轮位置处。汽车驶入前，用锁紧销将转角盘锁紧，防止其转动；当汽车靠近转盘时，侧向移动转盘到前轮的中心，然后使用转盘固定器固定转盘，汽车停在转盘中心。每个转角盘配有一个过渡桥，放置于转角盘与举升机之间，确保车轮在转盘上移动平稳。

图 3-3-17　标靶和轮夹

图 3-3-18　转角盘

（6）转向盘固定架。定位仪带有一个转向盘固定架，如图 3-3-19 所示。在测试中，需根据提示放置转向盘固定架，以保证测试过程中汽车方向不会发生变化。

（7）制动踏板固定架。定位仪带有一个制动踏板固定架，如图 3-3-20 所示。用于固定汽车制动踏板，使汽车在测试中不会出现前后移动的现象。在主销测试中必须固定踏下制动踏板，使汽车制动。

2. 四轮定位仪的测量原理

车轮定位参数的测量有动态测量和静态测量两种方法，相应的检测设备也分为动态检测设备和静态检测设备。动态检测是在汽车以一定车速行驶的状态下，用测量仪器或设备检测车轮定位产生的侧向力或由此引起的车轮侧滑量。静态测量法是在汽车停止的状态下使用测量仪器对车轮定位进行几何角度的测量。四轮定位仪是静态测量车轮定位参数的设备，不同的四轮定位仪采用的测量方法及数据记录与传输的方式不同，但其测量原理是一致的。

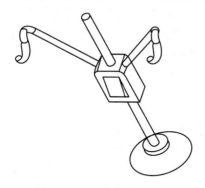 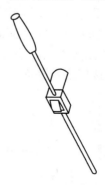

图 3-3-19 转向盘固定架　　　　　　　　图 3-3-20 制动踏板固定架

（1）车轮前束值和推进角的测量原理。车轮前束值测量之前，保证车身摆正且转向盘位于中间位置。通过光线形成一封闭的直角四边形，如图 3-3-21 所示。将汽车置于此四边形中，通过安装在车轮上的传感器不仅可以检测前轮前束、后轮前束值，还可以检测出左右车轮的同轴度及推进角。

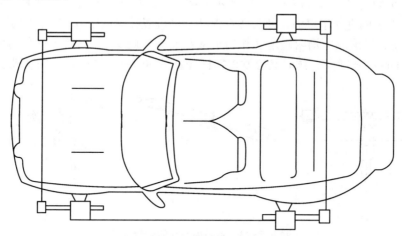

图 3-3-21　8 束光线形成封闭的四边形

安装在两前轮和两后轮上的传感器有光线的接收和发射（或反射）功能。当前束为零时，在同一轴左右轮上的传感器发射（或反射）出的光束应重合。当检测出上述两条光束相平行但不重合，说明此时左右两车轮不同轴（即车轮发生了错位），可以依据光束偏离量的信息，测量出左右轮的轴距差。当左右轮存在前束时，在左轮传感器上接收到的光束位置会相对于原来的零点位置有一偏差值，这一偏差值即表示右侧车轮的前束值；同理，在右传感器上接收到的光束位置相对于原来零点位置的偏差值则表示左侧车轮前束值。

依据上述检测原理，同时可以检测出位于该四边形内的待检汽车前后轴的平行度（即推进角的大小和方向)。同理,通过安装在后轮上的传感器,可以检测出后轮前束值(后轮前束角)的大小和方向。

(2) 主销后倾角和主销内倾角的测量原理。主销后倾角和主销内倾角不能直接测出,只能采用建立在几何关系上的间接测量。

以套筒扳手为例,先将扳手杆垂直立于桌面上,扳手接杆与视线垂直并使扳手接杆保持水平,此杆即为转向节轴(面向车头看为左前轮轴)。将扳手杆下端向自己面前偏转一个角度 γ,即形成主销后倾角,然后由此位置绕扳手手柄轴线分别向里、向外各转动 δ 角,这时就会发现扳手接杆绕水平面分别向上、向下偏转了 λ 角,如图 3-3-22 所示。

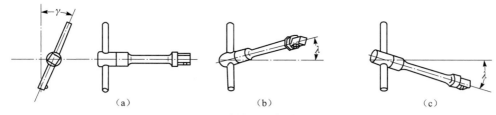

图 3-3-22 主销后倾角的测量原理
(a) 直行时,扳手接杆水平;(b) 向里转向时,扳手接杆向上偏转;(c) 向外转向时,扳手接杆向下偏转

当 δ 为一特定角度时,主销后倾角与测量角 $\Delta\lambda$ 存在唯一确定关系。用此关系标定仪器,就可直接读主销后倾角 γ。

主销内倾角的测量原理如图 3-3-23 所示,在扳手接杆头部系上一长接杆,长接杆与扳手接杆垂直。将扳手柄直立于桌面,使长接杆保持水平位置并与视线垂直,再将扳手柄下端向里偏转一个角度 β,即形成主销内倾角(相当于从左前轮外侧看),然后由此位置绕扳手手柄轴线分别向左、向右各转角 δ,这时又会发现接杆分别沿逆时针、顺时针方向转动了 ω 角。

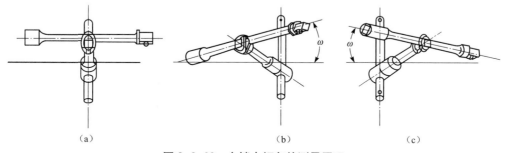

图 3-3-23 主销内倾角的测量原理
(a) 直行时,长接杆水平;(b) 向左转时,长接杆沿逆时针偏转;(c) 向右转时,长接杆沿顺时针偏转

当 δ 为一特定角度时,主销内倾角 β 与测量角 $\Delta\omega$ 存在唯一确定关系。用此关系标定仪器,就可以直接读主销内倾角 β。

(3) 转向 20°时张角的测量原理。为了检测汽车的转向梯形臂与各连杆是否发生变形,在四轮定位仪中设置了转向 20°时张角的检测项目。其测量方法为:让被检汽车前轮停在转盘中心处,右轮沿直线行驶方向向右转 20°,读取左前轮下的转盘上的刻度 X,则 20°−X 即为右转向 20°时的前张角;左轮沿直线行驶方向向左转 20°,读取右前轮下的转盘上的刻度 X,则 20°−X 即为左转向 20°时的前张角。

一般汽车在出厂时都已给出 20°-X 的合格范围,将测量值与出厂值进行比较即可检测出汽车的转向梯形臂与各连杆是否发生了变形,如果超出标准值或左右转向前张角不一致,则说明该车的转向梯形臂和各连杆已发生了变形,需要进行校正、调整或更换梯形臂和各连杆。

（三）转向轮侧滑检测

转向轮侧滑亦即前轮侧滑,主要与前轮定位有关。GB 7258 规定,对于前轴采用非独立悬架的汽车,当用侧滑检验台检验前轮的侧滑量,其值应不大于 5 m/km。

1. 前轮侧滑的产生

汽车前轮侧滑量过大会使汽车的行驶阻力增加,对动力性、燃油经济性及制动性能等均有不利影响；汽车的直线行驶性下降,轮胎磨损加剧,并且对汽车操纵稳定性的影响,表现为高速时方向发抖、发飘。前轮外倾和前轮前束匹配不好时,就会使前轮产生侧向滑移,简称前轮侧滑。应该注意,前轮侧滑和汽车制动侧滑是完全不同的两个概念。

目前国内广泛采用滑板式侧滑检验台检测汽车转向轮的侧滑量,其基本原理是：若转向轮外倾和前束配合不当,则汽车直线行驶时,转向轮将处于边滚边滑状态,轮胎与地面间由于滑动摩擦的存在而产生相互作用力。若使汽车驶过可以横向自由滑动的滑板,则该作用力将使滑板产生侧向滑动,侧滑量大小则反映了汽车转向轮外倾和前束的匹配情况,但并不能表示外倾和前束的具体数值。

对于左、右转向轮定位参数完全对称的理想情况,转向轮侧向滑动的形成有以下几种情况：

（1）当前轮只有外倾角时,在其向前滚动的过程中左、右两轮将力图向外张开,由于转向机构的约束,使前轮在其与地面接触的部位给地面一个向内的侧向作用力 F_1。在此力的作用下,车轮产生边滚边滑现象,如果让车轮在可以左、右滑动的侧滑板上通过,则在转向轮侧向力 F_1 的作用下,左、右侧滑板将同时向内滑动一个 S_1（mm）的距离,如图 3-3-24 所示,若板长为 L（m）,则其侧滑量为 S_1/L（mm/m 或 m/km）。

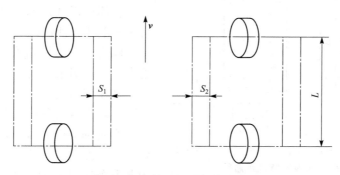

图 3-3-24 车轮外倾引起的侧向滑动

（2）若前轮只有前束,则在其向前滚动的过程中,左、右两前轮将力图向内收拢,因为受到约束,使车轮在其与地面接触处给地面一个向外的侧向作用力 F_2。在此力作用下,车轮也产生边滚边滑现象。同样,当车轮通过侧滑板时,左、右侧滑板将在侧向力 F_2 的作用下,同时向外滑动一个距离 S_2,如图 3-3-25 所示,相应的侧滑量为 S_2/L。

（3）当转向车轮同时具有外倾和前束时,则侧滑板在车轮侧向力 F_1、F_2 的综合作用下所产生的总的侧滑量为

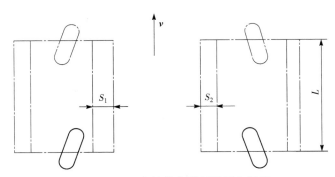

图 3-3-25 车轮前束引起的侧向滑动

$$H=(S_1-S_2)/L$$

若 $H>0$，表明外倾角的作用大于前束角的作用；若 $H<0$，则相反。

当 $H=0$ 时，表明外倾与前束的作用相互抵消，两者的匹配最为合理。

汽车在使用过程中，由车架、车轴、转向机构的变形和磨损，改变了原有的几何角度和尺寸数值，导致前轮定位参数失准，使外倾与前束不能合理匹配，从而产生了侧滑。

2. 前轮侧滑量检测

检测前轮侧滑的设备称为侧滑检验台，简称侧滑台。侧滑台通常分为单滑板式和双滑板式两种。

双板侧滑台主要由左、右两个可以横向滑移的平板（侧滑板）、连接杠杆、位移传感器、二次仪表等组成，如图 3-3-26 所示。由于左、右侧滑板只能同时向内或向外滑移相同的距离，故配置一套位移传感器和显示仪表即可。

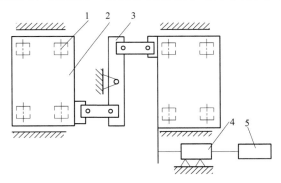

1—滚体；2—滑板；3—连接杠杆；4—传感器；5—显示仪。

图 3-3-26 双板仪结构示意图

将双板台的一个侧滑板和连接杠杆去掉，就构成了单板侧滑台。

利用滑板式侧滑检验台检测前轮侧滑时应按下述方法进行。

检测前应清洗汽车，使轮胎气压符合技术要求，并使左右前轮负荷基本一致。轮胎气压过高过低或左右胎压相差较多，将影响前轮定位参数导致侧滑量变化。

检测时，汽车以较低车速（不超过 5 km/h。当汽车通过侧滑板的速度过大时，侧滑板将受到一个冲击载荷，此时，仪表显示产生较大的变化，测量精度较低）沿直线通过侧滑检验台的侧滑板，汽车通过侧滑板时不得转动转向盘，不得在侧滑检验台制动或停车。侧滑检验台滑板下部应该保持清洁，不得有锈蚀或阻滞。转向轮完全通过侧滑板后，读取侧滑量示值。

在检测侧滑量时，若汽车的行驶方向不垂直于侧滑板，则转向车轮对滑板的侧向力，就不单是车轮定位引起的侧向力，还有滚动阻力。因此，侧滑板所受侧向力将随汽车行驶方向而改变，从而影响检测结果。由于双板仪左、右对称且有杠杆相连，作用于其上的车轮滚动阻力有一部分相互抵消，因此其影响相对较小；而单板仪受汽车行驶方向的影响较大，检测结果离散,精度较低。因此,要求汽车正对滑板直线通过。

第四节　行驶系统检测诊断

汽车行驶系由车架、车桥、车轮与悬架等组成,本节主要讲述与汽车行驶系技术状况相关的车轮平衡、悬架特性与汽车侧倾稳定角的检测。

一、车轮不平衡量检测

汽车在高速条件下,由于车轮的不平衡,其不平衡质量在高速旋转时引起车轮的上下振动和横向摆动,不仅影响汽车的行驶平顺性,也影响乘客的乘坐舒适性,而且使汽车驾驶员难以控制行驶方向,影响行车安全。

车轮平衡问题越来越重要的另一原因是:由于车轮不平衡质量,会在汽车的转向部件上产生比它本身重量大 2~300 倍的作用力,大大降低转向部件的寿命。其次,车轮是汽车重要组成部分,在汽车运输总成本中占 10%~30%。车轮长年累月裸露在外,不仅经受日晒、风吹、雨淋,而且与粗糙不平的路面接触,极易磨损。随着汽车行驶速度的不断提高,轮胎磨损量也会越来越大,如水泥路面上车速为 100 km/h 时磨损率是车速为 40 km/h 时的 4 倍,而车轮由于位置不正或失调(如不平衡)严重时,其磨损率是正常使用车轮的 10 倍,缩短了车轮的使用寿命,因此车轮平衡问题不仅是交通工具发展的需要,而且在经济运输和安全可靠上也是势在必行的。

(一) 车轮平衡基础知识

车轮不平衡包括静不平衡和动不平衡。

(1) 静不平衡。车轮静平衡是指车轮质心与其旋转中心重合。不管车轮在其轴上处于任何位置都能保持不转动时,就达到了静平衡。

静不平衡的车轮总有转动趋向,直到重的部分转到下方,才能静止。由于静不平衡质量的存在,车轮在旋转中产生离心力。假定不平衡质量 m (kg) 集中于距车轮旋转中心距离为 r (m) 的圆周上某一点,则车轮旋转时所产生的离心力 F (N) 的大小为:

$$F = m\omega^2 r$$

式中　ω——车轮旋转角速度,$\omega = 2\pi n/60$,rad/s;

n——车轮转速,r/min。

从式中可以看出,n 越高,m 越大,且 r 越远,由静不平衡所产生的离心力 F 也就越大。离心力 F 可以分解为垂直分力 F_Y 和水平分力 F_X。每旋转一周,垂直分力 F_Y 在过旋转中心垂直线的 a、b 两点达到最大值且方向相反,从而引起车轮的跳动;水平分力 F_X 在过旋转中心水平线的 c、d 两点达到最大值且方向相反,形成绕转向轮主销来回摆动的力矩,造成转向轮摆振,如图 3-4-1 所示。当左右转向轮的不平衡质量相互处于 180°位置时,转向轮摆振最为剧烈。为了对车轮进行平衡,将一块配重直接加到车轮上重的部分的对面,通过增加平衡块来保持平衡。可以将平衡块放在车轮内侧或把平衡块放在车轮外侧,也可以在车轮内外侧各放一块相等的平衡块。

（2）动不平衡。静平衡的车轮由于车轮具有一定的宽度，因此当车轮质量分布相对于车轮纵向中心面不对称时，在车轮旋转时会产生方向不断变化的力偶，使车轮处于动不平衡状态。若在旋转轴线的径向相反、距旋转中心距离相同的位置上，各有一质量相同的不平衡点，如果两不平衡质量不在同一平面内，则虽为静平衡车轮，但其却是动不平衡，如图3-4-2（a）所示。这时虽然两不平衡质量产生的离心力的合力为零，但离心力位于不同平面内，两离心力构成的力偶却不为零。在车轮旋转过程中，该力偶的方向反复变化使转向轮绕主销摆振。若要使车轮达到动平衡，则需在 m_1、m_2 同一作用半径的相反方向配置相同质量 m'_1、m'_2，如图3-4-2（b）所示。

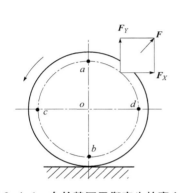

图3-4-1 车轮静不平衡产生的离心力

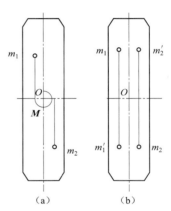

图3-4-2 车轮动平衡示意

（a）车轮静平衡但动不平衡；（b）车轮动平衡且静平衡

（二）车轮不平衡的主要原因

引起车轮不平衡的主要原因如下：

① 前轮定位不当，尤其是前束和主销倾角，不仅影响汽车的操纵性和行驶稳定性，而且会造成轮胎偏磨，这种胎冠的不均匀磨损与轮胎不平衡形成恶性循环，因而使用中出现车轮不平衡，也可能是车轮定位角失准的信号。

② 轮胎和轮辋以及挡圈等因几何形状失准或密度不均匀而先天形成的重心偏离。

③ 因轮毂和轮辋定位误差使安装中心与旋转中心难以重合。

④ 维修过程的拆装破坏了原有的整体综合重心。

⑤ 轮辋直径过小，运行中轮胎相对于轮辋在圆周方向滑移，发生波状不均匀磨损。

⑥ 车轮碰撞造成的变形引起的质心位移。

⑦ 轮胎翻新中因定位精度不高而造成新胎冠厚度不均匀而使重心改变。

⑧ 高速行驶中制动抱死而引起的纵向和横向滑移，会造成局部的不均匀磨损。

（三）车轮不平衡量的检测方法

检测车轮不平衡量的设备称为车轮平衡机。按检测方式区分，车轮平衡机可分为离车式检测和就车式检测两种；按测量平衡原理分，又可分为静平衡机和动平衡机两种。

离车式检测是把车轮从车上拆下，然后在平衡仪上检查它的平衡状态，即将车轮与汽车行驶机构分离使其两者在无联系的条件下进行检测；与此相反，就车式检测时车轮仍装在车上，使车轮在不拆卸的状况下对它的平衡状态进行检测。因此它更接近于车轮的实际工作状况，它能检测车轮的不平衡（精）度及车轮转动部分的好坏，但在车轮下安装就车式平衡机时不便，测试时操作烦琐，且精度不易保证。

离车式车轮平衡机有静平衡机和动平衡机两类。动平衡机又分为软式和硬式两种。软式又称为振动检测式，安装车轮的转轴由弹性元件支承，因此旋转时与车轮一起振动，测定该振动即可求出车轮的不平衡量。这是因为在转速一定时，振幅的大小与不平衡重点质量成正比。如果在垂直于轮轴的两个平面内存在两个相位差180°的质量，则旋转时就会产生使主轴偏斜的力偶。为了检测不平衡重点质量及相位，软式动平衡机设置有平衡锤和两组杠杆，测试时用一组杠杆调整平衡锤的相位，使之与车轮不平衡力偶相抵消，主轴不再振动，则两组杠杆的移动位置，分别表明车轮不平衡质量的相位和大小。而硬式动平衡机又称为离心力检测式动平衡机，其转轴由刚性元件支承，车轮旋转时，转轴不会产生振动，它是通过直接测量车轮旋转时其不平衡重点质量所产生的离心力来确定不平衡重点的质量和相位的大小的。

在软式或硬式离车式车轮平衡机上进行车轮平衡作业时，可以测出车轮左、右两侧的不平衡量及其相位，因此又称为二面测定式平衡机。目前，用得最多的是硬式二面测定动平衡机。

1. 使用就车式车轮平衡机检测车轮不平衡量

就车式车轮平衡机如图3-4-3所示。因被测车轮7是在其原车桥上振动，不平衡力传感器是装在传感器支架内，它是汇同制动鼓和车轮紧固件甚至传动系统（驱动轴）一同进行平衡，是真正解决车轮实际使用状态时的平衡方法。

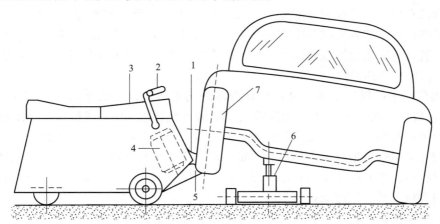

1—光电传感器；2—手柄；3—仪表板；4—驱动电机；5—摩擦轮；6—传感器支架；7—被测车轮。

图 3-4-3 就车式车轮平衡机结构

检测时，被测车轮7事先由举升器举离地面，并将车桥坐落于传感器支架6上。操作人员骑于车上推动手把，使摩擦轮紧压于被测车轮7上，驱动电机4带动摩擦轮拖动车轮以相当于110 km/h的车速旋转，这时车轮的不平衡质量产生的不平衡力随即被力传感器感知并转变成电量，这一电信号由电缆传入驱动小车内的电测系统予以计量和处理。光电传感器1拾取车轮的初相位信号和转速信号，经电测电路处理后得到不平衡质量的量值和相位值，显于仪表板上。测试前须在被测轮胎侧面任意处贴装白色反光标志，为使光电元件正常工作，胎侧距光电管不得超过 5 cm，检测程序分三步进行。

（1）待摩擦轮与轮胎压紧后按下右按钮（左按钮也可），同时按压第一次试验按钮驱动车轮旋转，待转速上升到适当转速时，即分离摩擦轮同时释放按钮，电路即记录与不平衡力及其相位有关的原始量，并存入 CPU，仪表的 4 与 5 闪烁显示这组未经标定的不平衡数值和相位。

（2）在反光标志处加装计算机预设的标定质量，如有的规定小客车为 30 g，大货车为 300 g，按下第二次试验按钮，重复上述操作，即用这已知预设质量对振动系统的刚性和结构参数进行计算。当转速上升到设定值时，显示灯即被点亮，计算机即将第一次所测得的变量自动处理成常量，显示于仪表板上，这就是就车式平衡机的自标定功能。这时将显示的质量加装在所显示的相位处，然后除去标定重块。

（3）剩余不平衡量检测，以证实剩余不平衡量是否满足有关法规的要求，如果达不到要求，可进行第二次复试，如仍达不到标准要求，只能拆下轮胎使用较高精度的离车式车轮平衡机进行平衡。

如果是驱动桥，则可用发动机拖动车轮旋转，其他操作同前述。对于平衡要求较高的汽车，为了消除阻尼造成的相位误差，平衡时可令车轮左右各转一次，取两次的平均值为最后测定值。

必须指出，所有平衡机都有最大不平衡量限值，严重失衡的车轮是不能上机平衡的。

2. 使用离车式车轮平衡机检测车轮不平衡量

离车式车轮平衡机按动平衡原理工作，既可以检测不平衡力，也可用以测定不平衡力矩。车轮拆离车桥装于平衡机主轴上，一切结构和安装基准都已确定，所以无须自标定过程，因此平衡机的构造和电测系统都较简单，平衡操作时只要将被测车轮的轮辋直径和轮胎宽度以及安装尺寸输入电测电路即可完成平衡作业，平衡机仪表即会自动显示轮胎两侧的不平衡质量 m_1 和 m_2 及其相位。

离车式车轮平衡机的主轴为卧式布置的称卧式平衡机，立式平衡机的主轴垂直布置，如图 3-4-4 所示。卧式平衡机最大的优点是被测车轮装卸方便，机械结构和传感装置也较简单，造价也较低廉，因此深受修理保养厂家欢迎，同时也是制造厂家的首选机型。但因车轮在悬臂较长的主轴上形成很大的静态力矩，影响传感系统的初始设定状态，尤其是垂直传感器的预紧状态，长时间使用后精度难以保证，零漂也较大，但其平衡精度仍然能满足一般营运汽车的要求，其灵敏度能达到 10 g。

离车式平衡机的参数显示和操作系统外形结构差异很大，但基本操作内容则大同小异。如图 3-4-5 所示就是最为典型的一种操作面板。旋钮 8 设定轮胎宽度，旋钮 7 设定轮辋直径，旋钮 6 则设定安装尺寸，对于立式平衡机是胎面至顶面安全罩的距离（安全罩转下处于工作状态），对于卧式平衡机是胎面至平衡机箱体的距离。

车轮由专用的定位锥和紧固件安装就绪后即可起动电机实施平衡，待转数周期累积足够时，上下（或左右）不平衡值 m_1 和 m_2 即有数字显示，此时即可停车。待车轮完全停止后即可用手转动车轮，这时发光二极管即会随转动而左右（或上下）跳闪，如将上排光点调至中点，这时就可在车轮的轮辋上平面正对外缘（操作者方向）处加装 m_1，用同样方法加装 m_2 值平衡重。加装完毕后进行第二次试验观察剩余不平衡量是否满足法规要求。具体的操作步骤各机型略有差异，使用者应按所用机型的使用说明书进行操作。

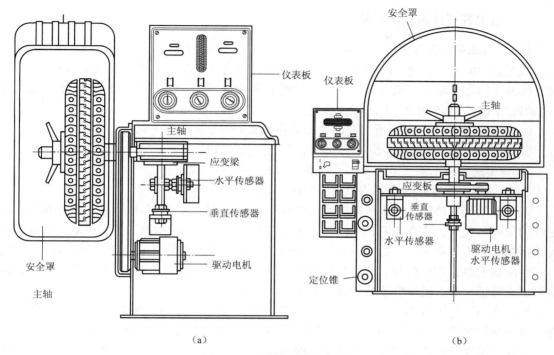

图 3-4-4 离车式车轮平衡机
(a) 卧式车轮平衡机；(b) 立式车轮平衡机

（四）车轮不平衡检测标准

动平衡的车轮肯定是静平衡的，但静平衡的车轮却不能是动平衡的，因此车轮主要进行动平衡检测。GB 7258 规定：① 轮胎螺母和半轴螺母应完整齐全，并应按规定力矩紧固。客车、货车的车轮及车轮上的所有螺栓、螺母不应安装有碍于检查其技术状况的装饰罩或装饰帽，且车轮螺母、轮毂罩盖和保护装置不应有任何蝶型凸出物。② 车轮总成的横向摆动量和径向跳动量，总质量小于或等于 3 500 kg 的汽车应不大于 5 mm，摩托车应不大于 3 mm，其他机动车应不大于 8 mm。③ 最大设计车速大于 100 km/h 的机动车，车轮的动平衡要求应与该车型的技术要求一致。④ 专用校车、车长大于 9 m 的未设置乘客站立区的客车及总质量大于 3 500 kg 的危险货物运输货车的转向轮应装备轮胎爆胎应急防护装置。

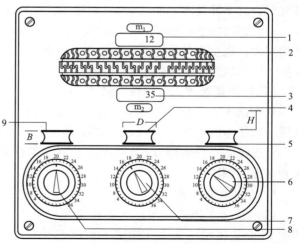

1—上平衡量；2—平衡相应指示；3—下平衡量；4—轮辋直径；
5—安装位置；6—安装位置设定；7—轮辋直径设定；
8—轮胎厚度设定；9—轮胎厚度。

图 3-4-5 显示面板

二、悬架装置技术状况检测

(一) 汽车悬架装置检测的意义

汽车悬架的主要任务是减轻由不平路面传来的动载荷,以保证汽车必要的行驶平顺性,同时传递作用在车轮和车架(或车身)之间的各种力(垂直力、纵向力和横向力)和转矩(制动转矩及反作用转矩)。汽车对悬架的主要要求包括:

① 能缓和由于不平路面所引起的冲击载荷和保证汽车良好的平顺性。
② 能传递汽车车架(或车身)和车桥(或车轮)的振动。
③ 能迅速衰减车架(或车身)和车桥(或车轮)的振动。
④ 能保证汽车行驶时必要的稳定性和操纵性。

汽车悬架装置最容易发生故障的元件是减振器,而减振器对汽车的行驶平顺性和操纵稳定性的影响都很大。调查表明,大约有1/4的汽车至少有一个减振器工作不正常。当悬架装置减振器工作不正常时,会造成汽车行驶中跳跃严重,车轮轮胎有30%的路程接地力减少,汽车转向盘发飘,弯道行驶时车身晃动加剧,制动时易发生跑偏或侧滑,轮胎磨损异常,乘坐舒适性降低,有关机件磨损速度增大等不良后果。

汽车在高速行驶状态下,操纵稳定性和安全性尤为重要。而汽车的操纵稳定性和安全性,都与悬架装置有着直接的关系。所以,检测悬架装置的特性是十分重要的。

在用车悬架特性的检测主要是检测减振器性能,因为减振器和与之相连的弹性元件等构成了复杂的系统,在评价减振器性能的同时,也就对悬架特性做出了综合评价。检测汽车悬架装置主要是用悬架装置检测台。

(二) 汽车悬架和转向系统间隙检测

汽车悬架和转向系统间隙过大,可能引起汽车转向盘抖振、行驶跑偏、乘坐性不良、轮胎异常磨损和行驶噪声等故障,这些故障现象只有在汽车行驶中才会出现,汽车停止时检查费时费力,不易觉察。如图3-4-6所示,将汽车车轮置于检测平板上,通过平板前、后、左、右等方向的强制移动,给车轮施加各个方向的作用力,模拟汽车在颠簸路面上运动时车轮的受力,就可充分暴露悬架和转向系统各零部件的技术状态和各连接处松紧程度,从而可快捷、准确地判断故障部位。

(三) 悬架装置工作特性检测

检查汽车悬架装置的性能,过去主要通过人工检视,目视弹簧是否有裂纹,弹簧和导向装置的连接紧固螺栓是否松动,减振器是否漏油、缺油和损坏。显然,这种方法主观因素大,可靠性差。按激振方式的不同,汽车悬架性能检测设备分为按压车体法、跌落法、制动法和谐振法四种。

1. 检测设备结构

(1) 按压车体法。按压车体法是在早期人工按压车体的基础上发展起来的,检测台如图3-4-7所示。支架在固定于地面的导轨上移动。测量时,固定在支架上的测量装置随支架在导轨上移动,使汽车保险杠处于推杆下。接通电机,凸轮旋转,压下推杆,车身被压低,压缩量与汽车实际行驶时静态与动态的载荷引起的压缩量之和相一致。压到最低点时推杆松开,同时车身回弹并做衰减振动。此时,光脉冲测量装置接通,得到振动相邻两个振动峰值,按指数衰减规律求得阻尼值,与厂家或有关标准对照,以此评价前（后）减振器的性能。

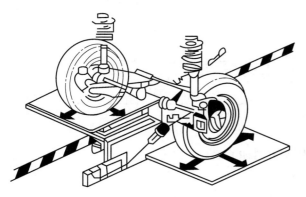

图 3-4-6　悬架和转向系统间隙检测示意

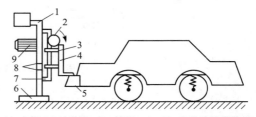

1—支架；2—凸轮；3—推杆；4、8—光脉冲测量装置；
5—汽车保险杠；6—水平导轨；7—垂直导轨；9—电动机。

图 3-4-7　按压车体法试验台

显然，上述方法主要是靠检查人员的经验，存在主观因素大、可靠性差、只能定性分析、不能定量分析等问题。另外，对同一轴左右悬架装置不能独立评价，因而有可能一个良好性的悬架装置掩盖了同轴另一个性能欠佳的悬架装置。

（2）跌落法检测台。跌落式悬架装置检测台按施力方式不同可以分为向上起升车身式、向下拉紧车身式和跌落车身式三种，如图 3-4-8 所示。

向上起升车身式可分为整体式起升和单轴起升两种。在测试过程中，用机械装置将汽车升到一定高度，突然释放使之做自由落体运动。通过分析车身的响应曲线来评价减振器的阻尼状态。跌落式悬架装置检测台是用力传感器测量车轮施加在台面上的压力，然后对离散的压力进行波形分析，将结果与汽车的理想减振性能曲线比较从而做出评价结论。

跌落式悬架装置检测台对减振器的评价方法与按压车身法所求的评价标准相同。这

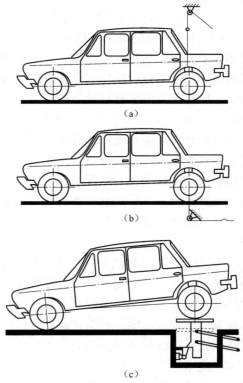

图 3-4-8　跌落法示意
(a) 向上起升式；(b) 向下拉紧式；(c) 跌落式

种方法也存在性能良好减振器掩盖性能不良减振器的弊端，且施力方式不适于快速检测。

（3）制动法。平板式悬架装置检测台式利用汽车在测试平板上的紧急制动过程，来测定汽车的制动和悬架性能。通过"制动、轴重、悬架"测试平板的压力传感器，可测量被测车轮作用于测试平板上的垂直力。对垂直力随时间的变化曲线进行处理和分析，获知汽车

车身的振动情况，从而判断被测车轮悬架的技术状况。

图 3-4-9 所示是汽车悬架性能的测试结果。

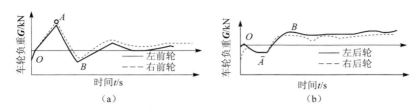

图 3-4-9　车轮处负重的变化曲线
(a) 前轮；(b) 后轮

图 3-4-9 给出前后车轮处的负重随时间变化的曲线。车轮处的负重变化主要是由于制动时前后车轴间的负荷转移及车身通过悬架在车轮上的扳动而引起的。车身加速向下时，车轮处负重增加；车身加速向上时，车轮处负重减少。图 3-4-9（a）中，前轮处的负重先从静态负重附近（O 点）上升到最大值（A 点），再从最大值下降到最小值（B 点）。显然，图 3-4-9（a）所反映的是制动时车身前部先加速向下、再加速回升的"制动点头"现象。图 3-4-9（b）反映的是车身后部的振动，它与图 3-4-9（a）反相位，即车身前部向下运动时车身后部向上抬起（加速度大时后轮离地）、车身前部回升时车身后部向下运动，因此曲线反映了制动引起的前后车身纵向俯仰振动的现象。由于汽车的悬架能够衰减、吸收车身的振动，所以车身的振动经过一段时间后就会逐渐消失，故图 3-4-9 中曲线的后端逐渐平直并接近 O 点的高度（车轮处的静态负重值）。可见，车轮处负重的变化曲线反映了制动引起的车身振动被悬架系统逐步衰减的过程。

平板式悬架装置检测台测量结果重复性不好，这是由于汽车每次在平板上制动时的初速度和制动减速度很难凭驾驶员的人工操作而达到一致，即每次的制动激励不同，每次制动引起的车身振动也不一样，且各类被动式悬架只能对某些激励引起的车身振动有较好的减振效果，对其他激励引起的车身振动则难以发挥良好的减振效果，故每次测出的悬架效率值都有差异。

（4）谐振法。谐振法是目前应用较多的一种形式，它是通过垂直方向的激振，迫使汽车悬架装置产生强迫振动，使汽车发生共振现象，通过检测在共振后的振动衰减过程中力或位移的振动曲线，求出频率和衰减特性，判断悬架减振器的性能。

按激振方式的不同，谐振式悬架装置检测台可以分为转鼓式和平台式两种。转鼓式悬架装置检测台是将转鼓的表面做成正弦状的不平度［如图 3-4-10（a）所示］，当改变转鼓转速，即改变激振频率。优点是结构简单，由于车轮的转动，转鼓表面的不平度对汽车的作用接近实际条件。但也存在缺点：由于转鼓具有曲度，因而轮胎与支撑面的接触性质失真；并且在检测时将汽车固定在转鼓上比较困难，固定的好坏对检测结果影响较大；由于轮胎半径的不均匀，可以带来一定程度的随机振动，可能产生操纵轮的振动；另外，这种方法需要使用调速电机，检测周期较长，价格比较昂贵，目前已不使用。

平台式悬架装置检测台是将车轮置于根据正弦规律做往复运动的平台上，通过改变调速电机的转速达到改变激振频率的目的，如图 3-4-10（b）所示。多采用偏心结构产生正弦激振信号，这种方法容易调整激振的振幅。

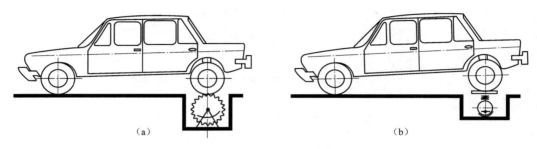

图 3-4-10　谐振法示意
(a) 转鼓式；(b) 平台式

平台式悬架装置检测台目前应用较为广泛。现在，为了降低悬架装置检测台的造价，趋向于增加惯性飞轮，将调速电机改为普通电机，同时可以缩短检测时间，使其更适合不解体快速检测。根据测量参数的不同，即应用传感器的不同，平台式悬架装置检测台又可分为测振幅式和测力式两种，如图 3-4-11、图 3-4-12 所示。

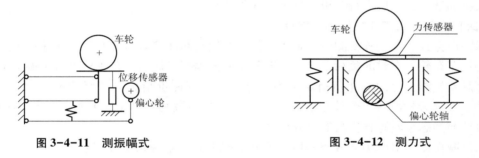

图 3-4-11　测振幅式　　　　　图 3-4-12　测力式

2. 谐振式悬架装置检测台结构和工作过程

谐振式悬架装置检测台由机械部分和电子电器控制两部分组成。

（1）机械部分。谐振式悬架装置检测台的机械部分，由箱体和左右两套相同的振动系统组成，如图 3-4-13 所示。图中所示为检测台单轮支撑结构。由于一套振动系统左右对称，故另一侧省略。每套振动系统由上摆臂、中摆臂、下摆臂、支承台面、激振弹簧、驱动电机、蓄能飞轮和传感器等构成。传感器一端固定在箱体上，另一端固定在台面上。

上摆臂、中摆臂和下摆臂通过三个摆臂轴和六个轴承安装在箱体上。上摆臂和中摆臂与支承台面连接，并构成平行四边形的四连杆机构，以保证上下运动时能平行移动，以及台面受载时始终保持水平。中摆臂和下摆臂端部之间装有弹簧。

驱动电机的一端装有蓄能飞轮，另一端装有凸缘。凸缘上有偏心轴。连接杆一端通过轴承和偏心轴连接，另一端和下摆臂端部连接。

（2）电子电器控制部分。谐振式悬架装置检测台电子电器控制部分主要由微机、传感器、A/D 转换器、电磁继电器及控制软件等组成。通过传感器测量汽车的振动参数（振动幅值、振动频率、相位差），将采集的数据通过信号放大、低通滤波等前期处理后输入计算机，进行信号处理和分析。

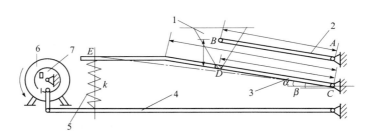

1—支承台面；2—上摆臂；3—中摆臂；4—下摆臂；
5—激振弹簧；6—驱动电机；7—偏心惯性结构。

图 3-4-13 谐振式悬架装置检测台单轮支承结构

检测时，将轮胎规格、气压符合规定值的车辆驶上支承平台（车辆空载，不乘坐任何人，包括驾驶员），起动测试程序，驱动电机带动偏心结构使整个汽车-台面系统振动。激振数秒钟达到角频率为 ω_0 的稳定强迫振动后，断开驱动电机电源，接着由蓄能飞轮以起始频率为 ω_0 进行扫频激振。由于停在台面上车轮的固有频率在 ω_0 和 0 之间，因此蓄能飞轮的扫频激振总能使汽车-台面系统产生谐振。断开驱动电机电源的同时，起动采样测试装置，记录数据和波形，然后进行分析、处理和评价。

（四）悬架装置工作性能的检测标准

目前谐振式悬架装置检测台都是利用检测车轮与路面接地力的原理来快速评价悬架特性的。将汽车车轮稳态时的负荷定义为车轮和路面的静态接地力。在受外界激励振动下，汽车车轮在悬架检测台上的变化负荷定义为动态负荷。其评价指标为"吸收率"，所谓"吸收率"为：在悬架检测台上受检车辆的车轮在受到外界激励振动下，共振时的最小动态车轮垂直负荷与静态车轮垂直负荷的百分比值。

欧洲减振器制造商协会 EUSAMA 推荐的评价标准吸收率分为 4 级：

① 80%～100% 表示很好。
② 60%～79% 表示好。
③ 40%～59% 表示不足。
④ 0%～39% 表示弱、不够。

为了防止因同轴左、右悬架吸收率的差异过大而引起操纵稳定性和制动稳定性恶化，进而造成交通事故，所以需要控制同轴左、右轮吸收率之差在一定范围内。这种评价方法不仅考虑了悬架装置对汽车平顺性的影响，更侧重考虑了对汽车操纵稳定性和行驶安全性的影响。它考察的是汽车在工作条件最差的情况下，即地面激振使悬架达到共振时，车轮与地面接触状态。这是一个比较直观的评价指标，既能快速检测，又能综合评价汽车悬架装置的弹簧与减振器的匹配性能及品质，所以成为很多国家标准的制定依据。

平板式悬架检测系统采用指标"悬架效率"评价车身振动被悬架阻尼衰减、吸收的程度，即汽车悬架的减振性能。

悬架效率 η 可用下式表达：

$$\eta = 1 - |(G_B - G_o)/(G_A - G_o)| \times 100\%$$

式中　η——悬架效率；
　　　G_o——各车轮处静态负荷值；

G_A——图 3-4-9 曲线上 A 点的纵坐标绝对值；

G_B——图 3-4-9 曲线上 B 点的纵坐标绝对值。

GB 18565 规定，对于最大设计车速大于或等于 100 km/h、轴载质量小于或等于 1 500 kg 的客运汽车应根据该标准中规定的方法进行悬架特性检测。其评价标准为：用谐振式悬架装置检测台按规定方法检测时，受检车辆的车轮在受外界激励振动下测得的吸收率应不小于 40%；同轴左、右轮吸收率之差不得大于 15%。用平板式悬架装置检测台检测汽车悬架特性时，悬架效率应不小于 45%；同轴左右轮悬架效率之差不得大于 20%。

三、侧倾稳定角检测

汽车的静态横向稳定性是反映汽车设计和结构布置是否合理的重要方面，也是安全检验的重要内容之一。

（一）侧倾稳定角的概念

一辆停放在坡度角为 α 的坡道上的汽车，受力情况如图 3-4-14 所示。当汽车在横向坡道上停放，随着 α 角的增大，Z_1 减小，Z_2 增大。当汽车处于横向侧翻临界角度 α_0（最大侧倾稳定角）时，Z_1 为 0。此时对 A 点取矩，则有：

$$G_a \cdot \cos\alpha_0 \cdot \frac{B}{2} = G_a \cdot \sin\alpha_0 \cdot h_g$$

整理得：

$$\tan\alpha_0 = \frac{B}{2h_g}$$

式中　　B——轮距；

　　　　h_g——汽车重心高度。

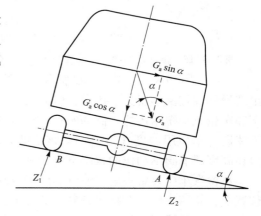

图 3-4-14　汽车在横向坡道上的受力

从上面公式可以看出，汽车的最大侧倾稳定角 α_0 与其轮距和重心高度有关。它将影响到汽车运行的横向稳定性，所以需要进行这方面的检验。

（二）国家标准相关规定

GB 7258—2017《机动车运行安全技术条件》对侧倾稳定性和驻车稳定角的规定如下：

（1）客车、发动机中置且宽高比小于或等于 0.9 的乘用车在乘客区满载、行李舱空载的情况下测试的，向左侧和右侧倾斜的侧倾稳定角均应大于或等于 28°（对专用校车均应大于或等于 32°）；且除设有乘客站立区的客车外，在空载、静态条件下，向左侧和右侧倾斜的侧倾稳定角均应大于或等于 32°。

（2）罐式汽车和罐式挂车在满载、静态状态下，向左侧和右侧倾斜的侧倾稳定角均应大于或等于 23°。

（3）除消防车外的其他机动车在空载、静态状态下，向左侧和右侧倾斜的侧倾稳定角应大于或等于：

① 三轮机动车（包括三轮汽车和三轮摩托车，但不包括前轮距小于或等于 460 mm 的正三轮摩托车，下同）：25°

② 总质量为整备质量的 1.2 倍以下的机动车：28°；

③ 总质量不小于整备质量的 1.2 倍的专项作业车和轮式专用机械车：32°；

④ 其他机动车（特型机动车、两轮普通摩托车及轻便摩托车除外）：35°。

两轮普通摩托车、轻便摩托车以及前轮距小于或等于 460 mm 的正三轮摩托车在用撑杆支撑时，向左、向右、向前的驻车稳定角分别应不小于 9°、5°、6°。在用停车架支撑时，向左、向右、向前的驻车稳定角均应不小于 8°。

（三）检测方法

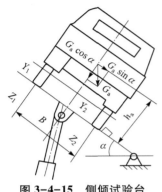

图 3-4-15　侧倾试验台工作示意

检测汽车的最大侧倾稳定角可以在侧倾试验台上进行。汽车侧倾试验台可以对轮式汽车的侧倾稳定角、质心位置、轮质量、轴质量、总质量和任一侧倾角度下车轮法向载荷等参数进行测量，侧倾试验台一般由机械装置、液压系统、电气系统和打印机等组成，图 3-4-15 为利用侧倾试验台检测汽车最大侧倾稳定角的工作示意图。

检测前应将侧倾试验台调整到台面处于水平状态。检测时，将汽车驶上侧倾试验台，使汽车的纵向中心线平行于侧倾试验台转轴的中心线，并将左侧或右侧所有车轴的外轮外侧与试验台上车轮止动楔相接触。将汽车制动住，用绳索在车轴将出现滑移或翻倒的反向上拴牢，但绳索上不应预先施加拉力。开动试验台，使该车侧倾，当不和车轮止动楔相接这一侧的所有车轮与试验台面分离的瞬间，从试验台倾斜角指示盘上记下读数〔单位用"度（°）"〕。该值即为该车的最大侧倾稳定角。对装有空气弹簧的汽车，应在高度调节阀不动作的状态下进行试验。

被检汽车应装备齐全，使汽车处于空载状态；汽车门、窗应完全关闭，座椅调整到标准位置上；轮胎气压充至技术条件中的规定值；采取有效措施，以防止汽车侧倾时燃油、润滑油及冷冻液等泄漏；如果被检汽车装用空气弹簧悬架，应将悬架调整到标准技术状态，而后锁死。

小　结

1. 汽车底盘包括传动系统、行驶系统、转向系统和制动系统。各零部件由于长期使用的磨损、疲劳、变形和老化等致使技术状况逐渐恶化，如不及时发现和解决，将直接关系到整车行驶的操纵性和安全性，同时还影响发动机动力的传递和燃油的消耗。

2. 国家标准 GB 7258—2017《机动车运行安全技术条件》对传动系统提出了如下要求：汽车的离合器应接合平稳，分离彻底，不得有异响、抖动和打滑现象。踏板自由行程应与该车型技术要求一致。踏板力不得大于 300 N，手握力应不大于 200 N。

传动轴在运转时不得发生振抖和异响，中间轴承和万向节不得有裂纹和松旷现象。

3. 汽车制动系统检测诊断评价的参数包括：制动效能、制动效能的恒定性、制动时的方向稳定性。汽车的制动效能是指汽车迅速降低车速直至停车的能力。评定制动效能的指标是制动距离和制动减速度。制动效能的恒定性主要指的是抗热衰退性能。一般称汽车在制动过程中维持直线行驶或按预定弯道行驶的能力为制动时汽车的方向稳定性。

4. 汽车转向特性包括操纵稳定性、转向操纵轻便性、驾驶的机动性、转向车轮的稳定效应。

5. 转向系统的性能好坏直接影响汽车的行车安全，其技术状况常用转向盘自由行程、转向角和转向力作为诊断参数进行评价。转向盘转动阻力过大，会使转向沉重，增加驾驶员的劳动强度，容易造成行车事故。转向盘自由行程的大小则直接影响转向桥的技术状况。

6. 在设计汽车时，为使转向轮具有转向轻便、准确和行驶稳定的性能，在转向车轮上设计有主销后倾角、主销内倾角、车轮外倾角和车轮前束等，这些参数统称为车轮定位参数，它是评价汽车的操纵性和直线行驶稳定性的重要参数。如果前轮定位不正常，不仅会引起转向沉重，增加驾驶员的劳动强度，汽车的行驶不稳定，不能保持直线行驶、车轮失去自动回正作用，还造成汽车难以操纵，有导致事故的危险，而且还会加剧转向机构和转向轮胎的磨损、燃油消耗量增加、动力性能下降等许多不利因素。转向轮定位参数的检测方法，一般可分为静态检测法和动态检测法。静态检测时可采用车轮定位仪，动态检测时采用侧滑检验台。

7. 若转向轮定位不当，则会产生转向轮侧滑，汽车前轮侧滑量过大会使汽车的行驶阻力增加，对动力性、燃油经济性及制动性能、车轮均有不利影响；汽车的直线行驶性下降，轮胎磨损加剧，并且对汽车操纵稳定性的影响，表现为高速时方向发抖、发飘。

8. 车轮不平衡时造成车轮的跳动和横向摆动，从而影响了汽车的行驶平顺性与操纵稳定性，对高速行驶的汽车带来安全隐患，同时还加剧车轮的磨损。对车轮进行平衡检测有分离车式检测与就车式检测两种检测方法。

9. 汽车悬架装置通常由弹性元件、导向装置和减振器三部分组成。其主要功能是：缓和由路面不平引起的振动和冲击，以保证汽车具有良好的平顺性；迅速衰减车身和车桥的振动；传递作用在车轮和车身之间的各种力和力矩；保证汽车行驶时必要的安全性和操纵稳定性。悬架装置评价的指标有吸收率和悬架效率。

10. 汽车的最大侧倾稳定角与其轮距和重心高度有关。它将影响到汽车运行的横向稳定性。

复习思考题

1. 汽车底盘主要有哪几部分组成？为什么要对汽车底盘技术状况进行检测？
2. 国家标准对传动系统有何要求？
3. 离合器打滑过重，会造成什么样的后果？
4. 国家标准对于汽车制动系统的评价标准包括哪些？
5. 传动系统游动角度检测仪有几种？如何进行传动系统游动角度检测？
6. 汽车转向特性包括哪些方面？用哪些参数评价转向系统特性？
7. 汽车车轮的定位参数有哪些，各起什么作用？
8. 四轮定位仪可以检测哪些参数？
9. 转向轮侧滑是如何产生的？
10. 国家标准对汽车转向轮侧滑量提出了什么要求？
11. 汽车转向轮侧滑量过大会带来哪些危害？
12. 造成车轮不平衡的主要原因有哪些？

13. 如何使用离车式车轮平衡机进行车轮平衡检测？
14. 车轮不平衡会带来什么影响？
15. 为什么要进行汽车悬架装置的检测？
16. 悬架装置工作特性检测的方法有哪几种？
17. 悬架装置检测的评价指标有哪些？
18. 最大侧倾稳定角的大小对汽车性能有何影响？
19. 简述使用侧倾试验台检测汽车最大侧倾稳定角的方法。

第四章 电子控制系统检测诊断

现代汽车具备的电子控制系统故障自诊断功能给汽车检测、诊断及维修带来了极大的方便,掌握汽车电子控制系统的故障检测方法具有重要意义。

本章主要介绍汽车电子控制系统故障检测诊断的基本程序与方法,电子控制系统的自诊断测试系统的组成、测试方式,分类介绍汽车电子控制系统主要传感器和执行器的检测方法,详细说明发动机电子控制系统和电控自动变速器控制系统的检测诊断步骤和方法。

第一节 电子控制系统检测诊断的程序与方法

一、汽车电子控制系统的基本组成

汽车电子控制系统的功用是提高汽车的整体性能,包括动力性、经济性、安全性、舒适性、操纵性、通过性以及排放性能等。虽然汽车车型不同、档次不同,采用电子控制系统的功能和多少也不尽相同,但是,汽车电子控制系统基本结构,都是由传感器(传感元件)与开关信号、电控单元 ECU(Electronic Control Unit)和执行器(执行元件)三部分组成,这是电子控制系统的共同特点,如图 4-1 所示。

图 4-1-1 汽车电子控制系统的基本组成

二、检测诊断的一般程序

汽车电子控制系统故障检测诊断的一般程序如下。

1. 客户调查

向客户询问故障发生的时间、症状、条件、过程,是否已检修过,动过什么部位等。进行客户调查时,可让客户认真填写有关故障的项目调查表,此表可作为汽车电子控制系统故障现象的记录,与检测诊断结果一起构成查找故障源的依据。

2. 直观检查

直观检查的目的是在进入更为细致的检测和诊断之前,消除一些一般性的故障因素。直观检查的内容包括：

（1）检查滤芯及其周围是否有脏物，必要时更换。

（2）检查真空软管是否破裂、老化或挤坏；检查真空软管经过的途径和接头是否恰当。

（3）检查电子控制系统线束的连接状况。

检查内容：

① 传感器或执行器的电线接线器是否完好。

② 线束间的插接器是否松动或断开。

③ 导线是否有断裂或断开现象。

④ 线束插接器是否插接到位。

⑤ 导线是否有磨破或线间短路现象。

⑥ 线束插接器的插头和插座有无腐蚀现象等。

（4）检视每个传感器和执行器，是否有明显的损伤。

（5）运转发动机（如可以），并检查进排气歧管及氧传感器处是否漏气。

（6）对检查发现的故障进行必要的排除。

3. 深入诊断

可利用车载故障自诊断系统和故障诊断仪读出故障码，确定故障部位。进一步的深入诊断，可利用万用表、示波器等仪器检测线路的通断、传感器信号的正确性等，以判断故障的具体原因。

三、故障诊断检测方法分类

在检测诊断汽车电子控制系统故障时，除传统检测方法外，还可采用如下方法。

1. 比较法

（1）换件比较法：将怀疑有故障的元器件用无故障的元器件替换的方法。

（2）工作比较法：通过判断系统（或元器件）是否工作，来判定该系统（或元器件）是否损坏。例如：断缸法，通过断开某气缸的高压线或喷油器插接器，使该缸不工作，这样来判定该缸是否工作良好。

（3）保护功能法：利用汽车电子控制系统的失效保护功能，把传感器信号断开（点火开关关闭的情况下拔开连接插头），让电子控制系统利用失效保护功能来工作，这样来判定传感器是否异常。例如，发动机有起动征兆，但是无法起动。如果怀疑空气流量计有故障，但是又没有故障码，这个时候可以拔下空气流量计插接器的插头，让 ECU 起动失效保护功能对空气流量计的信号进行忽略。如果发动机能够起动，故障的原因可能是空气流量计，否则故障的原因可能不是空气流量计。应用这种方法的时候要注意拔下插接器的时候要断开点火开关。

2. 排除法

汽车电子控制系统故障可能是有多种原因造成的。因此在排除故障时，可按传统方法，把影响因素一一列出来，按步骤，逐步进入问题的实际部位，这种方法称为排除法。例如，电控发动机的点火系统不能产生高压火花，可以先检查容易检查的部件，如火花塞、高压线、点火线圈、导线等，再检查传感器信号和发动机电脑的控制，如果都没有问题就检查点火模块的电源线及搭铁线，如果也没有问题就需要更换点火模块。利用排除法可以检查那些较难检查的部件，可以较快地发现故障的部位。例如，丰田汽车发动机的点火模块上一般都有 IGT 点火信号和 IGF 点火确认信号，如果电脑没有收到 IGF 信号就会停止发动机的燃油供给，切断喷油器喷油电路；反过来，只要喷油器喷油正常就能初步判断有 IGT 和 IGF 信号，在发动机无法起动的情况下，如果系统中没有高压火，而喷油器喷油电路正常就可以判断故障在火花塞、高压线及点火线圈、点火模块，初步排除曲轴位置转速信号及 ECU 存在故障的可能性。

3. 利用氧传感器信号特征诊断法

利用氧传感器输出电压随混合气的浓度变化而变化的特性，检查和诊断电控发动机故障的方法，称为氧传感器诊断法。这种方法主要诊断在氧传感器完好的情况下，由空气系统、燃油或者机械部分引起混合气过稀或过浓的原因。诊断步骤为：

（1）检查氧传感器，确定氧传感器良好（参照氧传感器的检查）。可人为地加浓混合气（拔下燃油压力调节器的真空管）和调稀混合气（L 型发动机可拔下其他的真空管，D 型发动机可利用手动真空泵给燃油压力调节器施加负压）检查氧传感器的感应电压，来确认氧传感器的性能。

（2）根据氧传感器的电压来检查混合气过浓或过稀的原因。

4. 读取故障码法

故障码的读取方法有两种：一种是手工读码法；另一种是利用故障诊断仪来读取故障码。目前维修时绝大多数是利用故障诊断仪来读取故障码。

（1）在进行故障码分析时，建议按照以下步骤进行：

① 首先读取并记录（可打印）所有故障码。

② 清除所有的故障码。

③ 确认故障码已被清除（在再次读取故障码时，应显示此时无故障码）。

④ 模拟故障产生的条件进行路试以使故障重现。

⑤ 再读取并记录此时的故障码。

⑥ 区分间歇性（软）故障码和当前（硬）故障码。

⑦ 区分与故障症状相关的故障码和无关的故障码。

⑧ 区分诸多故障码或相关故障码中的主要故障码（它可能是导致其他故障码产生的原因）。

按照上述分析，进一步精确地检查测量故障码所代表的传感器、执行器或控制电脑及相关的电路状态，以便确定故障点发生的准确位置。

（2）故障码指示的是 ECU 所控制的电气部分，而无法兼顾（监测）汽车的机械部分。通过解读故障码，大多能正确区别故障可能发生的原因和部位。有时也会出现判断失误，造成误导。实际上，故障码仅是一个是或否的界定结论，不可能指出故障的具体原因；若欲判定故障部位，还需根据故障现象，进一步分析和检查才能做到。

5. 读取数据流法

见数据流的读取与分析一节，在此不再赘述。

6. 波形分析法

汽车电子控制系统发生的故障，有时属于间歇故障，很难用数据流分析和判断。同时在电子控制系统，很多传感器和执行器的信号采用电压、频率或其他数字形式表示。

在汽车运行过程中，由于信号变化很快，很难从这些不断变化的数字中发现问题所在。但示波器显示的波形却能捕捉到故障中细小、间断的变化。它利用电子控制系统正常工作时各种传感器信号所描述的波形图与故障时的波形图比较，若有异常之处，则表示该信号的控制线路或部件出了问题。读取电子部件的信号必须采用示波器，有些解码器也带有示波功能。

故障电路从损坏状态到被修复状态，在汽车示波器上显示的波形几乎总是在幅值、频率、形状、脉宽、阵列上发生变化。示波器用电压随时间变化的图形来反映一个电信号，显示电信号准确、形象。电子设备的信号有些变化速率非常快，变化周期达到千分之一秒。通常测试设备的扫描速度应该是被测信号的 5~10 倍，许多故障信号是间歇的，这就需要仪器的测试速度高于故障信号的速度。汽车示波器不仅可以快速捕捉电路信号，还可以以较慢的速度来显示这些波形。汽车示波器可以显示出所有信号部件电压的波形。知道如何去分析部件信号电压的波形，判定这个信号部件电压的波形是否正常，就可以进一步检查出电路中传感器、执行器以及电路和控制电脑等各部分的故障，也可以进行修理后的结果分析。

例如，氧传感器信号波形分析如表 4-1-1 所示。发动机电控单元、传感器、执行器及电路的工作是为了使空气燃油混合比在理论空燃比附近，以保证催化反应器的工作效果，这样可以实现电控发动机的环保性。检查故障时，将燃油反馈控制的氧传感器信号作为一个测试点，进行最初的系统检查和后来的维修验证。氧传感器有作为整个电控发动机的"看门狗"的功能，利用汽车示波器测量氧传感器电路，可以快速有效地监视整个燃油反馈控制系统的工作。与其他的测试仪表相比，汽车示波器能给出更多的关于随着氧传感器信号的变化所发生情况的全部信息。氧传感器非常敏感，容易被各种情况所干扰，因此若氧传感器产生良好的波形，整个系统无论发动机还是电子控制部分都是正常的。用分析氧传感器信号电压波形的方法还可以诊断真空漏气、点火不良、喷油不平衡、气缸压力异常等问题。

表 4-1-1 氧传感器信号波形分析

波　形	说　明
	氧传感器正常，新件（虚线为新件的标准信号）
	信号异常特征：信号电压靠近混合气浓侧 故障原因：① 有故障使传感器高温而造成内部电阻上升；② 传感器老化阻值上升 故障现象：氧传感器给电脑混合气浓的信号，电脑控制调稀混合气 故障检修：需要检查氧传感器和传感器高温的原因
	信号特征：振幅变小 故障原因：① 硅、锰（机油添加剂）混入；② 传感器中毒 故障现象：电脑无法检测氧传感器信号，电脑进入开环控制 故障检修：需要检查机油及氧传感器

续表

波　形	说　明
	信号异常特征：信号最高电压比标准信号电压低 故障原因：① 汽油中含有铅；② 传感器中毒 故障现象：氧传感器信号靠混合气稀侧，电脑检测到稀的信号后会加浓混合气 故障检修：需要检查氧传感器及汽油质量
	信号异常特征：信号最低电压高于标准信号电压 故障原因：① 氧传感器中毒；② 钾、磷等堵塞 故障现象：混合气变稀 故障检修：需要检查氧传感器性能
	发动机起动后的氧传感器输出的信号电压波形，由图可以看出发动机起动后氧传感器输出的信号电压先逐渐升高，然后进入升高和下降（混合气变浓和变稀）的循环，图中 A 右部分表示燃油反馈控制系统进入了闭环状态

四、检测诊断注意事项

汽车电子控制系统对高温和高电压都很敏感，因此在检测诊断时必须注意以下几点：

（1）不论发动机是否运转，只要点火开关接通，决不可断开任何 12 V 电器工作装置。因为在断开这些装置时，由于线圈的自感作用，会产生很高的瞬间电压，最高可达万伏。会使电控单元 ECU 和传感器严重受损或直接影响其使用寿命。

（2）跨接起动其他车辆或用其他车辆跨接起动本车时，须先断开点火开关，才能装拆跨接电缆线。

（3）音响的扬声器不能装在靠近电控单元 ECU 的地方，因为扬声器的磁铁会损坏电控单元 ECU 内的电路和部件。

（4）音响设备的天线应离电控单元 ECU 尽可能远些，其天线的连接线距 ECU 应不小于 20 cm。

（5）在检测电控单元 ECU 或拆装可编程存储器（EPROM）时，操作人员一定要戴上接铁金属带，将其一头缠在手腕上，另一头夹在车身上。否则，人体产生的静电会损坏电控单元 ECU 电路。

（6）除在测试程序中特别指明外，不能用指针式欧姆表测试电控单元以及传感器，而应使用高阻抗的数字电子式万用表。

（7）不要用测试灯去测试任何与电控单元 ECU 相连的电气装置，以防电控单元或传感器受损。

（8）电路断路或接触不良是电子控制系统常见故障，不允许用刮火的方法检查线路是否导通。因为刮火造成电路瞬间短路可能引起电路中的线圈产生过高自感电动势，从而损坏电子元件。

（9）在拆下蓄电池的电缆线之前，应读出故障码，否则存储在电控单元内的故障码几十秒后就会自动清除。安装蓄电池时，要特别注意正负极不能接反，否则将严重损坏电控单元 ECU。

（10）当拔下机油尺、拆开机油盖及曲轴箱通风管等时，可能会引起发动机运转不稳。

（11）检查 SRS 气囊系统务必在将点火开关转到锁止（LOCK）位置，并将蓄电池负极电缆端子拆下 20 s 或更长时间之后才能开始。这是因为 SRS 气囊系统装备有备用电源，如果检查工作在拆下蓄电池负极电缆端子后 20 s 以内就开始进行，气囊系统有备用电源供电，检查中就有可能导致气囊误膨开。

（12）在检测汽车其他零部件时，如有可能对 SRS 气囊系统的传感器产生冲击，则应在检测工作开始之前，先将碰撞传感器拆下，以防气囊误膨开。

第二节　电子控制系统自诊断测试

在汽车运行过程中，为了能够及时发现电子控制系统故障，并在发生故障后尽可能使汽车保持基本的运转能力，以便维持汽车行驶到修理厂修理，现代汽车电子控制系统都设置有车载故障诊断 OBD（On-Board Diagnostics）系统，简称故障自诊断系统或自诊断系统。汽车电子控制系统出现故障时，可通过故障自诊断系统来判断故障。

一、自诊断系统的组成

自诊断就是电子控制系统自己诊断系统本身有无故障。在汽车运行过程中，各种电子控制单元 ECU 根据不同传感器和控制开关输入的信号，按照预先设定的控制程序进行数学计算和逻辑判断，并向各种执行器发出相应的控制指令完成不同的控制功能。如果某传感器或控制开关发生故障，就不能向电控单元 ECU 输送正常信号，汽车性能就会变坏甚至无法运行。如果执行机构发生故障，那么，其监测电路反馈给 ECU 的信号就会出现异常，汽车性能也会变坏甚至无法运行。因此，在使用汽车时，一旦接通点火开关，自诊断电路就会投入工作，实时监测各种传感器、控制开关和执行器的工作状态。一旦发现某传感器或控制开关信号异常，或执行机构监测电路反馈的信号异常，就会立即采取相应措施。

汽车故障自诊断系统主要由传感器监测电路、执行器监测电路、软件程序、故障诊断通信接口 TDCL 以及各种故障指示灯等组成。传感器与执行器监测电路一般都与各种电控单元设置在同一块印刷电路板上，软件程序存储在各种电控单元内部的专用存储器中。

二、自诊断系统的工作情况

自诊断系统的功能包括三个方面：一是监测控制系统工作情况，一旦发现某只传感器或执行器参数异常，就立即发出报警信号；二是将故障内容编成代码（称为故障代码）存储在随机存储器 RAM 中，以便维修时调用或供设计参考；三是启用相应的备用功能，使控制系统处于应急状态运行。

1. 发出报警信号

在电子控制系统运转过程中，当某传感器、控制开关或执行器发生故障时，电控单元 ECU 立即接通仪表盘上的故障指示灯电路，使指示灯发亮或闪亮，如图 4-2-1 所示。目的是提醒驾驶员控制系统出现故障，应立即检修或送修理厂修理，以免故障范围扩大。

2. 存储故障代码

当自诊断系统发现某传感器、控制开关或执行器发生故障时，其电控单元 ECU 会将监测到的故障内容以故障代码的形式存储在随机存储器 RAM 中。只要存储器电源不被切断，故障代码就会一直保存在 RAM 中。即使是汽车在运行中偶尔出现一次故障，自诊断电路也会及时检测到并记录下来。

当诊断排除故障或需要了解电子控制系统的运行参数时，使用制造厂商提供的专用故障检测仪或通过特定的操作方法，

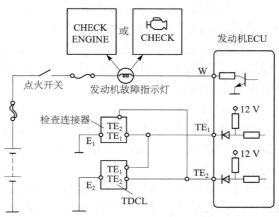

图 4-2-1　自诊断系统工作电路

就可通过故障诊断插座将存储器中的故障代码和有关参数读出，为查找故障部位、了解系统运行情况和改进控制系统的设计提供依据。

3. 启用备用功能

备用功能又称为失效保护功能。当自诊断系统发现某只传感器、控制开关或执行器发生故障时，其电控单元 ECU 将以预先设定的参数取代故障传感器、控制开关或执行器工作，使控制系统继续维持控制功能，汽车将进入故障应急状态运行并维持基本的行驶能力，以便将汽车行驶到修理厂修理。电子控制系统的这种功能称为备用功能或失效保护功能。

在备用功能工作状态下，汽车的性能将受到不同程度的影响。例如发动机电子控制系统在备用功能工作状态下工作时，只能维持发动机基本运行状态，而不能保持发动机最佳运行状态，某些车型发动机的自诊断系统还将自动切断空调、音响等辅助电气系统电路，以便减小发动机的工作负荷。

三、自诊断测试方式

汽车各种电子控制系统有无故障，可以通过自诊断测试进行诊断。自诊断测试是指利用专用故障检测仪与车载电控单元 ECU 进行通信，或按照特定的操作方式触发车载电控单元 ECU 的控制程序运行，以便读取故障代码、清除故障代码、读取车载电控单元 ECU 内部的控制参数、检测各种传感器和执行器的工作状态及其控制电路是否正常等。根据发动机工作状态不同，自诊断测试方式分为静态测试和动态测试两种。

静态测试方式简称为 KOEO（Key ON Engine OFF）方式，即在点火开关接通（ON）、发动机不运转的情况下进行诊断测试，主要用于读取或清除故障代码。

动态测试简称为 KOER（Key ON Engine Run）方式，即在点火开关接通（ON）、发动机运转（Run）的情况下进行诊断测试，主要用于读取或清除故障代码、检测传感器或执行

器工作情况及其控制电路以及与车用 ECU 进行数据传输等。

四、自诊断测试内容

1. 读取故障代码

读取故障代码来诊断电子控制系统故障是最常用的自诊断测试方法。汽车在使用过程中，只要蓄电池正极柱或负极柱上的电缆端子未曾拆下，ECU 中存储的故障代码就能长期保存。将故障代码从 ECU 中读出，即可知道故障部位或故障原因，为诊断与排除控制系统故障提供可靠依据。读取故障代码的方法有两种：一种是利用故障检测仪读取，另一种是特定的操作方法读取。

2. 读取数据流

当汽车运行时，利用故障解码仪将车载 ECU 内部的计算结果和控制参数等数值，以数据表和串行输出方式在检测仪屏幕上一一显示出来的过程称为读取数据流，通常称为"数据通信"或"数据传输"。

通过数据传输，各种传感器输出信号电压的瞬时值、ECU 内部的计算与判断结果、各执行器的控制信号都能一目了然地显示在检测仪屏幕上。检测人员根据发动机运转状态和传输数据的变化情况，即可判断控制系统工作是否正常，将特定工况下的传输数据与标准数据进行比较，就能准确判断故障类型和故障部位。

3. 监控执行器

在发动机熄火状态下或运转过程中，通过 ECU 检测仪向各执行器发出强制驱动或强制停止指令来监测执行器动作情况，用以判定该执行器及其控制电路有无故障。例如：在发动机熄火状态下，控制电动燃油泵运转、控制某只电磁阀或继电器（如冷却风扇继电器、空调压缩机继电器等）工作、控制某只喷油器喷油等。当发出相应的控制指令后，如燃油泵不转（听不到运转声音）、电磁阀不工作（用手触摸时没有振动感）、冷却风扇或空调压缩机不转动，说明该执行器或其控制电路有故障。

4. 基本设定

基本设定就是对汽车电子控制系统的基本数据进行设定。某些车型的电子控制系统维修或保养后，必须进行基本设定，如节气门自适应过程、点火正时、ABS 系统的排气等。其中，发动机的基本设定主要包括基本怠速和初始点火提前角的设定。发动机修理或更换过节气门组件后，可能因结构参数的变化，使发动机怠速转速与初始点火提前角也发生变化。基本设定就是使这两项参数恢复原值，以便 ECU 将这些控制信号存入存储器，作为电控的标准，这一过程也又称为学习控制。

检测仪将设定的项目输入发动机 ECU，ECU 接到指令后，为了达到标准的怠速和点火角而对原来控制数据重新设定。其设定过程随车而异，比如桑塔纳 2000 GLi，ECU 对节气门控制组件的基本设定是在打开点火开关但发动机不起动的情况下进行的；对奥迪 A6 发动机怠速的基本设定是在发动机运转状态进行的。

许多型号的发动机电子控制系统本身具有"学习控制"功能，发动机维修或保养后，不需要基本设定。

5. 系统匹配

（1）发动机 ECU 的匹配。一些厂商提供发动机 ECU 内部存储的多种型号发动机的基本数据，以适应多种车型的需求。一种型号发动机的基本数据一般用一个 ECU 的编码表示，多个 ECU 的编码表示多个型号发动机的基本数据。在更换发动机 ECU 时，应先查看一下原车所用的发动机 ECU 编码，并且给换上的发动机 ECU 编上同样的编码。错误的编码轻则导致车辆的性能不良，重则会给车辆带来严重的故障。

（2）发动机 ECU 与防盗 ECU 的匹配。更换发动机 ECU 或防盗 ECU 后，必须进行匹配，使二者相互联系并确认。只有发动机 ECU 识别码被存入防盗 ECU 内，发动机才可顺利起动。

（3）发动机 ECU 与自动变速器 ECU 的匹配。对于装有自动变速器的汽车，在更换了发动机 ECU 后，还需要进行发动机 ECU 与自动变速器 ECU 的匹配。如果发动机 ECU 内存在故障码，则应首先清除故障码，否则匹配无效。

五、自诊断测试工具

当汽车电子控制系统产生故障时，经常采用"故障检测仪"和"跨接线"通过故障诊断插座进行诊断。

1. 诊断插座

装备电子控制系统的汽车上都设有故障诊断插座，故障诊断插座（TDCL）的正确名称是故障诊断通信接口，通常简称为诊断插座。1994 年以前各型汽车诊断插座的形状、端子名称各不相同，其安装位置依车而异，一般位于熔断器盒上、仪表盘下方或发动机附近。1994 年以后，美国、日本和欧洲的主要汽车制造厂商的电控汽车开始采用第二代车载故障诊断（OBD-Ⅱ）系统，OBD-Ⅱ 系统是由美国汽车工程学会（SAE）提出，经环保机构（EPA）认证通过。

如图 4-2-2 所示，OBD-Ⅱ 系统诊断插座统一为 16 端子，安装在驾驶室仪表盘下方。OBD-Ⅱ 系统具有数据传输功能，并规定了两个传输线标准。欧洲统一标准规定数据传输用诊断插座的"7"号和"15"号端子，美国统一标准（SAE-J1850）规定数据传输用诊断插座的"2"号和"10"号端子。

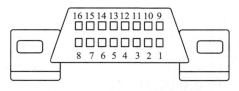

图 4-2-2　OBD-Ⅱ 诊断插座

2. 故障检测仪

故障检测仪又称为故障诊断测试仪、故障诊断仪、ECU 检测仪以及故障解码仪等。

目前，常用国外故障检测仪有美国 SNAP-ON 公司生产的汽车 ECU 扫描器 Scanner，美国 IAE 公司生产的 OTC 汽车 ECU 监测器，通用公司的 Tech-I，福特（Ford）公司汽车配用的 SUPER STAR Ⅱ 型自诊断测试自动显示器（Self Test Automatic Readout），克莱斯勒（Chrysler）公司汽车配用的 DRB Ⅱ、DRB Ⅲ 型诊断显示器，大众公司汽车配用的 V.A.G1551 故障阅读仪或 V.A.G1552 汽车系统诊断仪等。由于不同车型的 ECU 软件不尽相同，因此 ECU 检测仪仅限用于指定车型的诊断测试，对其他厂家或公司的车型不能使用。

近几年国内纷纷推出以中文显示的便携式汽车 ECU 检测仪，如"修车王""电眼睛""车博世"等。同一种检测仪配备有多种车型的自诊断软件，可对各种品牌和型号的汽车进行诊断测试。由于各种故障检测仪的使用方法各不相同，使用时，必须参考该检测仪的使用说明书进行操作。

3. 跨接线

跨接线是一根普通的或其两端带有夹子的导线,将跨接线与诊断插座上相应的端子连接后,接通点火开关即可根据仪表盘上故障指示灯的闪烁情况读取故障代码。

六、故障代码的含义

SAE 共规定了 100 个统一的 OBD-Ⅱ系统故障代码。故障代码的表示形式如图 4-2-3 所示,由 1 个英文字母和 4 位数字组成,字母和数字的含义如表 4-2-1 所示。

图 4-2-3　SAE 故障代码的表示形式

表 4-2-1　SAE 故障代码中的字母和数字的含义

代码性质	代码	代码含义
控制系统代码 （英文字母）	P	汽车发动机和自动变速器控制系统
	C	汽车底盘控制系统
	B	汽车车身控制系统
制造厂代码 （1 位数字）	0	SAE 定义的故障代码
	其他 1、2、3…9	汽车制造厂自定义的故障代码
SAE 定义故障码范围代码 （1 位数字）	1	燃油或进气测量系统故障
	2	燃油或进气测量系统故障
	3	点火系统故障或发动机间歇熄火故障
	4	废气控制系统故障
	5	怠速控制系统故障
	6	ECU 或执行元件控制系统故障
	7	自动变速器控制系统故障
	8	自动变速器控制系统故障
原厂故障代码（2 位数字）	××	由原厂规定的具体元件故障码,不同代码有不同的含义

七、电子控制系统自诊断测试方法

利用专用仪器或工具,通过自诊断测试,根据测试过程中显示的故障代码来检查排除各种电子控制系统的故障,是排除汽车电子控制系统故障最有效、最方便和最快捷的方法。

（一）利用跨接线进行自诊断测试

部分轿车可利用跨接线跨接诊断插座上某两个或某几个指定的接线端子,即可触发自诊断系统来读取故障代码。根据读取的故障代码,并查阅被测车型的《维修手册》,就可知道故障代码表示的故障内容与故障原因。

由于各型汽车诊断插座的端子分布、跨接端子的名称以及故障代码的显示方式各不相同,因此,自诊断测试方法各有不同。下面以BJ2020VJ型汽车发动机电子控制系统读取与清除故障代码的自诊断测试为例,说明利用跨接线进行诊断测试的方法。

如图4-2-4所示,BJ2020VJ型汽车在发动机舱内,设有一个专用故障诊断插座,通过特定操作方法,就可通过故障诊断插座将存储器中的故障代码和有关参数读出。

1. 读出故障代码

(1) 将点火开关接通,不起动发动机。

(2) 用跨接线将故障诊断接口上的接线端子15与4,连接3~7 s。

(3) 利用发动机故障指示灯读出故障码。

(4) 故障码由4位数字组成。例如,故障指示灯长亮一下后,先闪3次,暂停后闪1次,暂停后再闪5次,暂停后又闪3次,最后故障指示灯长亮一下,其故障码为"3153"。查询故障代码表,其含义表示发动机节气门位置传感器损坏。

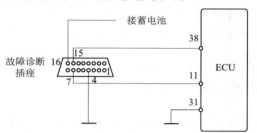

图4-2-4 BJ2020VJ型汽车故障诊断插座

(5) 只要不重复步骤(2),当前故障码不断反复显示;重复步骤(2),将显示下一个故障码。

(6) 当显示故障码为"3333"时,表示故障码读出完毕,可关闭点火开关。

BJ2020VJ型汽车发动机故障码的含义如表4-2-2所示。

表4-2-2 BJ2020VJ型汽车发动机故障码的含义

故障码	故障码的含义	故障码	故障码的含义
2222	开始	3145	水温传感器
1122	ECU	3147	曲轴位置传感器
1234	主继电器	3153	节气门位置传感器
3112	一缸喷油器	3159	车速传感器
3114	急速控制阀"打开"端	3222	判缸信号传感器
3116	三缸喷油器	3235	四缸喷油器
3122	急速控制阀"关闭"端	5111	进气压力传感器
3133	发动机冷却风扇继电器	5112	进气温度传感器
3234	二缸喷油器	4444	无故障
3135	炭罐电磁阀	3333	结束
3138	空调继电器		

2. 清除故障代码

将故障排除后,故障代码仍将存储在ECU的存储器中,并不能随故障的排除而自动消除。因此，为了便于以后检修，排除故障之后，应将故障代码清除。清除故障代码的方法是将蓄电池搭铁线拆下 10 s 以上。

（二）利用故障诊断仪读取故障代码

各种故障检测仪的使用方法各有不同，下面以国产汽车普遍使用的 V. A. G1552 型故障诊断仪测试桑塔纳 2000GSi 型轿车发动机电子控制系统为例，说明利用故障测试仪进行自诊断测试的过程。

1. 读出故障代码

（1）将 V. A. G1552 故障诊断仪的插头与车内自诊断接口连接。接通点火开关，再接通故障诊断仪的电源开关，此时显示器显示：

| Test of vehicle system   HELP |
| Insert address word×× |

| 车辆系统测试   帮助 |
| 输入地址代码×× |

（2）输入发动机电子控制系统的地址代码 01，显示器上将显示：

| Test of vehicle system   Q |
| 01-Engine electronic |

| 车辆系统测试   确认 |
| 01—发动机电子控制系统 |

（3）单击"Q"键确认，大约 5 s 后，显示器将显示：

| 330 907 404 1.8LR4/5 MOTR HS D01→ |
| Coding 08001   WSC 01205 |

显示器内容说明如下：330 907 404 为 ECU 零件号；1.8 L 为发动机的批量；R4/5 为直列 4 缸 5 气门发动机；MOTR 为燃油喷射系统（MOTRONIC）名称；HS 为手动变速器；D01 为 ECU 软件版本（程序编号）；Coding 08001 为 ECU 的编码号；WSC 01205 为维修站代码。

（4）单击"→"键，显示器上将显示：

| Test of vehicle system   HELP |
| Select function ×× |

| 车辆系统测试   帮助 |
| 选择功能×× |

（5）输入读出故障代码的功能选择代码 02，单击"Q"键确认，此时显示器将显示：

| X faults recognized   → |

| 发现 X 个故障   → |

（6）单击"→"键，可以逐个显示故障代码和故障内容，直到全部故障显示完毕为止。

| Engine speed sensor-G28 |
| No signal |

| 发动机转速传感器 |
| 无信号 |

如果没有故障，显示器将显示：

| No fault recognized → | 没有故障发现 → |

（7）单击"→"键，退回功能主菜单。

2. 清除故障代码

故障排除后应及时清除故障代码，否则再次读取故障代码时，此次故障代码会一并调出，影响工作效率。利用故障诊断仪 V.A.G1552 清除桑塔纳轿车发动机电子控制系统故障代码的操作程序如下：

（1）按读出故障代码的操作程序（1）~（4）进入系统测试"选择功能"。输入 05"清除故障存储"功能，单击"Q"键确认，此时显示器将显示：

| Test of vehicle system
Fault memory is erased → | 车辆系统测试
故障存储已被清除 → |

（2）单击"→"键，直到故障代码被清除，并在屏幕上显示输入"功能选择代码"时，输入"结束输出"功能选择代码"06"，并单击"Q"键确认。此时显示器将退回主菜单。

（三）利用故障诊断仪测试执行机构

1. 注意事项

桑塔纳 2000GSi 型轿车发动机电子控制系统执行机构诊断测试需要注意以下几点：

（1）电子控制系统执行机构诊断测试只能在接通点火开关、发动机不运转的情况下进行。如果起动发动机运转，电控单元接收到转速信息时就会立即终止执行元件测试。

（2）在诊断测试执行元件期间，被测执行元件将连续动作，直到单击"→"键时该元件动作才结束，并进入下一个执行元件测试。

（3）在测试期间，能够听到执行元件动作的声音或通过触摸感觉到动作情况。

（4）需要重复进行执行元件测试时，必须断开点火开关 2 s 以后，才能再次进行测试。

（5）在执行元件测试期间，电动燃油泵将连续工作，测试进行 10 min 之后将自动结束。

（6）执行元件测试顺序为：第 1 缸喷油器、第 2 缸喷油器、第 3 缸喷油器、第 4 缸喷油器、活性炭罐电磁阀。

2. 执行机构诊断测试测试程序

桑塔纳 2000GSi 型轿车发动机电子控制系统执行机构诊断测试测试程序如下：

（1）按读取故障代码的操作程序（1）~（4）进入系统测试"选择功能"（只接通点火开关，不起动发动机）。输入 03"执行机构诊断"功能，此时显示器将显示：

| Test of vehicle system
03-Final control diagnosis → | 车辆系统测试
03-执行机构诊断 → |

（2）单击"Q"键确认后，便开始对执行元件进行诊断测试。执行元件的诊断顺序由

电控单元决定，此时显示器将显示：

| Final control diagnosis　　→ | 执行机构诊断　　→ |
| Injector cylinder 1-N30 | 第 1 缸喷油器-N30 |

此时踩下加速踏板，使节气门控制组件 J338 中的怠速触点断开，将连续发出 5 次"喀哒"声；如果没有发出"喀哒"声，说明第 1 缸喷油器或其线路故障，需要检修或更换喷油器。

（3）单击"→"键，切换到下一个执行元件（即第 2 缸喷油器）测试，并用踩下加速踏板测试第 1 缸喷油器的相同方法，分别检查其他各缸喷油器是否发出"喀哒"声。

（4）单击"→"键切换到对活性炭罐 N80 进行诊断测试，此时显示器将显示：

| Final control diagnosis　　→ | 执行机构诊断　　→ |
| ACF Solenoid 1-N80 | 活性炭罐电磁阀 1-N80 |

此时，活性炭罐电磁阀必须连续动作（可以听到"喀哒"声，用手触摸电磁阀时应有振动感），如果活性炭罐电磁阀不动作，则需检修或更换电磁阀。

（5）继续单击"→"键切换到对其他执行元件继续诊断测试。执行元件测试完毕，诊断仪返回到输入"功能选择代码"状态。此时输入"结束输出"的功能选择代码 06，并单击"Q"键确认，结束执行机构测试。

第三节　数据流读取与分析

一、数据流的组成和功用

将电子控制系统的一些主要传感器和执行器正常工作时的参数值（如转速、蓄电池电压、空气流量、喷油时间、节气门开度、点火提前角和冷却液温度等）按不同的要求进行组合，形成数据流或是数据块。

这些标准数据流是厂方提供的，或者是车在行驶过程，故障自诊断系统把各种有关数据资料记录下来。使用中，这些数据资料可通过故障诊断，把各种传感器和执行器输入或输出的瞬时值以数据的方式在显示屏上显示出来，这样可以根据汽车工作过程各种数据变化与正常行驶时的数据（或标准数据流）对比，即可诊断电子控制系统的故障原因。

二、读取数据流基本方法

必须使用专用故障诊断仪或通用故障诊断仪读取数据流。下面结合一汽大众捷达轿车以 V.A.G1551 型故障诊断仪为例介绍读取数据流基本方法。

1. 测试条件

（1）冷却液温度不低于 80 ℃。

(2) 测试时，冷却风扇不允许转动。
(3) 关闭空调及其他用电设备。
(4) 无故障码存在。
(5) 发动机怠速运转。

2. 测试步骤

(1) 将 V.A.G1551 故障诊断仪的插头与车内自诊断接口连接。接通点火开关，再接通故障诊断仪的电源开关，此时显示器显示：

| 快速数据传递 | 帮助 |
| 输入地址代码×× | |

(2) 输入发动机电子控制系统的地址代码 01，显示器上将显示：

| 快速数据传递 | 确认 |
| 01—发动机电子控制系统 | |

(3) 在功能选择屏幕中按下 0 和 8 键，选择功能"读取测量数据块"，显示器将显示：

| 快速数据传递 | 确认 |
| 08—读取数据流 | |

(4) 按"Q"键确认输入，显示器将显示：

| 读取测量数据块 | 帮助 |
| 输入显示组号××× | |

(5) 输入显示组号，按"Q"键确认输入。

三、数据流分析基本原则

数据分析时要注意以下几个原则：仔细分析各个参数在各种工况下的数值是否异常，大多数参数需要和其他的参数进行组合分析，必要时还要对此参数采用波形分析。其中不同的参数需要不同的检查方法，如参数的数值范围、参数的变化幅度及灵敏度、参数的稳定性。在稳定工况时很多参数是比较稳定的，要注意变化不定的执行器的参数。

四、数据流显示与分析

V.A.G1551 型故障诊断仪是以数据组的形式显示，可显示 000~099 组号。根据需要可选择不同的数据组号，每个组号有 4 个显示位置，每个显示位置的数据有其自己的含义。

1. 显示组 000 号

显示组 000 号所对应的内容和检测参数如表 4-3-1 所示。

表 4-3-1　显示组 000 号及其参数

显示组 000 号（1 进制显示值） 显示区										规定值	相当于
1	2	3	4	5	6	7	8	9	10		
							氧传感器调节的自适应值（减）			118~138	-8%~+8%
							氧传感器调节的自适应值（加）			115~141	-0.64~+0.64 ms
						氧传感器调节值				78~178	-10%~+10%
					怠速空气流量自适应值					112~144	-4~+4 kg/h
				怠速空气流量调节值（怠速调节器）						118~138	-2.5~+2.5 kg/h
			节气门角度							4~12	2°~5°
		蓄电池电压								176~212	12~14.5 V
	发动机转速									80~88	800~880 r/min
	发动机负荷									26~50	1.3~2.5 ms
冷却液温度										170~210	80 ℃~110 ℃

2. 显示组 001 号

显示组 001 号所显示的内容说明如表 4-3-2 所示，其检测参数结果分析如表 4-3-3 所示。

表 4-3-2　显示组 001 号显示的内容说明

读取测量数据块 1					→屏幕显示
800~880 r/min	1.3~1.5 ms	2°~5°	6°~12° V.OT（上止点前）		
			点火角		
		节气门角度 油门踏板踩到底时显示为 80°~90° 只要识别出节气故障，就显示一个固定值 35°			
	发动机负荷				
发动机转速					

表 4-3-3　显示组 001 号显示的参数结果分析

显示区	显示内容	故障原因	故障排除
1	<800 r/min	发动机有额外负荷 节气门控制单元卡死或损坏	消除负荷（空调装置，动力转向等）
	>880 r/min	怠速开关 F60 没有关上或损坏 有较大漏气（可能是没有怠速稳定平衡） 节气门控制单元卡死或损坏 空调装置没有关闭	查询故障码 消除漏气 检查节气门控制单元 关闭空调装置

续表

显示区	显示内容	故障原因	故障排除
2	<1.3 ms	较小的值仅在超速切断工况时出现	
	>2.5 ms	空气流量计损坏 节气门控制单元损坏 用电设备用电 转向盘位于终止点	查询故障码 检查节气门控制单元 关闭用电设备 将转向盘调到中部位置
3	<2°	不可能	
	>5°	节气门控制单元没有进行基本调整 节气门控制单元的节气门电位计损坏或调节不正确 油门拉线过紧 节气门悬挂	对节气门控制单元进行基本调整 查询故障码 检查节气门控制单元 调节油门拉线 维修保养油门操纵机构
4	<上止点前6°	用电设备用电 转向盘在终止点位置 漏气	
	>上止点前12°		

3. 显示组002号

显示组002号所显示的内容如表4-3-4所示,其检测参数结果分析如表4-3-5所示。

表4-3-4 显示组002号显示的内容

读取测量数据块2		→		▲屏幕显示
800~880 r/min	1.3~1.5 ms	2.0~5.0 ms	2.0~5.0 g/s	
			吸入空气量	
		每个工作循环已校正的喷油时间		
	曲轴每转一周理论上的喷油时间			
发动机转速				

表4-3-5 显示组002号显示的参数结果分析

显示区	显示内容	故障原因	故障排除
1		见显示组001号,显示区1	
2		见显示组001号,显示区2	
3	<2 ms	来自活性炭滤清器系统(AKF)的油量太多 安装的喷油器有误,流量太大	检查活性炭罐电磁阀 执行部件诊断 检查喷油时
	>5 ms	由于空调、动力转向等使用而使发动机负荷升高	消除负荷

续表

显示区	显示内容	故障原因	故障排除
	<2.0 g/s	在进气管与空气流量计之间有较大漏气	检查进气系统密封性
	>5.0 g/s	发动机有额外负荷	消除负荷（空调、动力转向等）

显示组 002 号说明：

（1）显示区 2 所显示的喷油时间与吸入的空气量和怠速时发动机负荷相对应。这是一个计算的理论值，它只指曲轴转一周时的情况。怠速时发动机负荷是指要克服的发动机自身摩擦及邻近结构之间的摩擦。吸入的空气量在显示区 4 中表示出来。

（2）在显示区 3 给出喷油时间是指一个完整工作循环，即曲轴转 2 周的喷油时间。在显示区 3 中的喷油时间值并不是显示区 2 中值的 2 倍，而是一个经过校正的、实际的喷油时间。校正的影响因素有氧传感器调节、来自活性炭罐的燃油供给、空气密度与空气温度和车上蓄电池电压等。

（3）如果发动机吸入的空气量有误（有漏气），则只能使显示区 2（曲轴转一周的喷油时间）的计算值改变，每工作循环的实际喷油时间通过氧传感器调节。

4. 显示组 003 号

显示组 003 号所显示的内容如表 4-3-6 所示，其检测参数结果分析如表 4-3-7 所示。

表 4-3-6　显示组 003 号显示的内容

读取测量数据块 3			→	
800~880 r/min	12~15 V	80~110 ℃	... ℃	▲屏幕显示
			进气温度（显示受环境温度的影响）	
		冷却液温度		
	蓄电池电压			
发动机转速				

表 4-3-7　显示组 003 号显示的参数结果分析

显示区	显示内容	故障原因	故障排除
1		见显示组 001 号，显示区 1	
2	<12 V	发电机损坏，蓄电池亏电严重 起动后短时间内蓄电池由于充电电流和额外负荷而被加载 发动机控制单元的正极或接地有接触电阻 关闭点火时有耗电	检查电压，给蓄电池充电 将转速提高几秒钟，关闭多余的用电设备 检查发动机控制单元 消除耗电
	>15 V	发电机电压调节器损坏 由于辅助起动或快速充电器而使电压过大	检查电压，更换调节器 查询故障码

续表

显示区	显示内容	故障原因	故障排除
3	<80 ℃	发动机太冷 冷却液温度传感器或通向发动机控制单元的导线异常	必要时进行试车 检查冷却液温度传感器和导线
3	>110 ℃	散热器脏污 散热器风扇不转 冷却液调节器（节温器）损坏 冷却液温度传感器或通向发动机控制单元的导线异常	清洗散热器 检查风扇功能 检查冷却液调节器 检查冷却液温度传感器和导线
4	恒定值 19.5 ℃	进气温度传感器有故障	查询故障码 检查进气温度传感器

显示组 003 说明：显示区 3 的温度曲线在 20 ℃~60 ℃ 范围内与一个设置在控制单元内的标准曲线相比较，标准曲线上升比实际值缓慢。如果由于故障原因实际值变得缓慢，则它们在某处重合，该故障则被识别为发动机控制单元不可靠。

5. 显示组 004 号

显示组 004 号所显示的内容如表 4-3-8 所示，其检测参数结果分析如表 4-3-9 所示。

表 4-3-8 显示组 004 号显示的内容

读取测量数据块 4				
2~5 ∠°	-1.7~+1.7 g/s	0.00 g/s	→ 急速	▲屏幕显示
			工况（急速、部分负荷、全负荷、加浓、超速切断）	
			急速空气流量（自动变速器 D 位），汽车手动变速器的显示值总是"0"	
		急速空气流量自适应（自动变速器 N 位）		
节气门角度				

表 4-3-9 显示组 004 号显示的参数结果分析

显示区	显示内容	故障原因	故障排除
1		见显示组 001 号，显示区 3	
2	<-1.7 g/s	通向节气门有漏气处	检查进气系统密封性
2	>+1.7 g/s	有额外负荷 进气区域有堵塞或异物	关闭空调及用电设备 消除堵塞或清除异物

显示组 004 说明：显示区 2 显示的值不是在空气流量计上测量到的，而是从节气门电位计的信号计算出来的。表明怠速稳定偏离设计给定平均值的"自适应"程度。在新发动机上该值由于摩擦较大的原因而处于正值区域，在已走合的发动机上处于负值区域。显示区 4 显示怠速、部分负荷、全负荷、超速切断和加浓（全负荷加浓）工况。

6. 显示组 005 号

显示组 005 号所显示的内容如表 4-3-10 所示。

表 4-3-10　显示组 005 号显示的内容

读取测量数据块 5			→		
800~880 r/min	840 r/min	-10~+10 %	2.0~2.5 g/s		▲屏幕显示
			空气流量		
		怠速调节器			
	发动机转速（规定值）每 10 步变化显示一次				
发动机转速（实际）每 10 步变化显示一次 显示值：10 步中最大 2 550 r/min					

显示区 3 显示的是怠速空气流量的变化，用%表示。偏离平均值的程度取决于负荷变化量（如用电设备的开和关）。自适应过程是以很小的步距随着怠速开关的每次关闭进行的，偏差较大时需多步。为此必须每隔约 20 s 轻击油门踏板（给油），这样每次就能再进行一步自适应过程。自适应偏离值在显示组 004 显示区 2 中显示，若显示组 004 的显示区 2 中的自适应值到了极点，则怠速调节器的值在允许公差之外。

7. 显示组 006 号

显示组 006 号所显示的内容如表 4-3-11 所示，其检测参数结果分析如表 4-3-12 所示。

表 4-3-11　显示组 006 号显示的内容

读取测量数据块 6			→	
800~880 r/min	-10~+10 %	-10/+10 %	6°~12° V.OT（上止点前）	▲屏幕显示
			点火角	
		λ 调节器		
	怠速调节器			
发动机转速每 10 步变化显示一次				

表 4-3-12　显示组 006 号显示的参数结果分析

显示区	显示内容	故障原因	故障排除
1		见显示组 001 号，显示区 1	
2		见显示组 005 号，显示区 3	

显示区	显示内容	故障原因	故障排除
3	超出允许范围	负值,发动机混合气太浓,影响氧传感器调节变稀 正值,("+"不显示)发动机混合气太稀,影响氧传感器调节加浓 漏气 喷油器损坏 氧传感器自适应值到极限值	等待 30 s,至显示值稳定 消除漏气 检查喷油器 检查氧传感器自适应值,见显示组 008
4		见显示组 001 号,显示区 4	

显示区 3 的显示值必须在 0 值附近变动,如果显示恒定值 0,则氧传感器调节由调节切换为开环控制,因为在氧传感器调节上有故障。氧传感器的调节见显示组 021 显示区 4。

8. 显示组 007 号

显示组 007 号所显示的内容如表 4-3-13 所示。

显示区 2 的电压信号分析:显示为 0.7~1.0 V 表明混合气太浓(剩余氧少);显示为 -0.1~+0.3 V 表明混合气太稀。在从"太浓"向"太稀"过渡时,电压信号由 0.7~1.0 V 向 -0.1~+0.3 V 跃变,或进行相反变化过程。调向变节始终在"略稀"和"略浓"之间变化。

显示区 4 的显示值为 0.3 时,表明发动机得到来自 AKF 系统的混合气很浓,因此必须将喷油量减少 30%;显示值为 1.0 时,表明来自 AKF 系统为理想混合气(不需要加浓或变稀),或者 AKF 阀关闭(见显示组 008 号显示区 4);显示值为 1.01~1.2 时,表明来自 AKF 系统的混合气很稀,必须根据氧传感器进行喷油量调节,即增加喷油量。

表 4-3-13 显示组 007 号显示的内容

读取测量数据块 7			→	
-10~+10 %	0~1 V	0~99 %	0.3~1.1	▲屏幕显示
			燃油箱通风的氧传感器校正系数	
		活性炭罐 N80 的电磁阀 1 的占空比 占空比为 0 表示 N80 全闭 占空比为 99 表示 N80 全开		
	氧传感器电压			
氧传感器调节器				

9. 显示组 008 号

显示组 008 号所显示的内容如表 4-3-14 所示，其检测参数结果分析如表 4-3-15 所示。

表 4-3-14 显示组 008 号显示的内容

读取测量数据块 8			→	
2.0~5.0 ms	-10~+10 %	-8~+8 %	TE 活性或 TEn 活性	▲屏幕显示
			"TE 活性"表示活性炭罐阀按节拍开闭 "TEn 活性"表示活性炭罐中磁阀始终关闭	
		全负荷时氧传感器自适应值（减）		
	怠速时氧传感器自适应值（加）			
喷油时间				

显示区 2 和显示区 3 显示值较低时，表示发动机混合气太浓，因此氧传感器调节变稀。显示区 2 和显示区 3 显示值较高时，表示发动机混合气太稀，因此氧传感器调节加浓。控制单元断电时所有自适应值自动复位。

表 4-3-15 显示组 008 号显示的参数结果分析

显示区	显示内容	故障原因	故障排除
1		见显示组 002 号，显示区 3	
2 和 3	正常	在正常部分负荷时，氧传感器怠速适应值低：可能机油稀释（机油中有较高燃油成分）	经过长距离不间断行驶后或经过一次更换机油后消失
	氧传感器自适应值低	喷油器损坏 燃油压力太高 活性炭罐电磁阀始终开启 空气流量计损坏 氧传感器加热器损坏或氧传感器脏污	检查喷油器 检查燃油压力 检查活性炭罐电磁阀 检查空气流量计 检查氧传感器加热
	氧传感器自适应值高	氧传感器自适应值部分负荷时不高，而怠速时高：可能进气管有漏气 喷油器堵塞 显示区 2 和 3 高：空气流量计损坏 燃油压力太低 空气流量计和节气门之间有漏气 歧管密封垫有漏气 氧传感器加热器损坏或氧传感器脏污	检查喷油器 检查空气流量计 检查燃油压力 检查进气系统密封性 检查氧传感器加热

10. 显示组 009 号

显示组 009 号所显示的内容如表 4-3-16 所示。

表 4-3-16　显示组 009 号显示的内容

读取测量数据块 9			→	▲屏幕显示
800~880 r/min	−10~+10 %	0~1.0 V	−10~+10 %	
			急速时氧传感器自适应值（加）	
		氧传感器电压		
	氧传感器调节器			
发动机转速每 10 步变化显示一次				

11. 显示组 010 号

显示组 010 号所显示的内容如表 4-3-17 所示。

表 4-3-17　显示组 010 号显示的内容

读取测量数据块 10			→	▲屏幕显示
0~99%	0.3~1.2	−3~+3.2	0.00~0.30	
			活性炭滤清器（AKF）冲洗程度 数值为"0.00"时，AKF 系统没有输入 数值为 0.30 时，吸入空气量的 30% 来自 AKF 系统	
		活性炭罐的充满程度 数值为−3 时活性炭罐中无燃油蒸气 数值为+3.2 时活性炭罐中充满燃油蒸气		
	活性炭罐净化时混合气修正系数			
活性炭罐（AKF）电磁阀的占空比				

显示区 1 为活性炭罐净化电磁阀 N80 占空比。百分比值表示电磁阀的控制状态，0% 表示电磁阀完全关闭，99% 表示电磁阀完全打开。显示区 2 为活性炭罐净化时的混合气修正系数。小于 1.00 时活性炭罐净化系统送出浓混合气，λ 控制减少喷油时间；等于 1.00 时油箱未排或送出标准混合气（λ=1）；大于 1.00 时活性炭罐净化系统送出稀混合气，λ 控制增加喷油时间。

12. 显示组 011 号

显示组 011 号所显示的内容如表 4-3-18 所示。

表 4-3-18　显示组 011 号显示的内容

读取测量数据块 11			→	▲屏幕显示
800~840 r/min	1.3~2.5 ms	0 km/h	0.5~1.5 1/h	
			油耗：所显示的规定值只适用于无额外负荷（空调、发动机、动力转向时的怠速）	
		行驶速度		
	发动机负荷（喷油时间）			
发动机转速				

海拔每升高 1 000 m，显示区 2 显示的发动机最大负荷降低约 10%。外界温度很高时发动机最大负荷同样会降低，最大幅度可降低 10%。

13. 显示组 013 号

显示组 013 号所显示的内容如表 4-3-19 所示。

表 4-3-19　显示组 013 号显示的内容

读取测量数据块 13			→	▲屏幕显示
0°~15° kW	0°~15° kW	0°~15° kW	0°~15° kW	
			通过爆燃调节减小 4 缸点火提前角	
		通过爆燃调节减小 3 缸点火提前角		
	通过爆燃调节减小 2 缸点火提前角			
通过爆燃调节减小 1 缸点火提前角				

爆燃调节在发动机负荷大于 40% 后起作用，发动机负荷超过 40% 时显示当时的点火角度减少值，低于 40% 时恒定显示最后使用的值。在听到爆燃声但无点火角度减少识别时，为能识别（诊断）爆燃传感器故障，可将转速提高到 3 500 r/min 超过 5 s。如果一个缸的点火角度减少值与其他缸的值有偏差，则可能为其他总成松动、连接插头锈蚀和发动机故障（如损坏的活塞处有燃油燃烧）。如果所有缸都有较大的点火角减小值，则可能是插头处锈蚀、拧紧力矩（规定值为 20 N·m）不够、导线断开、附加装置松动或燃油质量不好。

14. 显示组 014 号

显示组 014 号所显示的内容如表 4-3-20 所示，利用显示组 014 可在一定的转速和负荷下检查 1 缸和 2 缸的点火角减小情况。

表 4-3-20　显示组 014 号显示的内容

读取测量数据块 14			→	屏幕显示
r/min	ms	0°~15°	0°~15°	
			2 缸通过爆燃调节点火角的减小	
		1 缸通过爆燃调节点火角的减小		
	发动机负荷（每转的喷油时间）			
发动机转速				

15. 显示组 015 号

显示组 015 号所显示的内容如表 4-3-21 所示，利用显示组 015 可在一定的转速和负荷下检查 3 缸和 4 缸的点火角减小情况。

表 4-3-21　显示组 015 号显示的内容

读取测量数据块 15			→	屏幕显示
r/min	ms	0°~15°	0°~15°	
			4 缸通过爆燃调节点火角的减小	
		3 缸通过爆燃调节点火角的减小		
	发动机负荷（每转的喷油时间）			
发动机转速				

16. 显示组 016 号

显示组 016 号所显示的内容如表 4-3-22 所示。

表 4-3-22　显示组 016 号显示的内容

读取测量数据块 16			→	屏幕显示
0.4~2.0 V	0.4~2.0 V	0.4~2.0 V	0.4~2.0 V	
			4 缸爆燃传感器信号	
		3 缸爆燃传感器信号		
	2 缸爆燃传感器信号			
1 缸爆燃传感器信号				

如果显示组 016 显示爆燃传感器信号的最小值和最大值之间的差超过 50%，则原因可能是连接插头处锈蚀。如果在对爆燃传感器的导线和插头检查后都无异常，则检查发动机附加装置是否松动及本身是否有故障，见显示组 013。在高转速和大负荷时所显示的爆燃传感器信号电压值可达 5.1 V。

17. 显示组 018 号

显示组 018 号所显示的内容如表 4-3-23 所示。

表 4-3-23 显示组 018 号显示的内容

读取测量数据块 18			→	
800~880 r/min	1.3~2.5 ms	… ms	−50~+25 %	▲屏幕显示
		海拔高度修正系数		
	节气门角度的发动机负荷（自转的喷油时间）			
空气流量计的发动机负荷（自转的喷油时间）				
发动机转速每 40 步显示变化一次				

发动机控制单元将来自空气流量计的信号与一个由节气门角度和转速计算出来的负荷值相比较，由二者的差异给出海拔高度修正系数（显示组 018 显示区 4）。在不超出海平面 400 m 和普通气候条件下不要求有高度修正系数（修正系数为 0%），在海拔高度 2 000 m 处修正系数约-20%。

18. 显示组 020 号

显示组 020 号所显示的内容如表 4-3-24 所示。

表 4-3-24 显示组 020 号显示的内容

读取测量数据块 20				
880 r/min	00000100 EIN 00000000 AUS	A/C-High（空调-高） A/C-Low（空调-低）	Kompr. EIN（压缩机开） Kompr. AUS（压缩机关）	▲屏幕显示
			空调压缩机开/关 在没有空调的车上总显示"压缩机关"（Kompr. AUS）	
		空调装置 High=采暖或制冷功率大 Low=采暖或制冷功率小		
	低辛烷值切换			
发动机转速				

如果燃油质量不好，则点火角切换到低辛烷值特征曲线区域，屏幕上显示区 2 显示"00000100EIN"（开），关闭点火后又重新切断了低辛烷值的切换，屏幕显示"00000000AUS"（关）。

19. 显示组 021 号

显示组 021 号所显示的内容如表 4-3-25 所示。

表 4-3-25　显示组 021 号显示的内容

读取测量数据块 21			→	▲屏幕显示
r/min	ms	℃	氧传感器调节关 氧传感器调节开	
			氧传感器调节关/开	
		冷却液温度		
	发动机负荷			
发动机转速				

发动机控制单元根据发动机温度、发动机起动和进气温度情况决定是否启用氧传感器调节，显示区 4 显示氧传感器调节关或开（空燃比是开环控制或是闭环控制）。关闭氧传感器调节后发动机由特性曲线控制运转。

20. 显示组 023 号

显示组 023 号所显示的内容如表 4-3-26 所示。

表 4-3-26　显示组 023 号显示的内容

读取测量数据块 23			→	▲屏幕显示
6%～43%	01000000	73%～97%	54%～85%	
			节气门调节器 V60 最大估计值	
		节气门调节器 V60 应急估计值		
	节气门调节器 V60 最小估计值			
自适应需要显示值				

如果显示区 1 没有达到显示值，应进行节气门控制单元 J338 的自适应。显示区 2、3、4 显示最后一次基本调整的自适应估计值。显示区 1、2、3 和 4 如果在进行基本调整后还没有显示规定值，则应在更换节气门控制单元之前，检查导线是否断路或短路以及插头连接处是否有脏污或锈蚀。

显示区 2 的显示值由 8 位数字组成，从右至左分别代表 1~8 位，各位表示含义如下：

第 1 位：无意义。第 2 位：表示节气门调节器的电位计自适应过程最小估计值数值。"0"表示自适应过程已进行，自适应过程的正常数值；"1"表示自适应过程没有进行或自适应过程不正常。第 3 位：表示节气门调节器的电位计自适应过程最大估计值数值。"0"表示自适应过程已进行，自适应过程的正常数值；"1"表示自适应过程没有进行或自适应过程不正常。第 4 位：表示节气门电位计 G69 自适应过程最小估计值数值。"0"表示自适应过程已进行，自适应过程的正常数值；"1"表示自适应过程没有进行或自适应过程不正常。第 5 位：表示节气门电位计 G69 自适应过程最大估计值数值。"0"表示自适应过程已进行，自适应过程的正常数值；"1"表示自适应过程没有进行或自适应过程不正常。第 6 位：无意义。第 7 位：表示节气门电位计 G69 与节气门调节器的电位计相比较。"0"表示必须进行比较；"1"表示自适应过程没有进行或自适应过程不正常。第 8 位：无意义。

21. 显示组 098 号

显示组 098 号所显示的内容如表 4-3-27 所示。

表 4-3-27 显示组 098 号显示的内容

读取测量数据块 98			→	
0~5 V	0~5 V	急速 部分负荷	ADP 工作 ADP 正常 ADP 错误	▲屏幕显示
			自适应状态 ADP = 节气门控制单元自适应	
		工况		
	节气门怠速调节器电位计的电压			
节气门电位计的电压				

显示区 4 中的 ADP 表示检查节气门控制单元的自适应。在"基本调整"功能下选择显示组 098，则进行节气门控制单元 J338 对发动机控制单元的自适应。

22. 显示组 099 号

显示组 099 号所显示的内容如表 4-3-28 所示。

表 4-3-28 显示组 099 号显示的内容

读取测量数据块 99			→	
r/min	℃	-10~+10 %	氧传感器调节关 氧传感器调节开	▲屏幕显示
			氧传感器调节关/开 基本调整 04：氧传感器调节关 读取测量数据块 08：氧传感器调节开	
		氧传感器调节器		
	冷却液温度			
发动机转速				

进行故障诊断时，选择显示组 099 号，用"基本调整 04"关闭氧传感器调节，或用"读取测量数据块 08"打开。结束功能"基本调整 04"时氧传感器调节自动恢复功能。通过按动 V.A.G1551 的 04 和 08 键可以在功能"基本调整 04"和功能"读取测量数据块 08"之间反复切换操作。

第四节 电子控制系统主要传感器的检测

在汽车电子控制系统中，传感器担负着信息的采集和传输功能，其技术性能的好坏，直接影响汽车电子控制系统的工作情况。传感器按其测量参数可分为温度传感器、空气流量传感器、位置传感器、压力传感器、气体浓度传感器、碰撞（加速度）传感器、扭矩传感器、转角传感器、光传感器、雨滴传感器等。传感器按其使用的部位可分为发动机电控系统使用的传感器、自动变速器使用的传感器、防抱死制动系统 ABS 使用的传感器等。

一、传感器的组成

传感器一般由敏感元件、转换元件、转换电路三部分组成。

1. 敏感元件

敏感元件指直接感受被测量（一般为非电量），并输出与被测量成确定关系的其他量（一般为电量）的元件。如压力传感器的弹性膜片就是敏感元件，它的作用是将压力转换成膜片的变形。

2. 转换元件

转换元件指传感器中能将敏感元件感受或响应的被测量转换成适合于传输的电信号的部分。

3. 转换电路

转换电路是将上述电路参数转换成电量输出的装置。实际上，有些传感器很简单，仅由一个敏感元件（兼作转换元件）组成，它感受被测量时直接输出电量，如热电偶。有些传感器由敏感元件和转换元件组成，没有转换电路。有些传感器转换元件不止一个，要经过若干次转换。由于传感器的输出信号一般很微弱，因此有信号调制与转化装置对其进行放大、运算调制等。

二、传感器的信号

汽车上传感器的电子信号可以分为五种类型：直流、交流、频率调制、脉宽调制和串行数据信号。

1. 直流信号

在任何周期里，方向不随时间变化的电压、电流信号属于直流信号。直流信号可以分为恒压直流和非恒压直流信号两种。在汽车中产生恒压直流信号的电源装置有蓄电池电压和 ECU 输出的传感器参考电压。

2. 交流信号

大小和方向随时间变化的信号属于交流信号。如图 4-4-1 所示，电磁式传感器的输出信号即为交流信号。

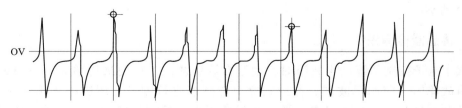

图 4-4-1　电磁式传感器产生的交流信号波形

3. 频率调制信号

保持波的幅度恒定而改变频率称为频率调制。如图 4-4-2 所示，在汽车中产生可变频率信号的传感器主要是光电式和霍尔式传感器。

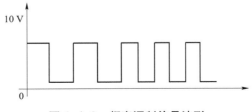

图 4-4-2　频率调制信号波形

4. 脉宽调制信号

脉宽调制信号就是经过脉冲宽度调制的信号。如图 4-4-3 所示，在一个周期内元件持续的工作时间称为脉冲宽度。

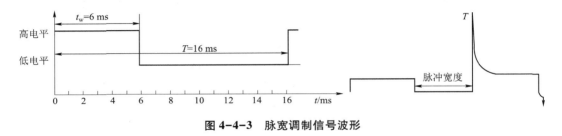

图 4-4-3　脉宽调制信号波形

在这里，要注意脉冲宽度与占空比的区别，占空比=脉冲宽度/周期时间。不同占空比波形信号如图 4-4-4 所示。

图 4-4-4　不同占空比波形信号

5. 串行数据（多路）信号

串行数据信号是按时序逐位将组成数据和字符的码元予以传输的信号。串行数据传输，所需通信线少，串行传送的速度低，但传送的距离可以很长，因此串行适用于长距离而速度要求不高的场合。当发动机冷却液温度传感器产生故障时，ECU 输出串行数据信号波形如图 4-4-5 所示。

三、传感器检测程序

当汽车电子控制系统产生故障时，通过自诊断测试，指明某传感器有故障或怀疑某传感器有故障时，应用示波器、万用表等对传感器进行测试。测试前要明确测试数据、测试方法和测试条件，具体可参考该车型维修手册。检测传感器时，应该按照以下程序进行。

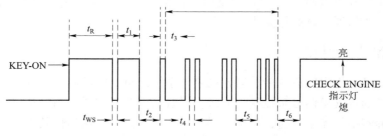

图 4-4-5　串行数据（多路）信号波形

1. 自诊断测试

利用故障诊断仪确认被怀疑的传感器是否有故障码，并在数据流中加以强化判断。

2. 外部检查

为防止不是因为传感器本身故障而导致的传感器误判，要首先对怀疑的传感器部位进行外部检查，查看传感器的导线和连接的管路是否脱开、传感器是否有脏污、水泡、腐蚀、氧化、接触不良、变形等情况。

3. 线束检测

检测传感器与 ECU 之间的线束有无短路、断路和搭铁故障。

4. 电源电压的检测

为防止传感器由于没有供给电源而导致不能正常工作，应对外部电源进行检查。例如，霍尔式曲轴位置传感器如果没有 12 V 或 5 V 电压的供给，传感器是不会有信号输出的。

5. 本体检查

主要是外观检查和电阻检查，不用连接外部电路。针对能够进行电阻测量的传感器，如可变电阻式传感器、电磁式传感器，可以用万用表的电阻挡直接测量，从而判断传感器是否正常。

6. 输出信号检测

输出信号的检测可以使用万用表的电压挡或电流挡进行，但使用汽车专用万用表对输出信号只是作简单的判断，更精确地判断输出信号可以使用示波器来进行。

① 模拟直流信号。如节气门位置传感器，用万用表直流电压量程检测即可满足要求。

② 模拟交流信号。ABS 轮速传感器、电磁式曲轴位置传感器，用汽车专用万用表交流电压量程检测即可满足要求。

③ 脉宽调制信号/频率调制信号。虽然可以使用万用表，但结果不够准确，要想看清具体的变化过程，必须使用示波器。例如，三菱汽车用的卡门漩涡式空气流量传感器，在怠速时，输出信号为 2.2~3.2 V，此电压为频率调制信号的平均电压，但用示波器就可以很方便地看出空气流量传感器信号的频率和幅值是否符合标准。

7. 维修与更换

对传感器进行以上检测后，可以基本确定传感器的好坏。更换传感器时，要严格按照操作规程操作，切忌蛮干。要关闭点火开关，且不可带电操作，否则容易损坏其他电子部件。安装时要轻拿轻放。

8. 检验

维修与更换传感器后，要切记用故障诊断仪消除故障码并重新试车，模拟故障出现状况。如果在试车过程中故障现象没有重复出现，检查故障码也没有重新出现，说明判断准确，安装正确，传感器检修操作完成。

四、空气流量计的检测

空气流量计又称为空气流量传感器，是供气系统最重要的部件。当其出现故障时，ECU就接收不到正确的进气量信号来控制喷油量，混合气就会过浓或过稀，从而导致发动机运转失常。检测或拆卸空气流量计时，应细心操作、切忌碰撞，以免损伤其零部件。空气流量计有翼片式、卡门旋涡式、热线式和热膜式多种类型，目前常用的有卡门旋涡式和热膜式空气流量计两种。

（一）卡门旋涡式空气流量计的检测

如图4-4-6为丰田雷克萨斯轿车1UZ-FE型发动机采用的卡门旋涡式空气流量计的原理图和检测示意图。

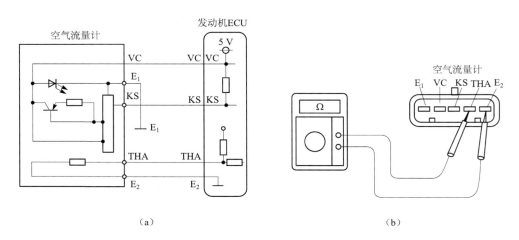

图4-4-6　卡门旋涡式空气流量计的检测
（a）原理图；（b）检测示意图

1. 检测空气流量计的电阻

脱开空气流量计的导线插接器，用电阻表测量空气流量计上THA与E_2端子之间的电阻［如图4-4-6（b）所示］，其标准电阻值如表4-4-1所示，如果电阻值不符，则须更换空气流量计。

表4-4-1　卡门旋涡式空气流量计THA-E_2端子间的电阻

端子	标准电阻值/Ω	温度/℃
THA-E_2	10~20	−20
	4~7	0
	2~3	20
	0.9~1.3	40
	0.4~0.7	60

2. 检测空气流量计的电压

插好空气流量计的导线插接器,用电压表检测发动机 ECU 各端子 THA-E_2、VC-E_1、KS-E_1 间的电压,其标准电压值如表 4-4-2 所示。如检测结果与标准电压值不符,则应检查传感器与 ECU 之间的线束。如线束良好,则拔下传感器插头并接通点火开关,检测 VC-E_1、KS-E_1 间的电压,如均为 4.5~5.5 V,说明 ECU 工作正常,应当更换流量传感器;如电压不为 4.5~5.5 V,说明 ECU 故障,应检修或更换 ECU。

表 4-4-2 发动机 ECU 上 THA-E_2、VC-E_1、KS-E_1 端子间的电压

端子	电压/V	条件
THA-E_2	0.5~3.4	急速、进气温度 20 ℃
VC-E_1	4.5~5.5	点火开关 ON
KS-E_1	4.5~5.5	点火开关 ON
	2~4(脉冲形式)	急速

3. 检测空气流量计的波形

正常空气流量计的波形如图 4-4-7 所示,其波形的上限接近参考电压 5 V,下限接近对地电压 0 V,脉冲宽度相等,波形无峰尖或圆角。如果波形频率不能变化、无规律、杂乱,说明空气流量计故障,应检修或更换。

(二)热膜式空气流量计的检测

下面以 Audi A4 AEB 发动机热膜式空气流量计为例进行检测。

1. 检测空气流量计的信号电压

如图 4-4-8 所示,发动机急速时,MAF 信号(空气流量信号)约 1.1 V;发动机转速 3 000 r/min 时,MAF 信号约 1.9 V。如果不符合标准,则须更换空气流量计。

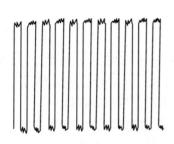

图 4-4-7 卡门旋涡式空气流量计的波形

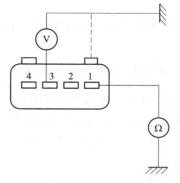

1—搭铁;2—MAF 信号;
3—12 V 电源(从油泵继电器);4—ECU。

图 4-4-8 Audi A4 AEB 发动机
热膜式空气流量计的检测

2. 利用故障诊断仪读取数据块

选择功能"读取测量数据块"(功能 08)及显示组 2,屏幕显示:

| 读取测量数据块 2 |
| 1 2 3 4 |

显示区 4 将显示进气量，单位为 g/s，其规定值为 1.8~4.0 g/s。小于 1.8 g/s 为进气系统有泄漏，应检查进气系统。大于 4.0 g/s 为发动机负荷太大，应消除额外负荷（如空调和动力转向等）。如显示不符合规定要求，或故障存储器存储了与空气流量计有关的故障，则要检测空气流量计的供电。

3. 检测空气流量计的波形

热膜式空气流量计的波形如图 4-4-9 所示，如果波形不符，说明空气流量计故障，应检修或更换。

有的热膜式空气流量计（别克轿车的空气流量计）的输出信号为数字信号，它有三个接线端子，其中端子 A 为信号（频率），端子 B 为搭铁，端子 C 为电源 12 V。测量其信号电压时应为 0~5 V 的平均电压。其波形如图 4-4-10 所示，应为方波，频率信号随进气增大而增大，怠速时频率信号为 2 000 Hz，频率信号低于 1 200 Hz 时，ECM（电脑）会记录故障。

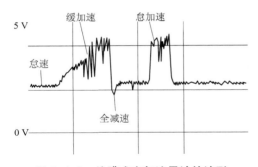

图 4-4-9　热膜式空气流量计的波形

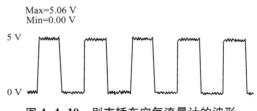

图 4-4-10　别克轿车空气流量计的波形

五、进气压力传感器的检测

进气压力传感器相当于采用直接测量空气流量的电控燃油喷射系统中的空气流量计。它能根据发动机的负荷状态检测出进气歧管内绝对压力的变化，并转换成电压信号与发动机转速信号一起输送给发动机电控单元 ECU，作为决定喷油器基本喷油的依据。

TU5JP/K 型发动机的进气压力传感器的电路如图 4-4-11 所示。其检测方法如下。

1. 真空软管的检查

检查真空软管的密封情况，如有泄漏，则更换损坏的软管。

2. 检测进气压力传感器的电源电压

取下进气压力传感器的插头后，打开点火开关，检测插头端子 1 与搭铁之间的电压，其标准值应为

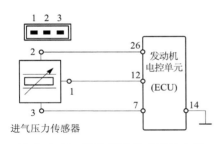

图 4-4-11　进气压力传感器的电路

5 V。否则应检查进气压力传感器与电控单元 ECU 之间的导线、电控单元 ECU 的电源电压、主继电器等。

3. 进气压力传感器工作情况的检查

关闭点火开关，插上进气压力传感器的插头，并暴露出线头。起动发动机，转速达到 1 500 r/min，加速若干次，检测进气压力传感器插头的端子 3 与端子 2 之间的电压，应在 0.4~4.6 V 之间变化。否则为进气压力传感器损坏，需更换。

六、曲轴位置传感器的检测

曲轴位置传感器担负着向电控单元 ECU 传递以下三个信号的任务：发动机转速信号；发动机曲轴转角信号；第一、四（或六）缸活塞上止点位置信号。曲轴位置传感器可分为磁脉冲式、光电式和霍尔式三大类。就其安装部位有在曲轴前端、凸轮轴前端、飞轮上和分电器内的，车辆不同，所采用的结构形式不完全一样。

TU5JP/K 型发动机的曲轴位置传感器的电路如图 4-4-12 所示。其检测方法如下。

1. 检测曲轴位置传感器的电阻

关闭点火开关，取下曲轴位置传感器的插头，检测曲轴位置传感器端子 1 和端子 2 之间的电阻，其电阻值应符合厂家标准；检测端子 3 与搭铁之间的电阻，其电阻值应为 0 Ω。如不符，则表明传感器损坏，需更换曲轴位置传感器。

2. 检测曲轴位置传感器的输出信号

关闭点火开关，取下所有喷油器的插头（以免损坏三元催化转换器）以及曲轴位置传感器的插头后，短暂起动发动机，检测曲轴位置传感器插座上的端子 1 和 2 之间的电压，其标准电压应为 4~8 V。如不符，则表明传感器损坏，需更换曲轴位置传感器。另外，也可用示波器检测传感器的输出波形是否正常，TU5JP/K 型发动机曲轴位置传感器的波形如图 4-4-13 所示。

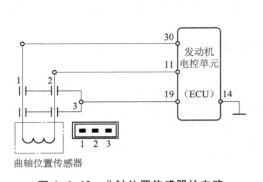

图 4-4-12　曲轴位置传感器的电路

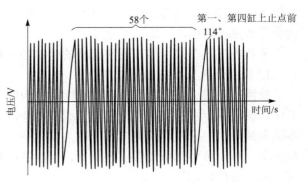

图 4-4-13　曲轴位置传感器的输出波形

七、节气门位置传感器的检测

节气门位置传感器的功用是将节气门开度的大小转换为电信号输送给发动机电控单元 ECU。节气门位置传感器按总体结构分为触点开关式、滑动电阻式、触点与滑动电阻组合式三种，目前多数轿车采用滑动电阻式。

TU5JP/K 型发动机的节气门位置传感器的电路如图 4-4-14 所示，其检测方法如下。

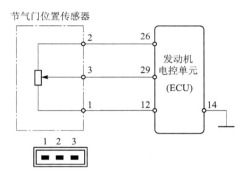

图 4-4-14 节气门位置传感器的电路

1. 检测节气门位置传感器的电阻

关闭点火开关，取下节气门位置传感器的插头，检测端子 2 和 3 之间的电阻，该电阻值应随着节气门开度增大而呈现线性增大。

2. 检测节气门位置传感器的电压

插上节气门位置传感器的插头，并暴露出线头。打开点火开关，检测端子 2 与搭铁之间的电压，应为 5 V 左右；检测端子 3 和端子 1 之间的电压：节气门关闭时，为 0.4 V；节气门全开时，其电压不超过 4.5 V。且在节气门位置传感器工作时，电压变化应是平稳的。关闭点火开关，取下节气门位置传感器的插头后，再打开点火开关，检测插头的端子 2 与搭铁（电控单元 ECU 的端子 14）之间的电压，其标准电压应为 5 V。

八、温度传感器的检测

在汽车控制系统中，温度检测是重要的项目之一。根据不同的用途，可使用各种类型的温度传感器。常用的热敏电阻有负温度系数 NTC 型和正温度系数 PTC 型两种。发动机电子控制系统中主要采用的温度传感器有冷却液温度传感器和进气温度传感器。

冷却液温度传感器通常称为水温传感器，安装在发动机冷却液出水管上，其功用是检测发动机冷却液的温度，并将温度信号变换为电信号传送给 ECU。ECU 根据发动机的温度信号修正喷油时间和点火时间，从而使发动机工况处于最佳状态运行。

进气温度传感器安装在进气管路中，其功用是检测进气温度，并将温度信号变换为电信号传送给 ECU。进气温度信号是各种控制功能的修正信号。如果进气温度传感器信号中断，就会导致热起动困难、废气排放量增大。

虽然各型汽车采用的温度传感器的阻值各不相同，但是其检测方法基本相同。

1. 检测电源电压与信号电压

检测冷却液（进气）温度传感器时，可用高阻抗数字式万用表就车检测传感器的电源电压和信号电压。检测电源电压时，拔下冷却液温度传感器插头，接通点火开关，检测传感器线束插头上两端子间的电源电压应为 5 V 左右。插上传感器插头，接通点火开关，检测信号电压。对于负温度系数温度传感器，当温度高时电压低，温度低时电压高。如电压偏差过大，应当更换传感器。

2. 检测热敏电阻阻值

检测温度传感器阻值时，断开点火开关，拔下温度传感器插头，拆下温度传感器。将传感器和温度表放入烧杯或加热容器中，在不同温度下，用万用表电阻挡检测传感器插座上两端子间的电阻值，然后再与标准阻值进行比较。如阻值偏差过大、过小或为无穷大，说明传感器失效，应予更换。

九、氧传感器的检测

氧传感器的功能是监测排气中氧离子含量的多少，ECU 根据氧传感器信号，对喷油量进行修正，实现空燃比反馈控制。氧传感器一般安装在三元催化器之前的排气管上。宝来轿车的前氧传感器采用的是宽域型氧传感器，其电路如图 4-4-15 所示。下面以此为例讲述其检测方法。

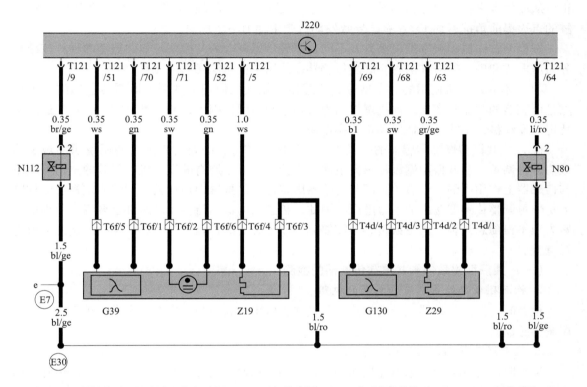

G39—宽域型氧传感器（前氧传感器）；G130—后氧传感器；J220—发动机电控单元；Z19、Z29—加热元件。

图 4-4-15　宝来轿车氧传感器的电路

1. 检查氧传感器的加热电阻

当发动机温度达到正常后，取下氧传感器插接器，用万用表检测传感器端子之间的电阻值。前氧传感器的加热电阻：3-4 端子的电阻为 2.5~10 Ω。后氧传感器的加热电阻：1-2 端子的电阻为 6.4~47.5 Ω。否则应更换氧传感器。

2. 检查泵电池的电阻

用万用表电阻挡检测前氧传感器泵电池电阻，即 2-6 端子的电阻为 77.5 Ω。

3. 检测氧化锆参考电池的输出电压

用万用表电压挡检测传感器 1-5 端子，氧传感器电压应保持在 0.4~0.5 V 附近。

4. 检查宽域氧传感器的输出电压

宽域型氧传感器输出电压不能用万用表直接测量，而应通过专用故障诊断仪读取数据流。发动机 ECU 将宽域型氧传感器的电流信号转化为电压值显示出来，其规定电压值为

1.0~2.0 V，发动机运转时宽域氧传感器的输出电压应在 1.0~2.0 V 之间波动。电压值大于 1.5 V 时表示混合气过稀；电压值小于 1.5 V 时，表示混合气过浓。当电压值为 0 V、1.5 V、4.9 V 恒定时，表明氧传感器本身或其线路有故障。

十、爆震传感器的检测

爆震传感器的功用是检测发动机的爆震信号，ECU 根据爆震信号对点火提前角进行修正，从而使点火提前角保持最佳。汽车在行驶过程中，若爆震器信号中断，ECU 就会将各缸的点火提前角推迟约 15°左右，导致发动机产生动力不足现象。

按检测缸体振动频率的检测方式不同，爆震传感器分为共振型与非共振型两种；按结构分为压电式和磁致伸缩式两种。爆震传感器在使用中应当注意以下几点：

（1）不同发动机使用的共振型爆震传感器不能互换使用。共振型爆震传感器的显著特点是传感器的共振频率与发动机爆震的固有频率相匹配，因此，共振型爆震传感器只适用于特定的发动机，不能与其他发动机互换使用。

（2）非共振型爆震传感器的拧紧力矩不得随意调整，必要时必须按使用说明书规定的数值进行调整。非共振型爆震传感器虽然在理论上可用于所有的发动机，但其输出信号电压与传感器上作用力的大小有关，即与传感器固定螺栓的拧紧力矩有关，调整固定螺栓的拧紧力矩便可调整传感器输出的信号电压。因此，传感器的输出特性出厂时都已调好，使用中拧紧力矩不得随意调整。当更换传感器需要调整固定螺栓的拧紧力矩时，必须按规定的数值进行调整。

（一）共振型磁致伸缩式爆震传感器的检测

1. 检测磁致伸缩式爆震传感器的电阻

检查时，拆下传感器上的插接器，测量线圈电阻。其电阻值应符合要求，否则，应更换爆震传感器。

2. 检测爆震传感器的输出信号

检查时，打开爆震传感器连接插头，在发动机怠速时用万用表电压挡检查爆震传感器的接线端子与搭铁间的电压，应有脉冲电压输出。若没有脉冲电压输出，则应更换爆震传感器。

（二）压电式爆震传感器的检测

1. 就车检查爆震传感器

在进行爆震传感器的检查时，可轻轻敲击该爆震传感器附件的缸体。当轻轻敲击时，发动机的转速应随之下降。这时还需打开节气门并稳定发动机，以提高发动机的转速，因此点火正时提前并将随之延迟。如果在爆震传感器附近轻轻敲击，对发动机的点火正时和转速无影响，则应检查传感器。

2. 检测传感器波形

爆震传感器是否正常，可用示波器检测发动机工作时爆震传感器输出电压的波形。若没有波形输出或输出波形不随发动机工作状况的变化而变化，则说明爆震传感器有故障。

第五节　电子控制系统主要执行器的检测

汽车电子控制系统的各种控制功能的实现，都是借助于各自的执行器完成的，因此，根据电控系统具体的控制功能不同，其执行器的数量亦不同。

执行器又称为执行元件，是电子控制系统的执行机构。执行器的功用是根据电控单元 ECU 的指令完成具体的操作动作。执行器分为动作类和非动作类两种，动作类执行器主要有各种电动机和电磁阀等，非动作类执行器主要有灯泡、点火线圈和加热电阻等。电动机分为普通直流电动机和步进电动机两种，电磁阀分为直动式和旋转式两大类。

一、执行器检测程序

当汽车电子控制系统产生故障时，通过自诊断测试，指明某执行器有故障或怀疑某执行器有故障时，应用示波器、万用表等对执行器进行测试。测试前要明确测试数据、测试方法和测试条件，具体可参考该车型维修手册。检测执行器时，应该按照以下程序进行。

1. 自诊断测试

利用故障诊断仪确认被怀疑的执行器是否有故障码，并在数据流中加以强化判断。

2. 外部检查

为防止不是因为执行器本身故障而导致误判，要首先对怀疑的执行器部位进行外部检查，查看执行器的导线和连接的管路是否脱开、执行器是否有脏污、水泡、腐蚀、氧化、接触不良、变形等情况。

3. 线束检测

检测执行器与 ECU 之间的线束有无短路、断路和搭铁故障。

4. 电源电压的检测

为防止执行器由于没有供给电源而导致不能正常工作，应对外部电源进行检查。

5. 本体检查

主要是外观检查和电阻检查，不用连接外部电路。针对能够进行电阻测量的执行器，如电动机、电磁阀等执行器，可以用万用表的电阻挡直接测量，从而判断执行器是否正常。

6. 控制信号检测

控制信号的检测可以使用万用表的电压挡或电流挡进行，但使用汽车专用万用表对输出信号只是作简单的判断，更精确地判断输出信号应该使用示波器来进行。

7. 工作状态的检查

按照执行器的工作条件，提供相应的电源电压，查看执行器的工作情况是否正常。

8. 维修与更换

对执行器进行以上检测后，可以基本确定执行器的好坏。更换执行器时，要严格按照操作规程操作，切忌蛮干。要关闭点火开关，且不可带电操作，否则容易损坏其他电子部件。安装时要轻拿轻放。

9. 检验

维修与更换执行器后,要切记用故障诊断仪消除故障码并重新试车,模拟故障出现状况。如果在试车过程中故障现象没有重复出现,检查故障码也没有重新出现,说明判断准确,安装正确,执行器检修操作完成。

在此以发动机电子控制系统为例,讲述其主要执行器的检测方法。其他类型电控系统执行器的检测方法与之大同小异。

二、电动燃油泵的检测

电动燃油泵的功用是在规定的压力下,供给燃油系统足够的燃油。点火开关一旦接通,大部分汽车的电动汽油泵就会工作几秒。此时如果发动机转速高于 30 r/min,电动燃油泵才连续运转。如果发动机转速低于 30 r/min,那么即使点火开关接通,电动燃油泵也不会转动。

TU5JP/K 型发动机的燃油泵的电路如图 4-5-1 所示,其检测方法如下。

1. 检测燃油泵的电压

关闭点火开关,取下燃油泵的插头,再打开点火开关,检测插头端子 2 上的电压,应为 12 V。如不正常,则应检查熔断器、点火开关、主继电器以及它们之间的导线。

2. 检测燃油泵的电阻

关闭点火开关,拆开燃油泵插接器,检测燃油泵上的插接器电阻 2 与 4 之间的电阻,其阻值应在标准范围之内。如电阻值不符,则须更换燃油泵。

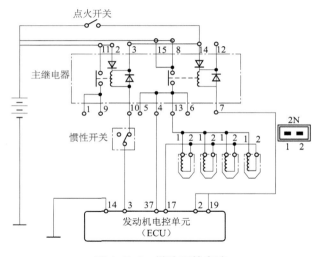

图 4-5-1 燃油泵的电路

电动燃油泵在检测时,必须注意以下两点:

(1) 旧油泵不能干试。当油泵拆下后,由于泵壳内剩余有汽油,因此在通电试验时,一旦电刷与换向器接触不良,就会产生火花引燃泵壳内汽油而引起爆炸,其后果不堪设想。

(2) 新油泵也不能干试。由于油泵电机密封在泵壳内,干试时通电产生的热量无法散发,电枢过热就会烧坏电动机,因此必须将油泵浸泡于汽油中进行试验。

三、电磁喷油器的检测

电磁喷油器是发动机电控汽油喷射系统执行机构中的一个关键部件,其功用是根据发动机 ECU 发出的喷油脉冲信号,将计量精确的燃油喷入进气门附近的进气歧管内。

TU5JP/K 型发动机的喷油器电路如图 4-5-2 所示,其检测方法如下。

1. 检测喷油器的电压

关闭点火开关,取下喷油器插头,再打开点火开关,检测喷油器插头端子 1 对地电压,应为 12 V。如不正常，则应检查熔断器、点火开关、主继电器以及它们之间的线路。

2. 检测喷油器电路

当点火开关位于"ON"位置（不起动发动机）时，电控单元 ECU 端子 17 与端子 14 之间应有电压，其阻值应在标准范围之内。如不正常，则应检查发动机电控单元 ECU 的电源、搭铁情况是否良好。

3. 检测喷油器的电阻

关闭点火开关，取下喷油器插头，检测喷油器接线端子之间的电阻值，其标准值为 15 Ω 左右。如不符，则须更换喷油器。

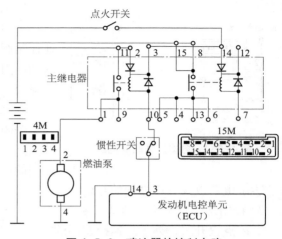

图 4-5-2 喷油器的控制电路

4. 检查喷油器的工作情况

发动机工作时，用手指或听诊器（触杆式）接触喷油器，通过声音判定喷油器是否工作。

5. 用喷油器清洗机检查

用喷油器清洗机检查喷油量（55~7） mL/15 s，各缸喷油器之间的误差小于 10 mL。3 min 泄漏一滴为正常，超过一滴应维修或更换。检查喷油器喷油角度及雾化状况，如图 4-5-3（a）所示为正常喷油状态，其他都是不正常。对喷油不正常的喷油器清洗再测试，如还不正常，就需要更换。

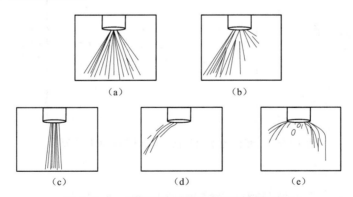

图 4-5-3 检查喷油器喷油角度及雾化状况

四、怠速控制阀的检测

怠速控制阀的功用是调节发动机的怠速转速。怠速控制阀一般安装在发动机节气门体上，主要有步进电机式、旋转滑阀式和脉动电磁阀式三种。目前燃油喷射系统大多采用旋转滑阀式或步进电机式。

（一）旋转滑阀式怠速控制阀的检测

TU5JP/K 型发动机的怠速控制阀的电路如图 4-5-4 所示，其检测方法如下。

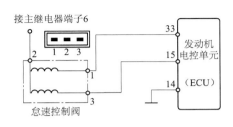

图 4-5-4 怠速控制阀的电路

1. 检测怠速控制阀的电阻

关闭点火开关,取下怠速控制阀的插头,检测怠速控制阀上的端子 1 与端子 2 以及端子 3 与端子 2 之间的电阻应符合标准阻值。否则为怠速控制阀损坏,须更换。

2. 检测怠速控制阀的电压

关闭点火开关,取下怠速控制阀的插头后,再打开点火开关,检测怠速控制阀接线插头端子 2 与搭铁之间的电压,其标准值应为 12 V。否则应检查熔断器、主继电器以及它们之间的导线。

3. 检测怠速控制阀的控制信号

关闭点火开关,插上怠速控制阀的插头,当发动机起动后,用示波器检测怠速控制阀的接线端子 1 和搭铁、端子 3 和搭铁之间应有脉冲信号,且脉冲信号随着发动机温度的变化而变化。

(二)步进电机式怠速控制阀的检测

如图 4-5-5 所示为丰田皇冠 3.0 轿车 2JZ-GE 发动机怠速控制装置所用的步进电机电路图,其检测方法如下。

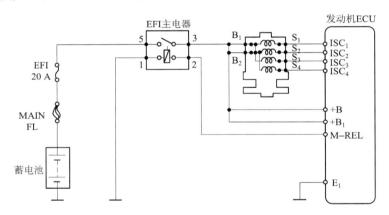

图 4-5-5 步进电机电路图(丰田 2JZ-GE 发动机)

1. 就车检查

当发动机熄火时,怠速控制阀会"喀哒"响一声。如果没有响声,应检查步进电机发动机的 ECU。

2. 检测步进电机的电阻

脱开步进电机的导线插接器,用电阻表检查步进电机的导线插孔上 B_1-S_1、B_1-S_3、B_2-S_2、B_2-S_4 端子间的电阻,其电阻值应为 10~30 Ω;如果电阻值不符,则须更换步进电机。

3. 检查步进电机的工作情况

将步进电机从节气门体上拆下。第一步,B_1 和 B_2 端子与蓄电池正极相接,然后依次将

S_1、S_2、S_3、S_4、S_1…与蓄电池负极相接,阀应逐渐关闭[如图 4-5-6(a)所示]。第二步,B_1 和 B_2 端子与蓄电池负板相接,然后依次将 S_4、S_3、S_2、S_1、S_4…与蓄电池负极相接,阀应逐步开启[如图 4-5-6(b)所示]。如果按上述检查时,阀不能关闭或打开,则应更换步进电机。

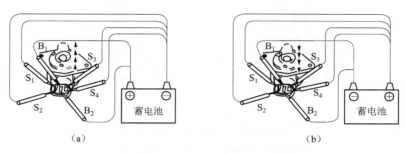

图 4-5-6　步进电机工作情况检查

4. 检测步进电机的工作电压

装好步进电机,插接好步进电机的导线插接器。当点火开关位于"ON"位置时,ECU 的 ISC_1、ISC_2、ISC_3、ISC_4 与 E_1 端子之间应有电压,其电压应为 9~14 V。

五、点火系统的检测

典型点火系统的电路如图 4-5-7 所示。

1. 检查高压线

通过检测高压线的电阻来判断其好坏,必要时更换。

2. 检查火花塞

检查火花塞电极间是否有积炭;检查绝缘体是否损坏;检查火花塞的间隙应在标准范围内,否则应修整。

3. 检测点火线圈

点火线圈一般有高压线插孔和低压导线插座。高压线插孔分别插接分缸的高压线;低压导线插座分别与发动机电控单元 ECU、蓄电池和搭铁点连接。

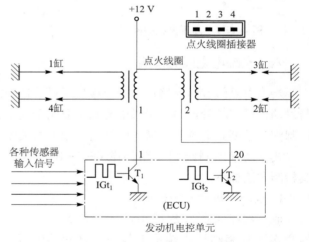

图 4-5-7　典型点火系统的电路

(1) 检测点火线圈的电压。关闭点火开关,取下点火线圈的插头,检测插头的电源端子与搭铁之间的电压,其标准值应为 12 V,否则应检查熔断器和线路导线。

(2) 检测点火线圈的电阻。关闭点火开关,取下点火线圈的插头,如图 4-5-8 所示,检测点火线圈插座的端子 1 与端子 3、端子 2 与端子 4 之间的电阻(初级线圈的电阻),其电阻值应符合标准值。检测点火线圈的高压线插孔 1 和 4、2 和 3 之间的电阻(次级线圈的电阻),其电阻值应符合标准值,否则应更换点火线圈。

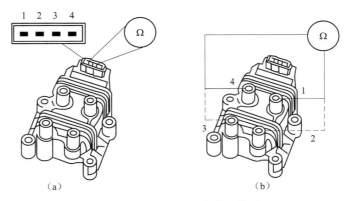

图 4-5-8 点火线圈的电阻检测
（a）检测初级线圈的电阻；（b）检测次级线圈的电阻

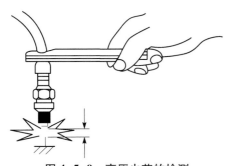

图 4-5-9 高压火花的检测

4. 高压火花的检测

（1）在检测前，关闭点火开关，取下所有喷油器的插头，以免在测试时损坏三元催化转换器。

（2）取下火花塞及其上的高压线，如图 4-5-9 所示，夹住高压线，使火花塞与缸体保持 6 mm 左右的距离，短暂起动发动机，火花塞上有蓝色强火花出现。用相同的方法分别测试其他火花塞及高压线。如火花不正常，应检查或更换相应的零件。

六、炭罐电磁阀的检测

炭罐电磁阀有两个接口，一个接口通过管道与活性炭罐排气口连接，另一接口通过管道与发动机进气歧管连通。炭罐电磁阀主要用于控制释放炭罐内活性炭所吸附的油颗粒。炭罐控制阀为常闭式电磁阀，通电时开启，断电时关闭。

典型炭罐控制阀的电路如图 4-5-10 所示，其检测方法如下。

1. 检测炭罐控制阀的电压

取下炭罐控制阀的插头后，打开点火开关，检测炭罐控制阀插头端子 1 与搭铁之间的电压，其标准值应为 12 V，否则应检查有关线路。

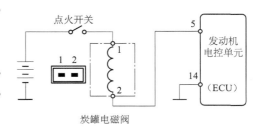

图 4-5-10 炭罐控制阀的电路

2. 检测炭罐控制阀的电阻

关闭点火开关，取下炭罐控制阀的插头，检测炭罐控制阀插座端子 1 和端子 2 之间的电阻应符合标准电阻值。如不符，则表明炭罐控制阀的电磁线圈损坏，需更换。

3. 检查炭罐控制阀的工作状态

关闭点火开关，取下炭罐控制阀插头，在炭罐控制阀插座的端子 1 和端子 2 之间施加

12 V 电源。此时将空气从入孔（接活性炭罐的孔）吹入，空气应能从出孔（接发动机进气歧管的孔）流出，否则应更换炭罐控制阀。

第六节 电控单元的检测

电控单元 ECU 是汽车电子控制系统的核心，其接收传感器或其他装置的输入信号，输出执行命令，完成多种控制功能。

一、电控单元的故障类型

依据电控单元 ECU 故障发生的部位可分为：ECU 外围电路故障和 ECU 内部故障。

ECU 外围电路包括电源电路、传感器信号电路和执行器驱动电路。ECU 外围电路故障主要是指 ECU 电源电路故障，一旦电源电路不正常，ECU 便无法正常工作。

ECU 内部故障又可分为：电源电路故障、输出动力模块故障、存储器故障、ECU 进水和受潮故障。

1. 电源电路故障

由于浪涌电压的存在，许多元器件易出故障，最常见的是出现贴片电容、贴片电阻、贴片二极管甚至某些重要芯片的周边外围保护电路连同印制板上的铜布线一起烧坏，此种情况是最常见的 ECU 故障。

2. 输出动力模块故障

由于输出动力模块上较大的驱动电流，极易导致功率板发热，这是 ECU 中最易发生故障的部分。某些汽车喷油器不喷油，突然熄火，其终极原因往往是功率驱动电路被击穿。

3. 存储器故障

由于在运行过程中浪涌电压的冲击，程序存储器中出现某些字节丢失的现象，导致汽车发动机或其他被控制对象出现运转失常；或者由于事故发生后，EEPROM 中的内容被改写为异常状态，导致系统暂时故障。

如可编程存储器（EPROM 或 EEPROM）出现问题时，可进行更换。更换时，利用写入器（又称为烧录器），先从带有程序的良好芯片中读出程序，然后写入一只同型号的空白芯片，最后将复制芯片装入 ECU。注意有的汽车厂家规定了芯片的复制次数（3~7 次），超过规定的次数便不能使用，也有的厂家通过加密手段使芯片无法复制。

二、电控单元的故障检测程序

当电控单元 ECU 工作不正常时，首先检测 ECU 的外围电路是否正常，然后按照静态检测和动态检测程序进行检测。

1. 外围电路的检查

在怀疑 ECU 本身有故障之前，应当先检查并确认 ECU 的外围电路特别是电源电路是否正常。电源电路检测方法：通过熔断器与蓄电池正极直接连接的端子称为 ECU 的常电源，通过点火开关或继电器与蓄电池正极连接的端子为 ECU 的条件电源，用万用表检测这些端子的电压，其正常值应为蓄电池电压。另外，还需检测 ECU 的搭铁端子搭铁是否良好。

2. 静态检测

静态检测是指利用诊断仪对电控系统进行通信功能检测的一种方法。如果通信连接正常，则表明 ECU 供电、搭铁线、芯片组及基本功能正常；如果通信连接失败或无法通信，应改用万用表检查 ECU 的电源电压、基准电压（+5 V）与搭铁线等线路。若检查时发现电源电压及搭铁线正常而基准电压过低，则说明 ECU 电源电路存在故障或外电路基准电源线短路；若检查时发现基准电压过高，也说明 ECU 电源电路存在故障或电源地线内部开路。如果静态检测一切正常，则应转向动态数据流检测。

3. 动态检测

动态检测是指在起动系统处于工作状态时，利用诊断仪读取数据流观察传感器信号是否正确的一种方法。如果丢失某一信号，可通过断开传感器，利用信号模拟器（信号发生器）根据信号性质模拟发送信号（最好将信号传送至 ECU 输入口）再次进行检测。如果检测结果正常，说明是外部线路或传感器本身故障；如果仍然没有数据显示，则应检查接口电路焊接情况。若焊接良好，则是 ECU 发生了输入信号处理电路故障。但若属于输入数据流检测正常而输出功能不良的情况，则可通过静态检测元件功能逐一试验输出功能，同时可用万用表和试灯监测试验结果（万用表接在驱动电路前，试灯接在驱动电路后）。如果万用表监测结果正确而试灯无动作，说明 ECU 驱动电路存在故障（可以更换相同或同类元件）；如果万用表监测结果不正确，则说明 ECU 输出信号处理电路存在故障。

4. ECU 内部检查

在经过静态检测和动态检测能确认 ECU 基本工作正常后，接下来应进行各项参数的信号分析。如果参数相差甚远或输入信号和输出电路正常而 ECU 工作不正常时，应检查或更换 ECU。

三、电控单元的检测方法

1. 电控单元直观检查法

（1）基本方法。

直观检查法就是修理人员靠视觉去观察电路、元器件等的工作状态，从中发现异常现象，直接找到故障的部位和原因。拿到有问题的 ECU 第一个步骤就是仔细观察，从中可以了解 ECU 的一些基本信息，比如 ECU 型号、应用车型、外部连接端子情况。有些问题在不开盖的情况下就能看出来，比如 ECU 端子因进水而腐蚀。这样通过看，就可找到问题根源，同时看的过程也可以对不同车型所装备的 ECU 有一个很直观的认识。当然，大部分 ECU 的损坏从外表是看不出来的，这个时候就需要开盖检查了。由于比较严重的外部引线短路引起的故障一般多会引起 ECU 内部相关元件烧蚀，因此，这种故障一般是可以直接看到的。

(2) 直观检查法的优缺点。
① 此方法简易、方便,能够直接发现故障部位;
② 收效低,这是因为许多故障从元件外表上是不能发现的。
(3) 适用范围和注意事项。

直观检查法适用于各种故障的基本检查,尤其是对于一些硬性故障,如 ECU 内部引线腐蚀、元件冒烟等故障立竿见影。很多时候直观检查法单独使用效果并不理想,与其他方法配合使用往往会事半功倍。同时,对于直观检查的结果有怀疑时,要及时采用其他检查方法进行核实,不要放过疑点。

2. 电控单元触摸检查法
(1) 基本方法。

触摸检测法应用具有一定的局限性,因其检测过程中,要求 ECU 必须是在工作的状态下进行,可以通过触摸去寻找故障点。在对可疑元件触摸的过程中,感知其温度,再与正常情况下进行比较,以判定其工作是否正常。这其中也包含嗅觉,比如克莱斯勒的 ECU,因元件表面镀盖的保护胶质材料,可能直接看不到,但是一般打开 ECU 盖板时就可以闻到那种烧蚀的焦糊味。

(2) 触摸检测法的特点。
① 此方法方便、简单、实用、针对性强,能够直接发现故障部位;
② 有丰富的检查经验,才能获得准确的检查结果。
(3) 适用范围和注意事项。

触摸检查法主要适用于发热元件(指一些负载电流较大的器件),如电磁喷油器、各种电磁阀和电动机的驱动元件、点火器等。在检查的过程中要注意以下几点:

① 触摸检查法要靠平时维修中积累的经验,也可通过与正常运行的系统相关元件进行比较。

② 进行触摸检查时,由于 ECU 一般处于工作状态,应特别小心,避免手直接触摸到元件的引脚部分,以免引起新的故障,扩大故障范围。同时,因 ECU 在车内的引线一般不是很长,而且多安置在一些较低的位置,检查过程中,ECU 要放置平稳,注意线路板或电子元件与其他部分(尤其是车身底盘金属)保持安全距离,以免线路搭铁,造成不可维修的故障。

3. 电控单元故障再生检查法

故障再生检查法是有意识地让故障重复发生,并力图使故障的发生、发展、转化过程变得比较缓慢,以便提供充足的观察机会,在观察中发现影响故障的因素,从而查出故障原因。此方法应与其他方法配合运用。

对于汽车 ECU 来说,有些间歇性的故障是在一些特定的环境下出现的,因此,为了让故障再现,可以采取一些必要的措施。比如,有的故障是在频繁、剧烈的振动情况下出现,这个时候就可以人为地模拟这种环境,拍打、敲击 ECU 壳体,拉动 ECU 连接处的线束插头,当然要掌握一定的力度,不要真的给"打"坏了;再如,有些故障是在高温情况下产生的,这个时候需要打开 ECU 的盖板,可以采用电吹风或热风枪对可疑部位进行加热,以求故障再现。这个过程同样要注意,温度不能调得太高,风口与 ECU 电路板要保持一定的安全距离，一般 20 cm 左右，以免因为温度过高而使半导体元件损坏。

此方法主要适用于一些间歇性出现的问题，即 ECU 时好时坏，对于一直处于"坏"状态的则不起作用。

4. 电控单元参照检查法

参照检查法是一种利用比较手段来寻找故障部位的检查方法。通常用一个工作正常的 ECU，测量其关键部位参数，包括电压、电阻等。运用移植、比较、借鉴、引申、参照等手段，查出不同之处，找出故障部位和原因。理论上讲，大部分故障都可以采用此方法检测出来，因为只要有标准物，将有故障的系统与之进行仔细对比，必能发现不同之处，找出故障原因。

参照分为实物参照和图纸参照。实物参照即需要找到同型号的车辆，对其两块 ECU 进行工作对比，但实现起来困难较大，没有哪个人会把自己开得好端端的车子让你拆开研究。另一种就是图纸参照，出于技术上的原因，ECU 的原理图一般很难搞到，但不是说这样就无法参照了。

当通过检查已经将故障缩小到某一个集成电路中，此时可按其型号查找其技术文档，了解其典型应用电路、各引脚功能。通常典型应用电路与实际应用电路是相同的或十分相近的，这样就可以用典型电路来指导维修。

但实际维修中通常的情况是，ECU 内的元件统一编号，或是为"定制"产品，没有资料可查，这也是一个切实存在的问题。只能注意平时多加收集，参考国外有关网站。加强理论知识学习，善于根据电路连接形式，逆向分析其结构，配合其他方法，进一步深入检测。

5. 电控单元替换比较检查法

替换比较检查法的基本思路是用一个质量可靠的元器件（或工作正常的电路）去替换一个所怀疑的元器件（或电路），如果替换后工作正常，说明怀疑正确，故障可排除。如果替换代后故障现象不变，也会消除原先的怀疑，可缩小故障范围。

替换比较检查法适用于各种故障，在有选择的情况下采用，成功率会高得多。在运用替换比较检查法的过程中，要注意以下几点：

① 在个别情况下，一个故障是由两个元件造成的（两个故障点），此时若只替换了其中一个元件则无效，反而认为被替换的元器件是正常的，容易放过故障点。

② 替换比较检查法通常是一个小范围内用来针对某一个具体元件的检查方法，所以是在其他方法已基本证实某个元件有问题后才采用。盲目的替换往往会对线路板、元器件造成伤害。

③ 对于集成电路这样的多引脚元件，采用替换比较检查法更要慎重，通常是在有较明确的结论后才进行替换检查。同时，在替换操作过程中，焊接元件要在断电的情况下进行。

6. 电控单元电压检查法

电压检查法主要是对 ECU 内关键点的电压进行实时测量，以找出故障部位。这些关键点主要是各集成电路的供应电源、线路中连接蓄电池的主电源、受点火开关控制的电源，内部经过集成稳压器或三极管输出的稳压电源。一般来讲，电路中的数字电路、微处理器等均工作在 5 V 或更低的工作电压下，12 V 的蓄电池电压是无法直接加到这些元件的电源引脚上的，必须由稳压电路为其工作提供合适的工作电压。稳压电路在降低电压的同时可滤掉脉冲类干扰信号，以避免对数字电路的工作带来影响。

对于这些关键电路的供应电源来讲，工作期间是固定不变的，但是最好在静态下进行测量（点火开关接通但不起动发动机）。采用数字万用表对 ECU 内的集成电路的供电进行检查，当相关电源电路工作失常时，往往会影响较大面积内的元器件，导致其不能工作。此种方法简便易行，除万用表外，不需要什么专用仪器。

7. 电控单元电阻检查法

电阻检查法是利用万用表的欧姆挡，通过检测线路的通与断、阻值的大与小，以及通过对元器件的检测，来判别故障原因和故障部位。此种方法主要用于元器件和铜布线路的检测。

（1）检测元器件。

除了常规的电阻、二极管、晶体管等外，一些集成电路也可以采用测其电阻的方法进行检测。对于集成电路来讲，如引脚功能结构相同、外电路结构相似，那么正常情况下，其对搭铁电阻是十分接近的，因此可以使用数字万用表对其进行正、反向（调换表笔方向）测量，然后将测量值进行比较，找出故障点。这种测试方法对于一些找不到芯片资料，而元件外部连线结构形式相同的集成电路来说是一个很好的测量方法。

（2）检测铜布线路。

铜布线路很长，弯弯曲曲，为了证实其两端焊点是相连的，可用万用表 R×1 挡对其两端点进行电阻值的测量，零欧姆说明铜布线路良好，无穷大说明铜布线路发生断路故障。

铜布线路开裂、因腐蚀而造成的断路是经常发生的故障。开裂的原因可能是因为受外力的影响而造成的，而 ECU 进水是造成铜布线路腐蚀断路的主要原因。很多车辆的 ECU 安装于驾驶室的地板下或侧面踢脚板的旁边，在一些特殊情况下，ECU 内很容易进水，如不及时处理，铜布线路在水气的作用下会逐渐腐蚀，直至故障完全表现。

8. 电控单元波形检查法

波形检查法是采用汽车专用或通用示波器，对 ECU 的相关引脚或 ECU 内的关键点的波形进行测量，确认其是否正常运行。例如，对于 89C51 来说，石英晶体振荡器输入端正常状态为标准正弦波，其 ALE 端为 1/6 时钟频率的脉冲波。其他微处理器也有类似功能引线。

对于外围元件也可以使用此种方法进行测量，比如一个点火线圈不工作，在排除 ECU 外部相关元件及连接线路的可能性后，可以使用示波器直接测量点火器的信号输入端（IN1~IN4）。正常状态下，四个输入端的信号形状应该是相同的，所不同的是时间轴上的差异，这一点采用双踪示波器可以直观地观察到。通过对输入信号的测量，可知问题出在哪个元件，是 ECU 还是点火器，根据诊断结果进行下一步的维修。不仅如此，示波器还可以直接观察各种传感器的输入信号、A/D 转换器的信号、ECU 的输出信号及各种驱动器输入/输出信号等。因为它能真实地再现信号的形态，真正做到有的放矢。

9. 电控单元信号注入波形检查法

信号注入法是采用函数发生器（信号发生器）给电路输入信号，在输出端观察执行器的动作情况，或在输出端连接示波器或万用表，根据示波器指示的波形和万用表显示的信号电平大小来判断故障范围。采用该方法一般应对电路的结构有了比较深层次的了解，对相应的功能电路的输入输出信号的正常波形要有所了解，这样在车辆不工作的状态下，人为地模拟相关的信号，才能对车辆相关电路进行故障判断。另外，该方法需要有专门的仪器设备，引线较多，操作麻烦，但对于解决一些疑难问题来说，是一个很好的方法。

四、检测电控单元注意事项

① 在检测之前，应先检查汽车电控系统及有关电气系统的熔断器、线束插头是否良好。在点火开关处于接通位置时，蓄电池电压应不低于 11 V，过低的蓄电池电压会影响测量结果。

② 必须使用高阻抗的万用表（阻抗应大于 10 MΩ/V），低阻抗的万用表会损坏 ECU。最好使用汽车专用万用表进行检测。如图 4-6-1 所示，必须在 ECU 和线束插接器处于连接的状态下测量 ECU 各端子的电压，并且万用表的测试笔应从线束插头的导线一侧插入进行测量 ECU 各端子的电压，如刺破导线的绝缘外皮可能导致电路接触不良或间歇性故障。

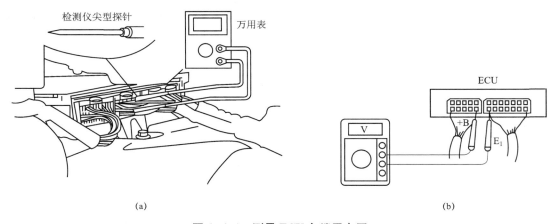

图 4-6-1　测量 ECU 各端子电压
(a) 连接图；(b) 示意图

③ 不可在未拔下 ECU 的线束插接器的状态下，直接测量 ECU 的各端子电阻，否则会损坏 ECU。若要拔下 ECU 的线束插接器测量各控制线路，则应先拆下蓄电池负极搭铁线。不可在蓄电池连接完好的状态下拔下 ECU 的线束插接器，否则可能损坏 ECU。

④ 在检测时，应先将 ECU 连同线束一同拆下，在线束插接器处于连接的状态下，分别在点火开关关闭、接通及发动机运转状态下测量 ECU 各端子与搭铁端子之间的电压。也可以拔下 ECU 线束插接器，测量各控制线路的电阻，从而确定控制线路是否正常。

⑤ 如图 4-6-2 所示，连接 ECU 线束插头时，将拨杆推到底，以便可靠锁紧；从 ECU 上连接或断开针状端子时，小心不要损坏针状端子（如图 4-6-3 所示）。要确认 ECU 上的针状端子没有弯曲或断裂。如图 4-6-4 所示，使用电路测试仪测量 ECU 信号时，绝对不要使测试笔搭接，表笔的意外搭接将会导致短路，损坏 ECU 内功率晶体管。

第四章 电子控制系统检测诊断

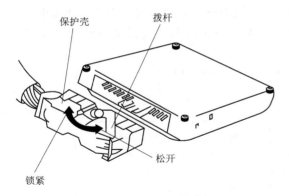

图 4-6-2 连接 ECU 线束插头

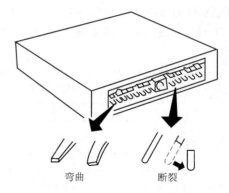

图 4-6-3 检测 ECU 的针状端子

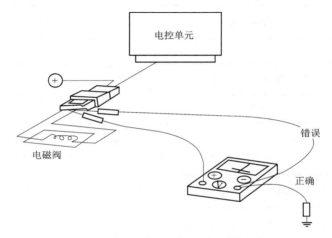

图 4-6-4 检测 ECU 的控制信号

第七节　发动机电子控制系统故障检测与诊断

一、发动机电子控制系统故障的基本检查程序

基本检查是在对电子控制系统故障维修之前对汽车基本情况的一个检查，针对电子控制发动机的基本检查主要包括基本怠速检查、基本点火正时的检查和燃油压力的检查等。在进行基本检查时，必须使发动机冷却液温度达到正常的工作温度（80℃以上），同时关闭车上所有附加电器装置，如空调、除霜装置等，并且在冷却风扇未动作时进行检查调整，以免风扇动作的电源消耗影响检查的准确性。有时候为了获取冷车时的数据，也可在冷车时做一些基本检查。基本检查的诊断程序如图 4-7-1 所示。

二、发动机电子控制系统疑难故障检测诊断

当发动机产生故障，用自诊断测试无故障码输出，或有故障码输出而故障得不到证实时，

则可根据故障征兆表中所列编号顺序，依次检测每个系统的零部件及其控制电路，逐步排除。

D 型燃油喷射系统故障诊断如表 4-7-1 所示，L 型燃油喷射系统故障诊断如表 4-7-2 所示。

图 4-7-1 发动机电子控制系统故障的基本检查程序

表 4-7-1 D 型燃油喷射系统故障征兆

故障现象 检测顺序 故障点	不能起动			起动困难			怠速不良			性能不良			失速				
	发动机不能转动	无着火征兆	燃烧不良	发动机转动缓慢	常温下起动困难	冷起动困难	热起动困难	基本怠速转速不正确	怠速过高	怠速过低	怠速不稳	发动机加速不良	进气管回火	进气管放炮	爆燃	起动后失速	踩下节气门踏板后失速	松开节气门踏板后失速	空调工作时失速	由 N 位挂入 D 位时失速
开关状态信号电源					9															
点火信号电路	2	5		10							12									

第四章　电子控制系统检测诊断

续表

故障现象→ 检测顺序 ↓故障点	不能起动			起动困难				急速不良				性能不良				失速				
	发动机不能转动	无着火征兆	燃烧不良	发动机转动缓慢	常温下起动困难	冷起动困难	热起动困难	基本怠速转速不正确	怠速过高	怠速过低	怠速不稳	发动机加速不良	进气管回火	进气管放炮	爆燃	起动后失速	踩下节气门踏板后失速	松开节气门踏板后失速	空调工作时失速	由N位挂入D位时失速
冷却液温度传感器电路		4			4	1	1	2	2	1	2	9	1	1		7				
进气温度传感器电路					11	5	4		5			10	4	5						
绝对压力传感器电路		5	1					3	10			8	3	3		6	1		2	
节气门位置传感器电路								6				7	2	4						
起动信号电路						2														
爆燃传感器电路															1					
空挡起动开关电路								8												1
A/C信号电路					2			7											1	
燃油压力调节器		3			5	6	5			5		11	5	2		2	4			
燃油泵控制电路		4	8		6	7	6			6		12	6			3				
燃油管路					7	8	7			7		13	7			4	5			
喷油器及其电路		6	6		13	9	8			9	4	11	14	8	6	8	6			
怠速控制阀电路		8	2		3	4	3	3	3		8							5		
EFI主继电器电源		3															1	2	2	
节气门减速缓冲器								4	4											
燃油切断系统																				
燃油质量		7			1	3	2			1	3					2	1			
起动继电器	1																			
空挡起动开关	3																			
起动机	2				1															
火花塞		1				2						3	4	3						
分电器						12						4	5							
节气门操纵装置																				
冷却风扇系统																			4	

续表

故障现象 检测顺序 故障点	不能起动			起动困难			急速不良				性能不良				失速			
	发动机不能转动	无着火征兆	燃烧不良	发动机转动缓慢	常温下起动困难	冷起动困难	热起动困难	基本急速转速不正确	急速过高	急速过低	急速不稳	发动机加速不良	进气管回火	进气管放炮	爆燃	起动后失速	踩下节气门踏板后失速	松开节气门踏板后失速	空调工作时失速	由N位挂入D位时失速
制动系统故障（发咬）												2								
变速器故障												1								
气缸压缩压力	9	7		8								9	6							
发动机控制 ECU	10	9		14	10	9	5	10	5	13		15	9	7	5	9	7	3	3	3

表 4-7-2 L 型燃油喷射系统故障征兆

故障现象 检测顺序 故障点	不能起动			起动困难			急速不良				性能不良				失速			
	发动机不能转动	无着火征兆	燃烧不良	发动机转动缓慢	常温下起动困难	冷起动困难	热起动困难	基本急速转速不正确	急速过高	急速过低	急速不稳	发动机加速不良	进气管回火	进气管放炮	爆燃	起动后失速	踩下节气门踏板后失速	松开节气门踏板后失速	空调工作时失速	由N位挂入D位时失速
开关状态信号电源								1	1	3	1	1				1			1	
点火信号电路		2	5		13							7	6							
氧传感器电路												18								
冷却液温度传感器电路		9			11	9	10				9	17	4	7		6				
进气温度传感器电路					14	10	11					5	8							
空气流量计电路									7	3	2	10				2	2			
节气门位置传感器电路												7	9							
起动信号电路					1	1	1					6								
爆燃传感器电路															2					
空挡起动开关电路								5	4											1
起动系统	1																			
EFI 主继电器电源	3	1						4												

续表

故障现象\检测顺序\故障点	不能起动			起动困难				急速不良				性能不良				失速				
	发动机不能转动	无着火征兆	燃烧不良	发动机转动缓慢	常温下起动困难	冷起动困难	热起动困难	基本急速转速不正确	急速过高	急速过低	急速不稳	发动机加速不良	进气管回火	进气管放炮	爆燃	起动后失速	踩下节气门踏板后失速	松开节气门踏板后失速	空调工作时失速	由N位挂入D位时失速
备用电源电路									6	8	13									
喷油器电路	6	6		8	4	5			6	4	3	9	5	4					1	
冷起动喷油器电路					11	12	8	7				16								
急速控制阀电路	5	7			2	2	2	2	1	2						3			1	2
燃油泵控制电路	3	10		3	3	4				5		9	4	8	11	1	2			
燃油压力控制电路						3														
EGR系统控制电路					10		12		10	5			2		5					
可变电阻器电阻											6	5	3	6						
A/C信号电路				2					3	2									3	2
燃油质量					9		13			15							1	5		
进气管漏气		1					14			14		11	1			4				
空挡起动开关电路																				
点火线圈		2		1	4	5	6					10	7			2				
分电器		3			5	6	8					11	8			3				
火花塞	4	4			6	7	9					12	9			4	3			
节气门操纵装置												12								
气缸压缩压力		8			7							8								
制动系统故障（发咬）												13								
变速器故障												10								
防盗ECU	2																			
发动机机械或其他故障	7	12	3	15								19	14	10	12	6				
发动机控制ECU	8	13		16	11	15	3	7	11	20	15	11	13	7					4	3

三、发动机不能起动且无着车征兆

1. 故障现象

接通起动开关时,起动机能带动发动机正常转动,但发动机不能工作,且无着车征兆。

2. 故障原因

点火系统故障;起动时节气门全开;电动燃油泵不工作;喷油器不工作;油路压力过低;燃油箱中无油;发动机气缸压力过低。

3. 故障检测与诊断

(1) 检查燃油箱存油情况。打开点火开关,若燃油表指针不动或油量报警灯亮,则说明燃油箱内无油,应加油后再起动。

(2) 读出电控燃油喷射发动机的故障码,根据故障码检查相关元件。

(3) 检查点火系统。在检查电控燃油喷射发动机的点火系统有无高压火花时,应采用正确的方法,不可沿用检查传统触点式点火系统试高压火花的做法,以防损坏点火系统中的电子元件。正确的电子点火系统跳火试验方法是:从分电器上拔下高压总线,让高压总线末端距离缸体 5~6 mm(间隙过大会使点火系统二次电压过高,可能损坏电子元件),或从缸体上拔下高压分线,连接一个火花塞,将火花塞接地;接通起动开关,用起动机带动发动机转动,及时观察高压总线末端或火花塞电极处有无强烈的蓝色高压火花。

如果没有高压火花或火花很弱,说明点火系统有故障。电控燃油喷射发动机的故障自诊断系统通常能检测出点火系统中的曲轴位置传感器(点火信号发生器),以及点火控制器的故障。如果如无故障码,则应分别检查点火系统中的高压线、分电器盖、高压线圈、点火控制器、分电器。

(4) 检查电动燃油泵是否工作正常。电动燃油泵不工作是造成发动机不能起动的常见故障。打开点火开关,大部分汽车从燃油箱口处应能听到燃油泵运转的声音;也可用手捏住进油管,应能感觉到进油管的油压脉动;或拆下油压调节器上的回油管,应有汽油流出。

如果电动燃油泵不工作,应检查熔断器、继电器及电动燃油泵控制电路等。如果电路正常,则说明电动燃油泵有故障,应更换。

如果在检查中电动燃油泵工作,可试一下在这种状态下发动机能否起动。若可以起动,说明是电动燃油泵控制电路有故障,使燃油泵在发动机起动时不工作。对此,应检查电动燃油泵控制电路。

(5) 检查喷油器是否喷油。如果点火系统和电动燃油泵工作都正常,则应进一步检查喷油控制系统。在起动发动机时,检查各喷油器有无工作的声音。如果喷油器不工作,可用一个大电阻与二极管串联接在喷油器的线束插头上。如果在起动发动机时试灯闪亮,说明喷油控制系统工作正常,喷油器有故障,应更换;如果试灯不闪亮,则说明喷油控制系统或控制线路有故障。对此,应检查喷油器电源熔断器有无烧断,喷油器降压电阻有无断路,喷油器与电源之间的接线是否良好,ECU 的电源继电器与 ECU 之间的接线是否良好。如果外部电路均正常,则可能是 ECU 内部有故障,可测量 ECU 各端子电压是否正常,以判断 ECU 有无故障,或用一个好的 ECU 替换被怀疑有故障的 ECU 看能否起动。如能起动,可确定为 ECU 故障。

(6) 检测燃油系统压力。燃油系统油压过低会造成喷油量过少,导致不能起动。此时,应在不起动发动机的情况下,使电动燃油泵运转,检查燃油系统油压。在发动机未运转的状态下正常燃油压力应达 300 kPa 左右。如果燃油压力过低,可阻断回油通路,若燃油压力迅速上升,说明是油压调节器故障造成油压过低,应更换油压调节器;若燃油压力上升缓慢或不上升,则说明油路堵塞或电动燃油泵有故障,应先拆检燃油滤清器。滤清器如有堵塞,应更换;如滤清器良好,则应更换电动燃油泵。

(7) 检查气缸压力。若气缸压力低于标准值,则说明故障在气缸密封性不好,按气缸压力不足查找故障。

四、发动机冷车怠速不稳易熄火

1. 故障现象

发动机冷车运转时怠速不稳或过低,易熄火,热车后怠速恢复正常。

2. 故障原因

怠速控制阀或旁通空气阀故障;冷却液温度传感器故障。

3. 故障检测与诊断

(1) 读出电控燃油喷射发动机的故障码,根据故障码检测相关元件。

(2) 检测旁通空气阀。拆下旁通空气阀,检查在冷车状态下旁通空气阀的阀门是否开启。如有异常,应检修或更换。

(3) 检测怠速控制阀。发动机熄火后拔下怠速控制阀线束插头,待发动机起动后再插上。如果发动机转速无变化,说明怠速控制阀不工作,应检查控制电路或拆检怠速控制阀。

(4) 测量冷却液温度传感器。如有短路、断路或电阻值不符合标准的情况,应更换冷却液温度传感器。如果没有被测车型的冷却液温度传感器检测标准数据,也可以拔下冷却液温度传感器线束插头,用一个 4~8 kΩ 的电阻代替冷却液温度传感器。如果发动机怠速恢复正常,说明冷却液温度传感器已损坏,应更换。

五、发动机加速迟缓

1. 故障现象

踩下加速踏板后,发动机转速不能马上升高,有迟滞现象,加速反应迟缓,或在加速过程中发动机转速有轻微的波动。

2. 故障原因

点火提前角不正确;燃油压力过低;进气系统中有漏气;节气门位置传感器或空气流量计故障;喷油器工作不良;废气再循环系统工作不正常。

3. 故障检测与诊断

(1) 读出电控燃油喷射发动机的故障码,根据故障码检测相关元件。

(2) 检查点火正时。怠速时点火提前角应为 10°~15°左右。如不正确,应调整发动机的初始点火提前角。加速时点火提前角应能自动地加大到 20°~30°。如有异常,应检查点火控制系统或更换 ECU。

(3) 检查进气系统有无漏气。测量进气管真空度,怠速时真空度应大于 66.7 kPa。如真空度太小,说明进气系统有漏气处,应仔细检查各进气管接头处及各软管、真空管等。

(4) 检查空气滤清器。如有堵塞,应清洗或更换。

（5）检查节气门位置传感器。对于开关输出型节气门位置传感器，在节气门全闭时，怠速开关触点应闭合；节气门打开时，怠速开关触点应断开；节气门接近全开时，全负荷开关触点应闭合。对线性输出式节气门位置传感器，在节气门由全闭到全开变化时，其信号端子与接地端子间的电阻值应连续增大。如有异常，应按规定进行调整或更换。

（6）检查燃油压力。怠速时燃油压力应符合规定值，加速时燃油压力应能上升 50 kPa 左右。如油压过低，应检查油压调节器、电动燃油泵等。

（7）检测空气流量计。如有异常，应更换。

（8）对于设有废气再循环系统的电控发动机，可以拔下废气再循环阀上的真空软管，并将其塞住，然后检查发动机的加速性能。如果此时加速性能正常，则说明废气再循环系统工作不正常，再循环的废气量太大，影响了发动机的加速性能。对此，应检查废气调整阀工作是否正常，如有异常应更换。

六、发动机失速

1. 故障现象

发动机运行时常失速，转速忽高忽低，影响操作安全。

2. 故障原因

发动机电控单元 ECU 内存故障；空气管路漏气；空气流量计或进气压力传感器损坏；火花塞跳火异常或汽油压力异常。

3. 故障检测与诊断

① 读出电喷发动机的故障码，根据故障码检测相关元件。
② 紧固或更换管路，排除漏气现象。
③ 检测空气流量计或进气压力传感器。
④ 检查火花塞、点火线圈、高压线以及电控单元的输出信号。
⑤ 检查燃油泵、汽油滤清器和压力调节器。
⑥ 检查炭罐控制阀。

第八节　电控自动变速器的检测

一、电控自动变速器故障检测程序

电子控制自动变速器的故障来源有发动机、变速器机械系统和电子控制系统三方面，正确检测程序是：

① 初步检查。
② 故障自诊断测试。
③ 性能测试（包括失速试验、油压试验、换挡延迟试验、手动换挡试验和道路试验）。
④ 电子控制系统检查。
⑤ 按照故障诊断表查找故障。

二、自动变速器故障的初步检查

一旦自动变速器出现故障，不要急于给故障原因下结论，更不能盲目拆解，应首先进行初步检查。初步检查的目的是确定自动变速器是否在正常前提条件下进行工作。有时，通过初步检查就能找到发生故障的部位和原因，并能快捷地将故障排除。

初步检查包括变速器油的检查与更换、节气门连杆机构和手控连杆机构的检查与调整、制动间隙的调整、发动机怠速检查、节气门全开检查和变速器漏油检查。大部分初步检查的内容与常规保养项目完全一致，由此更能说明对自动变速器进行定期保养和检查的必要性。

1. 检查自动变速器油

（1）检查自动变速器的油位。如果自动变速器油位过低，空气会渗入滤清器、油泵进油道及控制阀，使液压系统工作压力降低，造成执行元件打滑，影响换挡的平顺性。油位过低还会加速油液的氧化，影响其品质与使用寿命。若油面过高，在汽车行驶过程中，变速器内部压力就会升高，容易造成变速器出现漏油现象。

影响传动液油位高低有油温和变速器工作情况两个因素。温度上升必然导致油位升高。因此，应在自动变速器达到正常工作温度后检查油位。在变速器正常工作时，由于变矩器、执行元件及液压系统油道中充满油液，因此油底壳的油位较低。发动机熄火后，上述元件中的部分油液回流至油底壳，油位随之升高。由此可见，检查自动变速器油液的工作必须在一定条件下定期进行。检查油位的正确步骤是：

① 将车辆停放在平坦地面上并拉紧驻车制动器。

② 将排挡杆推至"N"位后起动发动机怠速运转。

③ 踩下制动踏板，将排挡杆依次推入所有位置，并在每一个位置上停留片刻，使传动液油温达到正常工作温度（70℃~80℃），然后拨回到"P"位。

④ 从自动变速器加油管中拉出油尺，擦拭干净，然后再将油尺全部插入套管中。

⑤ 将量油尺拉出，检查油位是否处于油尺上的"HOT"范围内，如图4-8-1所示。图中标记的"HOT"区和"COOL"区分别是变速器在油温过热或过冷状态下的加油量范围。应当注意，在车辆高速行驶或长时间拖载后，应至少先停车30 min再进行油位检查。

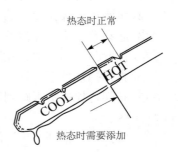

图4-8-1 检查自动变速器的油位

（2）检查变速器油的品质。自动变速器油是自动变速器的工作基础，直接影响到变速器的正常工作。许多自动变速器的故障都是由于变速器油变质或油量不符合规定而引起的。因此，必须对变速器油进行定期检查和更换。

检查油位的同时要注意检查油液品质。判断油液品质可以从颜色、气味和是否含有杂质等方面入手。

变速器油通常被染成红色，以在确定渗漏来源时，区别于发动机机油。在进行油质检查时，可以用有吸附性的白纸擦拭油尺。未被污染的变速器油呈粉红或红色，无气味，也无任何颗粒沉淀或气泡悬浮。如果呈深褐色、黑色或有焦臭味，表明过热或没有及时换油；如果呈乳白色，表明发动机的冷却液通过散热器进入了变速器冷却器，此时应彻底冲洗、换油，并检查冷却器；如果混有黑色颗粒状物，表明已烧片，此时需彻底清洗、检查变速器；如果混有银白色的金属微粒，表明阀体、轴承或行星排严重磨损，此时需检查此类部件；如果油尺上带有气泡，则表明空气渗入了高压油路，此时应换油并检查故障；如果油尺上附有难以擦净的胶状物，则表明变速器油已过热氧化，应更换。

2. 发动机怠速的检查与调整

发动机怠速不正常，会使自动变速器工作不正常。如果怠速过高，则容易出现换挡冲击、怠速爬行等故障；如果怠速过低，则容易出现入挡熄火现象。因此在对自动变速器作进一步的检查之前，应先检查发动机的怠速是否正常。检查怠速时，应在发动机完成暖机之后，关闭所有用电设备，将自动变速器排挡杆置于"P"位或"N"位。发动机的怠速通常与缸数有关，如4缸发动机的怠速常为750±50 r/min，6缸发动机的怠速常为700±50 r/min。若发动机怠速过低或过高，都应予以调整。

三、自动变速器的性能测试

1. 自动变速器失速测试

对自动变速器进行失速试验的目的是通过测试发动机在失速状态下能达到的最高转速，检查发动机的总体性能和变速器执行元件的工作性能。做失速试验之前，要先找到执行元件在不同挡位下的工作情况表，用以分析试验结果。

当自动变速器处于失速状态时，油液温度急剧升高，液压系统处于高压状态，发动机负荷较大。因此这种状态的持续时间不能超过 5~10 s。失速试验的步骤如下：

① 检查自动变速器的油面高度，应正常。检查行车制动和驻车制动，确认性能良好。
② 将汽车停放在宽阔的水平地面上，用三角木塞住前、后车轮。
③ 起动发动机，并使发动机和变速器处于正常温度。
④ 拉紧驻车制动器，左脚用力踩住制动踏板。
⑤ 将排挡杆推至"D"位。
⑥ 右脚将加速踏板踩到底，读取此时发动机的最高转速（失速转速）。注意时间不能超过 5~10 s。
⑦ 将排挡杆推到"N"位，发动机以快速怠速运转 30~60 s，使液力变矩器充分冷却。
⑧ 按同样的方法测量"L"位和"R"位的失速转速。
⑨ 对照厂家提供的标准失速范围分析试验结果。

若测定的所有失速转速均处于标准失速范围，表明发动机及变速器执行元件工作性能可靠。如果所有位置的失速转速都相同且低于标准范围，说明发动机动力可能不足，或者液力变矩器导轮的单向离合器打滑。只有在进行道路试验后才能确定究竟是哪部分的问题。如果某个或多个挡位出现失速转速高于标准范围的现象，意味着液压系统工作压力过低，或是在该挡位下工作的执行元件至少有一个打滑。这时，要利用自动变速器执行元件工作情况表，逐挡分析，采用排除法找出发生故障的执行元件。

2. 自动变速器油压试验

在自动变速器工作时，测量自动变速器控制系统各油路的油压，为分析自动变速器的故障提供依据。

在分解修理自动变速器之前，要对自动变速器做油压试验，以保证自动变速器的修复质量。测试方法及步骤如下：
① 预热发动机和自动变速器，使其达到正常的工作温度，然后熄火。
② 在自动变速器主油压测试孔上连接量程为 2 MPa 左右的油压表。
③ 将全部车轮用三角木塞住，拉紧驻车制动，踩下脚制动，然后起动发动机。
④ 将排挡杆推至 "D" 位，测试怠速时的主油路油压，然后用左脚踩紧制动踏板，同时用右脚迅速将油门踩到底，测试失速时的主油路油压，注意在节气门全开位置上停留不要超过 3 s。
⑤ 将排挡杆推到 "N" 位，让发动机以 1 200 r/min 的转速运转 60 s，使液力变矩器充分冷却。
⑥ 按同样的方法测量 "R" 位的怠速油压和 "R" 位的失速油压。

3. 自动变速器换挡延迟测试

换挡延迟是指在发动机怠速运转时改变排挡杆的位置，从拨动排挡杆开始直到感觉到振动之间有一段时间上的延迟的现象。进行延迟试验的目的是检查各执行元件的工作是否正常及其工作压力是否合适。正确试验步骤如下：
① 采取可靠的驻车制动。
② 起动发动机，检查发动机怠速，使发动机保持怠速运转。
③ 在正常油温下进行试验。
④ 将排挡杆从 "N" 位移至 "D" 位，用秒表测量从拨动排挡杆开始到有振动感觉的时间，标准延迟时间不应超过 1.2 s。
⑤ 关闭发动机，间隔 1 min，使执行元件彻底解除工作状态。
⑥ 以相同的方法测试从 "N" 位换到 "R" 位的延迟时间。标准延迟时间应小于 1.5 s。
⑦ 将上述步骤中的④~⑥重复做两次。
⑧ 计算从 "N" 位到 "D" 位、"R" 位的平均换挡延迟时间。
⑨ 根据执行元件工作情况表分析试验结果。

如果换挡延迟时间大于规定值，说明执行元件由于工作压力过低或磨损严重等原因打滑，造成换挡振动的时间延长。

4. 自动变速器道路测试

道路试验通过测试在排挡杆位于不同位置时的汽车行驶状况，检查自动变速器的总体工作情况，找出故障原因。

在道路试验之前，应确认汽车发动机以及底盘各个系统的技术状态完好，并且已经进行了基本检查。在汽车以中低速行驶 5~10 min 后，使发动机和自动变速器都达到正常的工作温度（70 ℃~80 ℃）。

（1）升挡车速的检查。起动发动机，将排挡杆置于 "D" 位，踩下加速踏板，并使节气门保持在某一固定开度，让汽车起步并加速。当感觉到自动变速器升挡时，记下升挡车速及发动机转速。可以通过与标准的换挡规律表比较分析可能的故障。

自动变速器只要升挡车速应保持在标准范围内，而且汽车行驶中加速良好，无明显的换挡冲击，说明其升挡车速基本正常。若汽车行驶中加速无力，升挡车速明显低于标准范围，说明升挡车速过低（即过早升挡），一般是控制系统的故障所致；若汽车行驶中有明显的换挡冲击，升挡车速明显高于标准范围，说明升挡车速过高（即过迟升挡），可能是控制系统的故障所致，也可能是换挡执行元件的故障所致。

（2）换挡质量的检查。换挡质量的检查内容主要是检查有无换挡冲击。正常的电控自动变速器的换挡冲击应十分微弱。若换挡冲击太大，说明自动变速器的控制系统或换挡执行元件有故障，原因可能是油路油压高或换挡执行元件打滑，应做进一步的检查。

（3）锁止离合器工作状况的检查。变矩器中的锁止离合器工作是否正常也可以采用道路试验的方法进行检查。试验中，让汽车加速至超速挡，以高于 80 km/h 的车速行驶，并让节气门开度保持在低于 1/2 的位置，使变矩器进入锁止状态。此时，快速将油门踏板踩下至 2/3 开度，若发动机转速没有太大的变化，说明锁止离合器处于结合状态；反之，若发动机转速升高很多，则表明锁止离合器没有结合，其原因通常是锁止控制系统有故障。

（4）发动机制动作用的检查。检查自动变速器有无发动机制动作用时，应将排挡杆置于前进低挡（S、L 或 2、1）位置，在汽车以 2 挡或 1 挡行驶时，突然松开加速踏板，若车速立即随之下降，说明有发动机制动作用；否则，说明控制系统或相关的离合器、制动器有故障。

（5）强制降挡功能的检查。检查自动变速器强制降挡功能时，应将排挡杆置于"D"位，保持节气门开度为 1/3 左右，在以 2 挡、3 挡或超速挡行驶时突然将油门踏板完全踩到底，检查自动变速器是否被强制降低一个挡位。在强制降挡时，发动机转速会突然上升至 4 000 r/min 左右，并随着加速升挡，转速逐渐下降。若踩下油门踏板后没有出现强制降挡，说明强制降挡功能失效。若在强制降挡时发动机转速异常升高至 5 000~6 000 r/min，并在升挡时出现换挡冲击，则说明换挡执行元件打滑，应拆修自动变速器。

（6）"P"位制动效果检查。将汽车停在坡度大于 9% 的斜坡上，排挡杆置于"P"位，松开驻车制动，检查机械闭锁爪的锁止效果。

四、自动变速器主要部件的检测

1. 电磁阀的检查

（1）检测电磁阀断路和短路故障。如图 4-8-2 所示，电磁阀线圈断路与短路故障可用万用表电阻挡检测线圈阻值进行判断。将万用表的两支表笔分别连接电磁阀接线插座上的接线端子和电磁阀壳体，其阻值应符合标准阻值。如阻值为无穷大，说明线圈断路；如阻值过小，说明线圈短路，无论断路还是短路，都应更换电磁阀。

（2）检查电磁阀的功能。如图 4-8-3 所示，将蓄电池正极连接电磁阀接线端子，负极连接电磁阀壳体，此时电磁阀阀芯应当移动并发出"喀哒"响声；当切断蓄电池电路时，阀芯应当迅速复位。如阀芯不动或不能复位，说明电磁阀有故障，应予修理或更换新品。

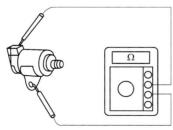

图 4-8-2　检测电磁阀的电阻

图 4-8-3　检查电磁阀阀芯的功能

（3）检查电磁阀的密封性能。如图4-8-4所示，将压缩空气从进油口吹入，当电磁阀不通电时，其进油口和出油口均应无漏气现象，否则说明电磁阀密封性能不好，应更换；当电磁阀通电时，进油口或出油口应有空气吹出，否则说明电磁阀损坏。

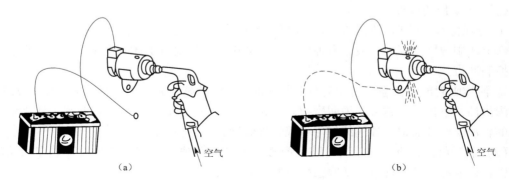

图 4-8-4　检查电磁阀的密封性能

注意：开关式电磁阀线圈的电阻较大（10~30 Ω），可直接与12 V电源连接进行检查。脉冲线性式电磁阀线圈电阻较小（2~6 Ω），不可直接与12 V电源连接（可串联一只电阻或灯泡进行检查），否则会烧毁电磁阀线圈。

2. 多片离合器的检测

（1）离合器摩擦片有下列情况之一时必须更换。

① 摩擦片上的沟槽是用来储存自动变速器油。沟槽磨平后，自动变速器油就无法进入摩擦片与钢片之间，加剧磨损速度。因此沟槽磨平后，摩擦片必须更换。

② 摩擦片表面上有一层保持自动变速器油的含油层。新拆下来的摩擦片用无毛布将表面擦干，用手轻按摩擦片表面时应有较多的自动变速器油流出。轻按时如不出油，说明含油层（隔离层）已被抛光，无法保持自动变速器油，必须更换。

③ 摩擦片上有数字记号的，记号磨掉后必须更换。摩擦片出现翘曲变形必须更换。

④ 摩擦片表面发黑（烧蚀）必须更换。

⑤ 摩擦片表面出现剥落、有裂纹、内花键被拉毛（拉毛容易造成卡滞）、内花键齿掉齿等现象都必须更换。

（2）离合器摩擦片装配前和装配时的注意事项。

① 摩擦片还可继续使用的，须单独进行清洗。离合器中其余的零件可以用工业酒精或化油器清洗剂清洗，除密封件外，还可以用煤油清洗，但不可以用汽油清洗。用清洗剂做彻底清洗后，要用清洁的水反复冲洗零件表面，使其表面不含残存的清洗剂，然后用干燥清洁的压缩空气将所有的零件吹干，再在表面上涂一层自动变速器油，等待装配。

② 装配前，摩擦片要在洁净的自动变速器油中浸泡。新摩擦片要浸泡2 h，旧摩擦片要浸泡15~30 min。浸泡后每个摩擦片要膨胀0.03 mm，工作时每个摩擦片还要膨胀0.03 mm。不浸油或浸油时间过短，无法测得正确的离合器工作间隙。离合器刚开始工作时，摩擦片因缺乏自动变速器油的保护，会加剧磨损。

③ 旧片要换位。装配时如使用的是旧摩擦片，装配时最里边和最外边的摩擦片最好换一次位。

④ 缺口要对正。部分离合器摩擦片花键上有一缺口，是动平衡标记，装配时注意将各片的缺口对正。

3. 制动器的检测

（1）制动带的检查。

① 外观检查：外观上如有缺陷、碎屑，摩擦表面出现不均匀磨损，摩擦材料剥落，摩擦材料上印刷数字涂削的，或者有掉色、烧蚀痕迹的，只要有上述问题中的任何一项，就必须更换制动带。

② 液体吸附能力检查：用无毛布把制动带表面的油擦掉后，用手轻按制动带摩擦表面，应能渗出油，渗出的油越多，说明摩擦表面含油性越好。如轻压后没有渗出油，说明制动带表面的含油层已被磨损，如继续使用将很快被烧蚀，必须更换。

（2）制动鼓的检查。铸铁制动鼓的摩擦表面如有刻痕，可用 180 号石英砂布沿旋转方向打磨；钢板冲压的制动鼓，如磨损变形则必须更换。

（3）伺服装置的检测。用压缩空气枪将 0.4~0.8 MPa 气压加到伺服装置的工作通道中，该伺服液压缸负责的制动带如能拉紧，则表明伺服液压缸工作正常，能满足拉紧制动带的需求。继续加压到伺服液压缸工作通道的同时，用另一把压缩空气枪加压到伺服装置的释放通道，此时伺服装置应松开制动带。

在检查制动带能否箍紧时，可用塞规在加压前先测一下制动带的开口间隙，加压箍紧后再测一下制动带的开口间隙，便可推算出伺服推杆实际的工作行程。

检查时如发现异常现象，应分解检查。检查伺服装置钢制或铝制活塞是否有裂纹、毛刺、划伤和磨损等缺陷。活塞与活塞孔的正常工作间隙应在 0.008~0.013 mm。活塞与活塞孔间隙过大，会造成液压压力的损失。而活塞卡滞，则会造成工作粗暴或制动带打滑。

（4）片式制动器的检测。可参照多片离合器的检测。

小 结

1. 汽车电子控制系统检测诊断的一般程序是客户调查、直观检查、深入诊断。

2. 汽车电子控制系统故障检测诊断方法有：比较法、排除法、利用氧传感器信号特征诊断法、读取故障码法、读取数据流法、波形分析法。

3. 自诊断系统的功能包括三个方面：一是监测控制系统工作情况，发出报警信号；二是将故障内容编成代码存储在随机存储器 RAM 中；三是启用相应的备用功能，使控制系统处于应急状态运行。

4. 自诊断测试方式分为静态测试 KOEO 和动态测试 KOER 两种。

5. 自诊断测试包含读取故障代码、读取数据流、监控执行器、基本设定和系统匹配等内容。

6. OBD-Ⅱ系统诊断插座统一为 16 端子，安装在驾驶室仪表盘下方，具有数据传输功能。

7. 故障码的读取方法有两种：一种是手工读码法；另一种是利用故障诊断仪来读取故障码。目前维修时绝大多数是利用故障诊断仪来读取故障码。

8. 将电子控制系统的一些主要传感器和执行器正常工作时的参数值按不同的要求进行

组合，形成数据流或是数据块。这些标准数据流是厂方提供的，必须使用专用故障诊断仪或通用故障诊断仪读取数据流。

9. 汽车上传感器的电子信号分为：直流、交流、频率调制、脉宽调制和串行数据信号。

10. 用示波器、万用表等对传感器进行测试。测试前要明确测试数据、测试方法和测试条件。

11. 执行器分为动作类和非动作类两种，动作类执行器主要有各种电动机和电磁阀等，非动作类执行器主要有灯泡、点火线圈和加热电阻等。

12. 依据电控单元 ECU 故障发生的部位可分为：ECU 外围电路故障和 ECU 内部故障。ECU 内部故障又可分为电源电路故障、输出动力模块故障、存储器故障、ECU 进水和受潮故障。

13. 发动机的基本检查主要包括基本怠速检查、基本点火正时的检查和燃油压力的检查等。

14. 电控自动变速器故障检测程序：初步检查、故障自诊断测试、手动换挡测试、失速测试、换挡延迟测试、道路测试、电子控制系统检查、按照故障诊断表查找故障。

复习思考题

1. 电子控制系统的直观检查包括哪些内容？
2. 汽车电子控制系统故障检测诊断采用哪些方法？
3. 汽车电子控制系统检测诊断注意事项有哪些？
4. 简述自诊断系统的工作情况。
5. 自诊断测试内容主要包括哪些方面？
6. SAE 规定的 OBD-Ⅱ系统故障代码由哪几部分组成，其英文字母和数字分别表示何种含义？
7. 简述数据流的组成和功用。
8. 简述传感器检测程序。
9. 如何检测热膜式空气流量计？
10. 如何检测温度传感器？
11. 简述执行器检测程序。
12. 如何检测喷油器？
13. 如何检测点火系统各个部件？
14. 简述电控单元的检测程序。
15. 电控单元的检测方法有哪些？
16. 如何检测诊断"发动机不能起动且无着车征兆"故障？
17. 简述电控自动变速器故障检测程序。

第五章 整车性能检测

第一节 汽车基本性能

汽车整车性能包括动力性、燃油经济性、制动性、操纵稳定性、行驶平顺性与通过性六大基本性能。本节主要介绍基本性能的概念、评价指标，分析影响基本性能的因素。

一、动力性

汽车动力性是指汽车在良好路面上直线行驶时，由汽车受到的纵向力决定的、所能达到的平均行驶速度。

（一）动力性评价指标

从获得尽可能高的平均行驶速度的观点出发，汽车的动力性主要可由以下三方面指标来进行评价。

1. 最高车速 u_{amax}

最高车速是指汽车以厂定最大总质量状态下，在风速小于或等于 3 m/s 的条件下，在干燥、清洁、平坦的混凝土或沥青路面上，能够达到的最高稳定行驶速度。

2. 加速性能

加速性能是指汽车在行驶中迅速增加行驶速度的能力。通常用汽车加速时间来评价。一个是汽车原地起步连续换挡加速至某一高速所需的时间；另一个是汽车在最高挡由某一低速加速至另一高速所需的时间。后者主要反映汽车超车能力的强弱。

3. 最大爬坡度 i_{max}

最大爬坡度是指汽车满载在良好路面上，使用最低挡所能爬上的最大坡度。现代载货汽车的最大爬坡度一般为 30% 左右，越野汽车的最大爬坡度为 60% 左右。

上述三个指标，特别是最高车速、加速性能，对于不同用途的汽车，其影响汽车动力性的程度是不相同的。例如，对于主要行驶在高速公路上的汽车，其动力性主要取决于最高车速的高低。而对于公共汽车，很明显它的动力性将不决定于最高车速，而取决于其加速能力的大小。

（二）驱动力与行驶阻力

汽车的行驶方程式可用下式表示：

$$F_t = \sum F$$

式中　F_t——驱动力，N；

$\sum F$——行驶阻力之和，N。

驱动力是由发动机发出的转矩，经传动系统传给驱动轮，然后与路面发生相互作用而产生的。行驶阻力有滚动阻力、空气阻力、坡度阻力和加速阻力等。下面分别讨论上述各力的产生和各种参数对其产生的影响，并使行驶方程式具体化，以便求解出汽车行驶时的速度、加速度和爬坡度。

1. 汽车的驱动力

汽车发动机发出的转矩，经传动系统传给驱动车轮，驱动车轮在转矩 M_t 的作用下，在其与地面的接触处，车轮对地面作用一圆周力 F_0，如图 5-1-1 所示，与此同时，地面给驱动车轮一反作用力 F_t，F_t 即为驱动力。其数值为：

$$F_t = \frac{M_t}{r}$$

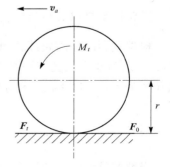

图 5-1-1 汽车的驱动力

式中 M_t——作用于驱动轮上的转矩；
  r——车轮半径。

2. 汽车的行驶阻力

汽车在水平道路上等速行驶时，必须克服来自地面的滚动阻力 F_f 和来自四周空气的空气阻力 F_w。只要汽车行驶，这两个阻力就存在，并转化为热能消耗掉。汽车上坡时，还必须克服汽车重力沿坡道的分力，称为坡度阻力 F_i，当汽车下坡时，坡度阻力 F_i 转化为推力，即为负值，推动汽车向前行驶。汽车加速行驶时，还必须克服汽车的惯性力，即加速阻力 F_j。汽车减速行驶时，加速阻力 F_j 为负值，变为推动汽车行驶的力。

因此，汽车行驶时要克服的总阻力为：

$$\sum F = F_f + F_w + F_i + F_j \tag{5-1-1}$$

汽车在水平道路上行驶时，$F_i = 0$，等速行驶时，$F_j = 0$。

（1）滚动阻力。车轮滚动时，轮胎与地面的接触部分将产生复杂的相互作用力，并引起轮胎与地面的变形，在它们的变形过程中，由于其内部分子间摩擦的存在，将造成能量的损失，这种能量损失，就是产生滚动阻力的原因。当轮胎在坚硬良好路面上滚动时，可以认为只有轮胎发生变形，也就是只有轮胎内部分子摩擦所引起的能量损失。轮胎在松软路面滚动时，将形成车辙，可以认为是松软土壤发生变形，能量损失主要是土壤分子间的摩擦造成的。

一辆汽车行驶时总的滚动阻力将等于每个车轮滚动阻力之和。

（2）空气阻力。汽车行驶时，必然受到空气的阻碍作用，空气对汽车的作用力在行驶方向的分力称为空气阻力。空气阻力由摩擦阻力和压力阻力两部分组成。空气分子相对于汽车表面发生摩擦所产生的摩擦力沿汽车行驶方向的分力称为摩擦阻力。空气分子作用于汽车表面的法向压力的合力沿汽车行驶方向的分力称为压力阻力。压力阻力又分为四部分：形状阻力、干扰阻力、内循环阻力和诱导阻力。形状阻力占压力阻力的大部分，与车身主体形状有很大的关系；干扰阻力是车身表面突起物引起的阻力；发动机冷却系统、车身通风等所需空气流经车体内部时构成的阻力，即为内循环阻力；诱导阻力是空气升力在水平方向的投影。

（3）坡度阻力。汽车上坡行驶时，汽车重力沿坡道的分力与汽车行驶方向相反，形成行驶阻力，故称为坡度阻力 F_i。即

$$F_i = G\sin\alpha \tag{5-1-2}$$

式中　G——作用于汽车上的重力。$G=mg$，m 为汽车质量，g 为重力加速度。
　　　α——坡道与水平路面的夹角。

道路坡度是以坡高与底长之比来表示的，$i = \dfrac{h}{s} = \tan\alpha$。

根据我国的公路路线设计规范，高速公路平原微丘区最大纵坡为 3%，山岭重丘区为 5%；一级汽车专用公路平原微丘区最大坡度为 4%，山岭重丘区为 6%；一般四级公路平原微丘区为 5%，山岭重丘区为 9%。所以一般道路的坡度均较小，此时

$$\sin\alpha \approx \tan\alpha = i$$

故

$$F_i = G\sin\alpha \approx G\tan\alpha = Gi \tag{5-1-3}$$

当坡度较大时，使用上述近似公式则可能带来误差，应使用式 5-1-2 进行计算。

（4）加速阻力。汽车加速行驶时需要克服其质量加速运动时的惯性力，即加速阻力。汽车的质量可分为平移质量与旋转质量两部分。汽车加速时不仅平移质量（汽车的总质量）产生惯性力，旋转质量也要产生惯性力偶矩。为了便于计算，一般把旋转质量的惯性力偶矩转化为平移质量惯性力，并以系数 δ 作为旋转质量转换系数。

汽车旋转质量很多，其中飞轮和车轮的转动惯量很大，因而主要把飞轮和车轮的旋转惯性力偶矩转换成平移质量惯性力。

汽车在行驶过程中，滚动阻力和空气阻力是在任何条件下存在的，而坡度阻力和加速阻力只在汽车上坡或加速行驶时存在，因此在分析汽车受力时，必须考虑汽车的运动状态和行驶条件。

（三）影响汽车动力性的因素

影响汽车动力性的主要因素可以从下列几个方面分析。

（1）发动机。

① 比功率。汽车单位总质量所具有的功率称为比功率，即 P_{em}（kW/t）。汽车的比功率愈大，其最高车速和加速度均高，因此动力性愈好。比功率是一个经常被用来评定汽车动力性最简单而又最具有综合性的指标。

② 发动机的转矩适应性。发动机的最大转矩与最大功率时转矩之比称为转矩适应性系数，即 $M_{e\max}/M_p$。该比值愈大，汽车动力性愈好。因为汽车后备功率大，加速性好；汽车偶遇外界阻力增大，发动机转速将降低，但转矩升高，这有利于克服外界阻力，稳定汽车的行驶速度。

③ 发动机最大功率时的转速与最大转矩时转速之比值。该比值愈大，汽车偶遇外界阻力时发动机转速降低的允许值较大，飞轮放出的惯性力矩较大，有利于克服外界阻力，稳定汽车的行驶速度。

（2）驱动桥减速器主传动比。一辆汽车主减速器主传动比的选择，必须与发动机和整车很好匹配，才能使汽车动力性和燃油经济性取得满意的结果。

(3) 变速器。

① 变速器挡数。变速器挡数增多,会使汽车动力性提高。挡位增加愈多,汽车的动力性愈好。当增加到无穷多个挡时,即所谓的无级变速,汽车在任何车速下,发动机都能在最大功率下工作,后备功率最大,具有理想的、最高的动力性。

② I 挡传动比。变速器 I 挡传动比的大小,决定了汽车最大爬坡度和汽车最低稳定车速的大小。I 挡传动比愈大,在附着条件允许的条件下,汽车的最大爬坡度愈大。汽车的最低稳定车速是越野汽车能否通过松软地区的重要参数之一,通常为 3 km/h 左右。

(4) 其他。

① 汽车的总质量。汽车装载愈多,或牵引愈多,汽车的动力性愈差。

② 汽车空气阻力系数。汽车流线型愈差,空气阻力系数愈大,汽车动力性就愈差,这对高速汽车表现尤为突出。

③ 汽车的维护保养。汽车的维护保养差,如发动机维护不好,动力不足;前束不合标准、轮胎气压不足、轮毂轴承调整不当等,均会降低汽车的动力性。

二、燃油经济性

汽车燃油经济性是指在保证动力性的条件下,汽车以尽量少的燃油消耗量经济行驶的能力。燃油经济性好,可以降低汽车的使用费用,也可减少汽车排气污染物。同时,汽车的燃油经济性又与汽车发动机和底盘的技术状况密切相关,因此汽车的燃油经济性可作为综合指标评价汽车的技术状况。

(一) 燃油经济性的评价指标

汽车的燃油经济性常用一定运行工况下汽车行驶百公里的燃油消耗量或一定燃油量能使汽车行驶里程来衡量。在我国及欧洲,燃油经济性指标的单位为 L/100 km,即行驶 100 km 所消耗的燃油升数。其数值越大,汽车燃油经济性越差。美国为 MPG 或 mile/Usgal,指的是每加仑燃油能行驶的英里数。这个数值越大,汽车燃油经济性越好。

等速行驶百公里燃油消耗量是常用的一种评价指标,指汽车在一定载荷(我国标准规定轿车为半载、货车为满载)下,以最高挡在水平良好路面上等速行驶 100 km 的燃油消耗量。但等速行驶工况无法全面反映汽车运行中频繁出现的加速、减速、怠速停车等行驶工况。因此,在对实际行驶汽车进行跟踪测试统计的基础上,各国都制定了一些典型的循环行驶试验工况来模拟实际汽车运行状况,并以其百公里燃油消耗量(或 MPG)来评定相应行驶工况的燃油经济性。

循环工况规定了车速—时间行驶规范,例如,何时换挡、何时制动以及行车的速度和加速度等数值。因此,它在路上试验比较困难,一般多规定在室内汽车底盘测功机(转鼓试验台)上进行测试,而规定在路上进行试验的循环工况均很简单。

(二) 影响汽车燃油经济性的因素

影响汽车燃油经济性的因素主要有汽车的结构因素、使用因素和环境因素等三个方面。

1. 汽车结构因素

汽车的发动机、传动系统、质量、外形和轮胎等因素均与燃油经济性有一定的关系。

(1) 发动机。发动机是对燃油经济性最有影响的部件。提高发动机燃油经济性的主要途径为:

① 提高现有汽油发动机的热效率与机械效率。
② 扩大柴油发动机的应用范围。
③ 增压化。
④ 电子控制技术的广泛应用。

（2）传动系统。传动系统对燃油消耗的影响，取决于其效率、挡数和传动比。

传动系统的效率越高，传动过程中的功率损失越少，汽车的燃油消耗量也随之减少。

在同样的车速下，采用不同的挡位行驶时，发动机的有效燃油消耗率并不一样。挡位增多后，增加了选用恰当挡位使发动机处于经济工况工作的机会，有利于提高燃油经济性。

挡数无限的无级变速器，在任何行驶条件下提供了使发动机在最经济工况下工作的可能性。若无级变速器始终能维持较高的机械效率，则汽车燃油经济性将显著地提高。

主减速器的传动比选择的较小时，在相同的道路条件和车速下，也同样使发动机的燃油消耗率减小，有利于提高汽车的燃油经济性。但主减速器传动比过小，会导致经常被迫使用低一挡的挡位，最小传动比挡位的利用率降低，反而使燃油消耗量增加。

（3）汽车质量。汽车的滚动阻力、上坡阻力和加速阻力均与汽车总质量成正比。当汽车载质量或拖挂总质量增加时，汽车单位行驶里程的燃油消耗量增加。但是，载质量增加使发动机的负荷率提高，有效燃油消耗率减小，汽车单位运输工作量的燃油消耗量减少。所以，减轻汽车的自身质量和增大汽车的载质量或拖带挂车，都能改善汽车的燃油经济性。

（4）汽车外形和轮胎。汽车外形的改进，多用降低空气阻力系数来表征。空气阻力分别与汽车的迎风面积、空气阻力系数、车速的平方成正比。车速越高空气阻力占整个行驶阻力的比例越大。因此，用降低空气阻力来提高燃料经济性，在高速行驶时，效果尤为显著。降低空气阻力系数的方法主要是使车身形状近于流线型，并去掉车身表面的凸起部分。

滚动阻力和空气阻力一样，是汽车无法克服的阻力。已知滚动阻力和滚动阻力系数成正比，应力求减小滚动阻力系数。减少滚动阻力的方法有：采用子午线轮胎，采用耗能少的车轮侧面设计，改进橡胶材料等。与斜交轮胎相比，子午线轮胎滚动阻力大幅度地减小，车速越高差别越大。

2. 使用因素

对于一定的车型而言，汽车燃油消耗量取决于汽车的技术状况、驾驶操作技术水平以及有关的运行条件。

（1）行驶车速。汽车等速行驶燃油消耗在中速时最低，低速时稍高，高速时随车速增加而迅速增长。这是因为在低速时，尽管行驶阻力较小，但由于发动机负荷率低起决定作用，有效燃油消耗率上升，故百公里燃油消耗常常有所增加。高速行驶时，尽管发动机的负荷率较高，但行驶阻力（特别是空气阻力）却增加很多，从而导致百公里燃油消耗的增加。只有在中间某一速度下油耗最低，这个车速被称为经济车速。汽车在每个挡位行驶时，都有一个对应的油耗最低的车速，这就是各挡的经济车速。其中最高挡（通常为直接挡）的经济车速常被称为技术经济车速。

（2）挡位的选择。在一定道路上，汽车用不同挡位行驶，燃油消耗是不一样的。在同一道路条件与车速下，虽然发动机发出的功率相同，但挡位越低，后备功率越大，发动机的负荷率越低，有效燃油消耗也就越高。而使用高挡时情形相反，所以一般尽可能用高挡行驶。因此，最经济的驾驶方法是：高挡行驶可能性未用尽前，不应换入低挡。

（3）行车温度。汽车的行车温度包括发动机冷却液温度、机油温度、发动机罩内空气温度、变速器和主减速器齿轮润滑油温度等。起动发动机冷却液温度对发动机运转性能也有影响。仅对油耗而言，试验表明：出水温度由 80 ℃ 降到 60 ℃，油耗增加 3.5%；降至 40 ℃，油耗增加 11%。同样，冷却液温度过高，油耗也会增加。

机油温度和齿轮油温度对燃油消耗的影响，在冬季表现的特别突出。但实际中一般不进行单独预热，而是通过发动机运转预热和汽车行驶预热使其温度逐步提高。汽车行驶过程中，为了保持发动机冷却液和发动机罩内正常的工作温度，使发动机具有良好的动力性和燃油经济性，并减少磨损，还应经常观察仪表，出现异常及时查找原因并排除故障。

（4）挂车的使用。拖带挂车后节省燃油的原因有：一是带挂车后阻力增加，发动机负荷率增加，有效燃油消耗率下降；二是汽车的质量利用系数较大。在汽车总质量一定的条件下，汽车的燃油消耗也是一定的。若能增大质量利用系数，则同一总质量的汽车能装载的货物增加（载质量增加），因而运送单位质量货物所费的燃油便下降。反之，若质量利用系数小，同一总质量的汽车能装载的货物就少，运送单位质量货物的燃油消耗上升。由于挂车的结构简单，自身质量较少，因而汽车列车的质量利用系数比单车大，使拖带挂车的燃油消耗降低。使用挂车还要综合考虑行驶安全及汽车寿命等因素。

（5）加速—滑行的运用。在汽车使用中，有的汽车驾驶员采用"加速—滑行"驾驶法，以节约燃油，提高汽车燃油经济性。"加速—滑行"有经常性和非经常性两种。前者用于公路上，由加速与滑行两种过程交替进行，周而复始，所以称为脉动行驶。后者系根据道路外形（如坡道）或行驶条件相机进行，例如上坡前加速，下坡时滑行；市内行车可在远离十字路口时加速，近十字路口时滑行等。

滑行有两种方法：其一，滑行时变速器换入空挡，发动机熄火；其二，滑行时变速器换入空挡，但发动机以怠速工况工作。第一种方法可以节约发动机怠速工况工作时所消耗燃油，但由于每次加速时，要重新起动发动机，使发动机磨损加剧，常不推荐采用。因此认为第二种滑行法较为合理。

采用"加速—滑行"驾驶法能节约燃油的原因是在加速时，提高了发动机功率的利用率，并使多余能量由汽车本身以动能的形式积蓄起来，在滑行时加以利用。

应该指出，采用经常性"加速—滑行"常会引起一些不良结果，如降低平均行驶速度（20%~25%）与运输产生率；加剧汽车部件与发动机的磨损；驾驶员易于疲劳，不利于行车安全等。

根据道路外形或其他行驶条件，采用非经常性"加速—滑行"法，并且利用滑行代替制动时转变汽车动能为热能的过程，改善对汽车动能的利用，可收到良好的效果。此时不但可以节约燃油，而且可以减轻制动器、轮胎及其他行走部件的磨损。

（6）正确调整与保养。汽车的调整与保养会影响到发动机的性能与汽车的行驶阻力，因而对燃油消耗有相当的影响。

一般驾驶员常用滑行距离来检查底盘的技术状况。当汽车的前轮定位正确，制动器摩擦片与制动鼓有正常间隙，轮胎气压正常，各相对运动部件滑磨表面光洁、间隙恰当并有充分的润滑油时，底盘的行驶阻力减小，滑行距离便大大增加。阻力较小的载质量 2.5 t 汽车在良好水平道路上以 30 km/h 的车速开始低挡滑行，滑行距离应达 200~250 m。当滑行距离由 200 m 增至 250 m 时，燃油消耗可降低 7%。

3. 环境因素

(1) 道路条件。不同的道路等级和道路状况，汽车所受到的行驶阻力也不同。行驶阻力越大，油门开度也就越大，油耗也就相应增大。在交通繁忙、交叉路口多的条件下，汽车制动、怠速、起步、加速等工况较多，使得汽车的燃油消耗量增大，燃油经济性降低。

(2) 气候条件。气温过低时，发动机起动困难、燃油雾化不良、燃烧速度慢、散热损失大，传动系统和行驶系统的机械损失增加，都会使汽车的燃油消耗量增大。气温过高时，发动机的充气量下降，容易过热和产生气阻，发动机工况受到影响，而使燃油消耗量增大。随着海拔的升高，气压降低而空气稀薄，发动机的充气量也会随之下降，发动机燃烧受到影响而使汽车燃油经济性也随之下降。

三、制动性

汽车制动性是指汽车行驶时能在短距离内停车且维持行驶方向稳定性和在下长坡时能维持一定车速的能力。

(一) 汽车制动时车轮受力分析

汽车受到与行驶方向相反的外力时，才能从一定的速度制动到较小的车速或直至停车。这个外力只能由地面和空气提供。但由于空气阻力相对较小，所以实际上外力主要是由地面提供的，称之为地面制动力。地面制动力越大，制动减速度越大，制动距离也越短。

地面制动力是使汽车制动而减速行驶的外力，但是地面制动力取决于两个摩擦副的摩擦力：一个是制动器内制动摩擦片与制动鼓或制动盘间的摩擦力，一个是轮胎与地面间的摩擦力——附着力。

制动器制动力仅由制动器结构参数所决定，即取决于制动器的形式、结构尺寸、制动器摩擦副以及车轮半径，并与制动踏板力，即制动系统的液压或空气压力成正比。

在制动时，若只考虑车轮的运动为滚动与抱死拖滑两种状况，当制动踏板力较小时，制动器摩擦力矩不大，地面与轮胎之间的摩擦力即地面制动力，足以克服制动器摩擦力矩而使车轮滚动。显然，车轮滚动时的地面制动力就等于制动器制动力，且随踏板力增长成正比地增长（如图5-1-2所示）；但地面制动力是滑动摩擦的约束反力，它的值不能超过附着力，即

$$F_{xb} \leq F\varphi = F_z\varphi$$

或最大地面制动力 $F_{xb\max}$ 为

$$F_{xb\max} = F_z\varphi$$

当制动器踏板力 F_P 或制动系统液压力 p 上升到某一值（图5-1-2中为制动系统液压力 p_a）、地面制动力 F_{xb} 达到附着力 F_φ 时，车轮即抱死不转而出现拖滑现象。制动系统液压力 $p > p_a$ 时，制动器制动力 F_μ 由于制动器摩擦力矩的增长而仍按直线关系继续上升。但是，若作用在车轮上的法向载荷为常数，地面制动力达到附着力的值后就不再增加。

由此可见，汽车的地面制动力首先取决于制动器制动力，但同时又受地面附着条件的限制，所以只有汽车具有足够的制动器制动力，同时地面又能提供高的附着力时，才能获得足够的地面制动力。

上面曾假设车轮的运动只有滚动和抱死拖滑。但仔细观察汽车制动过程，发现胎面留在

地面上的印痕从车轮滚动到抱死拖滑是一个渐变的过程。图 5-1-3 是汽车制动过程中逐渐增大踏板力时轮胎留在地面上的印痕。印痕基本上可分三段。

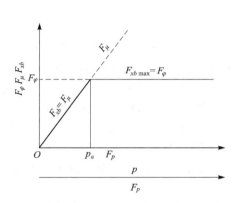

图 5-1-2　制动过程中地面制动力、
制动器制动力及附着力的关系

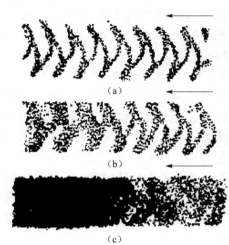

图 5-1-3　制动时轮胎留在地面上的印痕

图 5-1-3（a）中，印痕的形状与轮胎胎面花纹基本上一致，车轮还接近于单纯的滚动；图 5-1-3（b）中，轮胎花纹的印痕可以辨别出来，但花纹逐渐模糊，轮胎不只是单纯的滚动，胎面与地面发生一定程度的相对滑动，即车轮处于边滚边滑的状态；随着制动强度的增加，滑动成分的比例越来越大，如图 5-1-3（c）所示，形成一条粗黑的印痕，看不出花纹的印痕，车轮被制动器抱住，在路面上做完全的拖滑。

从这三段的变化情况可以看出，随着制动强度的增加，车轮滚动成分越来越少，而滑动成分越来越多。一般用滑动率 s 说明这个过程中滑动成分的多少。滑动率的定义是：

$$s = \frac{u_w - r_{r0}\omega_w}{u_w} \times 100\%$$

式中　u_w——车轮中心的速度；

　　　r_{r0}——没有地面制动力时的车轮滚动半径；

　　　ω_w——车轮的角速度。

在纯滚动时，$u_w = r_{r0}\omega_w$，滑动率 $s = 0$；在纯拖滑时，$\omega_w = 0$，$s = 100\%$；边滚边滑时，$0 < s < 100\%$。所以，滑动率的数值说明了车轮运动中滑动成分所占的比例。滑动率越大，滑动成分越多。

将附着力与车轮法向（与路面垂直的方向）压力的比值定义为附着系数。附着系数的数值主要取决于道路的材料、路面的状况与轮胎结构、胎面花纹、材料以及汽车运动速度等因素。

路面的结构对排水能力当然也有很大影响。为了增加潮湿时的附着能力，路面的宏观结构应具有一定的不平度且有自动排水的能力；路面的微观结构应是粗糙且有一定的尖锐棱角，以穿透水膜，让路面与胎面直接接触。

轮胎的磨损会影响它的附着能力。随着胎面花纹深度的减小，它的附着系数将有显著下降。增大轮胎与地面的接触面会提高附着能力。因此，低气压、宽断面和子午线轮胎的附着系数要较一般轮胎为高。

（二）汽车的制动效能及其恒定性

汽车的制动效能是指汽车迅速降低车速直至停车的能力。评定制动效能的指标是制动距离 s 和制动减速度 a_b。

1. 制动距离与制动减速度

制动距离与汽车的行驶安全有直接的关系，它指汽车速度为 u_0 时，从驾驶员开始操纵制动控制装置（制动踏板）到汽车完全停住为止所驶过的距离。制动距离与制动踏板力、路面附着条件、汽车载荷、发动机是否结合等许多因素有关。在测试制动距离时，应对踏板力或制动系统压力、路面附着系数以及汽车的状态做出规定。制动距离与制动器的热状况也有密切关系，若无特殊说明，一般制动距离是在冷试验的条件下测得的。此时，起始制动时制动器的温度在 100 ℃ 以下。由于各种汽车的动力性不同，对制动效能也提出了不同要求：一般轿车、轻型货车行驶车速高，所以要求制动效能也高；重型货车行驶车速低，要求就稍低一点。

制动减速度是制动时车速对时间的导数，即 du/dt。它反映了地面制动力的大小，因此与制动器制动力（车轮滚动时）及附着力（车轮抱死拖滑时）有关。

ECE R13 和 GB 7258 采用的是充分发出的平均减速度（m/s²）

$$\text{MFDD} = \frac{u_b^2 - u_e^2}{25.92(s_e - s_b)}$$

式中 u_b ——$0.8u_0$ 的车速，km/h；

u_0 ——起始制动车速，km/h；

u_e ——$0.1u_0$ 的车速，km/h；

s_b ——u_0 到 u_b 汽车经过的距离，m；

s_e ——u_0 到 u_e 汽车经过的距离，m。

2. 制动效能的恒定性

以上的讨论仅限于在冷制动情况（制动器起始温度在 100 ℃ 以下）的制动效能。汽车在繁重的工作条件下制动时，制动器温度常在 300 ℃ 以上，有时高达 600 ℃ ~ 700 ℃。高速制动时，制动器温度也会很快上升。制动器温度上升后，摩擦力矩常会有显著下降，这种现象称为制动器的热衰退。热衰退是目前制动器不可避免的现象，只是程度上有所差别。制动效能的恒定性主要指的是抗热衰退性能。

山区行驶的货车和高速行驶的轿车，对抗热衰退性能有更高的要求。一些国家规定，大型货车必须装备辅助制动器，以保持山区行驶的制动效能。

抗热衰退性能与制动器摩擦副材料及制动器结构有关。

（三）制动时汽车的方向稳定性

制动时汽车的方向稳定性指汽车在制动过程中维持直线行驶或按预定弯道行驶的能力。汽车试验中常规定一定宽度的试验通道，不同车型的试验通道宽度不同。制动时方向稳定性合格的汽车，在试验过程中不允许产生不可控的效应使它离开这条通道。

制动时汽车自动向左或向右偏驶称为"制动跑偏"。侧滑是指制动时汽车的某一轴或两轴发生横向移动。最危险的情况是在高速制动时发生后轴侧滑，此时汽车常发生不规则的急剧回转运动而失去控制。跑偏与侧滑是有联系的，严重的跑偏有时会引起后轴侧滑，易于发生侧滑的汽车也有加剧跑偏的趋势。图 5-1-4 画出了单纯制动跑偏和由跑偏引起后轴侧滑时轮胎留在地面上的印迹的示意图。

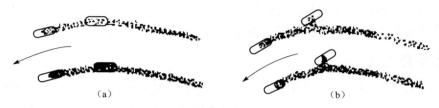

图 5-1-4　制动时汽车跑偏的情形
(a) 制动跑偏时轮胎在地面上留下的印迹；
(b) 制动跑偏引起后轴轻微侧滑时轮胎留在地面上的印迹

前轮失去转向能力是指弯道制动时汽车不按原来的弯道行驶而沿弯道切线方向驶出，直线行驶制动时，虽然转动转向盘但汽车仍按直线方向行驶的现象。失去转向能力和后轴侧滑也是有联系的，一般如果汽车后轴不会侧滑，前轮就可能失去转向能力；后轴侧滑，前轮常仍有转向能力。制动跑偏、侧滑与前轮失去转向能力是造成交通事故的重要原因。

1. 汽车的制动跑偏

制动时汽车跑偏的原因有两个：

① 汽车的左、右轮，特别是前轴左、右车轮制动器的制动力不相等。这主要是制造、调整误差造成的，汽车究竟向左或向右跑偏，要根据具体情况而定。

② 制动时悬架导向杆系与转向系统拉杆在运动学上的不协调（互相干涉）。这主要是由设计造成的，制动时汽车总是向左（或向右）一方跑偏。

2. 制动时后轴侧滑与前轴转向能力的丧失

制动时发生侧滑，特别是后轴侧滑，将引起汽车剧烈的回转运动，严重时可使汽车调头。由试验与理论分析得知，制动时若后轴车轮比前轴车轮先抱死拖滑，就可能发生后轴侧滑。若能使前、后轴车轮同时抱死或前轴车轮先抱死，后轴车轮再抱死或不抱死，则能防止后轴侧滑，不过前轴车轮抱死后将失去转向能力。

试验表明：

① 制动过程中，若只有前轮抱死或前轮先抱死拖滑，汽车基本上沿直线向前行驶（减速停车），汽车处于稳定状态，但丧失转向能力。

② 若后轮比前轮提前一定时间先抱死拖滑，且车速超过某一数值时，汽车在轻微的侧向力作用下就会发生侧滑。路面越滑、制动距离和制动时间越长，后轴侧滑越剧烈。

从保证汽车方向稳定性的角度出发，首先不能出现只有后轴车轮抱死或后轴车轮比前轴车轮先抱死的情况，以防止危险的后轴侧滑；其次，尽量少出现只有前轴车轮抱死或前、后车轮都抱死的情况，以维持汽车的转向能力。最理想的情况就是防止任何车轮抱死，前、后车轮都处于滚动状态，这样就可以确保制动时的方向稳定性。

（四）提高制动性能的措施

1. 制动力的调节

汽车制动时，为了防止后轮抱死而发生危险的侧滑，在汽车制动系统中装有各种压力调节装置,以改变后轮制动油压,从而控制后轮制动器制动力,实现制动的平顺性和稳定性。常用的压力调节装置有限压阀、比例阀、载荷控制比例阀、载荷控制限压阀等组成。

2. 车轮的防抱死控制系统

前轮在制动过程中出现抱死,从而使汽车失去转向能力。为提高汽车抗侧滑的方向稳定性,轿车和部分客车采用了制动防抱死系统(ABS)。

四、操纵稳定性

汽车的操纵稳定性是指在驾驶者不感到过分紧张、疲劳的条件下,汽车能遵循驾驶者通过转向系统及转向车轮给定的方向行驶,且当遭遇外界干扰时,汽车能抵抗干扰而保持稳定行驶的能力。汽车的操纵稳定分为操纵性和稳定性两部分。操纵性是指汽车能够确切地响应驾驶员转向指令的能力;稳定性是指汽车受到外界干扰后恢复原来运动状态的能力。汽车的操纵稳定性直接影响汽车的行驶安全,稳定性好坏直接影响操纵性的好坏,影响汽车行驶速度的提高、汽车动力性的发挥和汽车运输生产率的提高。两者很难断然分开,因此通常统称为操纵稳定性。

(一)评价指标

根据 GB 6323.1~6—1994《汽车操纵稳定性试验方法》和 QC/T 480—1999《汽车操纵稳定性指标限值与评价方法》规定,汽车操纵稳定性试验包括:稳态回转试验、转向回正性试验、转向轻便性试验、转向瞬态响应试验(转向盘转角阶跃输入)、转向瞬态响应试验(转向盘转角脉冲输入)、蛇行试验等。

① 稳态回转试验,按中性转向点的侧向加速度 a_n、不足转向度 U、车厢侧倾度 K_ϕ 三项指标进行评价计分。

② 转向回正性能试验,按松开转向盘(方向盘)3 s 时的残留横摆角速度绝对值 Δr 及横摆角速度总方差 E_r 两项指标进行评价计分。

③ 转向轻便性试验,按转向盘平均操舵力 F_s 与转向盘最大操舵力 F_m 两项指标进行评价计分。

④ 转向瞬态响应试验(转向盘转角阶跃输入),按侧向加速度值为 2 m/s² 使得汽车横摆角响应时间 T 进行评价计分。

⑤ 转向瞬态响应试验(转向盘转角脉冲输入),按谐振频率 f、谐振峰水平 D 和相位滞后角 α 三项指标进行评价计分。

⑥ 蛇行试验,按基准车速下的平均横摆角速度峰值 r 与平均转向盘转角峰值 θ 进行评价计分。

(二)影响因素

1. 车轮定位参数

车轮定位参数包括主销后倾角、主销内倾角、前轮外倾角和前轮前束,主要指前轮定位。现在许多车辆除前轮定位外,后轮也有外倾角和前束,即四轮定位,以提高汽车高速行驶的操纵稳定性。

车轮定位参数的设置能使转向轮产生一定的回正力矩,同时使得主销轴线与路面的交点到车轮中心平面与地面交线的距离减小,降低了驾驶员施加于转向盘上的力,提高了汽车的转向轻便性和行驶稳定性。

车轮定位不准确，将造成汽车行驶跑偏、转向轮摆振、转向沉重或"发飘"等，因此，在用汽车车轮定位参数应进行检查、调整，使其达到规定值，以保证良好的操纵稳定性。

2. 驱动力和制动力

汽车的不足及过多转向特性取决于很多因素，其中轮胎的侧偏特性是最主要的。而侧偏特性又受车轮上的纵向力的影响，因为纵向力的大小影响着车轮上最大侧偏力的数值。最大侧偏力越大，汽车的极限性能越好。

驱动力和制动力都是作用在汽车上的纵向力。在直线行驶时，驱动力过大使驱动轮过度滑转，制动力过大时制动轮抱死拖滑。在转弯行驶时，驱动力或制动力若与侧向力同时存在，则其合力不能超过附着极限。通过控制驱动力的大小（如 ASR）和制动力的大小（如 ABS）可以保证轮胎与地面的接触状态处于极限工况以内。

（三）试验方法

常用汽车操纵稳定性试验的仪器有陀螺仪（用于汽车运动状态下动态参数的测量，如汽车行进方位角、汽车横摆角速度、车身侧倾角及纵倾角等）、光束水准车轮定位仪（测车轮外倾角、主销内倾角、主销外倾角、车轮前束、车轮最大转角及转角差）、车辆动态测试仪（测汽车横摆角速度、车身侧倾角及纵倾角、汽车横向加速度与纵向加速度等运动参数）、力矩及转角仪（测转向盘转角或力矩）、五轮仪和磁带机。

稳态回转试验的目的是测定汽车的稳态转向特性及车身侧倾特性，试验方法有两种：固定转向盘转角连续加速法和定转弯半径法。

转向回正试验是鉴别汽车转向回正力的一种试验，也是转向盘力输入的一个基本试验，该试验能表征和评价一辆汽车由曲线行驶自由恢复到直线行驶的过渡过程和能力。试验方法包括低速回正性能试验和高速回正性能试验。

转向轻便性试验用来测定操舵力的大小，常见的操舵力试验有低速大转角试验、中转速小转向角试验、高速转弯操舵力试验和原地操舵力试验四种，我国采用低速大转向角试验，试验车速为（10±2）km/h，若试验车速超过此范围，则视为无效。

转向瞬态响应试验（转向盘转角阶跃输入）是测定从转向盘转角阶跃输入开始，到所测各变量达到新的稳态值时为止的一段时间内的汽车的瞬态响应过程。试验时汽车以恒定的车速直线行驶，驾驶员突然将方向盘转过一定的角度，使汽车由直线行驶进入转弯运动状态，同时记录汽车的运动状态：横摆角速度、汽车方位角、车身侧倾角、侧向加速度等运动参数的变化过程。

转向瞬态响应试验（转向盘转角脉冲输入）是在频率域内对汽车转向瞬态响应进行评价的试验方法，主要有以下三种：转向盘转角随机输入试验；转向盘转角正弦波输入试验；转向盘转角脉冲输入试验。我国采用第三种试验方法并制定了有关的国家标准。转向盘转角脉冲输入试验就是汽车以恒定的车速直线行驶，驾驶员突然转动方向盘到一定的角度，再立即转回到原来的位置，方向盘的输入波形不同于转向瞬态响应试验，不是阶跃形的，而是脉冲形的。试验记录汽车横摆角速度的输入波形。

蛇行试验是评价汽车随动性、收敛性、方向操纵轻便性及事故可避免性的典型试验，也是包括车辆—驾驶员—环境在内的一种闭环试验，其试验结果不但取决于车辆本身的特性，而且还取决于驾驶员的自身特性和驾驶技术。

五、行驶平顺性

汽车行驶平顺性主要是保持汽车在行驶过程中产生的振动和冲击环境对乘员舒适性的影响在一定界限之内，因此平顺性主要根据乘员主观感觉的舒适性来评价，对于载货汽车还包括保持货物完好的性能，它是现代高速汽车的主要性能之一。

（一）评价指标

国际标准化组织 1997 年修订公布了 ISO 2631—1：1997（E）《人体承受全身振动评价——第一部分：一般要求》。根据此标准我国对 GB/T 4970—1996 进行了修订，公布了 GB/T 4970—2009《汽车平顺性试验方法》。2011 年又公布了 QC/T 474—2011《客车平顺性评价指标及限值》。

ISO2631—1：1997 用加速度的均方根值给出了在 1~80Hz 振动频率范围内人体对振动反应的三个不同的感觉界限。它们分别是暴露极限、舒适降低界限和疲劳—工效降低界限。

（1）暴露极限。当人体承受的振动强度在这个极限之内，将保持健康或安全。通常把此极限作为人体可以承受振动量的上限。

（2）舒适降低界限。此界限与保持舒适有关，在这个界限之内，人体对所暴露的振动环境主观感觉良好，能顺利地完成吃、读、写等动作。

（3）疲劳—工效降低界限。该界限与保持工作效能有关。当驾驶员承受的振动强度在此界限之内时，能做出准确灵敏的反应，正常地进行驾驶。

根据 GB/T 4970—2009《汽车平顺性试验方法》，汽车平顺性试验方法主要包括脉冲输入行驶评价方法和随机输入行驶评价方法。

1. 脉冲输入行驶评价方法

（1）基本评价方法。当振动波形峰值系数小于 9 时，脉冲输入行驶试验用座椅坐垫上方、座椅靠背、乘员（或驾驶员）脚部地板和车厢地板最大（绝对值）加速度响应 $\ddot{z}_{max}$ 与车速 v 的关系评价。

（2）辅助评价方法。当峰值系数大于 9 时，用基本评价方法不能完全描述振动对人体的影响，还应采用辅助评价方法即振动剂量值来评价。

2. 随机输入行驶评价方法

对乘员（或驾驶员）人体及脚部地板处的振动用加权加速度平均方根值 $\bar{a}_w$ 评价，并分别用 $\bar{a}_{wx}$、$\bar{a}_{wy}$、$\bar{a}_{wz}$ 表示前后方向、左右方向和垂直方向振动的加权加速度均方根值。人体及脚部地板处振动也可用综合总加权加速度均方根值 $\bar{a}_v$ 来表示。货车车厢的振动用加速度均方根值评价。

根据 GB/T 4970—2009 及 GB/T 4971《汽车平顺性术语和定义》，QC/T474 规定了客车在随机输入行驶工况下的平顺性评价指标和限值。

（1）评价指标。客车行驶平顺性用测点位置垂直振动的等效均值 L_{eq} 来评价。

$$L_{eq} = 20\log\frac{\sigma_w}{10^{-6}}$$

式中　L_{eq}——等效均值，dB；

σ_w——一定测量时间内的加权加速度均方根，m/s^2。

（2）评价指标限值。客车平顺性等效均值限值如表 5-1-1 所示。

表 5-1-1　客车平顺性等效均值限值　　　　　　　　　单位：dB

试验车速 /(km·h^{-1})	城市客车		其他客车	
	空气悬架	其他悬架	空气悬架	其他悬架
30	≤106.0	≤115.0	—	—
60	—	—	≤110.0	≤112.5
90	—	—	≤113.0	≤115.0

注：悬架为驾驶员同侧后桥（驱动桥）正上方的悬架。

（二）影响因素

汽车是由多质量组成的复杂振动系统，为了便于分析，需要进行简化。在研究振动时，常将汽车视为由彼此相联系的悬架质量与非悬架质量组成。

汽车的悬架质量由车身、车架及其上的总成所构成。该质量由减振器和悬架弹簧与车轴、车轮相连。车轮、车轴构成非悬架质量，车轮再经过具有一定弹性和阻尼的轮胎支承路面上。

悬架结构、轮胎、悬架质量和非悬架质量是影响汽车行驶平顺性的重要因素。

1. 悬架结构

悬架结构主要指弹性元件、导向装置与减振装置，其中弹性元件与悬架系统中阻尼对平顺性影响较大。

（1）弹性元件。将汽车车身看成一个在弹性悬架上作单自由度振动的质量时，减少悬架刚度，可降低车身的固有频率，提高汽车行驶的平顺性。但是，如果增加高频的非悬架质量的振动位移，大幅度的车轮振动，有时会使车轮离开地面，在紧急制动时，会产生严重的汽车"点头"现象。为解决这一问题，可采取一些相应措施，如采用具有非线性特性的变刚度悬架，即悬架的刚度随载荷而变，可以使得在载荷变化时，保持车身振动的固有频率不变，而获得良好的平顺性。悬架的非线性弹性特性，可通过下述办法来实现：

① 在线性悬架中，加入辅助弹簧、复合弹簧，采用适当的导向机构，以及与车架的支撑方式等。

② 选用具有非线性特性的弹性元件，如空气弹簧、油气弹簧、橡胶弹簧和硅油弹簧。

（2）阻尼系统的阻尼。为了衰减车身自由振动和抑制车身、车轮的共振，以减小车身的垂直振动加速度和车轮的振幅，悬架系统中应具有适当的阻尼。

在悬架系统中，引起振动衰减的阻尼来源很多。如轮胎变形时，橡胶分子间产生摩擦；系统中的减振器、钢板弹簧叶片间的摩擦等。

减振器的阻尼效果最好，可提高汽车行驶平顺性，改善车轮与道路的接触条件，防止车轮离开路面，因而可改善汽车的稳定性，提高汽车的行驶安全性。改进减振器的性能，对提高汽车在不平道路上的行驶速度有很大的作用。

2. 轮胎

轮胎由于本身的弹性，在很大程度上吸收了因路面不平所产生的振动，因此它和悬架共同保证了汽车的平顺性。

轮胎性能的好坏，是用轮胎在标准气压和载荷下，压缩系数的大小（轮胎被压下的高度与充气断面高度的百分比）来表示的。在最大允许负荷作用下，普通轮胎的压缩系数为10%～12%，为了乘坐舒适，客车轮胎的压缩系数稍大些，为12%～14%。

目前，提高轮胎缓冲性能的方法如下：

① 增大轮胎断面、轮胎宽度和空气容量，并相应降低轮胎气压。

② 改变轮胎结构形式，如采用子午线轮胎。它因轮胎径向弹性大，可以缓和不平路面的冲击，并吸收大部分冲击能量，使汽车平顺性得到改善。

③ 提高帘线和橡胶的弹性，要用较柔软的胎冠。

车轮旋转质量的不平衡，对汽车的行驶平顺性和稳定性都有影响。为了避免因转向轮不平衡而引起振动，必须对每一车轮进行静平衡和动平衡。

3. 悬架质量

悬架质量分配是评价汽车平顺性极其重要的参数。它取决于悬架质量的分布情况。悬架质量的布置应使前、后悬架质量的振动彼此互不影响。

4. 非悬架质量

非悬架质量是指汽车上没有通过悬架装置的零部件的质量。非悬架质量的振动，对悬架质量振动加速度有较显著的影响，会使其数据值加大。通过减少非悬架质量，可以减少传给车身上的冲击力。因此，为了提高汽车的平顺性，采用非悬架质量较小的独立悬架更为有利。常用非悬架质量与悬架质量之比进行评价，比质量越小，则平顺性越好。

总之，影响平顺性的结构参数很多，并且彼此间的关系较复杂，必须对这些参数进行综合分析，以便正确地选择参数，提高汽车的行驶平顺性。

六、通过性

汽车的通过性（越野性）是指它能以足够高的平均车速通过各种坏路和无路地带（如松软地面、凹凸不平地面等）及各种障碍（如陡坡、侧坡、壕沟、台阶、灌木丛、水障等）的能力。根据地面对汽车通过性影响的原因，它又分为支承通过性和几何通过性。

汽车的通过性主要取决于地面的物理性质及汽车的结构参数和几何参数。同时还与汽车的其他性能，如动力性、平顺性、机动性、稳定性等密切相关。

（一）汽车支承通过性评价指标

目前，常采用牵引系数、牵引效率及燃油利用指数三项指标来评价汽车的支承通过性。

（1）牵引系数，是单位车重的挂钩牵引力（静牵引力）。它表明汽车在松软地面上加速、爬坡及牵引其他车辆的能力。

（2）牵引效率（驱动效率），是驱动轮输出功率与输入功率之比。它反映了车轮功率传递过程中的能量损失，这部分损失是由于轮胎橡胶与帘布层间摩擦生热及轮胎下土壤的压实和流动而造成的。

（3）燃油利用指数，是单位燃油消耗所输出的功。

（二）汽车通过性几何参数

由于汽车与地面间的间隙不足而被地面托住、无法通过的情况，称为间隙失效。当车辆中部或底部的零件碰到地面而被顶住时，称为顶起失效；当车辆前端或尾部触及地面而不能通过时，则分别称为触头失效和托尾失效。显然，后两种情况属于同一类失效。

与间隙失效有关的汽车整车几何尺寸，称为汽车通过性的几何参数。这些参数包括最小离地间隙、纵向通过角、接近角、离去角、两侧轮胎内缘间距等。如图 5-1-5 所示。

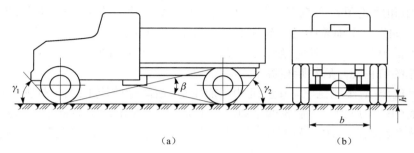

(a)　　　　　　　　　　(b)

h—最小离地间隙；b—两侧轮胎内缘间距；γ_1—接近角；

γ_2—离去角；β—纵向通过角。

图 5-1-5　汽车的通过性参数

（三）影响汽车通过性的因素

（1）行驶速度。当汽车的行驶速度降低时，土壤的剪切和车轮滑转的倾向减少。因此，困难地段用低速行驶，可提高汽车的通过性，为此，越野汽车传动系统最大总传动比一般较大。

（2）汽车车轮。车轮对汽车通过性有着决定性的影响，为了提高汽车的通过性，必须正确选择轮胎的类型、尺寸和气压等，以降低汽车行驶的滚动阻力，提高附着能力。

① 轮胎类型。正确地选择轮胎对提高汽车在一定类型地面上的通过性有很大作用。轮胎花纹对附着系数有很大影响，越野汽车轮胎具有宽而深的花纹，当汽车在湿路面上行驶时，由于只有花纹的凸起部分与地面接触，使轮胎对地面有较高的单位压力，足以挤出水层；当汽车在松软地面上行驶时，轮胎下陷，嵌入土壤的凸起花纹的数目增加，与地面接触面积及土壤剪切面积都迅速增加，因而，同样能保证有较好的附着性能。

当汽车在冰雪路面或表面滑溜底层坚实的道路上行驶时，提高通过性的最简单办法是在轮胎上套防滑链（或使用带防滑钉的轮胎），相当于在轮胎上增加了一层高而稀的花纹。这时，防滑链能挤出表面的水层，直接与地面接触，有的还会增加土壤剪切面积，从而提高附着能力。

② 轮胎尺寸。轮胎的主要尺寸是轮胎直径和宽度，增大轮胎直径和宽度，能降低轮胎的接地比压。用增加车轮直径的方法来降低接地比压要比增加宽度更为有效。但增大轮胎直径会造成惯性增大，使汽车质心升高，轮胎成本增加，并要采用大传动比的传动系统。因此，大直径轮胎的推广应用受到了限制。

加大轮胎宽度不仅直接降低了轮胎的接地面比压，而且轮胎较宽，允许胎体有较大的变形，而不降低其使用寿命，因而可使轮胎气压取得低些，使汽车在沙漠、雪地、沼泽地面上行驶时具有良好的通过性。但这种专用于松软地面的特种轮胎，由于花纹较大，气压过低，不应在硬路面上工作，否则将过早损坏和迅速磨损。

③ 轮胎的气压。在松软地面上行驶的汽车，应相应降低轮胎的气压，以增大轮胎与地面的接触面积，降低接地比压，提高土壤推力。轮胎气压降低时，虽然土壤的压实阻力随着减小，但轮胎本身的迟滞损失却逐渐增加。为了提高越野汽车通过松软地面的能力，在硬路

面上行驶时又不致引起过大的滚动阻力和影响轮胎寿命,可装用轮胎的中央充气系统,使驾驶员能根据道路情况,随时调节轮胎气压。

④ 前轮距和后轮距。当汽车在松软地面上行驶时,各车轮都需克服形成轮辙的阻力(滚动阻力)。如果汽车前轮距与后轮距相等,并有相同的轮胎宽度,则前轮辙与后轮辙重合,后轮就可沿被前轮压实的轮辙行驶,使汽车总滚动阻力减少,提高汽车通过性。所以,多数越野汽车的前轮距与后轮距相等。

⑤ 前轮与后轮的接地比压。试验证明,前轮距与后轮距相等的汽车行驶于松软地面时,当前轮对地面的单位压力,比后轮的小 20%~30% 时,汽车滚动阻力最小。为此,除在设计汽车时,可将负荷按此要求分配于前、后轴,也可以使前、后轮的轮胎气压不同,以产生不同的接地比压。

(3) 差速器。齿轮差速器具有驱动车轮之间转矩平均分配的特性,当某一驱动车轮陷入泥泞或冰雪路面上时,得到较小的附着力,则与之对应的另一驱动车轮,也只能以同样小的附着力限制其驱动力。为了避免这种情况的发生,某些越野汽车上装有差速锁,以便必要时能锁止差速器。可见,由于差速器的内摩擦,使汽车的驱动力增加了。但是,一般齿轮式差速器的内摩擦不大,为了增加差速器的内摩擦,越野汽车常采用高摩擦式差速器,提高汽车通过性。

(4) 驾驶技术。驾驶技术对提高汽车通过性有很大影响。汽车通过沙地、泥泞和雪地等松软地面时,应该用低速挡,以保证车辆有较大的驱动力和较低的行驶速度。在行驶中应避免换挡和加速,并保持直线行驶,因为转弯将引起前后轮辙不重合,增加滚动阻力。

后轮是双胎的汽车,常会在两胎间夹杂泥石,或使车轮表面黏附一层很厚的泥,因而使附着系数降低,增加车轮滑转趋势。遇到这种情况,驾驶员适当提高车速,将车轮上的泥甩掉。当汽车传动系统装有差速锁时,驾驶员应该在估计有可能使车轮滑转的地区前,就将差速器锁住。因为车轮一旦滑移后,土壤表面就会被破坏,附着系数下降,再锁住差速器不会起显著作用。

此外,为了提高越野汽车的涉水能力,应注意发动机的分电器总成、火花塞、曲轴箱通气口等的密封问题,并提高空气滤清器的位置,不得浸入水中。普通汽车一般能通过深度为 0.5~0.6 m 的硬底浅水滩。

第二节 动力性能检测

汽车动力性检测方法分为台架检测动力性能和路试检测动力性能。台架检测动力性能主要利用底盘测功机进行。底盘测功机可以进行驱动轮输出功率的测试,依此考核传动系统及发动机的技术状况。另外底盘测功机还可以进行加速能力和滑行性能的试验。路试检测动力性能主要是测定最高车速、加速能力、最大爬坡度等评价参数。

一、台架检测动力性能

台架检测与实车道路试验相比,有以下优点:① 不受外界试验条件与环境条件的影响。

② 试验周期短。③ 节省财力及人力。④ 精度高。

台架检测动力性的主要设备是底盘测功机。

(一) 底盘测功机的功能和组成

1. 底盘测功机的功能

底盘测功机具有如下功能：

① 测量汽车驱动轮输出功率。

② 检验汽车的加速能力。

③ 检验汽车的滑行能力和传动系统传动效率。

④ 校验车速表。

⑤ 配以油耗计、废气分析仪等设备，检测汽车的燃油经济性和废气排放性能。

2. 底盘测功机的组成

底盘测功机一般由滚筒装置、测功装置、飞轮机构、测速装置、控制与指示装置等构成。其机械部分的结构如图 5-2-1 所示。

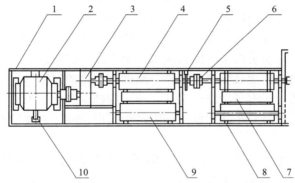

1—机架；2—功率吸收装置；3—变速箱；4—滚筒；5—速度传感器；
6—联轴器；7—举升器；8—制动器；9—滚筒；10—力传感器。

图 5-2-1 底盘测功机机械部分结构

底盘测功机测功装置的类型有水力测功机、电力测功机与电涡流测功机。电涡流测功机具有测量精度高、振动小、结构简单和易于调控的特点，只要使励磁电流的强弱发生变化，就可以控制测功机所产生的制动力矩的大小，能比较容易、经济地实现自动控制，因此在汽车底盘测功机上多采用此类测功机。

电涡流测功机主要由定子和转子两部分组成，在定子四周装有励磁线圈。在水冷电涡流测功机中，定子是封闭的并有水冷却室，转子作为电磁盘在励磁线圈间转动，如图 5-2-2 所示。当励磁线圈通电时，磁场便形成，随着转子的转动，磁力线不断变化，因而在转子盘上产生电涡流，造成一定的阻力矩。调节励磁电流，可以改变阻力矩的范围。

电涡流测功机有水冷和气冷两种。水冷的散热性能较好，能测量较大的持续功率，且运转噪声小。但水冷的比气冷的制造成本要高。气冷电涡流测功器，如图 5-2-3 所示，要保证很好地散热，转子盘系做成风扇式，使热量通过周围的空气带走。但这种转子盘，使测功机的功率消耗增加，且转速越高消耗的功率就越大。

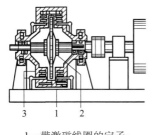

1—带激磁线圈的定子;
2—转子;3—冷却室。

图 5-2-2 水冷电涡流测功机

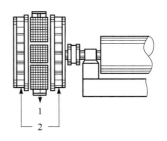

1—带激磁线圈的定子;2—转子盘。

图 5-2-3 气冷电涡流测功机

(二) 底盘测功机的工作原理

汽车在道路上运行过程中存在着运动惯性、行驶阻力。要在底盘测功机上模拟汽车道路上的运行工况,首先应解决模拟汽车的运动惯性和行驶阻力问题,这样才能用台架测试汽车运行状态的基本性能。为此,在测功机台架上利用飞轮的转动惯量及其旋转部件的转动惯量,在允许的误差范围内满足汽车的惯量模拟。至于汽车在道路上运行时受到的滚动阻力和空气阻力等,则利用测功器加载装置来模拟。路面模拟是通过滚筒来实现的,即以滚筒来取代路面,滚筒的表面相对于汽车做旋转运动。通过控制系统可对加载装置及惯性模拟系统进行自动或手动控制,实现对汽车动力性,如驱动轮输出功率、加速性能、滑行性能等项目的检测。

检测时,汽车驱动轮置于滚筒装置上,驱动滚筒旋转并通过滚筒带动测功器的转子旋转。汽车驱动轮的驱动力由测功机力臂上的测力传感器测量,滚筒转速通过转速传感器测量,通过引入测力臂长度、滚筒直径即可分别计算出汽车的驱动扭矩、驱动功率与行驶速度、行驶距离等,从而实现驱动轮输出功率、加速性能、滑行性能等项目的检测。

(三) 检测流程

1. 被测汽车的准备

(1) 车辆空载。

(2) 车辆使用的燃料和润滑油的规格应符合制造厂技术条件的规定。

(3) 检查驱动轴轮胎的花纹深度和气压,花纹深度不得小于 1.6 mm,轮胎中不得夹有杂物,轮胎干燥,气压应符合 GB/T 2977 的规定。

(4) 采集受检车辆的以下参数信息:

① 发动机额定功率 (Pe),单位为千瓦(kW)。

② 发动机最大扭矩 (Me),单位为牛米(N·m)。

③ 发动机最大扭矩转速 (n_m),单位为转每分(r/min)。

④ 货车、自卸车、半挂汽车列车最大总质量 (G),单位为千克(kg)。

⑤ 客车车长 (L),单位为毫米(mm)。

⑥ 汽车驱动轴空载质量 (G_R),单位为千克(kg)。

(5) 车辆应预热至发动机、传动系达到正常工作的温度状况,发动机冷却液温度应达到正常工作温度。

（6）关闭非汽车正常行驶所必需的附属装备，如空调系统等。

2. 底盘测功机的准备

① 对于水冷测功机，将冷却水阀打开。

② 接通电源，根据被测车型选择测试功率的挡位。

③ 用挡块抵住非驱动轮前方，进行必要的纵向约束。

④ 将冷却风扇置于被测汽车前方 0.5 m 处，对发动机吹风，防止发动机过热。

⑤ 采用反拖电机或车辆驱动滚筒转动预热测功机，直至测功机滑行时间趋于稳定。

⑥ 将测功机静态空载，力、速度示值调零或复位。

3. 驱动轮输出功率、轮边稳定车速检测

汽车动力性是采用汽车在发动机最大扭矩工况或额定功率工况时的驱动轮输出功率作为评价指标，或者采用发动机最大扭矩工况或额定功率工况时的驱动轮轮边稳定车速作为评价指标。

（1）驱动轮输出功率检测。

1）最大扭矩工况检测。

根据车辆参数信息按下式计算最大扭矩工况车速，或选取最大扭矩工况车速推荐值（如表 5-2-1~表 5-2-4 所示）。

$$v_M = 0.377 \times \frac{r \times n_m}{i \times i_0}$$

式中 v_M——最大扭矩工况车速，单位为千米每小时（km/h）；

r——驱动轮轮胎半径，单位为米（m）；

n_m——最大扭矩转速，当最大扭矩转速为一范围时，取平均值，单位为转每分钟（r/min）；

i——变速器传动比，i 取 1；

i_0——主减速器传动比。

表 5-2-1　客车最大扭矩工况车速及驱动轮输出功率限值推荐值

车长（L）/mm	车速/（km·h^{-1}）	输出功率限值/kW
$L \leq 6\ 000$	50	26
$6\ 000 < L \leq 7\ 000$	50	28
$7\ 000 < L \leq 8\ 000$	53	35
$8\ 000 < L \leq 9\ 000$	60	54
$9\ 000 < L \leq 10\ 000$	63	62
$10\ 000 < L \leq 11\ 000$	65	70
$11\ 000 < L \leq 12\ 000$	70	87
$12\ 000 < L$	70	109

表 5-2-2　货车最大扭矩工况车速及驱动轮输出功率限值推荐值

最大总质量（G）/kg	车速/（km·h^{-1}）	输出功率限值/kW
3 500<G≤4 000	47	19
4 000<G≤8 000	47	24
8 000<G≤9 000	47	26
9 000<G≤12 000	50	30
12 000<G≤15 000	50	33
15 000<G≤16 000	50	36
16 000<G≤18 000	50	48
18 000<G≤22 000	53	52
22 000<G≤25 000	55	56
25 000<G≤30 000	55	66
30 000<G≤31 000	55	75

表 5-2-3　自卸车最大扭矩工况车速及驱动轮输出功率限值推荐值

最大总质量（G）/kg	车速/（km·h^{-1}）	输出功率限值/kW
3 500<G≤5 000	46	23
5 000<G≤9 000	46	28
9 000<G≤11 000	46	30
11 000<G≤17 000	46	33
17 000<G≤19 000	46	36
19 000<G≤23 000	46	43
23 000<G≤31 000	48	79

表 5-2-4　牵引车最大扭矩工况车速及驱动轮输出功率限值推荐值

最大总质量（G）/kg	车速/（km·h^{-1}）	输出功率限值/kW
G≤27 000	45	34
27 000<G≤35 000	53	59
35 000<G≤43 000	60	84
43 000<G≤49 000	60	100

① 引车员将被检测汽车平稳驶上测功机，置汽车驱动轮于底盘测功机滚筒上，驱动轮与滚筒轴线平行，固定汽车非驱动轮。

② 起动汽车，逐步加速换入直接挡（自动变速器应置于"D"挡），使汽车以直接挡的最低车速稳定运转。

③ 按最大扭矩工况车速设定速度,测功机进行定速测功。
④ 测功机加载,将加速踏板踩到底,待汽车速度在设定的速度下稳定 5 s 后,读取不少于 3 s 内测功机测得功率的平均值并记录。
⑤ 在读数期间,实际车速应稳定在设定检测车速的±0.5 km/h 范围内。

2) 额定功率工况检测。
① 按最大扭矩工况检测方法中的①和②固定好汽车并起动。
② 将加速踏板踩到底,测功机加载扫描最大功率点,记录最大功率点速度(v_p),单位为千米每小时(km/h)。
③ 设定测功机按 v_p 行驶,待汽车速度在设定的速度下稳定 5 s 后,读取不少于 3 s 内测功机测得的功率的平均值并记录。
④ 在读数期间,实际车速应稳定在 v_p 值的±0.5 km/h 范围内。

3) 驱动轮输出功率计算。
① 驱动轮输出功率按下式计算:

$$P = P_g + P_e + P_f$$

式中　P——驱动轮输出功率,单位为千瓦(kW);
　　　P_g——测功机测得功率,单位为千瓦(kW);
　　　P_e——测功机内部损耗功率,单位为千瓦(kW);
　　　P_f——轮胎滚动阻力消耗功率,单位为千瓦(kW)。

② 测功机内部损耗功率按下式计算:

$$P_e = \frac{F_{tc} \times v}{3\ 600}$$

式中　v——检测速度,取值 v_p 或者 v_M,单位为千米每小时(km/h);
　　　F_{tc}——测功机内阻,按表 5-2-5 取值,或采用反拖法定期测量测功机在 50 km/h 和 80 km/h 时的内阻分别作为额定功率工况和最大扭矩工况测量时的测功机内阻,单位为牛(N)。

表 5-2-5　台架内阻 F_{tc} 推荐值

工况	二轴四滚筒式台架内阻(F_{tc})/N	三轴六滚筒式台架内阻(F_{tc})/N
额定功率工况	130	160
最大扭矩工况	110	140

③ 轮胎滚动阻力消耗功率按下式计算:

$$P_f = \frac{G_R \times g \times f_e \times v}{3\ 600}$$

式中　G_R——汽车驱动轴空载质量;
　　　v——车速;
　　　g——重力加速度,$g = 9.81\ \text{m/s}^2$;
　　　f_e——台架滚动阻力系数,最大扭矩点台架滚动阻力系数取 $1.5f$,额定功率点台架滚动阻力系数取 $2f$,f 是汽车在水平硬路面上行驶的滚动阻力系数,其推荐值如表 5-2-6 所示。

表 5-2-6　滚动阻力系数 f 推荐值

轮胎	f
子午胎	0.006
斜交胎	0.010

驱动轮输出功率（P）应修正为标准环境状态下的校正驱动轮输出功率（P_o）。

（2）驱动轮轮边稳定车速检测。

1）额定功率工况检测。

① 按驱动轮输出功率最大扭矩工况检测方法中的①和②固定好车辆。

② 测功机不加载的条件下，起动被检车辆，逐步加速，选择直接挡，测取全油门的最高稳定车速。当最高稳定车速大于 95 km/h（对于危险货物运输车辆，其最高稳定车速大于 80 km/h）时，应降低一个挡位，重新测取最高稳定车速，并按下式计算额定功率车速：

$$v_e = 0.87 \times v_a$$

式中　v_e——额定功率车速，单位为千米每小时（km/h）；

　　　v_a——全油门所挂挡位的最高稳定车速，单位为千米每小时（km/h）。

③ 将挡位挂回②确定的挡位，逐步踩下加速踏板到最大位置，同时测功机进行恒力加载至 $F_E \pm 20$ N 范围内并稳定 3 s 后，开始测取车速，当 3 s 内的车速波动不超过 ±0.5 km/h，该车速即为驱动轮轮边稳定车速 v_w，检测结束。

④ 加载力按以下计算：

检测环境下的功率吸收装置加载力按下式计算：

$$F_E = F_e - F_{tc} - F_c - F_f - F_t$$

式中　F_E——检测环境下功率吸收装置在滚筒表面上的加载力，单位为牛（N）；

　　　F_e——v_e 车速点，检测环境下发动机达标功率换算在驱动轮上的驱动力，单位为牛（N）；

　　　F_{tc}——底盘测功机内阻力，单位为牛（N）；

　　　F_c——轮胎滚动阻力，单位为牛（N）；

　　　F_f——v_e 车速点，发动机附件消耗功率换算在驱动轮上的阻力，单位为牛（N）；

　　　F_t——车辆传动系统允许阻力，单位为牛（N）。

F_e 的计算方法如下式：

$$F_e = \frac{3\,600 \times \eta \times P_e}{\alpha_d \times v_e}$$

式中　η——功率比值系数，$\eta = 0.75$；

　　　α_d——压燃式发动机功率效正系数。

F_{tc} 按表 5-2-5 取值，或者采用反拖法定期测量测功机在 80 km/h 时的内阻作为 F_{tc} 值。

F_c 的计算方法如下式：

$$F_c = f_e \times G_R \times g$$

式中　f_e——台架滚动阻力系数，v_e 大于或等于 70 km/h 时，f_e 取 $2f$；v_e 小于 70 km/h 时，f_e

取 $1.5f$,f 按表 5-2-6 取值。

F_f 的计算方法如下式:

$$F_f = \frac{3\,600 \times f_p \times P_e}{v_e}$$

式中　f_p——v_e 车速点发动机附件消耗功率系数。当发动机铭牌（或说明书）功率参数以额定功率表征时，f_p 取 0.1；以净功率表征时，f_p 取 0.06；以车辆铭牌最大净功率表征时，f_p 取 0。

F_t 的计算方法如下式：

$$F_t = 0.18 \times (F_e - F_f)$$

2）最大扭矩工况检测。

① 按驱动轮输出功率最大扭矩工况检测方法中的①和②固定好车辆。

② 测功机不加载的条件下，起动被检车辆，逐步加速，选择变速箱第 3 挡，采用加速踏板控制车速，当外接转速表（外接转速表无法稳定测取转速时，可观察发动机转速表）的转速稳定指向发动机最大扭矩转速（n_m）时，测取当前驱动轮轮边线速度，记作最大扭矩车速（v_m）。当 v_m 大于 80 km/h 时，应降低一个挡位，重新测取最大扭矩车速（v_m）。

③ 当最大扭矩转速为一定范围时，n_m 取其均值；当 n_m 大于 4 000 r/min 时，按 n_m = 4 000 r/min，测取 v_m。

④ 将挡位挂回②确定的挡位，逐步踩下加速踏板，同时测功机进行恒力加载至 $F_M \pm$ 20 N 范围内并稳定 3 s 后，开始测取车速，当 3 s 内的车速波动不超过 ± 0.5 km/h 时，该车速即为驱动轮轮边稳定车速（v_w），检测结束。

⑤ 加载力按以下计算：

检测环境下的功率吸收装置加载力按下式计算：

$$F_M = F_m - F_{tc} - F_c - F_f - F_t$$

式中　F_M——检测环境下功率吸收装置在滚筒表面上的加载力，单位为牛（N）；

　　　F_m——v_m 车速点检测环境下发动机达标扭矩换算在驱动轮上的驱动力，单位为牛（N）；

　　　F_{tc}——底盘测功机内阻，单位为牛（N）。

F_m 的计算方法如下式：

$$F_m = \frac{0.377 \times \eta \times M_e \times n_m}{\alpha_a \times v_m}$$

式中　α_a——点燃式发动机功率校正系数，单位为牛（N）；

F_{tc} 按表 5-2-5 取值，或者采用反拖法定期测量测功机在 50 km/h 时的内阻作为 F_{tc} 值。

F_c 的计算方法与额定功率工况检测中轮胎滚动阻力的计算方法相同。

F_f 的计算方法如下式：

$$F_f = \frac{0.377 \times f_m \times M_e \times n_m}{v_m}$$

式中　f_m——v_m 车速点发动机附件消耗功率系数，取 0.06；

　　　η——功率比值系数，$\eta = 0.75$；

　　　M_e——发动机最大扭矩；

n_m——最大扭矩转速；

η——功率比值系数，$\eta = 0.75$。

F_t 的计算方法如下式：

$$F_t = 0.18 \times (F_m - F_f)$$

（3）检测结果评价

1）驱动轮输出功率限值。

① 最大扭矩工况下，驱动轮输出功率限值取最大扭矩点功率（P_M）的 51%，P_M 按下式计算或选取推荐值（如表 5-2-1～表 5-2-4 所示）。

$$P_M = (M_e \cdot n_m)/9550$$

n_m——最大扭矩下的转速。

② 额定功率工况下，驱动轮输出功率限值取发动机额定功率（P_e）的 49%。

2）驱动轮轮边稳定车速限值。

① 最大扭矩工况下，驱动轮轮边稳定车速限值取 v_e。

② 额定功率工况下，驱动轮轮边稳定车速限值取 v_m。

3）判定方法。

① 采用最大扭矩工况或额定功率工况下的驱动轮输出功率评价时，当校正驱动轮输出功率大于或等于限值，判定该车动力性为合格。

② 采用额定功率工况下的驱动轮轮边稳定车速评价时，当驱动轮轮边稳定车速（v_w）大于或等于 v_e 时，判定该车动力性为合格。

③ 采用最大扭矩工况下的驱动轮轮边稳定车速评价时，当驱动轮轮边稳定车速（v_u）大于或等于 v_m 时，判定该车动力性为合格。

④ 当校正驱动轮输出功率或驱动轮轮边稳定车速小于限值时，允许复检一次。一次复检合格，则判定该车动力性为合格。

⑤ 当检测结果和复检结果均小于限值，判定该车动力性为不合格。

（4）驱动轮输出功率的校正方法

校正功率是指将在非标准环境状态下测定的驱动轮输出功率 P，按标准的环境状态进行校正。

1）标准环境状态。

① 大气压力：$p_0 = 100$ kPa；

② 相对湿度：$\varphi_0 = 30\%$；

③ 环境温度：$T_0 = 298$ K（25 ℃）；

④ 干空气压：$p_{s0} = 99$ kPa。

注：干空气压是基于总气压为 100 kPa，水蒸气分压为 1 kPa 计算得到。

2）功率校正系数。

实测功率按下式修正为标准环境状态下的校正功率。

$$P_o = \alpha \cdot P$$

式中 P_o——校正功率（标准环境状态下的功率），单位为千瓦（kW）；

α——校正系数（汽油机 α_a；柴油机 α_d）；

P——实测功率。

① 汽油机校正系数 α_a。

$$\alpha_a = (99/p_s)^{1.2} \times (T/298)^{0.6}$$

式中 T——试验时环境温度，K；

p_s——试验时干空气压，kPa；

$$p_s = p - \varphi \times p_{sw}$$

此处 p——现场环境状态下的大气压，kPa；

φ——现场环境状态下的相对湿度，%；

p_{sw}——现场环境状态下的饱和蒸气压，kPa；

$\varphi \times p_{sw}$ 可查表 5-2-7 得出。

表 5-2-7 在不同环境温度（T）和相对湿度（φ）下的水蒸气分压（$\varphi \times p_{sw}$）

T/℃	φ				
	1	0.8	0.6	0.4	0.2
	$\varphi \times p_{sw}$/kPa				
-10	0.3	0.2	0.2	0.1	0.1
-5	0.4	0.3	0.2	0.2	0.1
0	0.6	0.5	0.4	0.2	0.1
5	0.9	0.7	0.5	0.4	0.2
10	1.2	1.0	0.7	0.5	0.2
15	1.7	1.4	1.0	0.7	0.5
20	2.3	1.9	1.4	0.9	0.5
25	3.2	2.5	1.9	1.3	0.6
27	3.6	2.9	2.1	1.4	0.7
30	4.2	3.4	2.5	1.7	0.9
32	4.8	3.8	2.9	1.9	1.0
34	5.3	4.3	3.2	2.1	1.1
36	6.0	4.8	3.6	2.6	1.2
38	6.6	5.3	4.0	2.7	1.3
40	7.4	5.9	4.4	3.0	1.5
42	8.2	6.6	4.9	3.3	1.6
44	9.1	7.3	5.5	3.6	1.8
46	10.1	8.1	6.1	4.0	2.0
48	11.2	8.9	6.7	4.5	2.2
50	12.3	9.9	7.4	4.9	2.5

② 柴油机校正系数 α_d。

$$\alpha_d = (f_a)^{f_m}$$

式中 f_a——进气因素；

f_m——压燃机特性指数，f_m取固定值0.3。

非增压及机械增压压燃机进气因素f_a按下列式子计算：

$$f_a = (99/p_s) \times (T/298)^{0.7}$$

涡轮增压压燃机进气因素f_a按下列式子计算：

$$f_a = (99/p_s)^{0.7} \times (T/298)^{1.2}$$

$$q_c = q/r$$

式中 q——比排量循环供油量，单位为毫克每循环每升总气缸工作容积，mg/（L·循环）；

r——增压比，压缩机出口和压缩机进口的压力比（对于自然吸气式发动机$r=1$）。

在q_c值低于40 mg/（L·循环）时，f_m可取恒定值0.3（$f_m=0.3$）；

在q_c值高于65 mg/（L·循环）时，f_m可取恒定值1.2（$f_m=1.2$）。

q_c值高于40 mg/（L·循环），且低于65 mg/（L·循环）时，可由图5-2-4对应查得。

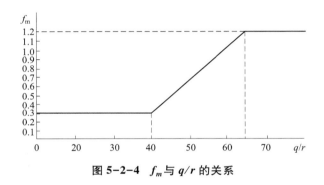

图 5-2-4 f_m 与 q/r 的关系

上述α_a与α_d也可分别由图5-2-5和图5-2-6查得，查图方法按图中虚线示例。

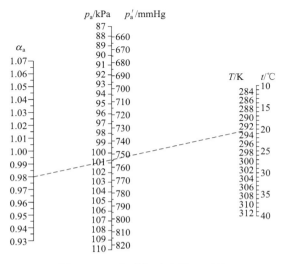

图 5-2-5 汽油机功率校正系数

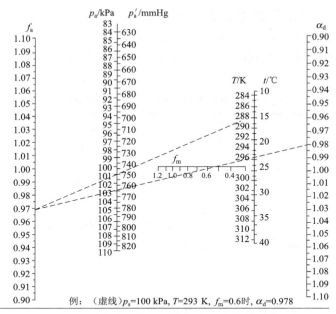

图 5-2-6　非增压及机械增压柴油机功率校正系数图

4. 加速时间测试

根据被检测汽车的整备质量选定底盘测功机的相应当量惯量，即：

转动惯量＝汽车平移惯量＋非驱动轮转动惯量－滚筒转动惯量

当底盘测功机配备的惯量模拟系统（飞轮）的惯量级数不能准确地满足测试汽车的当量惯量需要时，可选配与测试汽车整备质量最接近的转动惯量级。

将测试汽车驱动轮置于底盘测功机的滚筒上。

（1）货车、客车直接挡加速时间测定。起动汽车，逐步加速并换至直接挡，待车速稳定在 30 km/h 时，迅速将油门踏板踩到底，全力加速至该车型最高车速的 80%。

按表 5-2-8 的要求记录累计加速时间，重复测试两次，取均值填入表 5-2-8。作为测试结果。整理测试结果，绘制加速性能曲线。

表 5-2-8　客车、货车加速时间测试记录

汽车型号		单位		汽车牌号		单位	
总质量		kg		整备质量		kg	
轮胎规格				轮胎气压		kPa	
发动机型号				底盘测功机型号			
模拟质量		kg					
车速		从 30 km/h 加速到下列车速/（km·h^{-1}）								
		40	50	60	70	80	90	100	110	120
加速时间 /s	1									
	2									
	平均									

（2）轿车起步连续换挡加速时间测定。对于轿车要求进行起步连续换挡加速时间的测试。

起动轿车，从初速度 0 km/h 开始起步，连续换挡，全力加速直至车速 100 km/h。将测试结果记入表 5-2-9。测试重复两次，取均值作为测试结果。整理测试结果，绘制加速性能曲线。

表 5-2-9　轿车起步连续换挡加速时间测试记录

汽车型号		单位			汽车牌号			单位	
总质量		kg			整备质量			kg	
轮胎规格					轮胎气压			kPa	
发动机型号					底盘测功机型号				
模拟质量		kg							
车速	从 0 km/h 加速到下列车速/（km·h^{-1}）								
	10	20	30	40	50	60	70	80	90	100
加速时间 /s	1									
	2									
	平均									

5. 滑行距离和时间测试

滑行是指汽车加速到某预定速度后，摘挡脱开发动机，利用汽车的动能继续行驶直到停车的过程。滑行试验的目的是测定汽车滚动阻力、车身空气阻力和传动系统的各种阻力。滑行时，被测汽车轮胎气压应符合规定值，传动系统润滑油温不低于 50 ℃。按照加速性能测试中转动惯量设定方法设定转动惯量。

根据车型分类选定试验车辆滑行初速度 V_1 和终速度 V_2（如表 5-2-10 所示），在底盘测功机上设定 V_1、V_2 值。

表 5-2-10　设定滑行速度

车型分类	滑行初速度 V_1/（km·h^{-1}）	滑行终速度 V_2/（km·h^{-1}）
轿车	80	50
货车、客车	60	30

将汽车驱动轮置于测功机滚筒上，起动汽车，按引导系统的提示加速至高于规定滑行初速度 V_1 后，置变速器于空挡，利用车—台系统贮藏的动能，使其运转至车轮停止转动。

按照表 5-2-11 记录从 V_1 滑行到 V_2 的时间和距离。重复两次，取均值。

表 5-2-11　汽车滑行距离和时间测试记录表

汽车型号			汽车牌号		
总质量		kg	整备质量		kg
轮胎规格			轮胎气压		kPa
发动机型号			底盘测功机型号		
模拟质量		kg			

续表

汽车型号				汽车牌号			
车速/（km·h^{-1}）		滑行距离/m			滑行时间/s		
初速度 V_1	终速度 V_2	1	2	平均	1	2	平均

将滑行的距离记录下来与表 5-2-12 参考值对照，可判断汽车的滑行距离是否符合要求。

表 5-2-12　汽车滑行距离要求

汽车整备质量 m/kg	双轴驱动汽车滑行距离/m	单轴驱动汽车滑行距离/m
$m<1\ 000$	≥104	≥130
$1\ 000≤m≤4\ 000$	≥120	≥160
$4\ 000<m≤5\ 000$	≥144	≥180
$5\ 000<m≤8\ 000$	≥184	≥230
$8\ 000<m≤11\ 000$	≥200	≥250
$m>11\ 000$	≥214	≥270

二、路试检测动力性能

路试检测又称为道路试验，路试检测汽车动力性不同于室内台架检测，它要受限于道路条件和环境条件。同一汽车，使用相同的仪器设备检测，若道路与环境条件不同，检测的结果也将不同，因此为使检测结果具有可比性，国家标准对检测条件做出了明确规定。

汽车动力性道路试验项目，包括滑行试验、加速性能试验、最高车速测定和最大爬坡性能试验。主要的相关国家标准包括：GB/T 12534《汽车道路试验方法通则》、GB/T 12536《汽车滑行试验方法》、GB/T 12544《汽车最高车速试验方法》、GB/T 12539《汽车爬陡坡试验方法》和 GB/T 12677《汽车技术状态行驶检查方法》。

（一）检测条件

1. 装载质量

在进行汽车滑行试验、最高车速测定和最大爬坡性能试验时，试验汽车的装载质量为厂定最大装载质量；装载物应均匀分布并固定牢靠，试验过程中不得晃动和颠离；乘员质量和替代重物分布应符合表 5-2-13 规定。

表 5-2-13　乘员质量和替代重物分布　　　　　　　　　　　单位：kg

车　型	每人平均质量	行李质量	替代重物分布			
			座椅上	座椅前的地板上	吊在车顶的拉手上	行李箱（架）
载货汽车、越野汽车、专用汽车、自卸汽车、牵引汽车	65	—	55	10	—	—

续表

车 型			每人平均质量	行李质量	替代重物分布			
					座椅上	座椅前的地板上	吊在车顶的拉手上	行李箱（架）
客车	长途		60	13	50	10	—	13
	公共	座客	60	—	50	10	—	—
		站客	60	—	—	55（地板上）	5	—
	旅游		60	22	50	10	—	22
轿车			60	5	50	10	—	5

2. 气象条件

试验应在无雨无雾，相对湿度小于95%，气温0℃~40℃，风速不大于3 m/s的天气条件下进行。

3. 试验道路

各项性能试验应在清洁、干燥、平坦的，用沥青或混凝土铺装的直线道路上进行。道路长2~3 km，宽不小于8 m，纵向坡度在0.1%以内。

4. 试验仪器、设备

试验仪器、设备须经计量检定，在有效期内使用，确保功能正常，精度符合要求。若使用汽车本身的速度表、里程表测定车速或里程，应进行误差校正。

5. 试验汽车的准备

试验前，记录试验样车的生产厂名、牌号、型号、发动机号、底盘号、各主要总成号和出厂日期等；并根据试验要求，对试验的汽车进行磨合，磨合规范按该车使用说明书的规定进行。试验时，必须进行预热，使发动机、传动系统及其他部分达到规定的温度状态。

检查汽车装备完整性及装配调整情况，使之符合该车装配调整技术条件及国家标准的有关规定，并经行驶里程不大于100 km的行驶检查，方可进行道路试验。

试验过程中，轮胎冷充气压力应符合该车技术条件的规定，误差不超过±10 kPa（±0.1 kg/cm²）。使用的燃油、润滑油（脂）和制动液的牌号和规格，应符合该车技术条件的规定。同一次试验必须使用同一批燃油、润滑油（脂）和制动液。

（二）检测仪器

进行道路试验时，测量试验汽车的速度、位移和相应时间的仪器为车速测量仪（简称车速仪）。车速仪分为接触式车速仪和非接触式车速仪。由于接触式车速仪已基本不使用，本书主要介绍非接触式车速仪。

非接触式车速仪，能测量汽车运动中的速度、位移和相应时间。检测时，车速仪的传感器通过吸盘吸附在汽车车身上，竖直向下并距离地面一定距离。非接触式车速仪是利用空间滤波原理检测车速的。下面简要说明检测原理。

空间频率传感器如图5-2-7所示。它由投光器和光电探测器组成，投光器强光射在地面上，由于地面凹凸不平，形成明暗对比度不同的反射，由受光器中梳状光电管接收。其基本工作原理如下：

如图 5-2-8 所示，一排透光格子以一定间距 P 排列，当点光源以一定速度相对格子移动时，通过格子列后的光的强度就变成了忽明忽暗、反复出现的脉冲状态，此脉冲与光穿过格子的次数相对应，即每移动一个 P 距离变换一次。假设点光源移动速度为 v，光学系统的放大率为 m，则在格子列上移动的光点速度为 mv。这样，一明一暗的脉冲列的周期为 P/mv，即频率 f（$f=mv/P$）与速度 v 成正比。v 的变化则可以通过 f 的变化表现出来。

与点光源相比，一般的光学投影则稍有差异。这种光学投影（凹凸不均的形状）可以看作许多不同强度的点光源不规则地集中，不改变相互位置，向着一定的方向，同时平行移动着的状况。

由此得到的光量，就是从这些点光源一个一个地测量的光量总和。然而，由于点光源的分布和强度都不同，其结果导致相位和亮度全然不同。但因频率完全相同，结果组成了许多仅仅相位和振幅不同的信号，其平均频率为 mv/P。从而可得到相位和振幅均随机平稳变化的信号（窄带随机信号），可通过推测此中心频率来解出移动速度和移动距离。

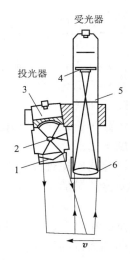

1—透镜；2—灯；3—反射镜；
4—梳状光电管；5—光栅；
6—聚光透镜。

图 5-2-7　空间频率传感器

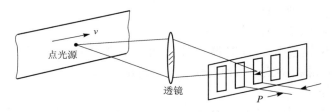

图 5-2-8　空间滤波器原理

（三）检测方法

1. 滑行距离检测

简单的滑行试验（即测定滑行距离）通常被广泛地用来作为汽车装配质量的检验手段。精密滑行试验则可分别求出滚动阻力系数（包括传动机构内的各种阻力）和空气阻力系数。

在长约 1 000 m 的试验路段两端立上标杆作为滑行区段，汽车在进入滑行区段前，车速应稍大于 50 km/h，此时驾驶员将变速器置放入空挡（松开离合器踏板），汽车开始滑行，直至汽车完全停住为止。在滑行过程中，驾驶员不得转动转向盘。当车速为 50 km/h 时（汽车应进入滑行区段），记录滑行初速度（应为 50 km/h±0.3 km/h）和滑行距离。试验至少往返各滑行一次，往返区段尽量重合。

国家标准规定滑行试验的标准初速度 $V_0 = 50$ km/h，而实测的初速度 V'_0 与标准初速度总有出入，故需对实测的滑行距离 S' 进行校正，以换算出标准初速度 $V_0 = 50$ km/h 的滑行距离 S，其公式为：

$$S=\frac{-b+\sqrt{b^2+ac}}{2a}$$

式中 $a = \dfrac{v_0'^2 - bS'}{S'^2}$,m/s²;

$b = 0.2$ m/s²;当汽车质量≤40 000 N 且滑行距离≤600 m 时,$b = 0.3$ m/s²;

$c = 771.6$ m/s²。

2. 最高车速试验

最高车速是指汽车在无风情况下,在水平良好的混凝土或沥青路面上所能达到的最大行驶速度 V_{max}。

试验前应检查试验汽车的转向机构、各紧固件的紧固情况及制动系统的效能,以保证试验的安全。试验时,关闭汽车门窗,其他试验条件及试验汽车的准备按通用试验条件的规定。

试验在符合试验条件的道路上,选择中间 200 m 为测量路段,并用标杆做好标志,测量路段两端为试验加速区间。根据试验汽车加速性能的优劣,选定充足的加速区间(包括试车场内环形高速跑道),使汽车在驶入测量路段前能够达到最高的稳定车速。试验汽车在加速区间以最佳的加速状态行驶,在到达测量路段前保持变速器(及分动器)在汽车设计最高车速的相应部件的工作状况并记录异常现象。

试验往返各进行一次,测定汽车通过测量路段的时间,并按下式计算试验结果。

$$V = \dfrac{3\,600 \times 0.2}{t}$$

式中 V——汽车最高车速,m/s;

t——往返试验所测时间的算术平均值,s。

测量仪器可采用钢卷尺和计时器(如秒表或其他光电管式计时装置,最小读数为 0.01 s),现在多选用非接触式汽车速度仪,直接得出汽车速度。

3. 加速性能试验

汽车的加速能力对平均行驶车速有很大影响,汽车在水平路面上的加速度大小与动力因素成正比。因此加速度大小反映了汽车动力特性的好坏。从理论上讲评价加速性,应用加速度和时间的关系,但由于其实用意义不大,采用速度或距离与时间的关系更直观。所以一般都是用汽车从某一条件下加速到某一距离或某一车速时所需时间来表示。

(1)试验准备及基本要求。试验前应对试验车辆进行磨合,磨合里程不少于该车技术条件的规定,车轮胎面应留有至少 75% 的花纹,且胎面良好,试验前,所有轮胎均应经过至少 100 km 的磨合。车辆应该按照制造厂的技术要求进行检查及必要的调整。

对于汽车加速性能试验,GB/T 12543—2009 对试验车辆试验质量及载荷分布做出了明确的规定。

1)M_1 类车辆和最大设计总质量小于 2 t 的 N_1 类车辆。按照 GB/T 12545.1 有关道路试验的规定加载。GB/T 12545.1 规定,车辆试验质量为整车整备质量加上 180 kg,当车辆的 50% 载质量大于 180 kg 时,则车辆试验质量为整车整备质量加上 50% 的载质量(包括测量人员和仪器的质量)。

载荷分布分为以下 4 种类型:

① 对于 M_1 类车辆,载荷的质心应位于前排外侧座椅 R 点连线的中点。

② 对于最多两排座椅的车辆,载荷的质心应位于前排外侧座椅 R 点连线的中点。

③ 对于多于两排座椅的车辆，最初的 180 kg 载荷的质心应位于前排外侧座椅 R 点连线的中点。附加载荷的质心应位于车辆中心线上，且应在前排外侧座椅 R 点连线中点和第二排外侧座椅 R 点连线中点之间。

④ 对于 N_1 类车辆，附加载荷（指试验总载荷减去测量仪器和人员的质量）的质心应位于车辆货箱的中心。

2）M_2、M_3 类汽车和最大设计总质量不小于 2 t 的 N 类车辆。车辆试验质量按照 GB/T 12545.2 有关道路试验的规定加载。即除了特殊规定外，适用于 M_2、M_3 类城市客车为装载质量的 65%，其他车辆为满载。

M_2、M_3 类汽车的载荷按照 GB/T 12428《客车装载质量计算方法》均布；N 类车辆的载荷分布按照 GB/T 12534。

在试验时应关闭前照灯。若汽车装有隐藏式车灯，则灯架应位于隐藏车灯的位置。为满足汽车行驶安全的需要可打开车灯，并进行记录。其他电器设备应置于关的位置。试验过程中应关闭所有车窗。

（2）试验程序。汽车加速性能测试方法分全油门起步加速性能试验和全油门超越加速性能试验。

1）全油门起步加速性能试验。车辆由静止状态全油门加速到 100 km/h（如果最高车速的 90% 达不到 100 km/h，应取最高车速的 90% 向下圆整到 5 的整数倍的车速作为试验终了车速），车辆由静止状态全油门加速通过 400 m 的距离，记录以上项目的行驶时间。

2）全油门超越加速性能试验。车辆由 60 km/h 全油门加速到 100 km/h（如果最高车速的 90% 达不到 100 km/h，应取最高车速的 90% 向下圆整到 5 的整数倍的车速作为试验终了车速），记录行驶时间。

（3）试验数据处理。

1）数据计算。计算所有有效试验数据的算术平均值、标准偏差和变化系数（标准偏差/算术平均值）。

$$\mu = \frac{\sum_{i=1}^{n} T_i}{n}$$

$$SD = \sqrt{\frac{\sum_{i=1}^{n} (\mu - T_i)^2}{n-1}}$$

$$k = \frac{SD}{\mu}$$

式中　μ——算术平均值；

i——第 i 次试验；

T_i——第 i 次试验数据；

n——试验总次数；

SD——标准偏差。

k——变化系数。

2）数据验证。全油门起步加速性能试验，变化系数不应大于 3%；全油门超越加速性能试验，变化系数不应大于 6%。

3）数据表达。将数据记录到记录表中，或做出速度-时间图、距离-时间图，或其他认为合理的表达方式。

4. 爬坡性能试验

爬坡性能试验，是在各种坡度的坡道上，测定汽车的起步能力和爬坡能力。爬陡坡试验一般在专门设置的坡道上进行，坡道长度应大于汽车长度的 2~3 倍。汽车用最低挡开始爬坡，其所能克服的最大坡度值即为最大爬坡能力，用角度或纵向升高百分比表示。在爬坡试验过程中，对汽车各部件工作情况应进行仔细观察、测量，如怠速特性以及起动性能的影响，轮胎与路面附着情况，离合器接合情况等。

试验时的坡道坡度应接近于试验车的最大爬坡度。坡道长小于 25 m，坡前应有 8~10 m 的平直路段，坡度大于或等于 30% 的路面用水泥铺装，小于 30% 的坡道可用沥青铺装，在坡道中部设置 10 m 的测速路段。允许以表面平整、坚实，坡度均匀的自然坡道代替。大于 40% 的纵坡必须设置安全保障装置。其他试验条件及汽车的准备按通用试验条件规定。

试验常用仪器主要包括坡度仪，发动机转速表，秒表，钢卷尺（50 m）等。

若试验车为非越野车，则使用最低挡，如有副变速器也应置于最低挡。将试验车停于接近坡道的平直路段上，起步后，将油门全开进行爬坡。测量并记录汽车通过测速路段的时间及发动机转速，爬坡过程中监视各仪表（如水温、机油压力等）的工作情况；爬至坡顶后，停车检查各部位有无异常现象发生，并做详细记录。如第一次爬不上，可进行第二次，但不超过两次。

爬不上坡时，测量停车点（后轮触地中心）到坡底的距离，并记录爬不上坡的原因。

如没有规定坡度的坡道，可增减装载质量或采用变速器较高一挡（如 2 挡）进行试验，再按下式折算为厂定最大总质量下变速器使用最低挡时的爬坡度：

$$a_{\max} = \sin^{-1}\left(\frac{m_{a实} \cdot i_1}{m_a \cdot i_实}\sin\alpha_实\right)$$

式中　$\alpha_实$——试验时的实际坡度，°；
　　　$m_{a实}$——汽车实际总质量，kg；
　　　m_a——汽车厂定最大总质量，kg；
　　　i_1——最低挡总速比；
　　　$i_实$——实际总速比。

10 m 测速区内的平均爬坡车速为：

$$V = \frac{36}{t}$$

式中　t——通过测试路段的时间，s；

若试验车为越野车，则变速器使用最低挡，分动器亦置于最低挡，全轮驱动，停于接近坡道的平直路段上，起步后，将油门全开进行爬坡；当试验车处于坡道上，停住汽车，变速器放入空挡，发动机熄火 2 min，再起步爬坡。测量并记录通过测速路段的时间及发动机转速。爬坡过程中监视各仪表的工作状况，爬至坡顶后，检查各部位有无异常现象，并做详细记录。

汽车牵引车辆做爬坡试验时，应在厂方规定的牵引条件和坡道上进行。根据该牵引车辆是否为越野车来选择上述试验方法中的一种进行。

第三节　经济性能检测

汽车燃油经济性的检测有两种方法，一是道路检测，二是室内台架检测。一般而言，汽车检测站因受到场地条件限制，无法用道路试验方法检测汽车的燃油经济性，因此常在底盘测功机上，参照有关规定模拟道路试验方法检测汽车的燃油经济性。

一、油耗仪工作原理

油耗仪种类很多，按测试方法可分为：容积式油耗仪、质量式油耗仪、流量式油耗仪和流速式油耗仪。GB 18566—2011《道路运输车辆燃料消耗量检测评价方法》规定检验在用营运车辆燃料消耗量需使用碳平衡油耗仪。本节介绍容积式油耗仪、质量式油耗仪和碳平衡油耗仪。

（一）容积式油耗仪

图 5-3-1 所示为容积式燃油流量传感器结构示意图。该装置由十字形配置的四个活塞和旋转曲轴构成，用于将一定容积的燃油流量转变为曲轴的旋转。在油泵油压力作用下，燃油推动活塞往复运动，4 个活塞各往复运动一次则曲轴旋转一周，完成一个进排油循环。曲轴每旋转一圈，各缸分别泵油一次，从而具有连续定容量泵油的作用。曲轴旋转一周的泵油量为：

$$V = 4 \cdot \frac{\pi \cdot d^2}{4} \cdot 2h = 2h\pi d^2$$

式中　V——四缸排油量，cm^3；

　　　h——曲轴偏心距，cm；

　　　d——活塞直径，cm。

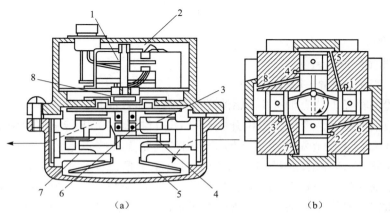

1—光隙板；2—光电管；3—排油腔；4—活塞；
5—滤油器；6—曲轴；7—油缸体；8—磁耦合轴。
1、2、3、4—燃油排出口；
5、6、7、8—燃油通道。

图 5-3-1　容积式燃油流量传感器

由此可见，经上述流量转换机构的转换后，测定燃油消耗量转化为测定流量变换机构曲轴的旋转圈数。这可由装在曲轴一端的信号转换装置完成。当曲轴转动时，通过磁性联轴器带动转轴及光栅旋转，光栅在发光二极管和光敏管之间旋转使光敏管接收到光脉冲。由于光敏管的光电作用将光脉冲转换为电脉冲信号输入到计量显示装置。显然，该电脉冲数与曲轴转过的圈数成正比，从而经过运算处理，在显示装置上显示出燃油的消耗量。

（二）质量式油耗仪

质量式油耗仪由称量装置、计数装置和控制装置构成，如图 5-3-2 所示。

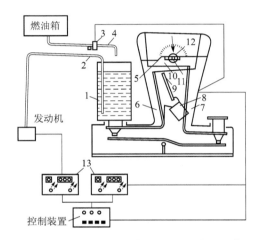

1—油杯；2—出油管；3—电磁阀；4—加油管；5、10—光敏二极管；6、7—限位开关；
8—限位器；9—光源；11—鼓轮机构；12—鼓轮；13—计数器。

图 5-3-2　质量式油耗仪

质量式油耗仪测量消耗一定质量的燃油所用的时间，燃油消耗量可按下式计算：

$$G = 3.6 \frac{\omega}{t}$$

式中　ω——燃油质量，g；

　　　t——测量时间，s；

　　　G——燃油消耗量，kg/h。

称量装置的秤盘上装有油杯 1，燃油经电磁阀 3 加入油杯。电磁阀的开闭由装在平衡块上的行程限位器 8 拨动两个微型限位开关 6 和 7 进行控制。光电传感器由两个光敏二极管 5、10 和装在棱形指针上的光源 9 组成，用于给出油耗始点和终点信号。光敏二极管 5 为固定式，光敏二极管 10 装在活动滑块上，滑块通过齿轮齿条机构移动，齿轮轴与鼓轮 12 相连，计量的燃油量通过转动鼓轮 12 从刻度盘上读出。计量开始时，光源 9 的光束射在光敏二极管 5 上，光敏二极管发出信号使计数器 13 开始计数，随着油杯中燃油的消耗，指针移动。当光束到光敏二极管 10 上时，光敏二极管 10 发出信号，使计数器停止计数。表示油杯中燃油耗尽。记录仪上两个带数字显示的半导体计数器，一个用于计算发动机曲轴转速；另一个计数器记录时间。

(三) 碳平衡油耗仪

图 5-3-3 为碳平衡油耗仪的基本构成示意图。

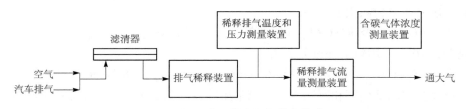

图 5-3-3　碳平衡油耗仪基本构成

碳平衡油耗仪是利用硬件设备直接测取汽车排气流量值和含碳气体浓度值的简易、移动式开式碳平衡油耗检测系统。它综合了 VMAS 和 CVS 系统测量汽车排气排放物的技术原理，利用环境空气稀释汽车原始排气解决原始排气高温、脉动不易测量的难题；直接测取稀释排气流量和稀释排气含碳气体的浓度，缓解二者实时测取难以同步的问题；按需调节稀释原始排气的环境空气量，适于检测各型大小排量的汽、柴油车油耗，具有通用性。它由排气稀释装置、稀释排气温度和压力测量装置、流量测量装置和气体浓度测量装置等构成。

二、碳平衡法

根据燃油在发动机中燃烧后排气中碳质量总和与燃油燃烧前的碳质量总和相等的质量守恒定律测算汽车燃料消耗量的方法，简称为碳平衡法。

(一) 基本原理

汽油、柴油是以 C、H 化合物为主要成分的混合物，燃烧生成 CO_2、CO、HC、H_2O 等，其燃烧产物中的 C 元素均来自汽油或者柴油，只要测出单位时间内汽车排气中的 CO_2、CO、HC 中的碳含量，再与单位体积燃料中的碳量相比较，就可以得出燃料消耗量。

碳平衡法具有以下特点：
① 不需拆解被测车辆，适应汽车不解体检测的发展方向。
② 不需在汽车油路中串接油耗仪，避免了由于回油量大而影响测量精度的问题。
③ 可以和汽车排放检测相结合。

应用碳平衡法进行燃料消耗量的计算是基于以下假设：
① 废气中碳仅包含在 CO_2、CO、HC 之中。
② 废气中的 CO_2、CO、HC 仅来自燃料中。
③ 废气中的碳量等于试验时所消耗燃料中的碳量。
④ 试验车辆技术状况良好，即曲轴窜气微量，排气系统无泄漏。

(二) 计算公式

假定汽车运行了 N (km)，平均燃料消耗量为 FE (km/L)，燃料密度为 SG (kg/L)，燃料中 C 质量的含量为 CWF_F，所消耗汽油中的 C 质量就等于：

$$C_F = 1\,000 \times SG \times CWF_F \times N/FE$$

按照汽车排放测试标准，可测量出汽车按照运转循环运行 N (km) 后，排气中 CO_2、CO、HC 的排放量分别为 m_{CO_2}、m_{CO}、m_{HC}，单位为 g/km。另外 CO_2、CO 中碳质量比率分别为 0.273、0.429，碳氢化合物 CHx 中碳质量比率为 $CWF_{CH_x} = 12/(12+x)$。则排放中的 C

质量总和为：
$$C_L = (0.273 \times m_{CO_2} + 0.429 \times m_{CO} + CWF_{CH_x} \times m_{CH_x}) \times N$$

根据上述公式得到油耗公式为：
$$FE = 1\,000 \times SG \times CWF_F / (0.273 \times m_{CO_2} + 0.429 \times m_{CO} + CWF_{CH_x} \times m_{CH_x})$$

由此得到 100 km 燃料消耗量公式为：
$$FC = (0.273 \times m_{CO_2} + 0.429 \times m_{CO} + CWF_{CH_x} \times m_{CH_x}) / (SG \times CWF_F \times 10)$$

我国现在排放测试循环和测试方法等都采用欧盟的测试规范，所以碳平衡法计算油耗公式也采用欧盟的计算方法，由此，汽车的燃料消耗率公式就为：

对于装有汽油机的车辆：
$$Q = \frac{(0.273 \times m_{CO_2} + 0.429 \times m_{CO} + 0.866 \times m_{CH_x}) \times 0.115\,4}{SG}$$

对于装有柴油机的车辆：
$$Q = \frac{(0.273 \times m_{CO_2} + 0.429 \times m_{CO} + 0.866 \times m_{CH_x}) \times 0.115\,5}{SG}$$

以上公式是在假定汽、柴油的氢碳比分别为 1.85、1.86，即汽、柴油中碳质量比 CWF_F 分别为 0.866\,4、0.865\,8，而且排气中的碳氢化合物的碳质量比 $CWF_{CH_x} = 0.866$ 的情形下简化得到的。

CO_2、CO 和 HC 的浓度可以通过排气分析仪直接测量，通过下列公式可以计算得出 CO_2、CO 和 HC 的质量排放量。

$$m_{CO_2} = \frac{(1\,000 \times V_{min} \times \rho_{CO_2} \times C_{CO_2})}{N}$$

$$m_{CO} = \frac{(1\,000 \times V_{min} \times \rho_{CO} \times C_{CO})}{N}$$

$$m_{HC} = \frac{(1\,000 \times V_{min} \times \rho_{HC} \times C_{HC})}{N}$$

式中　V_{min}——稀释排气的容积，可以由 CVS 系统直接测量；

　　　ρ_{CO_2}、ρ_{CO}、ρ_{HC}——污染物的密度，在标准温度和压力下是常量；

　　　C_{CO_2}、C_{CO}、C_{HC}——为稀释排气中污染物的浓度；

　　　N——汽车试验循环所行驶的实际里程，可以通过底盘测功机直接测量得到。

（三）试验方法

1. 试验条件

车辆的机械状态应良好。试验前，车辆至少应行驶 3 000 km，且少于 15 000 km。试验前，车辆应置于温度保持为 20 ℃ ~ 30 ℃（293 ~ 303 K）的室内进行处理。此处理期至少为 6 h，直至发动机的润滑油和冷却液温度达到室温的 ±2 K 范围内。在制造厂的要求下，车辆可在正常温度下行驶后 30 h 内进行试验。应按照制造厂的规定调整发动机和车辆操纵件。应特别注意怠速设定（转速和排气中的 CO 和 HC 含量）、冷起动装置和排气污染物排放控制系统的调整。

试验时可检查进气系统的密封性，以避免额外进气影响雾化；可检查车辆的性能是否符合制造厂的规定，能否在正常行驶条件下运行，特别是能否实现正常的冷、热起动。

在制造厂的要求下，装汽油发动机的车辆可按照 GB 18352.2—2001 的 E.5.1.11 规定的运行循环进行预处理；装压燃式发动机的车辆，可按照 GB 18352.2—2001 的 C.5.3 规定的规程进行预处理。

试验期间，应只使用车辆的功能性设备。若化油器具有手动进气预热装置，应置于"夏季"位置。一般来讲，车辆正常行驶所需的辅助设备必须处于工作状态。若为温控水箱风扇，应按其在车辆上的正常状况工作。乘客舱的暖气系统和空调系统都应关闭，而其压缩机应正常工作。若装有增压装置，则应在试验状态下正常工作。

2. 试验循环和测功机设定

试验循环按照 GB 18352.3—2005 或 GB 18352.2—2001 附件 CA 所述，包括市区行驶和市郊行驶两部分。并按照附件 C 的规定，进行测功机的负荷和惯量设定。

在试验过程中，如果车辆不能达到试验循环要求的加速和最大车速值，则应将加速踏板踏到底，直至回到要求的运行曲线。

3. 排放量计算

（1）一般条款。

① 气态污染物排放量用下式进行计算：

$$M_i = \frac{V_{mix} \times Q_i \times C_i \times 10^{-6}}{d}$$

式中　M_i——污染物 i 的排放量，单位为 g/km；

　　　V_{mix}——校正至标准状态（273.2 K 和 101.33 kPa）的稀释排气体积，单位为 L/试验；

　　　Q_i——标准状态（273.2 K 和 101.33 kPa）下污染物 i 的密度，单位为 g/L；

　　　C_i——稀释排气中污染物 i 的浓度，并按稀释空气中污染物 i 的含量进行校正，10^{-6}。

　　　　　　如 C_i 用体积分数表示，则系数 10^{-6} 由 10^{-2} 替代；

　　　d——试验循环期间的行驶距离，单位为 km。

② 容积测定。当使用孔板或文丘里管控制恒定流量的变稀释度计算容积时，连续记录显示容积流量的参数，并计算试验期间的总容积。

当使用容积泵计算容积时，用下式计算包括容积泵的系统内的稀释排气容积：

$$V = V_0 \times N$$

式中　V——稀释排气容积（校正前），单位为 L/试验；

　　　V_0——试验条件下容积泵送出的气体容积，单位为 L/r（升每转）；

　　　N——每次试验的转数，单位为 r。

将稀释排气容积校正至标准状态，用下式校正稀释排气容积：

$$V_{mix} = V \times K_1 \times \frac{P_p}{T_p}$$

式中　$K_1 = \dfrac{273.2}{101.33} = 2.6961$（K·kPa^{-1}）；

　　　P_p——容积泵进口处的绝对压力，kPa；

　　　T_p——试验期间进入容积泵的稀释排气的平均温度，K。

③ 计算取样袋中污染物的校正浓度：

$$C_i = C_e - C_d\left(1 - \frac{1}{DF}\right)$$

式中 C_i——经稀释空气中污染物 i 含量校正后稀释排气中污染物 i 的浓度，ppm 或体积分数，%；

C_e——稀释排气中污染物 i 测定浓度，ppm 或体积分数，%；

C_d——稀释空气中污染物 i 测定浓度，ppm 或体积分数，%；

DF——稀释系数。

稀释系数的计算如下：

$$DF = \frac{13.4}{C_{CO_2} + (C_{HC} + C_{CO}) \times 10^{-4}}$$

式中 C_{CO_2}——取样袋内稀释排气中 CO_2 的浓度，体积分数%；

C_{HC}——取样袋内稀释排气中 HC 的浓度，10^{-6}；

C_{CO}——取样袋内稀释排气中 CO 的浓度，10^{-6}。

（2）装压燃式发动机车辆的特殊条款。

测量压燃式发动机的 HC。

利用下列公式，计算用于确定压燃式发动机 HC 排放量的 HC 平均浓度：

$$C_e = \frac{\int_{t_1}^{t_2} C_{HC} dt}{t_2 - t_1}$$

式中 $\int_{t_1}^{t_2} C_{HC} dt$——加热式 FID 记录曲线在试验期间（$t_2 - t_1$）内的积分；

C_e——由 HC 记录曲线积分得到的稀释排气样气中 HC 的浓度，ppm。

4. 计算燃料消耗量

根据上一步计算得到的 HC、CO 和 CO_2 排放量，按照碳平衡法的计算公式分别计算市区、市郊的综合燃料消耗量。

三、路试检测经济性能

（一）基本条件

试验前，应对试验的汽车进行磨合；试验时，试验汽车必须进行预热行驶，使发动机、传动系及其他部分预热到规定的温度状态。轮胎充气压力应符合该车技术条件的规定，误差不超过 10 kPa（±0.01 kg·f/cm²）。装载质量除有特殊规定外，对于 M_1 和不大于 3.5 t 的 N_1 类车辆，车辆试验质量为整备质量加上 180 kg，当车辆的 50% 载质量大于 180 kg 时，则车辆试验质量为车辆整备质量加上 50% 的载质量（包括测量人员和仪器的质量）；对于 M_2、M_3 类和最大设计总质量大于 3.5 t 的 N_1 类车辆，M_2、M_3 类城市客车为装载质量的 65%；最大总质量大于 3.5 t 的 N 类汽车为满载。试验汽车必须清洁，关闭车窗和驾驶室通风口，由恒温器控制的空气流必须处于正常调整状态，做各项燃油消耗量试验时，汽车发动机不调整。

试验道路应为清洁、干燥、平坦的，用沥青或混凝土铺成的直线道路，道路长 2~3 km，宽不小于 8 m，纵向坡度在 0.1% 以内。试验应在无雨无雾，相对湿度小于 95%，气温 0 ℃ ~ 40 ℃，风速不大于 3 m/s 的气候条件下进行。车速测定仪器和燃油流量计的精度为 0.5%；计时器最小读数为 0.1 s。试验油耗仪常用容积式。

（二）试验项目及方法

路试检测燃料消耗量试验项目包括等速行驶燃料消耗量试验和四工况、六工况燃料消耗量试验。

1. 等速燃油消耗量试验

试验测试路段长度为 500 m，汽车用常用挡位，等速行驶，通过 500 m 的测试路段，测量通过该路段的时间及燃油消耗量。

试验车速从 20 km/h（最小稳定车速高于 20 km/h 时，从 30 km/h）开始，以每隔 10 km/h 均匀选取车速，直至最高车速的 90%，至少测定 5 个试验车速，同一车速往返各进行二次。

以车速为横轴，燃油消耗量为纵轴，绘制等速燃油消耗量散点图，根据散点图绘制等速燃油消耗量特性曲线。

2. 多工况燃油消耗量试验

汽车运行工况可分为匀速、加速、减速和怠速等几种，实际运行时，往往是上述几种工况的组合，并以此决定了汽车的油耗。所以，各国根据不同车型汽车的常用工况，制定了不同的试验循环，既使得试验结果比较接近于实际情况，又可缩短试验周期。

多工况燃油消耗量试验的方法就是将不同车型的汽车严格依据各自的试验循环进行燃油消耗量测定。怠速工况时，离合器应接合，变速器置于空挡，从怠速运转工况转换为加速工况时，在转换前 5 s，分离离合器，把变速器挡位换为低速挡，换挡应迅速、平稳。减速工况中，应完全放松加速踏板，离合器仍然接合，当车速降至 10 km/h 时，分离离合器，必要时，减速工况中，允许使用汽车的制动器。

汽车在进行多工况试验时，加速、匀速和用汽车的制动器减速时，在每个试验工况除单独规定外，车速偏差为 ±2 km/h。在工况改变过程中允许车速的偏差大于规定值，但在任何条件下超过车速偏差的时间都不大于 1 s，即时间偏差为 ±1 s。

每次循环试验后，应记录通过循环试验的燃油消耗量和通过的时间。当按各试验循环完成一次试验后，汽车应迅速调头，重复试验，试验往返各进行二次，取四次试验结果的算术平均值为多工况燃油消耗量试验的测定值。

（三）试验结果的重复性检验和置信区间

等速行驶燃油消耗量试验，试验结果须经重复性检验，当试验结果的重复性较差时，应查找原因，增加试验次数。最后还应对试验结果按标准环境状态进行校正。

等速燃油消耗量试验与多工况燃油消耗量试验的试验结果必须进行重复性检验。

试验重复性按第 95 百分位分布来判别。第 95 百分位分布的标准差 R 与重复性次数 n 的关系如表 5-3-1 所示。

表 5-3-1　95 百分位分布的标准差

n	2	3	4	5	10
R/（L/100 km）	$0.053\overline{Q}$	$0.063\overline{Q}$	$0.069\overline{Q}$	$0.073\overline{Q}$	$0.085\overline{Q}$

设 $\overline{\Delta Q_{\max}}$ 为某项试验中几次测量结果中最大燃油消耗量值与最小燃油消耗量值之差，单位为 L/100 km，则重复性检验判别原则如下：

当 $\overline{\Delta Q_{\max}} < R$ 时，说明极差小于标准差，判为试验结果重复性好，可不增加试验次数。

当 $\overline{\Delta Q_{\max}} > R$ 时，说明极差大于标准差，判为试验结果重复性差，应增加试验次数。

（四）试验数据真实平均值的评定（置信区间）

数据真实平均值的评定按置信度 90% 进行，计算公式如下：

$$\overline{Q}_r = \overline{Q} \pm \frac{0.031}{\sqrt{n}} \cdot \overline{Q}$$

式中　$\overline{Q}_r$——燃油消耗量真实平均值，L/100 km；

　　　$\overline{Q}$——n 次试验的燃油消耗量实测值的算术平均值，L/100 km；

　　　n——重复试验的次数。

燃油消耗量的测定值均应校正到标准状态下的数值。标准状态为：试验环境大气温度为 20 ℃，大气压为 100 kPa，汽油的密度为 0.742 g/mL，柴油的密度为 0.830 g/mL。

燃油消耗量的校正公式为：

$$Q_0 = \frac{\overline{Q}}{C_1 \cdot C_2 \cdot C_3}$$

式中　Q_0——校正后的燃油消耗量，L/100 km；

　　　$\overline{Q}$——实测的燃油消耗量的均值，L/100 km；

　　　C_1——环境温度校正系数；$C_1 = 1 + 0.0025(20-T)$；

　　　C_2——大气压力的校正系数；$C_2 = 1 + 0.0021(P-100)$；

　　　C_3——燃油密度校正系数，汽油机：$C_3 = 1 + 0.8(0.742-G_s)$；柴油机：$C_3 = 1 + 0.8(0.830-G_d)$；

　　　T——试验时的环境温度，℃；

　　　P——试验时的大气压力，kPa；

　　　G_s——试验用的汽油平均密度，g/mL；

　　　G_d——试验用的柴油平均密度，g/mL。

四、台架检测经济性能

（一）台架检测工况

GB/T 12545.1—2008《乘用车燃油消耗量试验方法》，规定了最大设计总质量不大于 3.5 t 的 M_1、N_1 类车辆燃料消耗量试验方法，其规定乘用车的工况循环燃油消耗量试验必须按照 GB 18352.3—2005《轻型汽车污染物排放限值及测量方法》附件 CA 规定的 15 工况在底盘测功机上进行，如图 5-3-4 所示；等速行驶燃油消耗量试验可以在底盘测功机上进行，也可在道路上进行。

乘用车 15 工况循环操作规程如表 5-3-2 所示。

第五章 整车性能检测

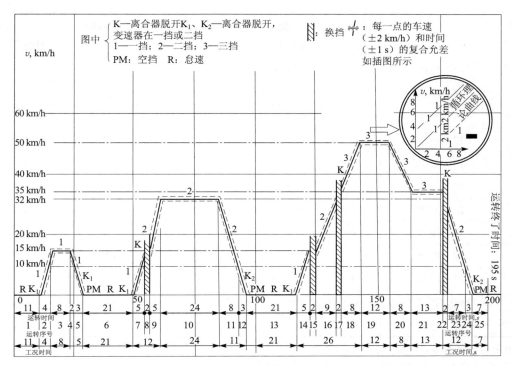

图 5-3-4 乘用车 15 工况循环构成

表 5-3-2 乘用车 15 工况循环操作规程

工况号数	运转次序		加速度 /(m·s^{-2})	速度 /(km·h^{-1})	每次时间/s 运转	每次时间/s 工况	累计时间 /s	手动变速器使用挡位
1	1	怠速	—	—	11	11	11	6 s PM①+5 s $K_1$②
2	2	加速	1.04	0→15	4	4	15	1
3	3	等速	—	15	8	8	23	1
4	4	等速	-0.69	15→10	2	5	25	1
	5	减速离合器脱开	-0.92	10→0	3		28	K_1
5	6	怠速	—	—	21	21	49	16 s PM+5 s K_1
6	7	加速	0.83	0→15	5	12	54	1
	8	换挡			2		56	—
	9	加速	0.94	15→32	5		61	2
7	10	等速	—	32	24	24	85	2
8	11	减速	-0.75	32→10	8	11	93	2
	12	减速离合器脱开	-0.92	10→0	3		96	K_2
9	13	怠速	—	—	21	21	117	16 s Pm+5 s K_1

续表

工况号数	运转次序	加速度/(m·s^{-2})	速度/(km·h^{-1})	每次时间/s 运转	每次时间/s 工况	累计时间/s	手动变速器使用挡位
10	14 加速	0.83	0→15	5		122	1
	15 换挡			2		124	—
	16 加速	0.62	15→35	9	26	133	2
	17 换挡			1		135	—
	18 加速	0.62	35→50	8		143	3
11	19 等速	—	50	12	12	155	3
12	20 减速	-0.52	50→35	8	8	163	3
13	21 等速	—	35	13	13	176	3
14	22 换挡	—	—	2		178	—
	23 减速	-0.86	32→10	7	12	185	2
	24 减速离合器脱开	-0.92	10→0	3		188	K$_2$③
15	25 怠速	—	—	7	7	195	7 s PM

注：① PM 指变速器在空挡，离合器接合；
② K$_1$（或 K$_2$）指变速器挂 1 挡（或 2 挡），离合器脱开；
③ 如车辆装备自动变速器，驾驶员可根据工况自行选择合适的挡位。

GB/T 12545.2—2001《商用车燃油消耗量试验方法》，规定 M_2、M_3 类和最大设计总质量大于 3.5 t 的 N 类车辆燃料消耗量试验方法，其规定商用车的等速行驶燃油消耗量试验和多工况燃油消耗量试验可以在底盘测功机上进行，也可在道路上进行。其中城市客车和双层客车（包括城市铰接式客车）按四工况循环进行试验，如图 5-3-5；其他车辆按照该标准规定的六工况循环进行试验，如图 5-3-6。

GB 18566—2011《道路运输车辆燃料消耗量检测评价方法》规定，在用营运客车和营运货车等速百公里燃料消耗量试验必须在底盘测功机上进行。

（二）燃油经济性的台架试验

汽车燃油经济性台架试验是把底盘测功机和油耗仪配合使用完成的。底盘测功机用来提供活动路面并模拟汽车在道路上行驶时的各种阻力，油耗仪则用来测量燃油消耗量。因此，燃油经济性检测结果的准确性除与油耗仪的测量精度有关外，还取决于底盘测功机对汽车行驶阻力的模拟是否准确。

1. 油耗仪在燃油管路中的安装

为了准确测量汽车燃油消耗量，在安装和使用油耗仪时需要注意以下两点：

（1）油耗仪的进出油管最好为透明塑料管，以便观察燃油有无气体。若供油管中存在气体将导致测量误差。

（2）经油耗仪计数的燃油必须全部进入燃烧室，不得产生二次计数。

2. 工况循环燃料消耗量计算

（1）按照 GB 18352.3—2005 附录 C 的规定，进行测功机的载荷和惯量的设定。

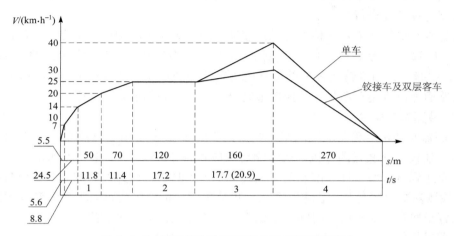

图 5-3-5　城市客车和双层客车四工况循环试验

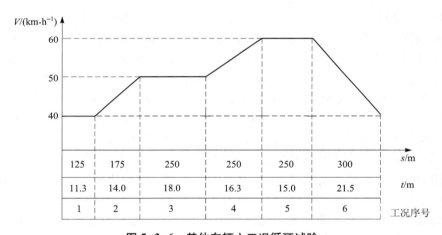

图 5-3-6　其他车辆六工况循环试验

（2）按照碳平衡法试验方法中排放量和燃料消耗量计算方法进行燃料消耗量计算。

（3）试验完毕后，按照标准规定的方法进行燃料消耗量的计算。

3．等速行驶燃料消耗量试验

（1）按适当的试验速度和规定的试验质量设定测功机，以达到总的道路行驶阻力。

（2）测量行驶距离不应少于 2 km。试验时，速度变化幅度不大于 0.5 km/h 时可断开惯性装置。至少进行 4 次测量。

（3）按照道路试验燃料消耗量计算方法进行燃料消耗量计算。

五、道路运输车辆燃料消耗量检测

根据 GB 18566 规定，燃用柴油或汽油、额定总质量大于 3.5 t 的在用营运客车和营运货车必须按照碳平衡法进行燃料消耗量检测。

道路运输车辆燃料消耗量的检测评价指标参数为汽车在水平硬路面上以额定总质量、变速器最高挡、等速行驶条件下的百公里燃料消耗量。在检测时，采用在底盘测功机上模拟受检汽车道路行驶工况进行。

道路运输车辆燃料消耗量检测工况由速度工况和载荷工况构成。速度工况包括：营运客车按照 JT/T 325 分为高级、中级和普通级客车，高级营运客车检测速度工况为等速 60 km/h，中级、普通级营运客车以及营运货车检测速度工况为 50 km/h。载荷工况为汽车在水平硬路面上以额定总质量、变速器最高挡、等速行驶的道路行驶阻力。

(一) 检测基本条件

(1) 底盘测功机。单驱动轴汽车检测采用 10 t 或 13 t 通用底盘测功机，双驱动轴汽车检测采用三轴式 13 t 底盘测功机。底盘测功机应符合 JT/T 445 要求。测功机距离测量装置的准确度应达到±0.5%，计时准确度应达到±10 ms。测功机恒力控制的加载响应时间不超过 300 ms。检测前要对底盘测功机进行预热。预热采用反拖电机或车辆驱动滚筒专用预热底盘测功机，直至底盘测功机滑行时间趋于稳定。检测前底盘测功机应静态空载，力、速度和距离示值调零或复位。

(2) 燃料消耗量测量装置采用碳平衡油耗仪，油耗仪的相对误差应在±4% 范围内。检测前应预热至设备到达正常工作准备状态。各测量参数示值调零或复位。

(3) 受检汽车。车辆空载，排气系统没有泄漏。驱动轴轮胎的花纹深度不得小于 1.6 mm，花纹中不得夹有杂物；轮胎气压应按 GB/T 2977 的规定进行调整。记录受检车辆燃油类别（汽、柴油）、驱动轮轮胎规格型号、额定总质量、车高、前轮距、客车车长、客车等级（高级、中级、普通级）、货车车身型式、驱动轴数、驱动轴空载质量、牵引车满载总质量等参数信息。对于检测站数据库或车辆行驶证无法提供的参数，应进行实车测量。检测前车辆应预热至发动机、传动系统达到正常工作的温度状况，发动机冷却水温度应达到 80 ℃ ~ 90 ℃。关闭非汽车正常行驶所必需的附属装备，如空调系统等。

(4) 燃料。检测时使用受检汽车油箱内的燃油。燃油氢碳比采用固定值：柴油取 1.86，汽车取 1.85。

(5) 确定受检汽车的检测工况。检测系统应根据车辆参数信息，按照规定确定检测速度，计算台架加载阻力。若半挂汽车列车驱动轮与滚筒之间的附着力小于台架加载阻力而产生轮胎打滑，则应按牵引车（单车）满载总质量计算台架加载阻力。

(二) 检测程序

(1) 引车员将汽车平稳驶上底盘测功机，置汽车驱动轮于滚筒上，驱动轮轴线应与滚筒轴线平行，固定汽车非驱动轮。

(2) 每次检测前油耗仪应调零，并测量环境空气中 CO_2 气体浓度。

(3) 起动汽车，逐步加速，变速器介入最高挡（自动变速器应置于"D"挡），底盘测功机按照规定台架加载阻力对受检车辆进行加载，至车速稳定在规定的检测车速上。

(4) 油耗仪采样管应靠近并对准汽车排气管口，其间距不大于 100 mm，使采样管与排气管末端同轴，用支架固定，使汽车排气和环境空气顺利进入采样管。

(5) 引车员按司机助提示控制汽车油门，使检测车速的变化幅度稳定在±0.5 km/h 的范围内，稳定至少 15 s 后，油耗仪开始 60 s 连续采样，同时测功机开始测量 60 s 连续采样时间内的汽车行驶距离 S (m)。

(6) 采样过程中，如连续 3 s 内检测车速的变化幅度超过±0.5 km/h 或加载阻力变化幅度超过±20 N，则停止本次采样，返回到上一步重新开始。

（7）连续 60 s 采样完成后，按下式计算汽车百公里燃料消耗量，并四舍五入至小数点后一位。

$$FC = \frac{100}{S} \times \sum FC_S$$

式中　FC——汽车百公里燃料消耗量，L/100 km；

　　　S——采样时间内汽车的行驶距离，m；

　　　$\sum FC_S$——采样时间内汽车每秒燃料消耗量的累加值，mL。

（三）检测结果评价

（1）燃料消耗量限值。

① 已列入交通运输主管部门公布的《道路运输车辆燃料消耗量达标车型表》的车辆，其燃料消耗量限值为车辆《燃料消耗量参数表》中 50 km/h 或 60 km/h 满载等速油耗的 114%。

② 未列入交通运输主管部门公布的《道路运输车辆燃料消耗量达标车型表》的车辆，其燃料消耗量限值的参比值如表 5-3-3、表 5-3-4、表 5-3-5 所示。其中在用柴油客车如表 5-3-3 所示，在用柴油货车（单车）如表 5-3-4 所示，在用半挂汽车列车燃料消耗量限值的参比值如 5-3-5 所示。在用汽油车辆的燃料消耗量限值的参比值为相应车长、等级的柴油客车及相应总质量的柴油货车（单车）及半挂汽车列车限值参比值的 1.15 倍。

表 5-3-3　在用柴油客车燃料消耗量限值的参比值

车长 L/mm	参比值/（L·100 km^{-1}）	
	高级客车（等速 60 km/h）	中级和普通级客车（等速 60 km/h）
$L \leq 6\ 000$	11.3	9.5
$6\ 000 < L \leq 7\ 000$	13.1	11.5
$7\ 000 < L \leq 8\ 000$	15.3	14.1
$8\ 000 < L \leq 9\ 000$	16.4	15.5
$9\ 000 < L \leq 10\ 000$	17.8	16.7
$10\ 000 < L \leq 11\ 000$	19.4	17.6
$11\ 000 < L \leq 12\ 000$	20.1	18.3
$L > 12\ 000$	22.3	20.3

表 5-3-4　在用柴油货车燃料消耗量限值的参比值

额定总质量 G/kg	参比值/（L·100 km^{-1}）	额定总质量 G/kg	参比值/（L·100 km^{-1}）
$3\ 500 < G \leq 4\ 000$	10.6	$5\ 000 < G \leq 6\ 000$	12.6
$4\ 000 < G \leq 5\ 000$	11.3	$6\ 000 < G \leq 7\ 000$	13.5

续表

额定总质量 G/kg	参比值/ (L·100 km^{-1})	额定总质量 G/kg	参比值/ (L·100 km^{-1})
7 000<G≤8 000	14.9	19 000<G≤20 000	26.1
8 000<G≤9 000	16.1	20 000<G≤21 000	27.0
9 000<G≤10 000	16.9	21 000<G≤22 000	27.7
10 000<G≤11 000	18.0	22 000<G≤23 000	28.2
11 000<G≤12 000	29.1	23 000<G≤24 000	28.8
12 000<G≤13 000	20.0	24 000<G≤25 000	29.5
13 000<G≤14 000	20.9	25 000<G≤26 000	30.1
14 000<G≤15 000	21.6	26 000<G≤27 000	30.8
15 000<G≤16 000	22.7	27 000<G≤28 000	31.7
16 000<G≤17 000	23.6	28 000<G≤29 000	32.6
17 000<G≤18 000	24.4	29 000<G≤30 000	33.7
18 000<G≤19 000	25.4	30 000<G≤31 000	34.6

表 5-3-5　在用柴油半挂汽车列车燃料消耗量限值的参比值

额定总质量 G/kg	参比值/ (L·100 km^{-1})
G≤27 000	42.9
27 000<G≤35 000	43.9
35 000<G≤43 000	46.2
43 000<G≤49 000	47.3

③ 当按牵引车（单车）满载总质量进行检测时，燃料消耗量限值的参比值按牵引车（单车）满载总质量对应表 5-3-4 中的数值。

（2）结果判定方法。

① 当检测结果小于等于限值，判定该车燃料消耗量为合格。

② 当检测结果大于限值，允许复检两次。一次复检合格，则判定该车燃料消耗量为合格。

③ 当检测结果和复检结果均大于限值，判定该车燃料消耗量为不合格。

第四节　制动性能检测

汽车制动性能的检测包括台试检测和路试检测。一般情况下，用台试检测制动性能，当对台试检测结果发生争议时，可以用路试检测进行复检，并以满载状态路试结果为准，以保证对其制动性能判断的准确性。

一、台架检测制动性能

与路试检测制动性能相比，台试检测制动性能具有迅速、经济、安全，不受外界自然条件的限制，以及试验重复性好和能定量地指示出各轮的制动力或制动距离等优点。

（一）检测设备

按测试原理不同，制动检验台可分为反力式和惯性式两类；按检验台支撑车轮形式不同，可分为滚筒式和平板式两类；按检测参数不同，可分为测制动力式、测制动距离式和综合式三类；按检验台的测量、指示装置传递信号方式不同，可分为机械式、液力式和电气式三类；按同时能测车轴数不同，可分为单轴式、双轴式和多轴式三类。目前，国内多采用单轴滚筒反力式制动检验台。

1. 轴重检测台

利用制动检验台检测汽车制动性能时，其制动的参数标准是以轴制动力占轴荷的百分比为依据的，因此必须在测得轴荷和轴制动力后才能评价轴制动性能是否符合国标要求。用于检测车轴轴载质量的设备称为轴重检测台，又称轴重仪。

电子轴重仪一般由机械部分（包括承载装置和传感器装置）和显示仪表组成。双载荷台板式轴重仪，检测线使用较多，它能测量左、右车轮轮荷。它有左右两个秤体，分别安装在左右框架内，共用一个显示仪表。如图 5-4-1 所示。

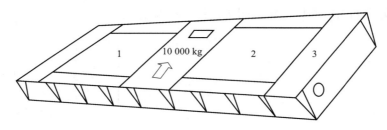

1—左称体；2—右称体；3—框架。

图 5-4-1 双载荷台板式轴重仪外形

2. 滚筒反力式制动检验台

滚筒反力式制动检验台的结构如图 5-4-2 所示，由框架、驱动装置、滚筒装置、测量装置、举升装置和指示与控制装置等组成。为使制动检验台能同时检测车轴两端左、右车轮的制动力，除框架、指示与控制装置外，其他装置是分别独立设置的。

（1）驱动装置。该装置由电动机、减速器和链传动组成。电动机的转动通过减速器内的蜗轮蜗杆传动和一对圆柱齿轮传动后传递给主动滚筒，主动滚筒又通过链传动把动力传递给从动滚筒。减速器与主动滚筒共用一轴，减速器壳体处于浮动状态。

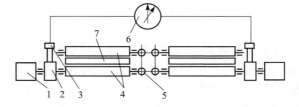

1—电动机；2—减速器；3—测量装置；4—滚筒装置；
5—链传动；6—指示与控制装置；7—举升装置。

图 5-4-2 单轴滚筒反力式制动检验台

（2）滚筒装置。该装置由四个滚筒组成。每对滚筒独立设置，有主动滚筒和从动滚筒之分。每个滚筒的两端分别用滚动轴承支承，被测车轮置于两滚筒之间，为使滚筒与轮胎的附着系数能够与路面相接近，在滚筒圆周表面覆盖一定厚度粘砂、烤砂或其他材料以代替沟槽的滚筒。这种带有涂覆层的滚筒的表面几乎与道路表面一致，模拟性好，附着系数高（干态可达0.9，湿态不低于0.8）。

（3）测量装置。该装置主要由测力杠杆、测力传感器等组成。测力杠杆一端与传感器连接，另一端与减速器连接，测力杠杆直接固定在减速器壳体上。

（4）举升装置。为了便于汽车出入检验台，在两滚筒之间设有举升装置。常见的检验台举升器主要有三种类型，即气压式、液压式和电动机械式。

驱动装置、滚筒装置和测量装置，直接或间接安装在框架上。

滚筒反力式制动检验台的工作原理如图5-4-3所示。将汽车开到检验台上，使车轮处于每对滚筒之间，滚筒在电机驱动下带动车轮转动，相当于车不动，路以一定速度移动。然后对车轮采取制动，车轮的制动力作用在滚筒上，该力的方向与滚筒的转动方向相反，此时，与滚筒相连的减速器（扭力箱）在反作用力矩的作用下发生一定程度的翻转，通过测力装置，便可测量显示出制动力的数值。因所测的制动力的方向与滚筒转动方向相反，故称之为滚筒反力式制动检验台。

3. 平板式制动检验台

平板式制动检验台的组成如图5-4-4所示。该检验台由测试平板、显示系统和踏板力计组成，一般分为两条的测试平板共四块，且相互独立。

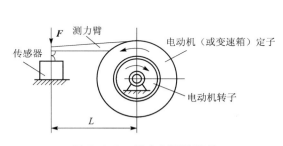

图5-4-3 制动力测量原理

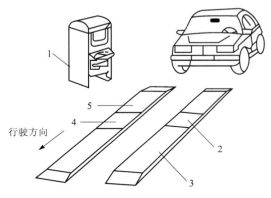

1—测量仪表；2—侧滑测试平板；
3、5—制动、轮重及悬架测试平板；4—空板。

图5-4-4 平板式制动检验台的构成

图5-4-5是平板式制动检验台原理图，测试系统由平板、底板、钢球和力传感器等组成。底板作为底座固定在混凝土地面上，面板通过承重传感器和钢球支承在底板上，其纵向则通过拉力传感器与底板相连。承重传感器用于测量作用于面板上的垂直力；拉力传感器则用于测量沿汽车行驶方向轮胎作用于面板上的水平力，水平力和垂直力的大小变化分别对应于拉力传感器和承重传感器所输出的电信号的变化。拉力传感器和承重传感器输出的电信号由计算机采集、处理后，换算成制动力和轮荷的大小并分别显示出来。如果装用无线式踏板压力计，该检验台不仅可测出最大制动力，还可提供制动力随时间变化的曲线、制动协调时

间等信息，根据垂直力在制动过程中的波动情况，可检测悬架减振器的性能。

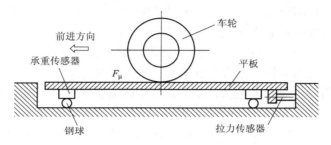

图 5-4-5　平板式制动检验台原理图

汽车在平板式制动检验台上的制动检验过程与汽车在道路上行驶时的制动过程较为接近。但平板式制动检验台存在测试重复性差且重复试验较麻烦、占地面积大、需要助跑车道、不利于流水作业和不安全等缺点，因此其应用不如滚筒反力式制动检验台广泛。

4. 滚筒反力式与平板式制动检验台的使用选择

滚筒反力式制动检验台和平板式制动检验台使用范围不同。平板式制动检验台能同时对汽车的四个轮做动态检测，特别适用于现代轿车的检测。它的局限性在于对轴距变化大的汽车做四轮检测时不方便，测试货车后轴的制动性能不够理想。因此在汽车保有量较多的中心城市和经济发达地区，在同时设有大车线和小车线的检测站，在小车线上配置平板式制动检验台，主要检测轿车和高档小客车，在大车线上配置滚筒反力式制动检验台。

（二）制动性能检测方法

1. 滚筒反力式制动检验台检测

滚筒表面应干燥，没有松散物质及油污，滚筒表面当量附着系数应不小于 0.7，制动台前、后地面应做提高附着系数处理，试验时左右滚筒的驱动电机应分时起动，时间间隔不少于 1 s。

（1）将被测车辆驶上滚筒，在轴（轮）重仪上，测出被检车辆各轴的静态轴（轮）荷质量。

（2）被测车辆正直居中行驶，将被测车轮停放在制动台滚筒上，变速器置于空挡，松开制动踏板；对于全时四轮驱动车辆，非测试轮应处于附着系数符合要求的辅助自由滚筒组上，变速器置于空挡；采用具有举升功能的滚筒反力式制动检验台时，对于多轴及并装轴车辆，举升台体至规定的位置，测出左右轮空载轮荷，计算得出该轴空载轴荷（或直接测得该轴空载轴荷）。

（3）分别起动制动检验台左、右滚筒的驱动电机，稳定 3 s 后按提示将制动踏板逐渐慢踩到底（液压制动车辆应保持规定的制动踏板力），测取左、右车轮制动力增长全过程的数值及左、右车轮最大制动力，并依次测试各车轴；对驻车制动轴实施驻车制动，测取驻车最大制动力，计算轴制动率、不平衡率、驻车制动率、整车制动率。

（4）测量时，可采取防止车辆移动的措施（如加三角垫块或采取牵引等方法）。当采取上述方法之后，仍出现车轮抱死并在滚筒上打滑或整车随滚筒向后移出的现象，而制动力仍未达到合格要求时，应按照国家标准使用其他方法如路试或平板式制动检验台进行检验。

(5) 制动性能参数计算方法如下：

① 轴制动率为测得的该轴左、右车轮最大制动力之和与该轴（静态）轴荷之百分比。

② 以同轴左、右轮两个车轮均达到最大制动力（或两个车轮一个达到最大制动力、另一个产生抱死滑移；或两个车轮均产生抱死滑移）时为取值终点，取制动力增长过程中测得的同时刻左右轮制动力差最大值为左右车轮制动力差的最大值，用该值除以左、右车轮最大制动力中的较大值（后轴及其他轴，制动力小于该轴轴荷的60%时为该轴轴荷），得到不平衡率。

③ 整车制动率为测得的各轮最大制动力之和与该车各轴（静态）轴荷之和的百分比。

④ 驻车制动率为测得的各驻车轴制动力之和与该车所有车轴（静态）轴荷之和的百分比。

值得注意的是对多轴车辆及并装轴车辆，计算轴制动率、不平衡率和整车制动率时，（静态）轴荷按照空载轴荷计算。

2. 平板式制动检验台检验

平板表面应干燥，没有松散物质及油污，平板表面附着系数应不小于0.7，制动平板保持水平，各制动平板间的高度差应不超过5 mm，单车应采用至少4个制动平板的平板制动检验台检验。

具体检验步骤如下：

（1）驾驶员将汽车对正平板式制动检验台，以5~10 km/h的速度（或制造厂家推荐的速度）行驶，置变速器于空挡（自动变速的车辆可置变速器于D挡），正直平稳驶上平板。

（2）当所有车轮均驶上制动平板时，急踩制动使车辆停止，测取各车轮的轮荷（对小型、微型载客汽车应为动态轮荷，对于并装双轴、并装三轴车辆的左右两侧可以按照1个车轮计）、最大轮制动力、轮制动力增长全过程的数值等，并计算轴的制动率、不平衡率、整车制动率等指标。

（3）重新起动车辆，当驻车制动轴驶上制动平板时操纵驻车制动操纵装置，测得驻车制动力数值，并计算驻车制动率。

（4）车辆制动停止时，如被测车轮已经离开制动平板，则此次制动检测无效，应重新检测。

（5）制动性能参数计算方法如下：

① 轴制动率为测得的该轴左、右车轮最大制动力之和与该轴轴荷的百分比，对小（微）型载客汽车轴荷取左、右轮制动力最大时刻所分别对应的左、右轮荷之和，对其他机动车轴荷取该轴静态轴荷。

② 不平衡率、整车制动率、驻车制动率等指标的计算同上述滚筒反力式制动检验台的计算方法一样。

3. 台式加载制动检验

加载制动检验宜采用具有台体举升功能的滚筒反力式制动检验台进行，多轴货车、由并装轴挂车组成的汽车列车的第一轴和最后一轴不进行加载制动检验。具体方法如下：

（1）被检车辆正直居中行驶，将被测试车的第二轴停放在制动台滚筒上，变速器置于空挡，松开制动踏板。

（2）通过举升台体对测试轴加载，举升至副滚筒上母线离地 100 mm（或轴荷达到 11 500 kg 时），停止举升；测出左右轮轮荷，计算得出该轴加载状况下的轴荷（或直接测得该轴加载状况下的轴荷）。

（3）起动滚筒电机，稳定 3 s 后实施制动，将制动踏板逐渐慢踩到底或踩至规定制动踏板力，测得左、右车轮制动力增长全过程的数值及左、右车轮最大制动力；并按滚筒反力式制动检验台制动性能参数计算方法计算加载轴制动率、加载轴制动不平衡率；但计算加载轴制动率、加载轴制动不平衡率时，（静态）轴荷按照加载状态下的轴荷计算。

（4）重复（1）、（2）、（3）步骤，依次测试各车轴。

（三）台试制动力检测标准

GB 7258 对台试检测制动性能有以下规定。

1. 行车制动性能

行车制动性能检验指标主要包括各轴制动力、制动力平衡、制动协调时间和车轮阻滞。汽车、汽车列车在制动检验台上测出的制动力应符合表 5-4-1 的要求，对空载检验制动力有质疑时，可用表 5-4-1 规定的满载检验制动力要求进行检验。

表 5-4-1 台试检测制动力要求

汽车类型	制动力总和与整车重量的百分比/%		轴制动力与轴荷[a] 的百分比/%	
	空载	满载	前轴[b]	后轴[b]
三轮汽车	—	—	—	≥60[c]
乘用车、总质量不大于 3 500 kg 的货车	≥60	≥50	≥60[c]	≥60[c]
铰接客车、铰接式无轨电车、汽车列车	≥55	≥45	—	—
其他汽车	≥60[d]	≥50	≥60[c]	≥50[e]
挂车	—	—	—	≥55[f]
摩托车	—	—	≥60	≥55
普通轻便摩托车	—	—	≥60	≥50

a 用平板式制动检验台检验乘用车，其他总质量小于或等于 3 500 kg 的汽车时应按左右轮制动力最大时刻所分别对应的左右轮动态轴荷之和计算。应按动态载荷计算。

b 机动车（单车）纵向中心线中心位置以前的轴为前轴，其他轴为后轴；挂车的所有车轴均按后轴计算；用平板制动检测台测试并装轴制动力时，并装轴可视为一轴。

c 空载和满载状态下测试均应满足此要求。

d 对总质量小于或等于整备质量的 1.2 倍的专项作业车应大于或等于 50%。

e 满载测试时后轴制动力百分比不做要求，空载用平板制动检验台检验时应大于或等于 35%；总质量大于 3 500 kg 的客车，空载用反力滚筒式制动检验台检验时应大于或等于 40%，用平板制动检验台检验时应大于等于 30%。

f 满载状态下测试时应大于或等于 45%。

制动力平衡要求：在制动力增长全过程中同时测得的左右轮制动力差的最大值，与全过程中测得的该轴左右轮最大制动力中较大者（当后轴制动力小于该轴轴荷的 60% 时为与该轴轴荷）之比，对新注册车和在用车应分别符合表 5-4-2 的要求。

表 5-4-2 台式检验制动力平衡要求

	前轴	后轴	
		轴制动力大于或等于该轴轴荷 60% 时	制动力小于该轴轴荷 60% 时
新注册车	≤20%	≤24%	≤8%
在用车	≤24%	≤30%	≤10%

制动协调时间，对液压制动的汽车应不大于 0.35 s，对气压制动的汽车应不大于 0.60 s；汽车列车和铰接客车、铰接式无轨电车的制动协调时间应不大于 0.80 s。

车轮阻滞力要求：进行制动力检验时各车轮的阻滞力均应不大于车轮所在轴荷的 10%。

对于三轴及三轴以上的多轴货车，按照台式加载制动检验方法加载后，加载轴的轴制动率应大于等于 50%，加载轴制动不平衡率符合表 5-4-2 的要求。

对于并装双轴、并装三轴的挂车，组成汽车列车按照台式加载制动检验方法加载后，加载轴的轴制动率应大于等于 45%，加载轴制动不平衡率符合表 5-4-2 的要求。

2. 驻车制动性能

当采用制动检验台检验汽车驻车制动装置的制动力时，汽车空载，乘坐一名驾驶员，使用驻车制动装置，驻车制动力的总和应不小于该车在测试状态下整车重量的 20%（对总质量为整备质量 1.2 倍以下的汽车为不小于 15%）。汽车制动完全释放时间（从松开制动踏板到制动消除所需要的时间）应不大于 0.8 s。

二、道路检测制动性能

路试法检测能够直观、简便、真实地反映汽车实际行驶过程中汽车动态的制动性能，如轴荷转移的影响；能综合反映汽车其他系统的结构性能对汽车制动性能的影响，如转向机构、悬架系统结构和型式对制动方向稳定性的影响，且不需要大型设备与厂房。

1. 检测设备

路试法一般是在受检的汽车上安装检测仪器，如非接触式五轮仪、减速度仪，使汽车在道路上行驶，检测汽车的制动距离、制动减速度和制动协调时间。本节重点介绍制动减速度仪。

制动减速度仪以检测制动减速度和制动时间为主。制动减速度仪由显示仪和传感器两部分组成。传感器有滑块式和摆锤式两种，常见的滑块式传感器结构如图 5-4-6 所示，由弹簧、滑块结构和光电转换机构组成。当汽车被检测时，传感器部分放置在驾驶室或车厢地板上，正面朝上，其前端对准

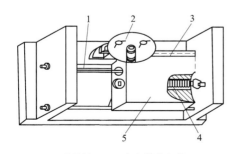

1—阻尼杆；2—光电转换机构；
3—齿条；4—弹簧；5—滑块结构。

图 5-4-6 滑块式制动减速度仪

汽车前进方向，并紧靠固定部位。汽车制动时，在惯性力的作用下滑块克服弹簧的拉力产生位移，位移量与汽车减速度成正比。为尽量减少弹簧与滑块组合产生的简谐振动，由阻尼杆产生适当阻尼。光电转换机构将滑块移动量变成电脉冲信号送入显示仪。显示仪接到脚踏开关信号后，对传感器送来的信号进行整形、放大、分析、处理，最后显示制动减速度和制动时间。

2. 检测方法及标准

试验道路平坦、硬实、干燥和清洁，轮胎与水泥或沥青路面间的附着系数不小于0.7；试验时，发动机应脱开。对于采用自动变速器的汽车，其变速器换挡装置应位于驱动挡（"D"挡）。

（1）行车制动性能检测。行车制动性能检测采用以下两种方式进行：测量制动距离和测量充分发出的平均减速度。

制动距离是指汽车在规定初速度下急踩制动时，从脚接触制动踏板或手接触制动手柄时起至汽车完全停止时汽车驶过的距离。

制动稳定性要求是指制动过程中汽车的任何部位（不计入车宽的部位除外）不允许超出规定宽度的试验通道的边缘线。

汽车在规定的初速度下的制动距离和制动稳定性要求应符合表5-4-3的规定。对空载检验的制动距离有质疑时，可用表5-4-3规定的满载检验制动距离要求来进行判定。

表 5-4-3 制动距离和制动稳定性要求

汽车类型	制动初速度/($km \cdot h^{-1}$)	满载检验制动距离要求/m	空载检验制动距离要求/m	试验通道宽度/m
三轮汽车	20	≤5.0		2.5
乘用车	50	≤20.0	≤19.0	2.5
总质量不大于3 500 kg的低速货车	30	≤9.0	≤8.0	2.5
其他总质量不大于3 500 kg的汽车	50	≤22.0	≤21.0	2.5
铰接客车、铰接式无轨电车、汽车列车（乘用车列车除外）	30	≤10.5	≤9.5	3.0[a]
其他汽车、乘用车列车	30	≤10.0	≤9.0	3.0[a]
两轮普通摩托车	30	≤7.0		—
边三轮摩托车	30	≤8.0		2.5
正三轮摩托车	30	≤7.5		2.3
轻便摩托车	20	≤4.0		—
轮式拖拉机运输机组	20	≤6.5	≤6.0	3.0
手扶变型运输车	20	≤6.5		2.3

a 对车宽大于2.55 m的汽车和汽车列车，其试验通道宽度（单位：m）为"车款宽（m）+0.5"

汽车、汽车列车在规定的初速度下急踩制动时充分发出的平均减速度及制动稳定性要求应符合表5-4-4的规定，且制动协调时间对液压制动的汽车应不大于0.35 s，对气压制动的汽车应不大于0.60 s，对汽车列车、铰接客车和铰接式电车应不大于0.8 s。对空载检验的充分发出的平均减速度有质疑时，可用表5-4-4规定的满载检验充分发出的平均减速度进行评定。

充分发出的平均减速度 MFDD：

$$MFDD = \frac{V_b^2 - V_e^2}{25.92(S_e - S_b)}$$

式中 MFDD——充分发出的平均减速度，m/s²；
V_b——$0.8V_o$，km/h；
V_e——$0.1V_o$，km/h；
V_o——试验车制动初速度，km/h；
S_e——试验车速从 V_o 到 V_b 之间车辆行驶的距离，m；
S_b——试验车速从 V_o 到 V_e 之间车辆行驶的距离，m。

汽车在规定的初速度下的制动协调时间应等于表 5-4-4 规定的汽车充分发出的平均减速度（或表 5-4-1 所规定的制动力）的 75% 所需的时间。

表 5-4-4 制动减速度和制动稳定性要求

汽车类型	制动初速度/(km·h⁻¹)	满载检验充分发出的平均减速度/(m·s⁻²)	空载检验充分发出的平均减速度/(m·s⁻²)	试验通道宽度/m
三轮汽车	20	≥3.8		2.5
乘用车	50	≥5.9	≥6.2	2.5
总质量不大于 3 500 kg 的低速货车	30	≥5.2	≥5.6	2.5
其他总质量不大于 3 500 kg 的汽车	50	≥5.4	≥5.8	2.5
铰接客车、铰接式无轨电车、汽车列车（乘用车列车除外）	30	≥4.5	≥5.0	3.0ᵃ
其他汽车、乘用车列车	30	≥5.0	≥5.4	3.0ᵃ
a 对车宽大于 2.55 m 的汽车和汽车列车，其试验通道宽度（单位：m）为"车款宽（m）+0.5"				

车辆的路试行车制动性能只要符合制动距离或者充分发出的平均减速度的两项要求之一即为合格。

（2）应急制动性能检测。汽车（三轮汽车除外）在空载和满载状态下，按照表 5-4-5 所列初速度进行应急制动性能检验，应急制动性能应符合表 5-4-5 的要求。

表 5-4-5 应急制动性能要求

汽车类型	制动初速度/(km·h⁻¹)	制动距离/m	充分发出的平均减速度/(m·s⁻²)	允许操纵力不应大于/N	
				手操纵	脚操纵
乘用车	50	≤38.0	≥2.9	400	500
客车	30	≤18.0	≥2.5	600	700
其他汽车（三轮汽车除外）	30	≤20.0	≥2.2	600	700

在进行应急制动检验前，应使试验车辆的行车制动管路系统的一处管路失效，然后按照检验要求进行检验。

（3）驻车制动性能检验。驻车制动性能是指车辆在一定坡度上，利用驻车制动系统，使车辆不下滑（溜坡）的能力。

在空载状态下，驻车制动装置应能保证汽车在坡度为20%（对总质量为整备质量的1.2倍以下的汽车为15%）、轮胎与路面间的附着系数不小于0.7的坡道上正、反两个方向保持固定不动，其时间不应少于5 min（GB 21861—2014 规定）。对于允许挂接挂车的汽车，其驻车制动装置必须能使汽车列车在满载状态下能停在坡度为12%的坡道（坡道上轮胎与路面间的附着系数应不小于0.7）上。

检验时的操纵力：手操纵时，对于乘用车（座位数小于或等于9的客车）应不大于400 N，对于其他车辆应不大于600 N；脚操纵时，对于乘用车应不大于500 N，对于其他车辆应不大于700 N。

第五节　排放污染物与噪声检测

汽车给人们的出行和运输带来了极大的便利，同时也带来了严峻的环境问题，其产生的排放污染物、噪声是公认的城市两大公害，所造成的环境污染也日趋严重，保护环境并控制汽车排放污染物和噪声，对于保护人类生存环境具有重要意义。

一、汽车排放污染物与噪声的危害

（一）汽车排放污染物的种类和危害

1. 汽车排放污染物的种类

汽车排放的污染物主要有：CO、HC、NO_x、微粒（由碳烟、铅氧化物等重金属氧化物和烟灰等组成）和硫化物等。

（1）CO。CO是燃油不完全燃烧的产物，当发动机混合气过浓或燃烧质量不佳时，易生成CO并从排气管排出。特别是发动机怠速时，混合气供给偏浓，发动机工作循环中的气体压力和温度不高，燃烧速度减慢，因不完全燃烧所生成的CO浓度增高；发动机在加速过程中供给较浓混合气，或因点火过分推迟补燃增多时，均会使CO的排放量增加。

（2）HC。HC是发动机所用燃油没燃烧和燃烧不完全的产物。汽车排放污染物中，HC的20%~25%来自曲轴箱窜气，20%来自化油器和燃油箱中燃油的蒸发，其余则由发动机排气管排出。发动机冷起动或怠速工况下混合气较浓，且燃烧温度过低或化油器雾化不良时，发动机排出的废气中的HC含量增加。

（3）NO_x。NO_x是空气中的N_2与O_2在高温高压条件下反应而生成的。汽车发动机所排出废气中的NO_x主要由NO和NO_2构成。汽油机排出的氮氧化物中，NO占99%，而柴油机排出的氮氧化物中NO_2的比例稍大。发动机的负荷和压缩比越高，发动机的燃烧温度越高，燃烧终了气缸内的压力越高，生成NO_x的条件也越充分。

(4) 微粒。汽油机排出的浮游微粒主要有：铅化物、硫酸盐、低分子物质。当汽油机使用含铅汽油时，燃烧废气中将会有铅化合物以微粒状从排气管排出；柴油机排出的微粒比汽油机多30~60倍，主要为含碳物质（碳烟）和高分子量有机物（润滑油的氧化和裂解产物）。碳烟是柴油发动机燃烧不完全的产物，主要由直径为 $0.1~1.0\ \mu m$ 的多孔性碳粒构成。当汽车起动、加速、上坡时，由于混合气过浓，碳烟排放量增加；或者柴油喷雾质量不高、雾化不良时，也会增大碳烟的排放量。

(5) 硫化物。发动机排出的硫化物主要为 SO_2（二氧化硫），由所用燃油中含有的硫与空气中的氧反应而生成。

污染物的排放途径为汽车发动机排气管、曲轴箱和燃油供给系统，分别称为排气污染物、曲轴箱污染物和燃油蒸发污染物。

2. 汽车排放污染物的危害

汽车排放污染物对环境的影响主要有两个方面，一是环境污染的重要因素，二是参与形成光化学烟雾，进一步恶化空气质量。污染物种类不同，对人的健康危害也有所不同。

(1) CO。CO 与血液中的血红蛋白结合，形成碳氧血红蛋白 CO—Hb，从而使这部分血红蛋白失去输送氧气的能力，造成血液输氧能力下降，导致人体缺氧。

(2) HC。HC 可以使人的骨髓功能减弱，血小板减少，刺激眼、鼻、呼吸道，危害植物，也是形成光化学烟雾的因素。

(3) NO_x。NO_x 由 96%~98% 的 NO 和 2%~4% 的 NO_2 构成，其中 NO_2 危害眼睛、呼吸道和肺；NO_x 使纤维、塑料、橡胶、电子材料提前老化，并参与形成光化学烟雾。

(4) 光化学烟雾。它由臭氧 O_3、多种过氧化物和多种游离基组成，强烈刺激眼睛、呼吸道，诱发癌症，危害作物，腐蚀金属、橡胶，降低空气能见度。

(5) 固体颗粒物。它由碳粒、铅氧化物和多种高分子氧化物构成，其中铅可以损害心、肺、造血系统，降低智力；碳烟中的有害物质致癌，降低空气能见度，附着固体表面，影响美观，腐蚀金属。

(6) 二氧化硫（SO_2）。形成酸雨，危害环境和作物。

（二）汽车噪声及其危害

1. 噪声

噪声泛指一切对人们生活和工作有妨碍的声音，或者是说人们不需要并希望用一定措施加以控制和消除掉的声音的总称。汽车噪声主要来自发动机、传动机构、轮胎、车体振动以及车身干扰空气等发出的各种声响，另外还有间歇性的制动噪声和喇叭噪声等。汽车噪声对车内和车外一定范围内的人都会带来烦躁和不安，它除随着车辆和发动机的形式不同而不同外，还与车速、发动机转速、载荷、道路条件等有关。

2. 噪声的危害

噪声对人类在生理、心理和社会各方面都有影响，其危害和影响大致有下列几个方面。

(1) 引起多种疾病。首先对听觉器官的损伤。噪声对听力的影响与其声压级、频率及作用时间有关。轻者可引起暂时性听闻偏移，即由强噪声环境到比较安静地方要经过一段时间才能恢复原来的听觉。重者可产生噪声性耳聋。

强烈的噪声能引起神经失常，甚至危及生命。噪声还会诱发对神经、心脏、消化系统不良影响，表现为头晕、头痛、失眠、神经过敏、心跳加速、血压升高、冠心病和消化不良、呕吐等。

（2）影响人们正常工作和休息。噪声在 90 dB（A）以上、频率高于 1 000 Hz 影响明显。易引起疲劳，睡眠不良，工作效率下降等危害。试验和调查表明：声压级 40～45 dB（A）时，正常睡眠就受到干扰，影响程度达 10%～20%。达 71 dB（A）时严重影响工作效率。声压级 75 dB（A）时，在距 0.3 m 远，正常谈话就有困难。

（3）影响交通安全。长期在噪声环境中生活使驾驶员和行人容易产生疲劳和注意力分散、精神不集中等，易诱发交通事故。

3. 汽车噪声来源

汽车噪声分车外噪声和车内噪声两种。车外噪声造成环境公害，车内噪声直接对驾驶员和乘客造成损害。汽车是由许多零部件或机械总成装配而成的。汽车在运行过程中受到发动机和机械传动机构的影响以及来自路面的冲击，所有的零部件都会产生振动和噪声，实际上汽车是一个包括各种不同性质噪声的复杂噪声源。

如果按照噪声产生的过程，可将汽车噪声源大致分为两类：一类是与发动机运转有关的噪声；另一类是与汽车行驶有关的噪声。与发动机运转有关的噪声主要包括发动机运转时发出的燃烧噪声、机械噪声、冷却风扇噪声、进气和排气噪声，以及发动机运转时所带动的各种附件（如压气机、发电机等）发出的噪声。与汽车行驶有关的噪声主要包括：传动机构（变速器、传动轴、差速器等）的机械噪声、轮胎发出的噪声、车身（架）振动及和空气作用所产生的噪声。

二、汽车排放检测项目、流程及标准要求

（一）汽车环保检验项目

GB 18285—2018《汽油车污染物排放限值及测量方法（双怠速法及简易工况法）》规定了汽油车环保检验项目，同时也规定了汽油车外观检验、OBD 系统检查、排气污染物检测、燃油蒸发排放控制系统检测的方法和判定依据。该标准还规定了新生产汽油车下线、注册登记和在用汽油车环保检验项目要求。GB 3847—2018《柴油车污染物排放限值及测量方法（自由加速法及加载减速法）》规定了柴油车自由加速法和加载减速法排气污染物排放限值及测量方法。同时也规定了柴油车外观检验、OBD 系统检查的方法和判定依据。该标准还规定了新生产柴油车下线、注册登记和在用柴油车环保检验项目要求。汽车环保检验项目如表 5-5-1 所示。

表 5-5-1 汽车环保检验项目

检验项目	新生产汽车下线	进口车入境	注册登记[a]	在用汽车[a]
外观检验（含对污染控制装置的检查和环保信息随车清单核查）	进行	进行	进行	进行[b]
OBD 系统检查	进行	进行	进行	进行[c]
排气污染物检测	抽测[d]	抽测[d]	进行	进行[e]

续表

检验项目	新生产汽车下线	进口车入境	注册登记[a]	在用汽车[a]
燃油蒸发检测[f]	不进行	不进行	按 GB 18285 中规定进行	按 GB18285 中规定进行
注：a 符合免检规定的车辆，按照免检相关规定进行。 　　b 查验污染控制装置是否完好。 　　c 适用于装有 OBD 的车辆。 　　d 混合动力汽车的污染物排放抽测应在最大燃料消耗模式下进行。 　　e 变更登记、转移登记检验按有关规定进行。 　　f 汽油车环保需要检测的项目。				

（二）汽车环保检验流程

1. 汽车注册登记检验流程

注册登记环保检验项目按照表 5-5-1 规定进行，汽车注册登记报送信息的详细信息如表 5-5-2 所示，汽油车注册登记环保检验流程如图 5-5-1 所示，柴油车注册登记环保检验流程图如图 5-5-2 所示。

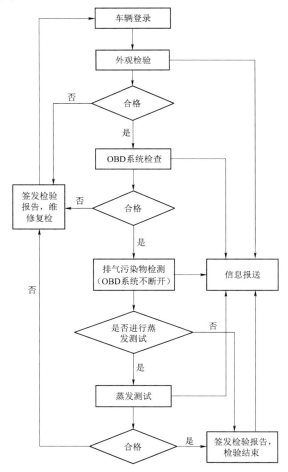

图 5-5-1　汽油车注册登记环保检验流程

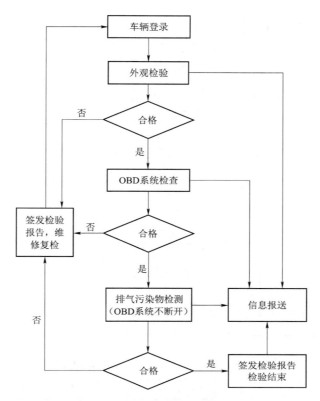

图 5-5-2 柴油车注册登记环保检验流程

在用汽车（含注册登记）在进行检验时，检验机构应联网实时向当地生态环境主管部门报送数据，报送数据项应至少包括以下项目。

表 5-5-2 在用汽车（注册登记）上报数据项

项目	参数
车辆信息	号牌号码、车牌颜色、车辆型号、车辆类型、使用性质、车辆识别代号（VIN）、初次登记日期、燃料种类
环境参数	相对湿度（%）、环境温度（℃）、大气压力（kPa）
检测信息	检测站名称、检测方法、检测报告编号、检测日期
检测过程数据	OBD 系统检查数据、排气污染物检测数据、蒸发检测数据（汽油车如适用）
检测结果	外观检验结果、OBD 系统检查结果、排气污染物检测结果、蒸发检测（汽油车如适用）、最终检测数据和判定
检测设备	检测设备制造厂、检测设备名称及型号、出厂日期、上次检定日期、日常检查记录、日常比对记录

2. 在用汽车环保检验流程

在用汽车环保检验项目按照表 5-5-1 规定进行，检验前应进行环保联网核查，查验车辆有无环保违规记录。在用汽油车环保检验流程如图 5-5-3 所示。在用柴油车环保检验流程如图 5-5-4 所示。

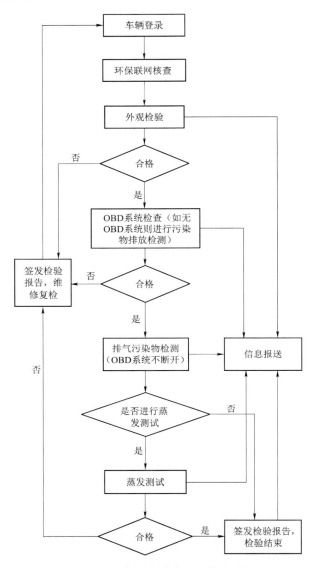

图 5-5-3 在用汽油车环保检验流程

3. OBD 系统检查流程

在排放检验前应该连接 OBD 系统诊断仪，对受检车辆 OBD 系统进行检查，然后进行排放检验，在排放检验过程中，OBD 系统诊断仪持续读取车辆 OBD 系统故障信息和相关数据流，直到排放检验结束，OBD 系统信息传送结束后，方可断开 OBD 系统诊断仪。

（1）确认车型。

在对车辆进行 OBD 系统检查前，首先应确认该车型是否为配置有 OBD 系统的车型。车型确认之后，如发现 OBD 系统故障指示器（MIL 灯）被点亮，则要求车主维修后再进行排放检验。如果 MIL 灯未被点亮，则应将 OBD 系统诊断仪连接到受检车辆上检验是否 OBD 系统故障，检验流程如图 5-5-5 所示。

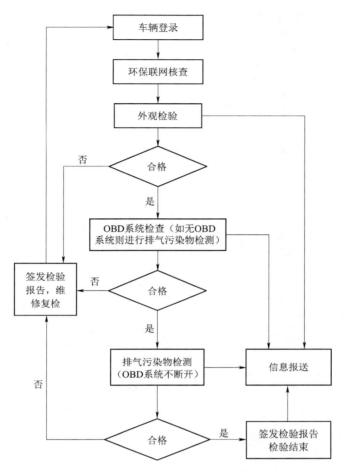

图 5-5-4 在用柴油车环保检验流程

(2) 检查故障指示器（目测法）。

① 目测检查仪表板上的故障指示器的状态，初步判断车辆 OBD 系统的故障指示系统的工作是否正常。

② 将受检车辆点火开关置于"ON"后（车辆仪表指示灯被点亮），对仪表板上的指示灯进行自检，同时 OBD 系统故障指示器（MIL 灯）应被激活，暂时点亮；若故障指示器没有被激活，说明 MIL 灯本身存在故障，可以判定 OBD 系统检查结果不合格。

③ 起动发动机，MIL 灯同时熄灭，表明车辆故障指示器工作状态正常，车辆可能不存在确认的排放相关故障；若故障指示器继续被点亮，表明车辆存在排放相关故障，受检车辆需要进行维修，消除故障后重新进行排放检验。

(3) 读取 OBD 系统数据。

① 检验人员在完成对故障指示器的检查后，起动 OBD 系统诊断仪，使用 OBD 系统诊断仪的快速检查功能，检查是否存在排放相关故障代码。整个过程无须进一步进行人工操作，OBD 系统诊断仪将自动读出检测结果，并将检测结果传输到计算机数据管理系统上，根据输出的检查结果，判断车辆是否存在排放相关故障，判定流程如图 5-5-5 所示。

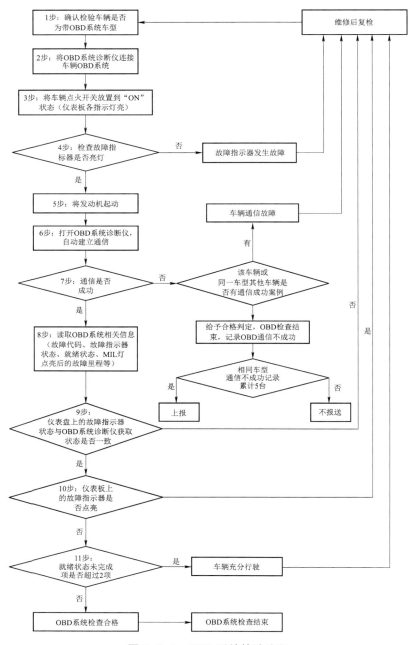

图 5-5-5 OBD 系统检验流程

② 将 OBD 系统诊断仪与车辆诊断接口正确连接后，如果连续两次尝试通信失败，检测人员应确认该 OBD 系统诊断仪与其他车辆的 OBD 系统是否能够正常进行通信（通信检查应支持 ISO15765-4/SAE J1850/ISO-9141-2/ISO-14230-4 通信协议作为与扫描工具的通信协议的车型，车辆的关键诊断或排放电子动力控制单元按照各自通信协议规定的时间里，正确响应扫描工具发送的 mode ＄01 的 PID ＄00 请求），如与其他车辆能够正常通信，则应进一步查询该车辆的 OBD 系统检查记录，以及与该车同型号车辆的 OBD 系统检查记录，如有该

车辆 OBD 系统通信合格记录或同型号车辆 OBD 系统通信合格记录，则判定该车 OBD 系统检查不合格。如未发现通信合格记录，受检车辆的 OBD 系统检查结束，判定 OBD 系统检查通过，在通信检查结果记录不合格。若同型号车型 OBD 系统通信检查记录（至少 5 台）均不合格，应作为问题车型上报。

③ 进一步查看仪表板上故障指示器显示的状态与从 OBD 系统诊断仪获取的状态信息是否一致。如果二者的状态一致，并且故障指示器被熄灭，则该项检查通过；若二者状态一致，但是故障指示器被点亮，则该车辆存在与排放相关的故障，车辆排放检验不合格，需要进行维修后复检；若二者状态不一致，判定车辆 OBD 系统不合格，需要维修后进行复检。

④ 对已通过上一步检查的车辆，应对其诊断就绪状态（Readiness）进行检查，就绪状态未完成项应不超过 2 项。如果发现受检车辆的就绪状态未完成项超过 2 项，应要求车主充分行驶后再进行检测。

试验过程中，汽油车应按表 5-5-3 记录 OBD 系统检查内容，柴油车应按表 5-5-4 记录 OBD 系统检查内容。

表 5-5-3　汽油车 OBD 系统检查记录

（1）车辆信息		
车辆 VIN		
发动机控制单元 CALID（如适用）		发动机控制单元 CVN（如适用）
后处理控制单元 CALID（如适用）		后处理控制单元 CVN（如适用）
其他控制单元 CALID（如适用）		其他控制单元 CVN（如适用）
（2）OBD 系统检查信息		
OBD 系统故障指示器	OBD 系统故障指示器	□合格　□不合格
OBD 系统故障指示器	与 OBD 系统诊断仪通信情况	□通信成功
OBD 系统故障指示器	与 OBD 系统诊断仪通信情况	□通信不成功，填写以下原因： □找不到接口　□接口损坏　□连接后不能通信
OBD 系统故障指示器	OBD 系统故障指示器点亮	□是　□否
OBD 系统故障指示器	故障代码及故障信息 （若故障指示器被点亮）	故障信息保存上报
就绪状态	诊断就绪状态未完成项目	□无　□有 如有填写以下项目： □催化器　□氧传感器　□氧传感器加热器 □废气再循环（EGR）/可变气门 VVT
其他信息		MIL 灯点亮后行驶里程/km：
检测结果		□合格□不合格□按要求上报，判定车辆通过
检测结果	是否需要复检	□否
检测结果	是否需要复检	□是　复检内容：
检测结果	复检结果	□合格　□不合格

表 5-5-4 柴油车 OBD 系统检查记录

(1) 车辆信息		
车辆 VIN		
车辆 OBD 系统信息：发动机控制单元中 CALID，CVN（如适用）；后处理控制单元 CALID，CVN（如适用）；其他控制单元 CALID，CVN；		
(2) 检测信息		
OBD 系统故障指示器	OBD 系统故障指示器	□合格　□不合格
OBD 系统故障指示器	与 OBD 系统诊断仪通信情况	□通信成功
OBD 系统故障指示器	与 OBD 系统诊断仪通信情况	□通信不成功，填写以下原因： □接口损坏　□找不到接口　□连接后不能通信
OBD 系统故障指示器	OBD 系统故障指示器点亮	□是　□否
OBD 系统故障指示器	故障代码及故障信息 （若故障指示器报警）	故障信息保存上报
就绪状态	诊断就绪状态未完成项目	□无　□有 如有填写以下项目： □SCR　□POC　□DOC　□DPF □废气再循环（EGR）
其他信息	MIL 灯点亮后行驶里程/km：	
检测结果	□合格□不合格□按要求上报，判定车辆通过	
检测结果	是否需要复检	□否
检测结果	是否需要复检	□是　复检内容：
检测结果	复检结果	□合格　□不合格

（三）汽车环保检验标准及要求

汽车环保检验包含外观检验、OBD 系统检查以及排气污染物检测，其中汽油车还可能对燃油蒸发进行检测。

1. 外观检验要求

（1）新生产汽车下线。

检查车辆污染控制装置与环保信息随车清单内容是否一致。

（2）注册登记。

① 查验环保随车清单内容与信息公开内容是否一致。

② 检查车辆污染控制装置是否与环保信息随车清单一致。

（3）在用汽车。

① 检查被检车辆的车况是否正常。如有异常，应要求车主进行维修。

② 检查车辆是否存在烧机油，或者严重冒黑烟现象；如有，应要求车主进行维修。

③ 检查燃油蒸发控制系统连接管路的连接是否正确、完整。如果发现有老化、龟裂、破损或堵塞现象，应要求车主进行维修。对单一燃料的燃气汽车不需要进行此项检验。

④ 检查发动机排气管、排气消声器和排气后处理装置的外观及安装紧固部位是否完好，如发现有腐蚀、漏气、破损或松动的，应要求车主进行维修。

⑤ 检查车辆是否配置有 OBD 系统。

⑥ 判断车辆是否适合进行简易工况法检测，如不适合（例如：无法手动切换两驱驱动模式的全时四驱车和适时四驱等），应标注。进行简易工况法检测的，应确认车辆轮胎表面无夹杂异物。

⑦ 变更登记、转移登记检验时应查验污染控制装置是否完好。

2. OBD 系统检查要求

（1）新生产汽车下线。

汽车生产企业应对每辆车的 OBD 系统进行通信检查，确认 OBD 系统通信工作正常方可出厂。

（2）注册登记。

检查车辆的 OBD 系统接口是否满足规定要求，OBD 系统通信是否正常，有无故障代码。

（3）在用汽车。

① 对配置有 OBD 系统的在用汽车，在完成外观检验后，应连接 OBD 系统诊断仪进行 OBD 系统检查。在随后的污染物排放检验过程中，不可断开 OBD 系统诊断仪。

② OBD 系统检查项目包括：故障指示器状态，诊断仪实际读取的故障指示器状态，故障代码、MIL 灯点亮后行驶里程和诊断就绪状态值。

③ 若车辆存在故障指示器故障（含电路故障）、故障指示器激活、车辆与 OBD 系统诊断仪之间的通信故障、仪表板故障指示器状态与 ECU 中记载的故障指示器状态不一致时，均判定 OBD 系统检查不合格。如果诊断就绪状态项未完成项超过 2 项，应要求车主在对车辆充分行驶后进行复检。

④ 检验机构应使用计算机数据管理系统存储所有被检车辆 OBD 系统数据，不得人为篡改数据。

⑤ OBD 系统诊断仪应能实现对 OBD 系统检查数据的实时自动传输。作为排放检验一部分，OBD 系统获得的信息应自动保存到计算机系统中。

3. 汽车排放污染物控制标准

我国在用汽油车排气污染控制现行检测标准是 GB 18285—2018《汽油车污染物排放限值及测量方法（双怠速法及简易工况法）》，于 2018 年 9 月 27 日批准发布，2019 年 5 月 1 日实施。该标准规定了汽油车双怠速法、稳态工况法、瞬态工况法和简易瞬态工况法排气污染物排放限值及测量方法，适用于新生产汽油车下线检验、注册登记检验和在用汽油车检验，同时也适用于其他装用点燃式发动机的汽车。我国在用柴油车排气污染物控制现行检测标准是 GB 3847—2018《柴油车污染物排放限值及测量方法（自由加速法及加载减速法）》，该标准于 2018 年 9 月 27 日批准发布，于 2019 年 5 月 1 日实施。该标准规定了柴油车自由加速法和加载减速法排气污染物排放限值及测量方法，适用于新生产柴油车下线检验、注册登记检验和在用柴油车检验，同时也适用于其他装用压燃式发动机的汽车。

（1）汽油车排放污染物检测标准。

GB 18285—2018 规定单一燃料汽车，仅按燃用单一燃料进行排放检测；两用燃料汽车，要求使用两种燃料分别进行排放检测。

1）新生产汽车下线。

汽油车生产企业在进行排气污染物检测时可以选择采用稳态工况法、瞬态工况法和简易瞬态工况法中任意一种方法（对无法手动切换两驱驱动模式的全时四驱车和适时四驱等车辆可以采用双怠速法）。排放检测结果不得超过表 5-5-5~表 5-5-8 规定的排放限值。生产企业也可采用其他方法进行排放检测，但应证明其等效性。

新定型混合动力电动汽车污染物测试应在最大燃料消耗模式下进行，车辆应具备明显可见的最大燃料消耗模式切换开关，方便切换为最大燃料消耗模式，并能在最大燃料消耗模式下正常运行（包括怠速），便于进行排放测试，且开关位置应在汽车使用说明书中明确说明。

2）注册登记和在用汽车。

有手动选择行驶模式功能的混合动力电动汽车应切换到最大燃料消耗模式进行测试，如无最大燃料消耗模式，则应切换到混合动力模式进行测试，若测试过程中发动机自动熄火自动切换到纯电模式，无须中止测试，可进行至测试结束。

① 双怠速法检测标准。

利用双怠速法检测汽油车排气污染物的结果应小于表 5-5-5 中规定的排放限值。

表 5-5-5　双怠速法检验排气污染物排放限值

类别	怠速		高怠速	
	CO/%	HC/（×10^{-6}）①	CO/%	HC/（×10^{-6}）①
限值 a	0.6	80	0.3	50
限值 b	0.4	40	0.3	30
注：① 对以天然气为燃料点燃式发动机汽车，该项目为推荐性要求。				

排放检验的同时应进行过量空气系数（λ）的测定。发动机转速为高怠速转速时，λ 应在 1.00±0.05 之间或制造厂规定的范围内。进行 λ 测试前，应按照制造厂使用说明书的规定预热发动机。

② 稳态工况法排放限值。

利用稳态工况法检测汽油车排气污染物的结果应小于表 5-5-6 中规定的排放限值。

表 5-5-6　稳态工况法排气污染物排放限值

类别	ASM5025			ASM2540		
	CO/%	HC/（×10^{-6}）①	NO/（×10^{-6}）	CO/%	HC/（×10^{-6}）①	NO/（×10^{-6}）
限值 a	0.50	90	700	0.40	80	650
限值 b	0.35	47	420	0.30	44	390
注：① 对于装用以天然气为燃料点燃式发动机汽车，该项目为推荐性要求。						

应同时进行过量空气系数（λ）的测定。

③ 瞬态工况法排放限值。

利用瞬态工况法检测汽油车排气污染物的结果应小于表 5-5-7 中规定的排放限值。

表 5-5-7　瞬态工况法排气污染物排放限值

类别	$CO/(g \cdot km^{-1})$	$HC+NO_x/(g \cdot km^{-1})$
限值 a	3.5	1.5
限值 b	2.8	1.2

应同时进行过量空气系数（λ）的测定。

④ 简易瞬态工况法排放限值。

利用简易瞬态工况法检测汽油车排气污染物的结果应小于表 5-5-8 中规定的排放限值。

表 5-5-8　简易瞬态工况法排气污染物排放限值

类别	$CO/(g \cdot km^{-1})$	$HC/(g \cdot km^{-1})$	$NO_x/(g \cdot km^{-1})$
限值 a	8.0	1.6	1.3
限值 b	5.0	1.0	0.7

注：1）对于装用以天然气为燃料点燃式发动机汽车，该项目为推荐性要求。

应同时进行过量空气系数（λ）的测定。

（2）装配压燃式发动机的汽车排气污染物检测标准。

1）新生产汽车下线。

按照规定进行下线车轮排放抽测，排放结果应小于表 5-5-9 规定的排放限值。生产企业也可采用其他方法进行排放检测，但应证明其等效性。

新定型混合动力电动汽车污染物测试应在最大燃料消耗模式下进行，车辆应具备明显可见的最大燃料消耗模式切换开关，方便切换为最大燃料消耗模式，并能在最大燃料消耗模式下正常运行（包括怠速），便于进行排放测试，且开关位置应在汽车使用说明书中明确说明。

2）注册登记和在用汽车。

GB 3847—2018 规定有手动选择行驶模式功能的混合动力电动汽车应切换到最大燃料消耗模式进行测试，如无最大燃料消耗模式，则应切换到混合动力模式进行测试，若测试过程中发动机自动熄火自动切换到纯电模式，无须中止测试，可进行至测试结束。

柴油车可采用自由加速法和加载减速法进行排气污染物检测。排放检测结果不得超过表 5-5-9 规定的排放限值。

表 5-5-9　在用汽车和注册登记排放检验排放限值

类别	自由加速法	加载减速法		林格曼黑度法
	光吸收系数/m^{-1}（或不透光度/%）	光吸收系数/m^{-1}（或不透光度/%）[a]	氮氧化物/（$\times 10^{-6}$）[b]	林格曼黑度（级）
限值 a	1.2（40）	1.2（40）	1 500	I
限值 b	0.7（26）	0.7（26）	900	I

注：a 海拔高度高于 1 500 m 的地区加载减速法可以按照每增加 1 000 m 增加 0.25 m^{-1} 幅度调整，总调整不得超高 0.75 m^{-1}；

b 2020 年 7 月 1 日前限值 b 过渡限值为 1 200$\times 10^{-6}$。

以上汽车排放检测标准从 2019 年 5 月 1 日起正式实施，在全国范围内的在用车排气污染物检测应该符合本标准规定的限制 a。对于汽车保有量达到 500 万辆以上，或机动车排放污染物为当地首要空气污染源，或按照法律法规设置低排放控制区的城市，在充分征求社会各方面意见基础上，经省级人民政府批准和国务院生态环境主管部门备案后，可提前选用限值 b，但应设置足够的实施过渡期。全国范围实施本标准规定的限值 b 具体时间，由国务院生态环境主管部门另行发布。对于新生产汽车下线检验从 2019 年 11 月 1 日起应符合以上排放限值要求。

同一省内原则上应采用同一种检测方法。采用本标准规定的不同方法的检测结果各地应予互认。跨地区检测的，如车辆登记地或检测地中有执行限值 b 的，则应符合限值 b 要求，测量方法允许按照检测地规定的测量方法进行。

三、汽油车排放污染物检测

（一）检测设备

根据 JT/T 386.1—2017《机动车排气分析仪》第一部分：点燃式机动车排气分析仪，按照测量的排气种类划分，汽车排气分析仪可以分为两组分汽车排气分析仪、四组分汽车排气分析仪和五组分排气分析仪。两组分汽车排气分析仪是指检测并显示 CO 和 HC 两种气体浓度的排气分析仪，四组分汽车排气分析仪是指检测并显示 CO、HC、CO_2 和 O_2 四种气体浓度以及参数 λ 的汽车排气分析仪，五组分汽车排气分析仪是指检测并显示 CO、HC、CO_2、O_2 和 NO 五种气体浓度以及参数 λ 的汽车排气分析仪。

气体分析仪器的测量原理：CO、CO_2、HC 的测量采用不分光红外线法（NDIR），NO_x 测量优先采用红外法（IR）、紫外法（UV）或化学发光法（CLD），采用电化学原理的 NO_x 测试仪自 2020 年 5 月 1 日之前停止使用；若采用其他等效方法，应取得主管部门的认可；O_2 的测量可以采用电化学法或其他等效方法。

NO_x 是 NO 和 NO_2 的总和，其中 NO_2 可以直接测量，也可以通过转化炉转化为 NO 后进行测量，采用转化炉将 NO_2 转化为 NO 时，转换效率应不小于 90%，对转化效率应该定期进行检验。

1. 两组分汽车排气分析仪

汽油车排气污染物的测量设备一般采用非扩散型红外线废气分析仪，非扩散型红外线废气分析仪又称不分光红外线式分析仪，它可以分别测定 CO 和 HC 的浓度。由于它是能同时测定 CO、HC 浓度的仪器，因此也称不分光 CO 与 HC 气体分析仪。

不分光红外线 CO 和 HC 气体分析仪，是一种能够从汽车排气管中采集气样，对其中 CO 和 HC 含量连续进行分析的仪器，其外形如图 5-5-6 所示。它由排气取样装置、排气分析装置、含量指示装置和校准装置等组成。

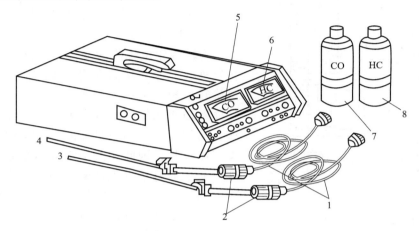

1—导管；2—滤清器；3—低浓度取样探头；4—高浓度取样探头；5—CO 指示仪表；
6—HC 指示仪表；7—标准 CO 气样瓶；8—标准 HC 气样瓶。

图 5-5-6 MEXA—324F 型汽车排气分析仪

汽车排气中的 CO、HC、NO 和 CO_2 等气体，都具有能吸收一定波长范围红外线的性质，如图 5-5-7 所示。红外线被吸收的程度与排气浓度之间有一定的函数关系。不分光红外线分析仪就是利用这一原理，即根据检测红外线被汽车排气吸收一定波长范围红外线后能量的变化，来检测排气中各种污染物的含量。在各种气体混合情况下，这种检测方法具有测量值不受影响的特点。

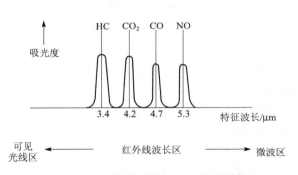

图 5-5-7 四种气体吸收红外线的情况

利用不分光红外线分析法制成的分析仪，在检测 HC 含量时，由于排气中 HC 成分非常复杂，因此要把各种 HC 成分的含量换算成正己烷（$n-C_6H_{14}$）的含量作为 HC 含量的测量值。

其排气分析装置由红外线光源、气样室、旋转扇轮（截光器）、测量室和传感器等组成。该装置按照不分光红外线分析法，从来自取样装置的混有多种成分的排气中，分析 CO 和 HC 的含量，并将含量转变成电信号输送给含量指示装置。电容微音器式分析装置如图 5-5-8 所示。

从两个红外线光源发出的红外线，分别通过标准气样室和测量气样室后到达测量室。在标准气样室内充有不吸收红外线的 N_2 气，在测量气样室内充有被测量的发动机排气。测量

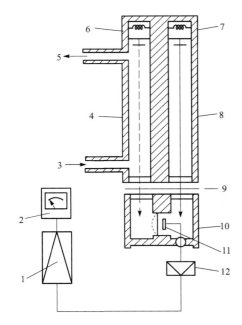

1—主放大器；2—指示仪表；3—废气入口；
4—测量气样室；5—排气口；6、7—红外线光源；
8—标准气样室；9—旋转扇轮；10—测量室；
11—电容微音器；12—前置放大器

图 5-5-8　电容检测器 NDIR 排气分析仪原理

室由两个分室组成，二者之间留有通道，并在通道上装有金属膜片电容微音器作为传感器。为了能够从排气中选择需要测量的成分，在测量室的两个分室内，充入适当含量的与被测气体相同的气体。即在测量 CO 浓度的分析装置里的测量室内要充入 CO 气体，在测量 HC 含量的分析装置里的测量室内要充入正己烷气体。

旋转扇轮也称为截光器，能连续地导通、截止红外线光源，从而形成射线脉冲。当红外线通过旋转扇轮断续地到达测量室时，由于通过测量气样室被所测气体按浓度大小吸收掉一部分一定波长的红外线，而通过标准气样室的红外线完全没有被吸收，因此在测量室的两个分室内，因红外线能量的差别出现了温度差别，温度差别又导致了测量室内压力差别，致使金属膜片弯曲变形。排气中被测气体含量越大，金属膜片弯曲变形也越大。膜片弯曲变形致使电容微音器输出电压改变，该电压信号经放大器放大后送往含量指示装置。

2. 多组分气体分析仪

目前实施的怠速工况测定 CO、HC 两气体的排气检测手段已无法有效反映汽车排气中的 NO_x 和 CO_2，四、五气体分析仪可满足测量要求。四气体与五气体分析仪的区别在于五气体分析仪可检测氮氧化合物（NO）。

CO、CO_2、HC 的测量采用不分光红外线法（NDIR），O_2 的测量采用电化学电池法，NO 的测量采用电化学法。

如图 5-5-9 所示，NHA—501A 型排气分析仪采用不分光红外吸收法原理，测量汽车排放气体中的 CO、HC 和 CO_2 的成分，用电化学电池原理测量排气中的 NO 和 O_2 的成分，并可根据测得的 CO、CO_2、HC 和 O_2 的成分计算出过量空气系数 λ。配置感应式转速测量钳、温度传感器探头和外置微型打印机，可在检测排气的同时监测发动机的转速、润滑油的温度和打印当前检测结果。

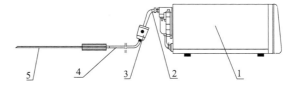

1—仪器本体；2—短导管；3—前置过滤器；
4—取样管；5—取样探头。

图 5-5-9　NHA—501A 型排气分析仪的组成

（二）汽油车双怠速污染物的检测程序

① 应保证被检测车辆处于制造厂规定的正常状态，发动机进气系统应装有空气滤清器，排气系统应装有排气消声器和排气后处理装置，排气系统不得有泄漏。

② 应在发动机上安装转速计、点火正时仪、冷却液和润滑油测温计等测量仪器。测量

时，发动机冷却液和润滑油温度应不低于 80 ℃，或者达到汽车使用说明书规定的热车状态。

③ 发动机从怠速状态加速至 70% 额定转速，运转 30 s 后降至高怠速状态。将取样探头插入排气管中，深度不少于 400 mm，并固定在排气管上。维持 15 s 后，由具有平均值功能的仪器读取 30 s 内的平均值，或者人工读取 30 s 内的最高值和最低值，其平均值即为高怠速污染物测量结果。对于使用闭环控制电子燃油喷射系统和三元催化转化器技术的汽车，还应同时读取过量空气系数 λ 的数值。

④ 发动机从高怠速降至怠速状态 15 s 后，由具有平均值功能的仪器读取 30 s 内的平均值，或者人工读取 30 s 内的最高值和最低值，其平均值即为怠速污染物测量结果。

⑤ 在测试过程中，如果任何时刻 CO 与 CO_2 的浓度之和小于 6.0%，或者发动机熄火，应终止测试，排放测量结果无效，需重新进行测试。

⑥ 若为多排气管时，取各排气管测量结果的算术平均值作为测量结果。

⑦ 若车辆排气管长度小于测量深度时，应使用排气加长管。

双怠速法测量程序如图 5-5-10 所示。

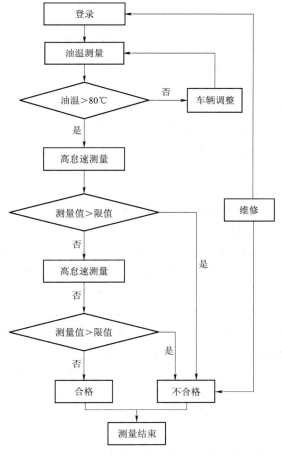

图 5-5-10　双怠速法测量程序

(三）汽油车稳态工况（ASM）检测方法

汽车驱动轮位于底盘测功机滚筒上，将分析仪取样探头插入排气管中，深度为 400 mm 以上，并固定于排气管上。对独立工作的多排气管应同时取样。

在底盘测功机上的测试运转循环由 ASM5025 和 ASM2540 两个工况组成，如图 5-5-11、表 5-5-10 所示。

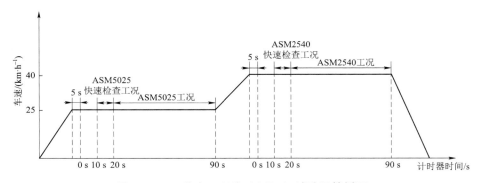

图 5-5-11 稳态工况法（ASM）试验运转循环

（1）ASM 5025 工况。车辆经预热后，加速至 25 km/h，测功机根据车辆基准质量自动进行加载，驾驶员控制车辆保持在 25 km/h±2.0 km/h 等速运转，维持 5 s 后，系统自动开始记时 $t=0$ s。如果测功机的速度，或者扭矩，连续 2 s，或者累计 5 s，超出速度或者扭矩允许波动范围（实际扭矩波动范围不容许超过设定值的±5%），工况计时器置 0，重新开始计时。ASM5025 工况时间长度不应超过 90 s（$t=90$ s），ASM5025 整个测试工况最大时长不能超过 145 s。

ASM5025 工况记时开始 10 s 后（$t=10$ s），开始进入快速检查工况，排气分析仪器开始采样，每秒测量一次，并根据稀释修正系数和湿度修正系数计算 10 s 内的排放平均值，运行 10 s（$t=20$ s）后，ASM5025 快速检查工况结束，进行快速检查判定。如果被检车辆没有通过快速检查，则车辆继续运行至计时器 $t=90$ s，ASM5025 工况结束。期间车速应控制在 25.0 km/h±2.0 km/h 内。在 0 s 至 90 s 的测量过程中，如果任意连续 10 s 内第 1 秒至第 10 秒的车速变化相对于第 1 秒小于±1.0 km/h，则测试结果有效。快速检查工况 10 s 内的排放平均值经修正后如果等于或低于排放限值的 50%，则测试合格，排放检测结束，输出检测结果报告；否则应继续进行完成整个 ASM5025 工况。如果所有检测污染物连续 10 秒的平均值经修正后均不大于标准规定的限值，则该车应被判定为 ASM5025 工况合格，排放检验合格，打印检验合格报告。如任何一种污染物连续 10 秒的平均值修正后超过限值，则应继续进行 ASM2540 工况检测；在检测过程中如果任意连续 10 s 内的任何一种污染物 10 秒排放平均值经修正后均高于限值的 500%，则测试不合格，输出检测结果报告，检测结束。

在上述任何情况下，检验报告单上输出的测试结果数据均为测试结果的最后 10 秒内，经修正后的平均值。

表 5-5-10　稳态工况法（ASM）试验运转循环

工况	运转次序	速度/（km·h^{-1}）	操作持续时间/s	测试时间/s
5025	1	0~25	0	/
	2	25	5	
	3	25	10	90
	4	25	10	
	5	25	70	
2540	6	25~40	/	/
	7	40	5	
	8	40	10	90
	9	40	10	
	10	40	70	

（2）ASM 2540 工况。ASM5025 工况排放检验不合格的车辆，需要继续进行 ASM2540 工况排放检验。被检车辆在 ASM5025 工况结束后应立即加速运行至 40.0 km/h，测功机根据车辆基准质量自动加载，车辆保持在 40 km/h±2.0 km/h 范围内等速运转，维持 5 s 后开始记时（$t=0$ s）。如果测功机的速度或者扭矩，连续 2 s，或者累计 5 s，超出速度或者扭矩允许波动范围（实际扭矩波动范围不容许超过设定值的±5%），工况计时器置 0，重新开始计时，ASM2540 工况时间长度不应超过 90 s（$t=90$ s），ASM2540 整个测试工况最大时长不能超过 145 s。

ASM2540 工况记时 10 秒后（$t=10$ s），开始进入快速检查工况，计时器为 $t=10$，排气分析仪器开始测量，每秒钟测量一次，并根据稀释修正系数及湿度修正系数计算 10 s 内的排放平均值，运行 10 s（$t=20$ s）后，ASM2540 快速检查工况结束，进行快速检查判定。如果没有通过快速检查，则车辆继续运行至 90 s（$t=90$ s），ASM2540 工况结束。期间车速应控制在 40.0 km/h±2.0 km/h 内。

在 0 s 至 90 s 的测量过程中，任意连续 10 s 内第 1 秒至第 10 秒的车速变化相对于第一秒小于±1.0 km/h，测试结果有效。快速检查工况 10 s 内的排放平均值经修正后如果不大于限值的 50%，则测试合格，排放检测结束，输出检测结果报告；否则应继续进行至 90 s 工况。如果所有检测污染物连续 10 秒的平均值经修正后均低于或等于标准规定的限值，则该车应判定为排放检验合格，排放检测结束，输出排放检验合格报告。如任何一种污染物连续 10 秒的平均值经修正后超过限值，则车辆排放测试结果不合格，继续进行到本工况检测结束，输出不合格检验报告。在检测过程中如果任意连续 10 s 内的任何一种污染物 10 秒排放平均值经修正后均高于限值的 500%，测试不合格，检测结束。

在上述任何情况下，检验报告单上输出的测试结果数据均为测试结果的最后 10 s 内经过修正的平均值。

（四）汽油车瞬态工况检测方法

汽油车的瞬态工况法是在底盘测功机上进行测试的，测试运转循环如表 5-5-11 所示，并用图 5-5-12 进一步加以描述，按运转状态分解的统计时间如表 5-5-12 和表 5-5-13 所示。

在排放检测前，系统应根据车辆的整备质量、或实际道路测试获得的载荷调整设置底盘测功机，模拟车辆行驶中的惯性阻力和其他阻力。采样系统为定容稀释取样（CVS）。污染物分析 CO 用不分光红外分析仪（NDIR），HC 用氢离子火焰分析仪（FID），NO_x 用化学发光分析仪（CLD）。最后的测量结果以 g/km 表示。

表 5-5-11 瞬态工况运转循环

操作序号	操作	工序	加速度 /(m·s⁻²)	速度 /(km·h⁻¹)	每次时间 操作/s	每次时间 工况/s	累计时间 /s	手动换挡时使用的挡位
1	急速	1	—	—	11	11	11	6 sPM[1)]+5 sK_1[2)]
2	加速	2	1.04	0.04	4	4	15	1
3	等速	3		15	8	8	23	1
4	减速	4	-0.69	15.69	2	5	25	1
5	减速，离合器脱开		-0.92	10.9	3		28	K_1
6	急速	5	—	—	21	21	49	16 sPM+5 sK_1
7	加速	6	0.83	0.83	5	12	54	1
8	换挡				2		56	—
9	加速		0.94	1 594 M	5		61	2
10	等速	7		32	24	24	85	2
11	减速	8	-0.75	32.75	8	11	93	2
12	减速，离合器脱开		-0.92	10.9	3		96	K_2
13	急速	9	—	—	21	24	117	16 sPM+5 sK_1
14	加速	10	0.83	0.83	5	26	122	1
15	换挡				2		124	—
16	加速		0.62	1 562 M	9		133	2
17	换挡				2		135	—
18	加速		0.52	3 552 M	8		143	3
19	等速	11	—	50	12	12	155	3
20	减速	12	-0.52	50.52	8	8	163	3
21	等速	13	—	35	13	13	176	3
22	换挡	14			2	12	178	—
23	减速		-0.86	32.86	7		185	2
24	减速，离合器脱开		-0.92	10.9	3		188	K_2
25	急速	15	—	—	7	7	195	7 sPM

注：1) PM —变速器置空挡，离合器接合。
2) K_1，K_2 —变速器置一挡或二挡，离合器脱开。

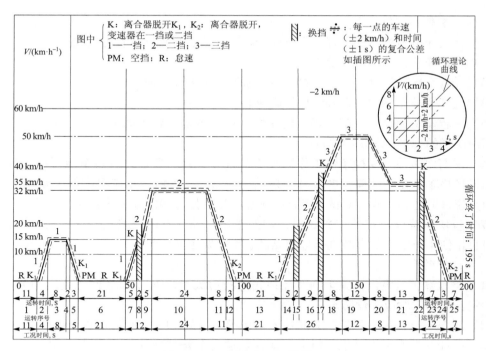

图 5-5-12 瞬态工况运转循环

表 5-5-12 按工况分解

工况	时间/s	百分比/%	
怠速	60	30.8	35.4
怠速、车辆减速、离合器脱开	9	4.6	
换挡	8	4.1	
加速	36	18.5	
等速	57	29.2	
减速	25	12.8	
合计	195	100	

表 5-5-13 按使用挡位分解

变速器挡位	时间/s	百分比/%	
怠速	60	30.8	35.4
怠速、车辆减速、离合器脱开	9	4.6	
换挡	8	4.1	
一挡	24	12.3	
二挡	53	27.2	
三挡	41	21.0	
合计	195	100	

注：1）测试期间平均车速：19 km/h；2）有效行驶时间：195 s；3）循环理论行驶距离：1.013 km。

1. 受检车辆和燃料要求

（1）受检车辆机械状况良好，无可能影响安全或引起测试偏差的机械故障。

（2）受检车辆进、排气系统无泄漏。

（3）受检车辆的发动机、变速箱和冷却系统等无液体渗漏。

（4）关闭受检车辆的空调和暖风等附属装备。

（5）受检车辆驱动轮胎应干燥、轮胎磨损符合要求、轮胎间无杂物，轮胎气压符合车辆使用说明书的规定，车辆限位良好。

（6）进行测试前，受检车辆工作温度应符合出厂规定要求，过热车辆不得进行排放测试。如果受检车辆在测试前，熄火时间超过 20 min，或车辆冷却液温度低于 80℃，在排放测试前，应采取适当措施对测试车辆进行预热处理，使冷却液温度达到 80℃以上。

（7）应使用符合规定的市售燃料，例如车用汽油、车用天然气、车用液化石油气等。试验时直接使用车辆中的燃料进行排放测试，不需要更换燃料。

2. 测试前的准备

（1）检验驾驶员将被检验车辆驾驶到底盘测功机上，驱动轮置于滚筒上，应确保车辆横向稳定，驱动轮胎应干燥防滑。

（2）对车辆进行可靠限位，对前轮驱动车辆，测试前应使驻车制动起作用。

（3）关闭受检车辆发动机，根据需要在发动机上安装冷却液或润滑油温度传感器等测试仪器。

（4）将排气收集软管安装到车辆排气管上，并可靠固定，注意排气收集软管的走向不应明显增加排气系统的流动阻力。

3. 检测程序

（1）起动发动机。

① 按照制造厂使用说明书的规定，起动发动机。如果排放测试前，受检车辆的发动机处于关机状态，试验前应尽早起动发动机，在进行瞬态排放测试前，发动机至少已连续运转 30 s 以上。

② 发动机保持怠速运转 40 s，在 40 s 终了时刻开始进行排放测试循环，同时开始排气取样。

③ 排放测试期间，检验驾驶员应该根据显示的速度-时间曲线轨迹规定的速度和换挡时刻驾驶车辆，在底盘测功机上进行排放测试期间严禁转动方向盘。

（2）怠速。

① 手动或半自动变速器。怠速期间，离合器应接合，变速器置于空挡位置。为保证车辆能够按规定循环进行加速，在驾驶循环每个怠速的后期，即加速开始前 5 s，断开离合器，变速器置一挡。

② 自动变速器。选择好挡位后，除特殊情况，或选择器可以使用超速挡以外，排放测试期间，不得再操作挡位选择器。

（3）加速。

① 在加速工况中应尽可能地保持加速度恒定。

② 如果在规定时间内未能完成加速过程，如果可能，所需的额外时间可从工况改变的复合公差允许时间中扣除。否则，应该从下一等速工况的时间段内扣除。

③ 使用自动变速器的车辆，如果在规定时间内不能完成加速过程，应按手动变速器的要求，操作挡位选择器。

（4）减速。

① 在所有减速工况时间内，应完全松开油门踏板，离合器接合，当车速降到 10 km/h 时，脱开离合器，整个减速过程中，不得操作挡位。

② 如果减速时间比相应工况规定的时间长，则允许使用车辆制动器，使循环按规定的时间进行。

③ 如果减速时间比相应工况规定的时间短，应由下一个等速工况，或急速工况中的时间进行补偿，使循环按规定的时间进行。

（5）等速。

① 从加速工况过渡到下一等速工况时，应避免猛踏油门踏板，或关闭节气门。

② 应采用保持油门踏板位置不变的方法进行等速工况试验。

③ 当车速降低到 0 km/h 时（车辆停止在转鼓上），变速器应置空挡，离合器接合。

驾驶员在瞬态排放测试过程中，应驾驶车辆跟踪所显示的随时间变化的速度曲线（速度轨迹），速度曲线轨迹应足够清晰可见，以方便驾驶员跟踪，并能够预测后续的速度，速度曲线上应明确规定换挡时机。在整个测试循环中，排放测量系统应该能够逐秒测量并记录稀释排气中的 HC、CO、CO_2 和 NO_x 浓度。

（五）简易瞬态工况法

简易瞬态工况法是采用气体流量分析仪来测量汽车稀释后的排气流量，经处理计算，最终得出每种污染物每公里的排放质量。

在底盘测功机上进行的测试运转循环如表 5-5-11，按运转状态分解的统计时间分别列入表 5-5-12 和表 5-5-13。

1. 车辆和燃料要求

（1）车辆机械状况良好，没有可能影响安全或引起测试偏差的机械故障。

（2）车辆进、排气系统不得有任何泄漏。

（3）车辆的发动机、变速箱和冷却系统等应无液体渗漏。

（4）应关闭受检车辆的空调和暖风等附属装备。

（5）进行排放测试前，受检车辆温度应符合制造厂出厂规定，不能对过热车辆进行排放测试。如果受检车辆在排放测试前熄火时间超过 20 min，在进行简易瞬态排放测试前，应采取适当措施对被测试车辆进行预热处理。

（6）应使用符合规定的市售燃料，例如车用汽油、车用天然气、车用液化石油气等。试验时直接使用车辆中的燃料进行排放测试，不需要更换燃料。

2. 检测程序

（1）驾驶员将受检车辆驾驶到底盘测功机上，车辆驱动轮应位于滚筒上，必须确保车辆横向稳定，车辆轮胎应干燥，轮胎间无夹杂石子等杂物。

（2）车辆应限位良好，对前轮驱动车辆，测试前应使驻车制动起作用。

（3）关闭发动机，根据需要在发动机上安装机油温度传感器等测试仪器。

（4）将分析仪取样探头插入排气管中，插入深度至少为 400 mm，并固定在排气管上。将气体质量分析系统的锥形管安装到车辆排气管上，并按要求进行固定，注意排气收集软管的布置和走向都不应明显增加系统流动阻力。

（5）气体质量分析系统中环境空气 O_2 浓度的校正每次排放测试前，都应利用气体质量分析系统中的氧传感器测量环境大气中氧的浓度，在读数前，气体质量分析系统的鼓风机应该至少运行 1 min 以上，环境空气中 O_2 浓度的读数应该在 20.8±0.3% 的范围内。如果气体质量分析系统测量的环境 O_2 浓度超出上述范围，主控计算机显示器上应该显示"警告"的字样，要求检验操作人员确认气体质量分析系统的排气采样管（锥形喇叭口）是否正确连接在排气管上，然后主控计算机继续进行环境空气 O_2 浓度测量。如果再次失败，主控计算机应该自动进入环境空气检查程序进行检查。

（6）起动发动机。

① 按照制造厂使用说明书的规定，起动汽车发动机。

② 发动机保持怠速运转 40 s，在 40 s 结束时开始排放测试循环，并同时开始排气取样。

③ 在测试期间，驾驶员应该根据驾驶员引导装置上显示的速度-时间曲线轨迹规定的速度和换挡时机驾驶车辆，试验期间严格禁止转动方向盘。

（7）怠速。

① 手动或半自动变速器。怠速期间，离合器接合，变速器置空挡。为能够按循环正常加速，在循环的每个怠速后期，加速开始前 5 s，驾驶员应松开离合器，变速器置一挡。

② 自动变速器。在测试开始时，放好挡位选择器后，在整个测试期间的任何时候，都不得再次操作挡位选择器。

（8）加速。

① 在整个加速工况期间，应尽可能使车辆加速度保持恒定。

② 若在规定时间内未能完成加速过程，超出的时间应从工况改变的复合公差允许的时间中扣除，否则应从下一个等速工况时间内扣除。

③ 使用自动变速器的车辆，如果不能在规定时间内完成加速过程，应按手动变速器的要求，操作挡位选择器进行换挡。

（9）减速。

① 在所有减速工况时间内，应将加速踏板完全松开，离合器接合，当车速降至 10 km/h 左右时，松开离合器，但不得进行换挡操作。

② 如果减速时间比相应工况规定的时间长，允许使用车辆制动器，以便使循环按照规定的时间进行。

③ 如果减速时间比相应工况规定的时间短，则应在下一个等速，或怠速工况时间中恢复至理论循环规定的时间。

（10）等速。

① 从加速过渡到下一等速工况时，应避免猛踩加速踏板或关闭节气门操作。

② 应采用保持加速踏板位置不变的方法实现等速驾驶。

③ 循环终了时（车辆停止在转鼓上），变速器置于空挡，离合器接合，排气分析系统停止取样。

④ 根据驾驶员引导装置的提示，将受检车辆开出底盘测功机，或者继续进行后续的测试。

（六）燃油蒸发排放控制系统检验

燃油蒸发排放控制系统检验的测试应分别完成燃油蒸发排放控制系统外观检验、进油口压力测试及油箱盖测试。对于无油箱盖设计车辆可不进行油箱盖测试。

1. 判定标准

（1）进油口压力测试。

燃油蒸发排放控制系统将初始压力稳定在 3 500±250 Pa，保持 120 s，如果压力损失超过了 1 500 Pa，则测试结果不合格。燃油蒸发控制系统应与进油口和在燃油箱与活性炭罐之间的软管夹分离。

快速通过在 20~120 s 测量期间，如果在任意时刻测得的压力超过下列公式的计算结果，可对压力测试做出快速通过的决定：

$$P_m = P_i - \left(\frac{0.33P_i + 331.17}{120}\right) \times t \quad (5\text{-}5\text{-}1)$$

式中　P_m——任意时刻压力阈值，Pa；

　　　P_i——初始压力，Pa；

　　　t——时间，s。

（2）油箱盖测试。

① 压力损失测试。

压力损失法在燃油液面顶部有 1 L 的空间，起动时的压力规定为 7 000±250 Pa，如果在 10 s 的测试过程中，压力损失超过了 1 500 Pa，则油箱盖测试不合格。

② 泄漏流量测试。

在压力为 7 500 Pa 的条件下，泄漏流量不应超过 60 mL/min，用流量方法测得的泄漏速率应当换算为标准状态（23 ℃，101.35 kPa）下的泄漏速率。如果在 7 500 Pa 的条件下，该泄漏速率超过了 60 mL/min，则油箱盖测试不合格。

2. 前期检查和准备工作

（1）活性炭罐外观检查。应当对活性炭罐进行外观检查，活性炭罐应当有效可用；如果活性炭罐缺失或者明显损坏的，则判断外观检查不合格。

（2）燃油蒸发控制系统外观检查。应当对燃油蒸发系统软管的路线、连接、状态进行外观检查，连接软管应当有效可用。如果任意一部分软管的路线、连接是错误的，或者任意一部分软管是损坏的，则判断外观检查不合格。

（3）油箱盖外观检查。如果油箱盖缺失、有明显缺陷或者没有使用正确的油箱盖，则判断外观检查不合格。对无油箱盖设计车辆，应检查油箱盖阀门是否能正常工作。未使用正确的油箱盖举例：本应安装螺纹式油箱盖但却安装了凸轮锁紧式油箱盖。

3. 测试流程

（1）进油口压力测试。

① 设备准备。在不损坏蒸发系统部件的前提下，应在离活性炭罐尽可能近的地方夹死连接燃油箱与活性炭罐之间的通气管。对有两个油箱的机动车，如果仅从一个油箱的加油管加压，不足以使整个蒸发控制系统都达到所要求的压力，则这两个油箱应当单独进行测试。测试时应当选用合适的联接器。

② 开始加压。油箱压力应加至 3 500±250 Pa。

③ 稳定性。在压力损失测试之前，应当对压力稳定性进行 10 s 的监测。稳定的定义是：当初始压力为 3 500±250 Pa 时，在 10 s 的监测期内，压力损失不超过 1 250 Pa。如果超过了这个值，应当再尝试两次以达到稳定。如果这样都不能达到稳定说明燃油泄漏量较大，则可以判定压力测试不合格。

④ 体积修正。油箱内的蒸气体积可能会影响压力损失法的结果，目前仍不需要进行体积修正，流量比较法和直接法也不需要进行体积修正。

⑤ 压力监测 120 s 后停止加压并测量压力损失。测试中，压力测试结果如果能满足公式（5-5-1），则可做出快速通过的决定。

⑥ 移除软管夹。移除油箱通气管的软管夹，小心泄压，并移除用于加压的联接器。

（2）油箱盖测试。

① 油箱盖安装。油箱盖应从进油口卸下，并安装在简易试验台或者台架试验台上，两者之间可以使用合适的联接器。

② 泄漏检测。应当测量油箱盖的燃油泄漏速率，在压力为 7 500 Pa 的条件下不应超过 60 mL/min。压力损失测试法在燃油液面顶部有 1 L 左右的空间，初始压力为 7 000 Pa，在接下来的 10 s 内，压力损失不应超过 1 500 Pa。

③ 油箱盖复位。测试结束后，将油箱盖安回进油口并装紧。

ASM 只有稳定的匀速过程，加载为固定值。检测有两个等速工况段：一是 ASM5025 工况，车速为 25 km/h，按汽车加速度为 1.475 m/s² 时的输出功率的 50% 对汽车加载；二是 ASM2540 工况，车速为 40 km/h，按汽车加速度为 1.475 m/s² 时的输出功率的 25% 对汽车加载。

四、柴油车排气污染物检测

（一）检测设备

测试设备主要包括底盘测功机、烟度计、氮氧化物分析仪和发动机转速传感器等，由中央控制系统集中控制。其中烟度计主要分为滤纸式烟度计和不透光式烟度计。

1. 底盘测功机

（1）对底盘测功机的测试要求。

① 轻型车排放试验的底盘测功机应能测试最大单轴质量不大于 2 000 kg 的车辆。PAU 的功率吸收范围应保证最大总质量为 3 500 kg 的汽车能够完成加载减速试验。在测试车速大于或等于 70 km/h 时，能够连续稳定吸收 56 kW 的功率 5 min 以上，在时间间隔不大于 3 min 的情况下，能够连续完成 10 次以上对 56 kW 的功率吸收。

② 重型车试验用底盘测功机，应能测试最大单轴质量不大于 8 000 kg 或最大总质量不超过 14 000 kg 的车辆。PAU 的功率吸收范围应保证最大总质量不超过 14 000 kg 的重型车能够完成加载减速试验。在测试车速大于或等于 70 km/h 时，能够稳定吸收至少 120 kW 的功率连续 5 min 以上，在时间间隔不大于 3 min 的情况下，能够连续进行 10 次以上对 120 kW 的功率吸收。

用于检测最大单轴质量为 11 000 kg 车辆的底盘测功机，应能满足单轴驱动或轴距在 1.17~1.52 m 之间的多轴驱动车辆的测试。在任何轴距设置条件下，滚筒中心距公差不得超过 1.3 cm。对多轴驱动车辆，对应前后两轴的滚筒转速应匹配，或在所有速度范围内最大速度偏差不超过 1.6 km/h。

（2）对滚筒的技术要求。

① 轻型车检测用底盘测功机的滚筒直径为 218 mm±2 mm，滚筒内跨距应不大于 760 mm，外跨距应不小于 2 540 mm。重型车检测用底盘测功机的滚筒直径可以在 216 mm 与 530 mm 之间。轻型车试验用滚筒中心距根据下式计算，偏差应在 -6.5 mm 与 12.7 mm 之间。滚筒内外跨距要求能满足轻型车工况试验的安全要求。

② 对滚筒中心距的要求：

$$A = (620+D) \times \sin 31.5°$$

式中　A——滚筒中心距，mm；

　　　D——底盘测功机滚筒直径，mm。

③ 滚筒表面应保证轮胎不打滑，速度测量准确度稳定，尽可能减小对轮胎的磨损和噪声。

④ 底盘测功机应使用双滚筒或三滚筒结构，飞轮与前滚筒相连，前后滚筒的耦合可以采用机械或电力方式，速比为 1∶1，同步精度为 ±0.3 km/h。

（3）其他要求。

① 测功机应配备限位装置，限位装置应保证在水平、垂直方向作用力对排放结果不产生明显影响，并且在对车辆进行的任何合理操作情况下，都能进行安全限位，而不会损伤车辆。

② 应配备车辆冷却风扇，发动机温度过高时应起动冷却风扇。

③ 测功机应有滚筒转速测量装置，在车速测量范围内，其测量准确度应达到 ±0.2 km/h。

④ 测功机的安装应保证被测车辆在测功机上处于水平位置（±5°），在测试过程中不应使车辆产生可能妨碍车辆正常工作的振动。

⑤ 应配备环境参数自动采集系统，对环境参数测量的准确度要求如下：大气温度，±1 ℃；相对湿度，±3%；大气压力，±1.0 kPa。

2. 发动机转速传感器

发动机转速传感器应能实时为测功机的控制/显示单元提供发动机转速信号，其测量准确度要求为实测转速的 ±1%，传感器的动态响应特性不得劣于测功机的扭矩控制动态特性。此外，还必须具有一个合适的数据通信端口，该通信端口与测功机控制系统兼容以实现数据传送。

转速传感器必须具有安装方便、不受车辆振动干扰等影响的特点。

3. 滤纸式烟度计

（1）基本检测原理。

用滤纸式烟度计测试自由加速工况下柴油机烟度时，需从排气管抽取规定容积的废气，并使之通过规定面积的标准洁白滤纸，其滤纸被染黑的程度称为烟度。烟度用符号 S_F 表示，烟度单位是无量纲的量，用符号 FSN 表示。滤纸染黑的程度不同，则对照射到滤纸表面光线的反射能力不同。据此，烟度 S_F 表示为：

$$S_F = 10(1-R_d/R_c)$$

式中，R_d、R_c 分别为污染滤纸和洁白滤纸的反射因数，R_d/R_c 的值由 0%～100%，分别对应于全黑滤纸的反射和洁白标准滤纸的反射。

当污染滤纸为全黑时，烟度值为 10；滤纸没有受到污染时，烟度值为 0。

（2）基本组成。

滤纸式烟度计由废气取样装置、污染度测量装置、污染度指示装置和校准装置等组成，其原理如图 5-5-13 所示。

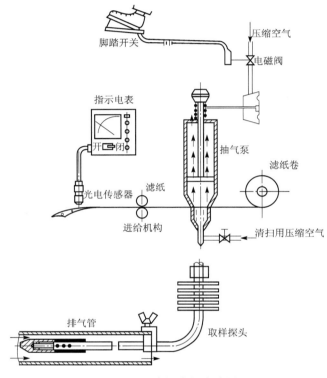

图 5-5-13 滤纸式烟度计原理

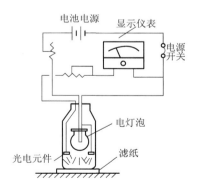

图 5-5-14 污染度测量装置

（3）滤纸污染度测量。

测量装置如图 5-5-14 所示，它由白炽灯泡、光电元件（硒光电池）等组成。白炽灯泡为测量用光源，应发光均匀、稳定，灯泡光轴应位于滤纸中心并与滤纸平面垂直。光电元件为一个环形的硒半导体光电池，硒光电池距离滤纸表面 10.5 mm。把取样后表面带有黑烟的滤纸，放到测量装置的规定位置，从灯泡发出的光照射到滤纸上后被反射回来，反射光被环形光电池接收，光电池产生电流使检测仪表指针偏转。

测量装置实际是一只电流表，精度不低于 1.5 级。表盘按污染度%进行刻度，它刻有 0%~100% 的刻度值。滤纸污染严重时，反射光线少，仪表指针向 100% 方向偏转（100% 表示全黑）；滤纸污染轻微时，反射光线多，仪表指针向 0% 方向偏转（0% 表示白色）。实际烟度计表盘刻度以 0~10 数字用波许单位表示，反射光线少时指针向 10 Rb 方向偏转，其最小分度为满刻度的 2%，即在表盘上可以直接读出波许单位烟度值。

4. 不透光烟度计

GB 3847 规定用光吸收系数来度量可见污染物的大小。规定使用不透光度仪测量压燃式发动机和装用压燃式发动机汽车的可见污染物。要求不透光度仪的显示仪表应有两种刻度：一种为绝对光吸收的单位，从 0 到趋于∞（m^{-1}）；另一种为线性刻度从 0%～100%。两种刻度的范围均以光全通过时为 0，全遮挡时为满刻度。

（1）基本检测原理。

不透光烟度计测量排烟污染程度的原理是使光束通过一段给定长度的排烟，通过测量排烟对光的吸收程度来决定排烟对环境的污染程度。

如图 5-5-15 所示，不透光烟度计测量单元的测量室是一根分为左右两半部分的圆管，被测排气从中间的进气口进入，分别穿过左圆管和右圆管，从左出口和右出口排出。左右两侧装有两个凸透镜，左端装有绿色发光二极管，右端装有光电转换器，发光二极管至左透镜及光电转换器至右透镜的光程都等于透镜的焦距。因此，发光二极管发出的光通过左透镜后就成为一束平行光，再通过右透镜后，会聚于光电转换器上，并转换成电信号。排气中含烟越多，平行光穿过测量室时光能衰减越大，经光电转换器转换的电信号就越弱。

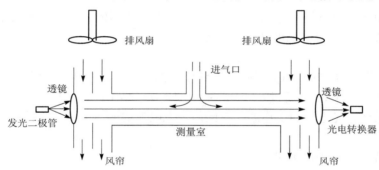

图 5-5-15 不透光烟度计的测量原理

排气中夹带着许多碳烟微粒，如果让排烟直接接触左右透镜的表面，碳烟微粒将会沉积在上面，吸收光能，从而影响测量结果。为使光学系统免遭排烟的污染，仪器采用了"空气气幕"保护技术。排风扇将外界的清洁空气吹入左右透镜与测量室出口之间的通道，使透镜表面形成"风帘"，避免其沾染上碳烟微粒。

排气中含有水分。由于排气管的温度较高，刚进入仪器时，排气中的水分仍保持在气态。如果仪器测量室管壁的温度比排气温度低很多，排气中的水蒸气就要冷凝成雾，影响测量结果。为了防止冷凝的影响，测量室管壁的温度应始终保持在 70℃ 以上，为此测量室装有加热及恒温控制装置。

（2）基本组成。

下面以 NHT—1 型不透光烟度计为例介绍不透光烟度计的组成。如图 5-5-16 所示，仪器主要由测量单元、控制单元、取样探头、连接电缆等组成。

（3）结构要求。

烟度计的设计应保证在稳定转速工况下，充入烟室内的烟气，其不透光的程度是均匀的。

① 烟室和不透光烟度计外壳要求。

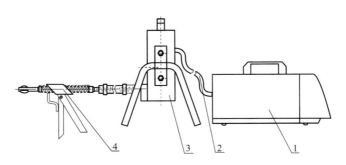

1—控制单元；2—连接电缆；3—测量单元；4—取样探头。
图 5-5-16 NHT—1 不透光烟度计的组成

为了使烟室内部反射或漫射作用产生的漫反射光对光电池的影响减小到最低程度，烟室可用无光泽的黑色装饰内表面，并采用合适的总体布置。对于不透光烟度计的光学特性应为：当烟室内充满光吸收系数接近 1.7 的烟气时，反射和漫射的综合作用应不超过线性分度的一个单位。

② 光源。

烟度计所使用的光源应为色温在 2 800 ~ 3 250 K 范围的白炽灯，或光谱峰值在 550 ~ 570 nm 的绿色发光二极管，也可采用其他等效光源。

③ 接收器。

接收器应由光电池组成，其光谱响应曲线应类似于人眼的光适应曲线。最大响应在 550 ~ 570 nm，波长小于 430 nm 或超过 680 nm 时，其响应应小于最大响应的 4%。包括显示仪表的测量电路应保证在光电池的工作温度范围内，光电池的输出电流与所接收的光强度呈线性关系。

（4）不透光烟度计安装要求。

① 取样探头与排气管横截面积之比应不小于 0.05，在排气管中探头开口处测得的背压应不超过 735 Pa。

② 探头应是一根管子，其开口端向前并位于排气管或其延长管（必要时）的轴线上。探头应位于烟气分布大致均匀的断面上，为此，探头应尽可能放置在排气管的最下游，必要时放在延长管上。如果使用延长管，则接口处不允许有空气进入。

③ 取样系统应保证在发动机所有转速下，不透光烟度计烟室中排气的压力与大气压力之差应不超过 735 Pa。这可以通过记录发动机怠速和最大无负荷转速下的样气压力来进行检查。在排气管中探头开口处测得的背压应不超过 735 Pa。

④ 连接不透光烟度计的各种管子也应尽可能短。管路应从取样点倾斜向上至不透光烟度计，且应避免会使碳烟积聚的急弯。在不透光烟度计上游可设置一旁通阀，以便在不测量时，将不透光烟度计与排气流隔开。

不透光烟度计至少每年检定一次，每次维修后必须进行检定，经检定合格后方可重新投入使用。每次检测前不透光烟度计应分别进行 0% 和 100% 不透光度检查。

5. 氮氧化物分析仪

① 氮氧化物分析仪可以选择使用化学发光、紫外或红外原理，不得采用化学电池原理。

② 测量得到的氮氧化物（NO_x）是 NO 和 NO_2 的总和。

③ 其中对 NO_2 可以直接测量,也可以通过转化炉转化为 NO 后进行测量。
④ 采用转化炉将 NO_2 转化为 NO 时,转换效率应≥90%,对转化效率要进行定期检验。
⑤ 分析仪量程和准确度要求如表 5-5-14 所示。

表 5-5-14　分析仪量程和准确度要求

气体	量程	相对误差	绝对误差
NO	$0 \sim 4\,000 \times 10^{-6}$	±4%	$±25 \times 10^{10}$
NO_2	$0 \sim 1\,000 \times 10^{-6}$	±4%	$±25 \times 10^{-6}$
CO_2	$0 \sim 18 \times 10^{-2}$	±5%	—
注：表中所列绝对误差和相对误差,满足其中一项要求即可。			

对氮氧化物分析仪,每年应至少检定一次,每次维修后必须先进行检定,经检定合格后方可重新投入使用。

(二) 柴油车排气污染物检测方法

1. 无负载检测方法

柴油车无负载检测是指自由加速法检测,是我国当前对柴油车烟度的主要检测手段,依据的国家标准是 GB 3847。该方法具有检测操作简便易行、仪器便于携带等优点,广泛应用于柴油车的年检和抽检。

无负载检测有滤纸式烟度法和不透光烟度法。

(1) 滤纸式烟度法检测方法。
① 将取样探头逆气流方向固定在排气管内,并使其中心线与排气管轴线平行。
② 将踏板开关引入汽车驾驶室或将手动橡皮球通过远控软管引入汽车驾驶室。
③ 把抽气泵活塞压下锁止。
④ 按图 5-5-17 所示的测量规程进行自由加速烟度的检测。先由怠速工况将加速踏板踩到底,约 4 s 后迅速松开,如此重复三次,以便把排气管内碳渣吹掉。

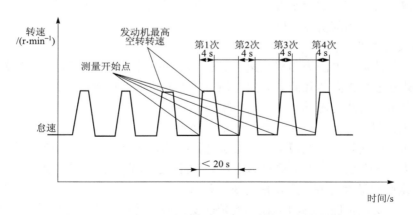

图 5-5-17　测量烟度时发动机运行工况模式 (测量规程)

⑤ 然后怠速运转约 16 s。在此期间内用压缩空气对取样软管和取样探头吹洗 3~4 s。

⑥ 将踏板开关固定在加速踏板上或将手动橡皮球拿在手中。

⑦ 将加速踏板与踏板开关一起迅速踏到底，或在踩下加速踏板的同时，急速压缩手动橡皮球，至 4 s 时迅速松开加速踏板和踏板开关。

⑧ 维持 16 s 怠速运转。在此期间，将抽气泵的活塞压下至吸气开始位置，有纸卷的烟度计可完成走纸并可直接由表头读取烟度值。在此期间均要用压缩空气对取样软管及取样探头吹洗 3~4 s。

⑨ 再次踩下加速踏板与踏板开关，两次之间的时间间隔为 20 s，如此重复取样 4 次，对第一次采样不测量，后三次读数的算术平均值，即为该工况下的排气烟度值。

（2）不透光烟度法检测方法。

① 目测检测车辆的排气系统的相关部件是否泄漏。

② 发动机包括所有装有废气涡轮增压的发动机，在每个自由加速循环的起点均处于怠速状态。对重型发动机，将油门踏板放开后至少等待 10 s。

③ 在进行自由加速测量时，必须在 1 s 内将油门踏板快速、连续地完全踩到底，使喷油泵在最短时间内供给最大油量。

④ 对每一个自由加速测量，在松开油门踏板前，发动机必须达到断油点转速。对带自动变速箱的车辆，则应达到制造厂申明的转速（如果没有该数据值，则应达到断油转速的 2/3）。在测量过程中应监测发动机转速检查是否符合试验要求（特殊无法测得发动机转速的车辆除外），并将发动机转速数据实时记录并上报。

⑤ 计算结果取最后三次自由加速测量结果的算术平均值。在计算均值时可以忽略与测量均值相差很大的测量值。

急速法与自由加速法共有的、突出的弊端是检测时车辆无载荷，检测结果不能反映车辆行驶时的排放状况。随着社会对汽车环保要求的提高，以往的在用车排放检测方法已暴露出以下问题：实验室大量试验表明，检测中对"将油门踏板迅速踏到底"速度与力度的操作不同，"维持 4 s 后松开"中时间长短的掌握，使得测量的不确定性较大，重复性差，也易留下作弊机会。有时会出现冒黑烟和抽气泵抽气的时间不同步的现象，这时测不到最大烟度值。自由加速不带负荷，与汽车真实行驶工况相差很大，正因如此，许多烟度排放严重的柴油车用自由加速法检测却仍然达标。

2. 加载减速工况法

柴油车有负载检测方法为加载减速工况法，该方法来自香港环保署于 2000 年 6 月颁布的柴油车加载减速排放限值和测量方法。该方法能够将烟度排放严重的柴油车检测出来，有效地克服了自由加速法的弊端。

（1）主要测试设备。

加载减速工况法是一种在模拟车辆负载运行时测量压燃式发动机汽车排气可见污染物的方法。该方法在 3 个加载工况点测试烟度。3 个测量点分别是最大功率点，最大功率对应转速的 90% 转速点和最大功率对应转速的 80% 转速点。

测试设备主要包括底盘测功机、不透光烟度计和发动机转速传感器等，由中央控制系统集中控制。加载减速工况法的原理是使用底盘测功机对汽车施加阻力以此模拟车辆在实际道路上行驶的阻力，该方法在 2 个加载工况点测量发动机的排气光吸收系数 k 和氮氧化物。两个工况点分别是 VelMaxHP 点和 80% VelMaxHP 点。

(2) 车辆准备。

试验前应该对车辆的技术状况进行检查,以确定待检车辆是否能够进行后续的排放检测,对车辆的预检要求包括车辆身份确认和安全检查。待检车辆放在底盘测功机上,按照规定的加载减速检测程序,检测最大轮边功率和相对应的发动机转速和转鼓表面线速度(VelMaxHP),并检测 VelMaxHP 点和 80% VelMaxHP 点的排气光吸收系数 k 及 80% VelMaxHP 点的氮氧化物。排气光吸收系数检测应采用分流式不透光烟度计。

加载减速过程中经修正的轮边功率测量结果不得低于制造厂规定的发动机额定功率的40%,否则判定为检验结果不合格。

(3) 检测流程。

1) 发动机熄火,变速器置空挡,检查不透光烟度计的零刻度和满刻度。检查完毕后,将采样探头插入受检车辆的排气管中。注意连接好不透光烟度计,采样探头的插入深度不得低于 400 mm。

2) 起动发动机,变速器置空挡,逐渐增大油门踏板直到开度达到最大,并保持在最大开度状态,记录这时发动机的最大转速,然后松开油门踏板,使发动机回到急速状态。

3) 使用前进挡驱动被检车辆,选择合适的挡位,使油门踏板处于全开位置时,测功机指示的车速最接近 70 km/h,但不能超过 100 km/h。对装有自动变速器的车辆,应注意不要在超速挡下进行测量。

4) 计算机对按上述步骤获得的数据自动进行分析,判断是否可以继续进行后续的检测,被判定为不适合检测的车辆不允许进行加载减速检测。

5) 在确认机动车可以进行排放检测后,将底盘测功机切换到自动检测状态。

① 加载减速测试的过程必须完全自动化。在整个检测循环中,均由计算机控制系统自动完成对测功机加载减速过程的控制。

② 自动控制系统采集二组检测状态下的检测数据,以判定受检车辆的排气光吸收系数 k 和 NO_x 是否达标,二组数据分别在 VelMaxHP 点和 80% VelMaxHP 点获得。

③ 上述二组检测数据包括轮边功率、发动机转速、排气光吸收系数 k 和 NO_x,必须将不同工况点的测量结果都与排放限值进行比较。若测得的排气光吸收系数 k 或 NO_x 超过了标准规定的限值,均判断该车的排放不合格。

6) 检测开始后,检测员应始终将油门保持在最大开度状态,直到检测系统通知松开油门为止。在试验过程中检测员应实时监控发动机冷却液温度和机油压力。一旦冷却液温度超出了规定的温度范围,或者机油压力偏低,都必须立即暂时停止检测。冷却液温度过高时,检测员应松开油门踏板,将变速器置空挡,使车辆停止运转。然后使发动机在急速工况下运转,直到冷却液温度重新恢复到正常范围为止。

7) 检测过程中,检测员应时刻注意受检车辆或检测系统的工作情况。

8) 检测结束后,打印检测报告并存档。

3. 林格曼烟度法

(1) 术语和定义。

① 烟羽指从柴油车排气口排出的气流。

② 林格曼黑度级数是用于评价烟羽黑度的一种数值,将观测的烟羽黑度与林格曼烟气黑度图对比得到。

③ 标准的林格曼烟气黑度图由 14 cm×21 cm 的不同黑度的图片组成，除全白与全黑分别代表林格曼黑度 0 级和 5 级外，其余 4 个级别是根据黑色条格占整块面积的百分数来确定的，黑色条格的面积占 20% 为 1 级，占 40% 为 2 级，占 60% 为 3 级，占 80% 为 4 级。

（2）原理。

把林格曼烟气黑度图放在适当的位置上，将柴油车排气的烟度与图上的黑度相比较，确定柴油车排气烟羽的黑度。

（3）仪器和设备。

① 林格曼烟气黑度图。

② 计时器（秒表或手表），精度为 1 秒。

③ 烟气黑度图支架。

④ 风向、风速测定仪。

（4）观测位置和条件。

① 应在白天进行观测，观测人员与柴油车排气口的距离应足以保证对排气情况清晰地观察。林格曼烟气黑度图安置在固定支架上，图片面向观测人员，尽可能使图片位于观测人员至排气口端部的连线上，并使图与排气有相似的天空背景。图距观测人员应有足够的距离，以使图上的线条看起来融合在一起，从而使每个方块有均匀的黑度。

② 观测人员的视线应尽量与排气烟羽飘动的方向垂直。观察排气烟羽的仰视角不应太大，一般情况下不宜大于 45°角，尽量避免在过于陡峭的角度下观察。

③ 观察排气烟羽黑度力求在比较均匀的光照下进行。如果在太阳光照射下观察，应尽量使照射光线与视线成直角，光线不应来自观测人员的前方或后方。雨雪天、雾天及风速大于 4.5 m/s 时不应进行观察。

（5）观测方法。

① 观察排气烟羽的部位应选择在排气黑度最大的地方。观察时，观测人员连续观测排气黑度，将排气的黑度与林格曼烟气黑度图进行比较，记下排气的林格曼级数最大值作为林格曼烟度值。如排气黑度处于两个林格曼级之间，可估计一个 0.5 或 0.25 林格曼级数。

② 观察排气宜在比较均匀的天空照明下进行。如在阴天的情况下观察，由于天空背景较暗，在读数时应根据经验取稍偏低的级数（减去 0.25 级或 0.5 级）。

（6）记录。

① 观测人员连续观测排气烟度，将排气的黑度与林格曼烟气黑度图进行比较，记下观测过程中排气的林格曼级数最大值作为林格曼烟度值。

② 采用林格曼烟度测试仪观测排气烟度时，记录林格曼烟度测试仪的最大读数作为林格曼烟度值。

（7）林格曼烟气黑度图。

标准的林格曼烟气黑度图由 5 张不同黑度的图片组成，可以通过在白色背景上确定宽度的黑色线条和间隔的矩形网格来准确印制。每张图片中，网格所占的面积是 14 cm×21 cm，每个小格长 10 mm，宽 10 mm。每张图片上的网格由 294 个小格组成。林格曼黑度是根据黑色条格占整块面积的百分数来确定的。

林格曼黑度 0 级——全白。

林格曼黑度 1 级——每个小格长、宽均为 10 mm，黑色线条宽 1 mm，余下 9 mm×9 mm 平方的空白（黑色条格的面积占 20%），如图 5-5-18 所示。

林格曼黑度 2 级——每个小格长、宽均为 10 mm，黑色线条宽 2.3 mm，余下 7.7 mm× 7.7 mm 平方的空白（黑色条格的面积占 40%），如图 5-5-19 所示。

林格曼黑度 3 级——每个小格长、宽均为 10 mm，黑色线条宽 3.7 mm，余下 6.3 mm× 6.3 mm 平方的空白（黑色条格的面积占 60%），如图 5-5-20 所示。

林格曼黑度 4 级——每个小格长、宽均为 10 mm，黑色线条宽 5.5 mm，余下 4.5 mm× 4.5 mm 平方的空白（黑色条格的面积占 80%），如图 5-5-21 所示。

林格曼黑度 5 级——全黑。

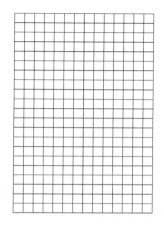

图 5-5-18　林格曼 1 级

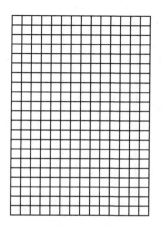

图 5-5-19　林格曼 2 级

图 5-5-20　林格曼 3 级

图 5-5-21　林格曼 4 级

五、汽车噪声检测

(一) 汽车噪声的检测设备

不论是评价汽车噪声水平的高低，还是控制汽车噪声，首先都应明确噪声的状况，而后与允许的噪声标准进行比较，确定所需减噪量的数值，并以此为依据，采取一定技术措施来控制噪声。在各项控制措施实施后，还要检验噪声控制的效果。因此噪声的测量是汽车噪声控制与评价的重要组成部分。

在汽车噪声测试中，常用的设备是声级计。

1. 声级计的结构与工作原理

声级计是一种能对工业噪声、生活噪声和交通噪声等，按人耳听觉特性近似地测定其噪声级的仪器。噪声级是指用声级计测得的并经过听感修正的声压级（dB）或响度级（phon）。

声级计一般由传声器、放大器、衰减器、计权网络、检波器、指示表头和电源等组成，如图 5-5-22 所示是 HY104 型声级计外形结构。

（1）传声器。

传声器也称为话筒，是声级计的传感器，将声压信号转变为电压信号。

电容式传声器主要由金属膜片和靠得很近的金属电极组成，实质上是一个平板电容。金属膜片与金属电极构成了平板电容的两个极板。当膜片受到声压作用时，膜片发生变形，使两个极板之间的距离发生改变，电容量也随之发生变化，从而产生交变电压，其波形在传声器线性范围内与声压级波形成比例，实现了将声压信号转变为电压信号的作用。

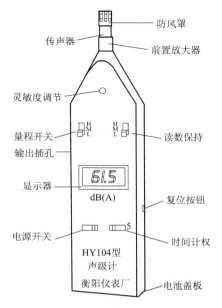

图 5-5-22　HY104 型声级计外形结构

电容式传声器是声学测量中比较理想的传声器，具有动态范围大、频率响应平直、灵敏度高和在一般测量环境中稳定性好等优点，得到广泛应用。由于电容式传声器输出阻抗很高，因此需要通过前置放大器进行阻抗变换，前置放大器装在声级计内部靠近安装电容式传声器的部位。

（2）放大器和衰减器。

一般声级计的放大线路中都采用两级放大器，即输入放大器和输出放大器，其作用是将微弱的电信号放大。输入衰减器和输出衰减器是用来改变输入信号的衰减量和输出信号的衰减量，以便使表头指针指在适当的位置，其每一挡的减量为 10 dB。输入放大器使用的衰减器调节范围为测量低端（如 0~70 dB），输出放大器使用的衰减器调节范围为测量高端（如 70~120 dB）。

（3）计权网络。

为了模拟人耳听觉在不同频率有不同的灵敏性，在声级计内设有一种能够模拟人耳的听觉特性，把电信号修正为与听感近似值的网络，这种网络叫做计权网络。通过计权网络测得的声压级，已不再是客观物理量的声压级（叫线性声压级），而是经过听感修正的声压级，叫做计权声级或噪声级。从声级计上得出的噪声级读数，必须注明测量条件。

(4) 检波器和指示表头。

为了使经过放大的信号通过表头显示出来，声级计还需要有检波器，以便把迅速变化的电压信号转变成变化较慢的直流电压信号。这个直流电压的大小要正比于输入信号的大小。

指示表头是一只电表，只要对其刻度进行一定的标定，就可从表头上直读出噪声级的 dB 值。声级计表头阻尼一般都有"快"和"慢"两个挡。"快"挡的平均时间为 0.27 s，很接近于人耳听觉器官的生理平均时间；"慢"挡的平均时间为 1.05 s。当对稳态噪声进行测量或需要记录声级变化过程时，使用"快"挡比较合适；在被测噪声的波动比较大时，使用"慢"挡比较合适。

2. 使用声级计的注意事项

① 避免在本底噪声大的场所检测。本底噪声是指测量对象的噪声不存在时，周围环境的背景噪声。检测场地的本底噪声应比所测汽车的喇叭声响至少低 10 dB，并保证测量不被偶然的其他声源所干扰。

② 检测时要注意仪表量程的选择应由高到低，防止指针超出刻度线以外。仪器的测量范围 35~130 dB，分为三挡：35~80 dB；60~105 dB；85~130 dB。测量前应根据被测声音的大小将量程开关置于合适的挡位，如无法估计其大小，应先将量程开关置于最高挡。测量喇叭声级时，使用 85~130 dB 挡。

③ 检测时要避免声级计受反射音、大风和电磁波的影响。

④ 声级计要避免受振动和冲击，注意防潮和避免阳光直射。

⑤ 电池式声级计在不使用期间，应取下干电池。如果显示器左下方显示出电压过低的标志"→"，则表明电池已低于规定的工作电压，需要更换。在更换电池时，要特别注意应将电源开关置于"关"的位置。每天下班以前一定不要忘记关掉电源开关，否则第二天电池的电能将耗尽。

⑥ 声级计前端的多孔泡沫塑料圆球是风罩，在室外测量或当风速超过 0.5 m/s 时应使用风罩，以减少风噪声的影响。风罩还能保护传声器不受尘埃的损害，因此在检测站内也应使用风罩。

⑦ 声级计每年要接受有关部门的检定。

(二) 检测参数标准

国家标准对客车车内噪声级、汽车驾驶员耳旁噪声级和汽车喇叭声级提出了下述要求。

(1) 车外最大允许噪声级。汽车加速行驶时，车外最大允许噪声级应符合表 5-5-15 的规定。表中所列各类机动汽车的变型车或改装车（消防车除外）的加速行驶车外最大允许噪声级，应符合其基本车型汽车的噪声规定。

(2) 汽车驾驶员耳旁噪声级。该噪声级应不大于 90 dB。

(3) 汽车喇叭声级。汽车喇叭声级在距车前 2 m、离地高 1.2 m 处测量时，其值应为 90~115 dB。

(4) 汽车定置噪声。定置噪声是指车辆不行驶，发动机处于空载运转状态下的排气噪声和发动机噪声。汽车定置噪声的限值如表 5-5-16 所示。

表 5-5-15　汽车加速行驶车外噪声限值　　　　　　单位：dB（A）

汽车分类	噪声限值	
	第一阶段	第二阶段
	2002 年 10 月 1 日—2004 年 12 月 31 日生产的汽车	2005 年 1 月 1 日以后生产的汽车
M_1	77	74
M_2（GVM≤3.5 t），或 N_1（GVM≤3.5 t）： 　GVM≤2 t 　2<GVM≤3.5 t	 78 79	 76 77
M_2（3.5 t<GVM≤5 t），或 M_3（GVM>5 t）： 　P<150 kW 　P≥150 kW	 82 85	 80 83
N_2（3.5<GVM≤12 t），或 N_3（G>12 t）： 　P<75 kW 　75 kW≤P<150 kW 　P≥150 kW	 83 86 88	 81 83 84

注：① GVM 代表汽车最大总质量（t）；P 代表发动机额定功率（kW）；
② M_1、M_2（GVM≤3.5 t）和 N_1 类汽车装用直喷式柴油机时，其限值增加 1 dB（A）；
③ 对于越野车，其 GVM>2 t 时：如果 P<150 kW 时，其限值增加 1 dB（A）；如果 P≥150 kW，其限值增加 2 dB（A）；
④ M_1 类汽车，若变速器前进挡多于 4 个，P>140 kW，P/GVM 之比大于 75 kW/t，并用第三挡测试时其尾端出线的速度大于 61 km/h，则其限值增加 1 dB（A）。

表 5-5-16　汽车定制噪声限值　　　　　　单位：dB（A）

车辆类型	燃油种类		噪声限值	
			1998 年 1 月 1 日以前	1998 年 1 月 1 日以后
轿车	汽油		87	85
微型客车、货车	汽油		90	88
轻型客车、货车、越野车	汽油	n_r≤4 300 r/min	94	92
		n_r>4 300 r/min	97	95
	柴油		100	98
中型客车、货车、大型客车	汽油		97	95
	柴油		103	101
重型货车	P≤147 kW		101	99
	P>147 kW		105	103

注：P——汽车发动机额定功率；n_r——发动机额定转速。

(三) 汽车噪声的检测方法

1. 车外噪声检测

噪声测量场地示意如图 5-5-23 所示。测试场地跑道应为平直、干燥的沥青或混凝土路面，坡度不大于 0.5%。声级计话筒布置在 20 m 跑道中心点两侧，各距中心线 7.5 m，距地面高度 1.2 m，话筒轴线平行于路面并垂直于汽车行驶方向。测试场地应空旷，在测试中心 50 m 半径范围内不应有大的声反射物，如建筑物、围墙等。被测汽车不发动时，在测试场地测得的周围环境的噪声应比所测汽车噪声至少低 10 dB，并保证测量不被偶然的其他声源所干扰。为避免风噪声的干扰，测量最好在风速为零的条件下进行，或采用防风罩，但应注意防风罩对声级计灵敏度的影响。测量时，声级计附近不应有其他人员，测量者离声级计至少 0.5 m，以减少因人体反射形成的测量误差。试验时被测汽车为空载，必要时可再进行满载试验。车上其他辅助设备也是噪声源的，只要是经常使用的，测量时都应开动。

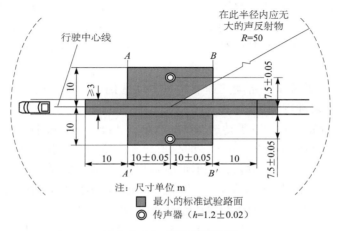

图 5-5-23 噪声测量场地

(1) 加速行驶车外噪声的测量。

1) 测量区和传声器的布置。加速行驶测量区域按图 5-5-23 确定。O 点为测量区的中心。加速段长度为 $2\times(10\pm0.05)$，AA' 线为加速始端线，BB' 线为加速终端线，CC' 为行驶中心线。传声器应布置在离地面高 1.2 ± 0.02 m，距行驶中心线 CC' 7.5 ± 0.05 m 处，其参考轴线必须水平并垂直指向行驶中心线 CC'。

2) 汽车挡位选择和接近速度的确定。在本小节中，S 代表发动机的额定转速，N_A 代表接近 AA' 线时发动机的稳定转速。

① 手动变速器。

a) 挡位选择。对于 M_1 和 N_1 类汽车，装用不多于四个前进挡的变速器时，应用第二挡进行测量。对于 M_1 和 N_1 类汽车，装用多于四个前进挡的变速器时，应分别用第二挡和第三挡进行测量。

如果用第二挡测量时，汽车尾端通过 BB' 线时发动机转速超过了 S，则应逐次按 5% S 降低 N_A 直到通过 BB' 线时的发动机转速不再超过 S。如果 N_A 降到了怠速，通过 BB' 线时的转速仍超过 S，则只用第三挡测量。

但是，对于前进挡多于四个并装用额定功率大于 140 kW 的发动机，且额定功率/最大总质量之比大于 75 kW/t 的 M_1 类汽车，假如该车用第三挡其尾端通过 BB' 线时的速度大于 61 km/h，则只用第三挡测量。对于除 M_1 类和 N_1 类以外的汽车，前进挡总数为 X（包括由副变速器或多级速比驱动桥得到的速比）的汽车，应该用等于或大于 X/n 的各挡分别进行测量。对于发动机额定功率不大于 225 kW 的汽车，取 $n=2$；对于额定功率大于 225 kW 的汽车，取 $n=3$。如 X/n 不是整数，则应选择较高整数对应的挡位。从第 X/n 挡开始逐渐升挡测量，直到该车在某一挡位下尾端通过 AA' 线时发动机转速第一次低于额定转速时为止。

注：如果该车主变速器有八个速比，副变速器有两个速比，则传动系统共有 16 个挡位。如果发动机的额定功率为 230 kW，$(X/n)=(8\times2)/3=16/3=5\frac{1}{3}$，则开始测量的挡位就是第六挡（也就是由主副变速器组合得到的 16 个挡位中的第六挡），下一个测量挡位就是第七挡，等等。

b）接近速度的确定。接近 AA' 线时的稳定速度取下列速度中的较小值：50 km/h；对于 M_1 类和发动机功率不大于 225 kW 的其他各类汽车，对应与 $(3/4)S$ 的速度；对于 M_1 类和发动机功率不大于 225 kW 的其他各类汽车，对应于 $(1/2)S$ 的速度。

② 自动变速器。

a）挡位选择。如果该车的自动变速器装有手动选挡器，则应使选挡器处于制造厂为正常行驶而推荐的位置来进行测量。

b）接近速度的确定。对于有手动选挡器的汽车，其接近速度按手动变速器的要求进行。

如果该车的自动变速器有两个或更多的挡位，在测量中自动换到了制造厂规定的在市区正常行驶时不使用的低挡（包括慢行或制动用的挡位），则可采取以下任一措施：

将接近速度提高，最大到 60 km/h，以避免换到上述低挡的情况；保持接近速度为 50 km/h，加速时将发动机的燃油供给量限制在满负荷所需的 95%（以下操作可以认为满足这个条件：对于点燃式发动机，将节气门开到全开角度的 90%，对于压燃式发动机，将喷油泵上供油位置控制在其最大供油量的 90%）；装设防止换到上述低挡的电子控制装置。

对于无手动选挡器的汽车，应分别以 30 km/h、40 km/h、50 km/h（如果该车道路上最高速度的 3/4 低于 50 km/h，则以其最高速度 3/4 的速度）的稳定速度接近 AA' 线。

3）加速行驶操作。

① 汽车应以上述规定的挡位和稳定速度接近 AA' 线，其速度变化应控制在 ±1 km/h 之内。若控制发动机转速，则转速变化应控制在 $\pm2\%$ 或 ±50 r/min 之内（取两者中较大值）。

② 当汽车前端到达 AA' 线时，必须尽可能地迅速将加速踏板踩到底（即节气门或油门全开），并保持不变，直到汽车尾端通过 BB' 线时再尽快地松开踏板（即节气门或油门关闭）。

③ 汽车应直线加速行驶通过测量区，其纵向中心平面应尽可能接近中心线 CC'。

④ 如果该车是由牵引车和不易分开的挂车组成，确定尾端通过 BB' 线时不考虑挂车。

4）声级测量。

在汽车每一侧至少应测量四次。应测量汽车加速驶过测量区的最大声级。每一次测得的读数值应减去 1 dB（A）作为测量结果。如果在汽车同侧连续四次测量结果相差不大于 2 dB（A），则认为测量结果有效。将每一挡位（或接近速度）条件下每一侧的四次测量结果进行算术平均，然后取两侧平均值中较大的作为中间结果。

5）汽车最大噪声级的确定。

对应于手动变速器，如采用第二挡进行测量，直接取中间结果作为最大噪声级。

对应于手动变速器，如果用了第二挡和第三挡测量时，取两挡中间结果的算术平均值作为最大噪声级。如果只用了第三挡测量时，则取该挡位的中间结果作为最大噪声级。对应于手动变速器，对于除 M_1 和 N_1 类以外的车辆，取发动机未超过额定转速的各挡中间结果中最大值作为最大噪声级。

对应于自动变速器，如果该车的自动变速器装有手动选挡器，则取中间结果作为最大噪声级。

对应于自动变速器，如果该车的自动变速器无手动选挡器，则取各速度条件下中间结果中最大值作为最大噪声级。

如果按上述规定确定的最大噪声级超过了该车型允许的噪声限值，则应在该结果对应的一侧重新测量四次，此四次测量的中间结果应作为该车型的最大噪声级。应将最大噪声级的值按有关规定修约到一位小数。

声级计用"A"计权网络"快"挡测量，读取汽车驶过时声级计表头最大读数。

（2）匀速行驶车外噪声测量。汽车用常用挡位，节气门开度保持稳定，以 50 km/h 的车速等速驶过测量区域。声级计的使用、数据的读取及测量结果同加速行驶车外噪声测量。同样的测量往返进行一次。汽车同侧两次测量结果之差应不大于 2 dB。取每侧两次声级的平均值中的较大者作为被测汽车的最大噪声级。若只用一个声级计测量，同样的测量应进行 4 次，即每侧测量 2 次。

2. 车内噪声测量

车内噪声的测量应满足如下要求。

测量跑道应有实验需要的足够长度，应是平直、干燥的沥青路面或混凝土路面；测量时的风速（指相对路面）应不大于 3 m/s；测量时车辆门窗应关闭，车内其他辅助设备若是噪声源，测量时是否起动，应按正常使用情况而定；车内本底噪声比所测车内噪声至少低 10 dB（A），并保证测量不被偶然的其他声源所干扰；车内除驾驶员和测量人员外，不应有其他人员。

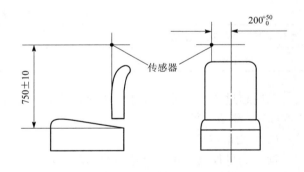

图 5-5-24 驾驶室内噪声测点的位置

车内噪声测量通常在人耳附近布置测点。话筒方向朝前。驾驶室内噪声测点位置示意如图 5-5-24 所示。客车测点还应加上车厢中部及最后排座的中间的位置，测点可参考图 5-5-24 布置。

测量汽车以常用挡位 50 km/h 以上的不同车速等速行驶时的车内噪声。用声级计"慢"挡测量 A、C 计权声级，分别读取表头指针最大读数的平均值。如果做车内噪声频谱分析，应包括中心频率为 31.5 Hz、63 Hz、125 Hz、250 Hz、500 Hz、1 000 Hz、2 000 Hz、4 000 Hz、8 000 Hz 的倍频带声级。

3. 汽车喇叭声级的测量

依据 GB 18656—2016 规定，汽车喇叭声级的检测方法为：

（1）将声级计置于车前 2 m、离地高 1.2 m 处，如图 5-5-25 所示，且传声器指向被检汽车驾驶员位置。

（2）将声级计计权网络开关扳至"A"级计权和快挡位置。

（3）环境噪声应低于被测噪声值至少 10 dB（A）。

（4）按喇叭连续发声 3 秒以上，读取检测数据。

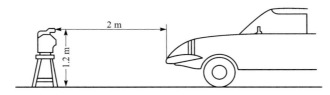

图 5-5-25　汽车喇叭噪声级的测点位置

4. 定置噪声的测量

定置噪声测量时应满足以下要求。

（1）测量环境要求。

测量场地应为开阔的，由混凝土、沥青等坚硬材料所构成的平坦地面。其边缘离车辆外廓至少 3 m。测量场地之外的较大障碍物，例如：停放的车辆、建筑物、广告牌、树木、平行的墙等，距离传声器不得小于 3 m。除测量人员和驾驶员外，测量现场不得有影响测量的其他人员。测量过程中，传声器位置的背景噪声（包括风的影响）应比被测噪声低 10 dB（A）以上。如果背景噪声比测量噪声低 6~10 dB（A），测量结果应减去表 5-6-17 中的修正值。若差值小于 6 dB（A），测量无效。

表 5-5-17　背景噪声修正值　　　　　　　　　　单位：dB（A）

测量噪声与背景噪声差值	6~8	9~10	>10
修正值	1.0	0.5	0

风速超过 2 m/s 时声级计应使用防风罩，同时注意阵风对测量的影响；测量时的风速大于 5 m/s，测量无效。

（2）测量仪器。

噪声测量仪器：声级计应符合 GB 3785 中对 Ⅰ 型或 Ⅱ 型仪器的要求。测量使用声级计的 A 计权，快挡。测量发动机转速的转速表准确度应优于 3%。

（3）测量车辆要求。

车辆位于测量场地的中央，变速器挂空挡，拉紧手制动器，离合器接合。发动机机罩、车窗与车门应关上，车辆的空调器及其他辅助装置应关闭。测量时，发动机出水温度，油温应符合生产厂的规定。

（4）排气噪声测量。

排气噪声的测量场地和传声器位置如图 5-5-26 所示。

1）传声器位置。

① 传声器与排气口端等高，在任何情况下距地面不得小于 0.2 m。

② 传声器的参考轴应与地面平行，并和通过排气口气流方向且垂直地面的平面成 45°±

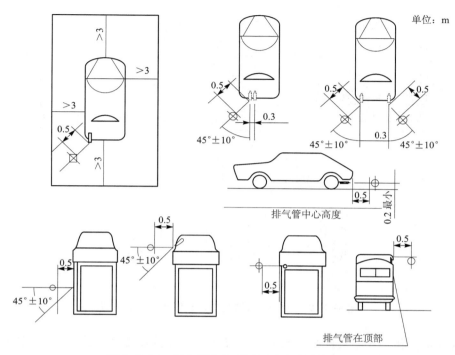

图 5-5-26 排气噪声的测量场地和传声器位置

10°的夹角。传声器朝向排气口。距排气口端 0.5 m，放在车辆外侧。

③ 车辆装有两个或更多的排气管，且排气管之间的间隔不大于 0.3 m，并连接于一个消声器时，只需取一个测量位置。传声器应选择位于最靠近车辆外侧的那个排气管。如果两个或两个以上的排气管同时在垂直于地面的直线上，则选择离地面最高的一个排气管。

④ 装有多个排气管，并且各排气管的间隔又大于 0.3 m 的车辆，对每一个排气管都要测量，并记录下其最高声级。

⑤ 排气管垂直向上的车辆，传声器放置高度应与排气管口等高，传声器朝上，其参考轴应垂直地面。传声器应放在离排气管较近的车辆一侧，并距排气口端 0.5 m。

2) 发动机运转条件。

① 发动机测量转速：$(3/4 n_r \pm 50)$ r/min，其中 n_r 为生产厂家规定的额定转速。

② 测量时，发动机稳定在上述转速后，测量由稳定转速尽快减速到怠速过程噪声，然后记录下最高声级。

③ 每个测点重复进行试验，直到连续出现三个读数的变化范围在 2 dB 之内为止，并取其算术平均值作为测量结果。

（5）发动机噪声测量。

发动机噪声的测量场地和传声器位置如图 5-5-27 所示。

① 传声器位置。传声器放置高度距地面 0.5 m，并朝向车辆，放在没有驾驶员位置的车辆一侧。距车辆外廓 0.5 m，传声器参考轴平行地面，位于一垂直平面内，该垂直平面的位置取决于发动机的位置。前置发动机，垂直平面通过前轴；后置发动机，垂直平面通过后轴；中置发动机，垂直平面通过前后轴距的中点。

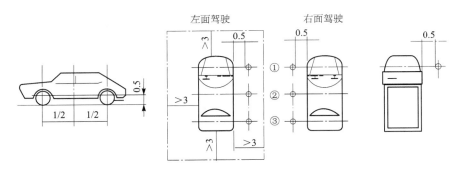

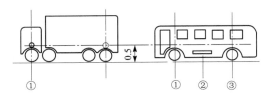

图 5-5-27　发动机噪声的测量场地和传声器位置

② 发动机运转条件。测量时，发动机从怠速尽可能快速地加速到上述规定的转速，并用一种适当的装置保持必要长的时间。测量发动机从怠速加速到稳定转速过程的噪声，然后记录下最高声级。

③ 每个测点重复进行试验，直到连续出现三个读数的变化范围在 2 dB 之内为止，并取其算术平均值作为测量结果。

第六节　前照灯与车速表性能检测

一、前照灯性能检测

前照灯是汽车在夜间或能见度较低的条件下，为驾驶员提供行车道路照明的重要设备，也是驾驶员发出警示，进行联络的灯光信号装置，所以前照灯必须有足够的发光强度和正确的照射方向。行车过程中，汽车受到振动，可能引起前照灯部件的安装位置发生变动，从而使光束的照射方向发生改变；同时，灯泡在使用过程中会逐步老化，反射镜也会受到污染而使其聚光的性能变差，导致前照灯的亮度不足。这些变化，都会使驾驶员对前方道路情况辨认不清，或在与对面来车交会时造成对方驾驶员炫目等，从而导致事故的发生。因此，保持汽车前照灯良好的性能非常重要。

（一）国标对汽车前照灯的要求

GB 7258 对汽车前照灯的要求如下：

（1）基本要求。

① 在正常使用条件下，汽车前照灯光束照射位置应保持稳定。

② 装有前照灯的汽车应有远、近光变换装置，并且当远光变为近光时，所有远光应能同时熄灭。同一辆汽车上的前照灯不允许左、右的远、近光灯交叉开亮。

③ 所有前照灯的近光都不允许炫目。

④ 汽车（三轮汽车除外）、摩托车及轻便摩托车装用的前照灯应分别符合 GB 4599—2007《汽车用灯丝灯泡前照灯》、GB 5948—1998《摩托车白炽丝光缘前照灯配光性能》、GB 19152—2016《轻便摩托车前照灯配光性能》、GB21259—2007《汽车用气体放电光源前照灯》、GB25991—2010《汽车用 LED 前照灯》的规定。安装有自适应前照明系统的，应符合 GB/T 30036—2013《汽车用自适应前照明系统》规定。

⑤ 汽车（三轮汽车及设计和制造上能保证前照灯光束高度照射位置在规定的各种装载情况下均符合 GB 4785 要求的汽车除外）应具有前照灯光束高度调整装置/功能，以方便根据装载情况对光束照射位置进行调整；该调整装置如为手动的，应坐在驾驶座上就能被操作。

（2）发光强度要求。

汽车每只前照灯的远光光束发光强度应达到表 5-6-1 的要求。测试时，其电源系统应处于充电状态。

表 5-6-1 前照灯远光光束发光强度最小值要求

单位：坎［德拉］（cd）

汽车类型		检查项目					
		新注册车			在用车		
		一灯制	两灯制	四灯制[a]	一灯制	两灯制	四灯制[a]
三轮汽车		8 000	6 000	—	6 000	5000	—
最高设计车速小于 70 km/h 的汽车		—	10 000	8 000	—	8 000	6 000
其他汽车		—	18 000	15 000	—	15 000	12 000
普通摩托车		10 000	8 000	—	8 000	6 000	—
轻便摩托车		4 000	3 000	—	3 000	2 500	—
拖拉机运输机组	标定功率>18 kw	—	8 000	—	—	6 000	—
	标定功率≤18 kw	6 000[b]	6 000	—	5 000[b]	5 000	—

a. 四灯制是指前照灯具有四个远光光束；采用四灯制的汽车其中两只对称的灯达到两灯制的要求时，视为合格；

b. 允许手扶拖拉机运输机组只装用一只前照灯。

(3) 光束照射位置要求。

汽车装用远光和近光双光束灯时,以检测近光光束为主。对于只能调整远光单光束的前照灯检测远光单光束。

① 在空载车状态下,汽车前照灯近光光束照射在距离 10 m 的屏幕上,近光光束明暗截止线转角或中点的垂直方向位置,对近光光束透光面中心(基准中心,下同)高度小于或等于 1 000 mm 的机动车,应不高于近光光束透光面中心所在水平面以下 50 mm 的直线且不低于近光光束透光面中心所在水平面以下 300 mm 的直线;对近光光束透光面中心高度大于 1 000 mm 的机动车,应不高于近光光束透光面中心所在水平面以下 100 mm 的直线且不低于近光光束透光面中心所在水平面以下 350 mm 的直线。除装用一只前照灯的三轮汽车和摩托车外,前照灯近光光束明暗截止线转角或中点的水平方向位置,与近光光束透光面中心所在位置面相比,向左偏移应小于或等于 170 mm,向右偏移应小于或等于 350 mm。

② 在空载车状态下,轮式拖拉机运输机组装用的前照灯近光光束照射在距离 10 m 的屏幕上,近光光束中点的离地高度不允许大于 0.7 H(H 为前照灯近光光束透光面中心的高度);水平位置要求,向右偏移不允许超过 350 mm,不允许向左偏移。

③ 在空载车状态下,对于能单独调整远光光束的汽车前照灯,前照灯远光光束照射在距离 10 m 的屏幕上,其发光强度最大点的垂直方向位置,应不高于远光光束透光面中心所在水平面(高度值为 H)以上 100 mm 的直线且不低于远光光束透光面中心所在水平面以下 0.2 H 的直线。除装用一只前照灯的三轮汽车和摩托车外,前照灯远光发光强度最大点的水平位置,与远光光束透光面中心所在垂直面相比,左灯向左偏移应小于等于 170 mm 且向右偏移应小于等于 350 mm,右灯向左和向右偏移均应小于等于 350 mm。

(二)汽车前照灯的检测设备

用于检测汽车前照灯性能的设备,称为前照灯检测仪。根据检测距离和方法的差异,前照灯检测仪可分为聚光式、投影式和自动跟踪光轴式等。按测试方法和功能可分为手动、电动、远光光轴自动跟踪、远近光光轴自动跟踪式。

前照灯检测仪又可分为光电池式和 CCD 式等。光电池式前照灯检测仪的主要元器件是硅半导体光电池和聚光透镜。光电池用于吸收前照灯发出的光能,将其转变成光电池的电流,按该电流的大小来确定前照灯的发光强度与光轴偏移量。目前应用较多的是 CCD 式前照灯检测仪,主要有南华生产的 NHD-6101 型远近光检测仪和佛山生产的 FD-103 型远近光检测仪。这两种型号前照灯检测仪在透镜的前后安装有两个 CCD 摄像机,分别负责光轴的跟踪和前照灯配光性能和照射方向的分析。有的检测仪,如南华产 QD-1003 型前照灯检测仪在透镜后安装有一个 CCD 摄像机,用于前照灯配光性能和照射方向的分析,而光轴的跟踪仍沿用以前的光电池方法。有的检测仪的立柱上装有扫描光电管阵列,其作用是扫描汽车前照灯的大概位置,以便光接收箱快速定位。

1. CCD 式前照灯检测仪工作原理

(1)前照灯光轴的定位原理。前照灯检测仪可以对进入光接收箱的前照灯光束进行拍摄,利用计算机和图像处理技术对整个光斑进行量化分析处理,找出前照灯的光轴中心,通过控制系统控制驱动电机,使光接收箱的光学中心和前照灯的远光(或近光)光束中心准确重合。当光接收箱的光学中心和前照灯的远光光束中心准确重合时〔如图 5-6-1(a)所示〕,上下、左右电机不动,仪器处于平衡状态;当光接收箱的光学中心和前照灯的远光光束中心不重合时［如图 5-6-1（b）所示］，计算机会发出指令，使上下、左右电机走动，直到光接收箱的光学中心和前照灯的远光光束中心准确重合。

（2）偏角和光强的测量原理。对准光轴后，前照灯检测仪的 CCD 相机拍摄光接收箱聚光后的前照灯光斑，利用计算机和图像处理技术对整个焦平面光斑进行量化分析处理，找出其光束中心。不同偏角的光束其光学中心成像在焦平面上的位置不同；不同光强的点，其在图像上的灰度也不同。光强越强的点，光斑越白；光强越小的点，光斑越暗。前照灯检测仪可以测出汽车前照灯的角度和光强。当汽车前照灯远光的偏角为零度时，远光（或近光）灯光束经过聚光透镜聚光后，其成像在焦平面光学中心在焦平面的中心，其成像在焦平面的光分布如图 5-6-2（a）所示。当汽车前照灯远光的偏角不为零度时，远光灯光束经过聚光透镜聚光后，其成像在焦平面光学中心不在焦平面的中心，其成像在焦平面的光分布如图 5-6-2（b）所示。

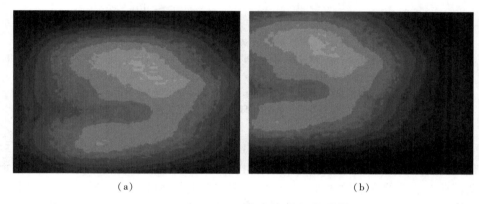

图 5-6-1　未进行聚光的前照灯光束灰度图像

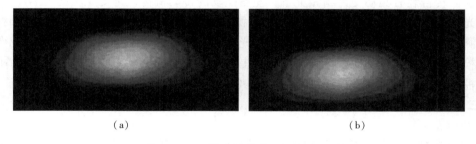

图 5-6-2　聚光后的前照灯光分布

2. 前照灯检测仪的组成

用检测仪检测灯光性能时，一般距离大灯为 1 m 或 3 m，检测时前照灯的光束通过检测仪的聚光透镜和光电元件等，将 1 m 或 3 m 处的光照度折算成 10 m 处的照度，并以发光强度值进行指示。

以目前应用较多的南华厂生产 NHD-6101 型远近光检测仪说明全自动前照灯远近光检测仪结构。NHD-6101 型远近光检测仪外形如图 5-6-3 所示。

控制机是前照灯检测仪进行数据处理及控制的计算机。控制机前面板的液晶显示器下方装有操作键盘，如图 5-6-3（a）所示，背面装有插座连接板，如图 5-6-3（b）所示。

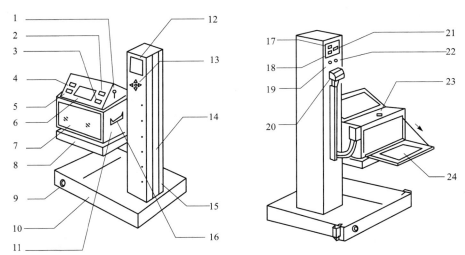

1—观测把手；2—左右方向指示表；3—上下方向指示表；4—光强指示表；5—高度指示表；6—观测屏幕；7—菲涅尔透镜；8—回转台；9—水平调整偏心轴；10—底座；11—受光箱；12—控制机；13—操作键盘；14—立柱盖板；15—立柱；16—准星；17—数字信号接口；18—显示器插座；19—电源开关；20—接线盒；21—打印机接口；22—电源插座；23—水准泡；24—参数调校板。

图 5-6-3　NHD-6101 型远近光检测仪

底座是整台仪器的基座，装有水平方向驱动系统，以驱动仪器整机作水平方向运动；底座内装有受光箱的上下传动机构、限位开关组、高度检测机构等。立柱是控制机支承部分，也是受光箱垂直运动的支承导向柱。立柱内还安装有电气系统的主控板、电机控制板、电源板等控制线路板。立柱表面安装有扫描光电管阵列。接线盒位于立柱后侧，装有各连接电缆的插座。回转台装有驱动受光箱做上下、左右摆动的传动机构，是受光箱的支承座。受光箱内装有光电检测元件及光学测量系统，用以测取检测参数。各指示表用以显示实时测量数据。观测屏幕是用以观察远光配光特性及近光明暗截止线的显示面板，当扳起"观察把手"时，被检前照灯的配光图像就会投射在屏幕上，这时可借助屏幕上的刻度，对配光图像进行目测。控制盒上面装有各种控制键，供用户执行操作。

（三）检测方法

1. 检测条件

① 被检车辆沿引导线居中行驶至规定的检测距离处停止，车辆的纵向轴线应与引导线平行，如不平行，车辆应重新停放，或采用车辆摆正装置进行拨正。

② 汽车空载，车内乘坐 1 人，轮胎气压符合规定。

③ 蓄电池电压正常。

2. 检测步骤

① 将被检汽车缓缓驶近前照灯检测仪，保证汽车纵轴线与前照灯导轨垂直，使前照灯与检测仪保持标准距离（根据检测仪型号确定）。

② 发动机怠速运转，蓄电池处于充电状态。

③ 利用前照灯检测仪上的找准器，使检测仪和待检测的汽车前照灯对正。

④ 若为四灯制车，遮住暂不检测的前照灯，只保留一只前照灯。

⑤ 接通前照灯，并测量其远光发光强度及远光照射位置偏移值。

注：前照灯远光照射位置偏移值检验仅对远光光束能单独调整的前照灯进行；远光光束能单独调整的前照灯是指手工或通过使用专用工具能够在不影响近光光束照射角度的情况下调整远光光束照射角度的前照灯，通常情况下远近光束一体的前照灯其远光光束照射角度不能单独进行调整。

⑥ 将被检前照灯转换为近光光束，检测其近光光束明暗截止线转角（或中点）的照射位置偏移值。

⑦ 根据上述⑤、⑥步骤，对各前照灯逐一检测。

⑧ 采用气体放电光源前照灯时，测试前应预热。

⑨ 检测完毕，前照灯检测仪移开，汽车驶离检测工位，切断检测仪电源。

3. 影响检测结果的主要因素

① 发动机怠速转速。汽车发动机怠速时的转速过低，发电机转速也随之降低，从而使发电机处于非发电状态，蓄电池处于非充电状态，此时，汽车前照灯的发光强度将有所降低。

② 汽车前照灯距离前照灯检测仪的距离。前照灯检测仪检测汽车前照灯的发光强度时，是根据前照灯检测仪受光器的照度，通过下式计算后得到前照灯的发光强度大小的。

$$照度 = 发光强度 / 离开光源距离的平方$$

由此可见，前照灯检测仪距离光源的距离越远，得到的照度越小；检测仪距离光源的距离越近，得到的照度越大。实际检测时，检测仪要求汽车前照灯距离前照灯检测仪的距离在一定值范围内，如果汽车前照灯距离检测仪的距离比要求的距离远，检测仪检测到的照度就小，最终指示的前照灯发光强度检测值也就比实际的小；相反，如果汽车前照灯距离检测仪的距离比要求的距离小，检测仪检测到的照度就大，最终指示的前照灯发光强度检测值也就比实际的大。

因此，检测前照灯发光强度时，要严格掌握检测仪距离汽车的距离。

③ 汽车纵轴轴线是否与大灯仪导轨垂直。国家标准规定的前照灯光轴偏移量限值要求，是在距离汽车前照灯 10 m 远的屏幕上测量的结果。通过理论计算可知，如果汽车纵轴轴线与大灯仪导轨不垂直，而是偏移了 1°，会使光轴偏移量变化 174 mm；如果汽车纵轴轴线与大灯仪导轨不垂直，而是偏移了 2°，则会使光轴偏移量变化 350 mm。

因此，实际检测时一定要尽可能地使汽车纵轴轴线与大灯仪导轨垂直。

④ 其他光源的照射。检测前照灯时，应避免外界强光照射，否则会影响检测结果。

二、车速表检测

（一）车速表检测的意义

汽车的车速表一般是通过速度传感器将汽车行驶速度传递给车速表，以使其指示汽车的行驶速度。由于传感器、车速表的制造、装配误差，以及车速表性能下降，或轮胎磨损、轮胎气压不符合规定等因素都可能引起车速表的指示车速与实际车速之间出现误差。

若车速表的指示误差较大，驾驶员就很难准确地掌握车速，因而可能导致交通事故的发生。因此，为了保障行车安全，车速表的指示误差被列为汽车安全检测的必检项目之一。

(二) 车速表检测设备

检测车速表指示误差的设备称为车速表检验台。车速表检验台主要有标准型车速表检验台和驱动型车速表检验台两种类型。此外，还有将车速表检验台与制动检验台组合在一起构成的多功能复合型检测台。

1. 标准型车速表检验台结构

普通型汽车车速表检验台主要由速度测量装置、速度指示装置、速度报警装置和举升器等组成，基本结构形式如图 5-6-4 所示。

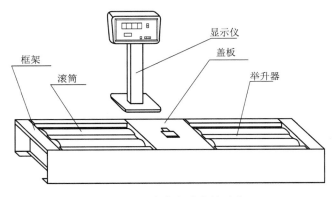

图 5-6-4 汽车车速表检验台

(1) 速度检测装置。该装置主要由滚筒、速度测量装置、联轴器等组成。车速表检验台左右各有两根滚筒，用于支撑汽车的驱动轮。在测试过程中，为防止汽车的差速器起作用而造成左右驱动轮转速不等，前面的两根滚筒是用联轴器连在一起的。滚筒多为钢制，表面有防滑材料，直径多在 175~370 mm，为了标定时换算方便，直径多为 176.8 mm，这样滚筒转速为 1 200 r/min 时，正好对应滚筒表面的线速度为 40 km/h。

速度测量装置主要由测量元件（转速传感器）及其安装附件组成，其作用是测量滚筒的转动速度。通过转速传感器将滚筒的速度转变成电信号（模拟信号或脉冲信号），再送到显示仪表。常用的转速传感器有：测速发电机式、光电编码器式和霍尔元件式等。

(2) 速度指示装置。该装置目前多用智能型数字显示仪表（或显示器），也就是一个单片机系统。来自传感器的信号经放大、A/D 转换或经滤波整形后进入单片机处理，再输出显示测量结果。显示数值是根据滚筒外圆周长和转速计算出滚筒表面曲线速度，以 km/h 为单位显示在指示仪表上。

(3) 速度报警装置。该装置是为了能在检测时更快地判断车速表是否合格而设置的，设有红色报警灯和蜂鸣器。

(4) 举升器。举升器置于前后两滚筒之间，多为气动装置，也有液压驱动和电机驱动的。测试前，举升器处于上方，以便汽车驶上车速表检验台；测试时，举升器处于下方，以便滚筒支撑车轮；测试后，升起举升器，顶起车轮，以便汽车驶离车速表检验台。

2. 驱动型车速表检验台结构

本身带驱动装置，使用滚筒带动被检测汽车的从动车轮旋转，带动车速表指示车速。电动机驱动型车速表检验台结构如图 5-6-5 所示。

前置发动机汽车的车速表都采用由变速器的输出轴通过软轴来驱动。但对后置发动机的汽车，由于变速器距驾驶室仪表板上的车速表距离太远，仍采用软轴由变速器输出轴驱动，会出现软轴使用寿命缩短和传动精度低等问题。因此，这类汽车的车速表都改由从动车轮（转向轮）驱动。

电动机驱动型的车速表检验台是为检测车速表由从动车轮驱动的汽车而设计制造的。它的构造基本上与标准型车速表检验台相同，不同的是在滚筒的一端装有电动机，用以驱动滚筒，再带动汽车从动轮旋转。

驱动型车速表检验台的滚筒和电动机之间一般都装有离合器。如果用离合器将电动机与滚筒脱开，即和标准型车速表检验台具有同样的功能。

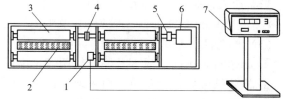

1—测速发电机；2—举升器；3—滚筒；4—联轴器；
5—离合器；6—电动机；7—速度指示仪表。

图 5-6-5　驱动型车速表检验台

3. 车速表检验台的工作原理

如图 5-6-5 所示，试验时汽车驱动轮置于滚筒上，由发动机经传动系统驱动车轮旋转，车轮借助于摩擦力带动滚筒旋转。旋转的滚筒相当于移动的路面，以驱动轮在滚筒上旋转来模拟汽车在路面上行驶时的实际状态。通过滚筒端部带动测速发电机（即速度传感器，现在用得较多的是光敏管、霍尔传感器等）。测速发电机所发出的电压（或光敏管、霍尔传感器等发出的脉冲数）随滚筒转速增高而增加，而滚筒的转速与车速成正比，因此测速发电机的电压与车速成正比。或采用脉冲信号发生器，将其安装在滚筒的一端，把对应于滚筒的转速发出的电信号送至速度指示装置。假设车轮与滚筒间为无滑移的纯滚动，则可认为车轮与滚筒的线速度是一样的。因此可通过滚筒直径和转速传感器测取的滚筒的转速计算出滚筒的线速度，即是车轮的实际行驶速度 v。

$$v = 60\pi Dn \times 10^{-6}$$

式中　v——滚筒线速度，km/h；
　　　D——滚筒直径，mm；
　　　n——滚筒转速，r/min。

（三）国家标准对车速表误差的要求及其检测方法

（1）车速表的误差范围。

车速表指示车速 v_1（km/h）与实际车速 v_2（km/h）之间应符合下列关系式：

$$0 \leq v_1 - v_2 \leq (v_2/10) + 4$$

（2）车速表指示误差的检验方法。

车速表指示误差的检验宜在滚筒式车速表检验台上进行。对于无法在车速表检验台上检验车速表指示误差的汽车（如全时四轮驱动汽车、具有驱动防滑控制装置的汽车等），可路试检验车速表指示误差。

① 将车辆正直居中驶上检验台，驱动轮停放在测速滚筒上。

② 降下举升器或放松滚筒锁止机构，为防止车辆向前驶出该工位，可在非驱动轮前部加止动块（前轮驱动车使用驻车制动）。

③ 将被测汽车的车轮驶上车速表检验台的滚筒上，使之旋转，当该汽车车速表的指示值（v_1）为 40 km/h 时，车速表检验台速度指示仪表的指示值（v_2）为 32.8～40 km/h 范围

内为合格。

④ 检验结束，升起举升器或锁止滚筒，将车辆驶出检验台。

当车速表检验台速度指示仪表的指示值（v_2）为 40 km/h 时，读取该汽车车速表的指示值（v_1），当 v_1 的读数在 40~48 km/h 范围内时为合格。

（3）检验注意事项。

① 测速时车辆前、后方及驱动轮两旁不准站立人员。

② 检验结束后，检验员不可采取任何紧急制动措施使滚筒停止转动。

③ 对于不能在车速表检验台上检验的车辆，只需在底盘动态检验时定性判断其车速表工作是否正常即可。

小　结

1. 汽车的动力性主要由最高车速、加速能力、爬坡能力等三方面的指标来评定。

2. 汽车的燃油经济性常用一定运行工况下汽车行驶百公里的燃油消耗量或一定燃油量能使汽车行驶里程来衡量。

3. 汽车的制动性是指汽车在行驶中能强制降低行驶速度以至停车，或在下坡时维持一定速度的能力，以及制动时保持汽车方向稳定性的能力。其评价有三方面：制动效能，即制动距离与制动减速度；制动效能的恒定性，即抗热衰退性能；制动时汽车的方向稳定性，即制动时汽车不发生跑偏、侧滑以及失去转向能力的性能。

4. 汽车的操纵稳定性是指在驾驶者不感到过分紧张、疲劳的条件下，汽车能遵循驾驶者通过转向系统及转向车轮给定的方向行驶，且当遭遇外界干扰时，汽车能抵抗干扰而保持稳定行驶的能力。

5. 汽车的平顺性主要是保持汽车在行驶过程中产生的振动和冲击环境对乘员舒适性的影响在一定界限之内，因此平顺性主要根据乘员主观感觉的舒适性来评价，对于载货汽车还包括保持货物完好的性能。

6. 汽车的通过性（越野性）是指它能以足够高的平均车速通过各种坏路和无路地带（如松软地面、凹凸不平地面等）及各种障碍（如陡坡、侧坡、壕沟、台阶、灌木丛、水障等）的能力。根据地面对汽车通过性影响的原因，它又分为支承通过性和几何通过性。

7. 汽车的动力性通常在道路上进行测试，也可以在室内底盘测功机上测试。道路测试主要是测定最高车速、加速能力、最大爬坡度等评价参数。由于滑行距离能够表明汽车底盘传动系统的技术状况，且可确定汽车的滚动阻力系数和空气阻力系数，因此在进行动力性试验时也常常包括滑行试验。

室内测功机上可以进行驱动轮输出功率的测试，依此考核传动系统及发动机的技术状况。另外用底盘测功机还可以进行加速能力和滑行性能的试验。

8. 汽车燃油经济性的检测有两种方法，一是道路检测，二是室内台架检测。一般而言，汽车检测站因受到场地条件限制，无法用道路试验方法检测汽车的燃油经济性，因此常在底盘测功机上，参照有关规定模拟道路试验方法检测汽车的燃油经济性。

9. 制动性能的检测可以采取台试检测，也可以用路试检测。一般情况下，用台试检测制动性能；但对台试检测结果发生争议时，可以用路试检测进行复检，并以满载状态路试的结果为准，以保证对其制动性能判断的准确性。

10. 汽车排放污染物主要有 CO、HC、NO_x 和碳烟。其中汽油车排放的主要污染物是前三种，碳烟是柴油车的主要有害成分。

11. 汽油车排放污染物检测使用的仪器主要有三种：不分光红外线分析仪、氢火焰离子型分析仪、化学发光分析仪。柴油车排气烟度的检测仪器主要是滤纸式烟度计和透光式烟度计。

12. 声级计是一种能把各种噪声按人耳听觉特性近似地测定其噪声级的仪器。声级计一般有 A、B、C 三种计权网络，最常用的是 A 计权。

噪声检测包括车外噪声检测、车内噪声检测、喇叭声级检测和定置噪声检测。

13. 汽车前照灯的检验指标有发光强度和光轴偏移量。前照灯检测仪又可分为光电池式和 CCD 式等。通常的 CCD 式前照灯检测仪在透镜的前后安装有两个 CCD 摄像机，分别负责光轴的跟踪和前照灯配光性能和照射方向的分析。有的 CCD 式检测仪，如南华产 QD—1003 型前照灯检测仪在透镜后安装有一个 CCD 摄像机用于前照灯配光性能和照射方向的分析，而光轴的跟踪仍沿用以前的光电池方法。也有的检测仪的立柱上装有扫描光电管阵列，其作用是扫描汽车前照灯的大概位置，以便光接收箱快速定位。

14. 车速表检验台主要有普通型车速表检验台和驱动型车速表检验台两种类型。此外，还有将车速表检验台与制动检验台组合在一起构成多功能复合型检测台。

复习思考题

1. 汽车动力性评价指标有哪些，影响因素有哪些？
2. 燃油经济性的评价指标有哪些，影响因素有哪些？
3. 汽车制动性的评价指标有哪些？
4. 汽车操纵稳定性的定义是什么？
5. 汽车平顺性的评价指标有哪些，影响因素有哪些？
6. 汽车通过性的评价指标和影响因素有哪些？
7. 如何使用底盘测功机进行检测？
8. 汽车安全性的定义及分类是什么？被动安全性的评价指标和影响因素有哪些？
9. 动力性能检测道路试验项目有哪些，如何进行试验？
10. 燃油经济性路试的试验项目有哪些，如何进行试验？
11. 台架检测制动性能常用检测设备有哪些？其检测标准有哪些？
12. 汽车排放污染物主要有哪几类？汽油车的主要排气污染物有哪些？柴油车的排气污染物主要有哪些？
13. 汽油车怠速与双怠速污染物如何进行检测？其排气污染物测量值如何进行计算？
14. 用丙烷作为标准气样进行仪器标定时，如何求出正己烷的换算值作为校准的标准值？
15. 柴油车自由加速烟度如何进行检测？
16. 简述滤纸式烟度计的结构和工作原理。

17. 简述透光式烟度计的结构和工作原理。
18. 声响的评价指标有哪些？常用的噪声级评定方法有哪些？
19. 汽车噪声的检测包括哪些方面，如何进行检测？
20. 对汽车前照灯的要求有哪些？如何使用前照灯检测仪进行前照灯的检测？
21. 如何进行车速表检测？国家对于车速表检测的标准是什么？

第六章 汽车检测站

汽车检测站是综合运用现代检测技术，对汽车实施不解体检测诊断的机构。它采用现代检测设备与方法、检测汽车各种参数，诊断可能的故障，为全面、准确评价汽车的使用性能和技术状况提供可靠的依据。

按照服务功能，汽车检测站可以分为汽车安全环保检测站、综合性能检测站和维修检测站三种。汽车安全环保检测站按照国家的车检法规，定期检测车辆性能检测中与安全和环保有关的项目，以保证汽车安全行驶。

第一节 汽车安全环保性能检测站

一、检测站职能

安全环保性能检测主要包括两方面内容：一是检查与安全行车相关的项目，例如灯光、制动、侧滑等；二是检查与环保相关的项目，例如汽车尾气排放情况和噪声等。

根据《中华人民共和国道路交通安全法实施条例》第十五条第二款规定："质量技术监督部门负责对汽车安全技术检验机构实行资格管理和计量认证管理，对汽车安全技术检验设备进行检定，对执行国家汽车安全技术检验标准的情况进行监督。"这说明，汽车安全技术检验行为已经由公安机关交通管理部门的一种行政行为转化为由具有第三方公正性的检验机构向社会出具检验数据的行为，汽车安全技术检验机构的资格管理和监督职责也主要由质量技术监督部门承担。

检验资格分为常规检验资格和特殊检验资格。取得常规检验资格的安检机构可以承担申请汽车注册登记时的新车注册登记检验和定期检验；取得特殊检验资格的安检机构可以承担肇事、改装和报废等汽车的特殊检验。

1. 新车注册登记检验

《中华人民共和国道路交通安全法》第十条规定："准予登记的汽车应当符合汽车国家安全技术标准。申请汽车登记时，应当接受对该汽车的安全技术检验。但是，经国家机动车产品主管部门依据机动车国家安全技术标准认定的企业生产的机动车型，该车型的新车在出厂时经检验符合汽车国家安全技术标准，获得检验合格证的，免予安全技术检验。"

新车注册登记检验的目的，一是保证汽车来源的合法性，二是保证汽车在技术性能方面必须符合国家有关规定的要求。目前技术上检验的依据，主要就是 GB 7258—2017《机动车运行安全技术条件》和 GB 21861—2014《机动车安全技术检验项目和方法》等标准。

2. 定期检验

定期检验就是在用汽车必须按照公安部门的要求，定期到指定的检测站进行安全技术方面的检验。许多国家都有对在用车进行定期检验的要求。通过定期检查，可及时发现技术上的问题。凡检查不合格的，不准上路，必须进行调整或修理。

目前在我国一般情况下规定汽车每年检验一次，也称为汽车年检。有些场合下可能一年要检验几次。

3. 特殊检验

除定期检验之外，在某些情况下，汽车要做临时检查。例如：新车或改装车领取临时号牌时；汽车久置不用后，重新使用时；汽车受到严重损坏，在修复之后、上路之前；国外、境外汽车经批准在我国境内短期行驶时；车管部门规定的其他情况（如货运期间的营运车）等。

二、检测项目

按照 GB 7258 和 GB 21861 的要求，安全技术检测站的主要检测项目如下。

1. 车辆唯一性检查

对机动车的号牌号码和类别、车辆品牌和型号、车辆识别代号（或整车出厂编号）、发动机号码（或电动机号码）、车辆颜色和外形进行检查，以确认送检机动车的唯一性。

2. 联网查询

联网查询的目的是希望安检机构能通过查询送检机动车的事故/违法信息增加人工检验的针对性。

① 对于发生过造成人员伤亡交通事故的送检机动车，人工检验时应重点检查损伤部位和损伤情况；属于使用年限在 10 年以内的非营运小型、微型载客汽车，增加底盘动态检验、车辆底盘部件检查。

② 对涉及尚未处理完毕的道路交通安全违法行为或道路交通事故的送检机动车，应提醒机动车所有人及时到公安机关交通管理部门处理。

3. 车辆特征参数检查

对机动车的外廓尺寸、整备质量、核定载人数等车辆主要特征和技术参数进行检查，以确认与机动车国家安全技术标准、机动车产品公告、机动车出厂合格证、机动车行驶证等技术资料凭证的符合性。

4. 车辆外观检查

对机动车的车身外观、外观标识、标注和标牌、外部照明和信号装置、轮胎、号牌及号牌安装、加装/改装灯具进行检查。确认符合 GB7258—2017、GB 21861—2014 的相关规定。

5. 安全装置检查

安全装置检查主要包括对汽车安全带、机动车用三角警告牌、灭火器、行驶记录装置、车身反光标识、车身尾部标志板、侧后防护装置、应急锤、急救箱、限速功能或限速装置、防抱死制动装置、辅助制动装置、盘式制动器、紧急切断装置、发动机舱自动灭火装置、手动机械断电开关、副制动踏板、校车标志灯和校车停车指示标志牌、危险货物运输车标志、肢体残疾人操纵辅助装置的检查。

6. 底盘动态检验

在行驶状态下，定性地判断送检机动车的转向系统、传动系统、制动系统、仪表和指示器是否符合运行安全要求。

（1）转向系统。检查方向盘的最大自由转动量是否符合要求及行驶时转向是否沉重，行驶时检查车辆是否具有自动回正能力及保持直线行驶的能力。

（2）传动系统。在车辆行驶过程中检查：

① 离合器接合是否平稳，有无异响、打滑、抖动、沉重、分离不彻底等现象。

② 变速器倒挡能否锁止，换挡是否正常，有无异响。

③ 传动轴/链有无异响、抖动；驱动桥的主减速器和差速器有无异响。

（3）制动系统。检查车辆制动协调时间、释放时间和有无跑偏现象；检查低气压报警装置是否报警；检查在低气压时弹簧储能制动器自锁装置是否有效；检查其装备的防抱制动装置自检功能是否正常。

（4）仪表和指示器。观察车辆配备的各种仪表和指示器是否有异常情形。

7. 车辆底盘部件检查

检查车辆的转向系统部件、传动系统部件、行驶系统部件、制动系统部件及其他部件是否连接紧固、可靠，有无裂纹、松旷，有无漏油、漏水等现象。

8. 仪器设备检验

仪器设备检验主要是检验汽车行车制动性能、驻车制动性能、前照灯远光发光强度和远近光束垂直偏移量、车速表指示误差以及转向轮横向侧滑量是否符合 GB 7258—2017 中的技术要求。

（1）制动性能检验。

① 台式制动性能检验是安全技术检测站最重要的检测项目之一。检测制动力要使用滚筒反力式制动检验台或平板制动检验台进行，对于前轴驱动的乘用车，更宜采用平板制动检验台测试。在进行制动性能检验时，要进行轴重的测量。测量轴重使用轴重仪。有时将轴重仪与制动检验台结合在一起。

② 行车制动性能检验。路试检验制动性能通常使用仪器来测量。利用第五轮仪测量汽车由规定速度制动至车速等于零时车速变化的情况与制动距离，根据测量结果计算出充分发出的平均制动减速度，由制动距离长短和充分发出的平均制动减速度来判断制动性能是否合格。

（2）驻车制动性能检验。驻车制动性能是指车辆在一定坡度上，利用驻车制动系统，使车辆不下滑（溜坡）的能力。

（3）前照灯检验。前照灯光束照射位置检验及前照灯远光光束发光强度测量，应使用具备远近光光束照射位置检验功能的前照灯检测仪。

（4）车速表指示误差检验。车速表指示误差校验宜在滚筒式车速表检验台上进行。

（5）转向轮横向侧滑量检验。转向轮横向侧滑量的检验应在侧滑检验台上进行，侧滑检验台宜具有轮胎侧向力释放功能。

三、机动车安全技术检验项目要求

机动车安全技术检验项目要求如表 6-1-1 所示。

出入境检验检疫机构对需领取机动车牌证方可上道路行驶的入境机动车检验时，应覆盖表 6-1-1 规定的检验项目，并按照注册登记检验要求执行。

轮式专用机械车、有轨电车的安全技术检验项目按照相关国家标准和行业标准的要求参照表 6-1-1 确定。

表 6-1-1　机动车安全技术检验项目

序号	检验项目	适用车辆类型					
		载客汽车		载货汽车（三轮汽车除外）、专项作业车	挂车	三轮汽车	摩托车
		非营运小型、微型载客汽车	其他类型载客汽车				
1	号牌号码/车辆类型	●	●	●	●	●	●
	车辆品牌/型号	●	●	●	●	●	●
	车辆识别代号（或整车出厂编号）	●	●	●	●	●	●
车辆唯一性检查	发动机号码（或电动机号码）	●	●	●		●	●
	车辆颜色和外形	●	●	●	●	●	●
2	联网查询	●	●	●	●	●	●
3	外廓尺寸		○	○	●	○	○
	轴距			●	●		
	整备质量			●	●	●	○
车辆特征参数检查	核定载人数	●	●				○
	栏板高度			○	○		
	后轴钢板弹簧片数			●	●		
	客车应急出口		○				
	客车乘客通道和引道		○				
	货厢			○	○	●	
4	车身外观	●	●	●	●	●	●
	外观标识、标注和标牌	●	●	●	●		
车辆外观检查	外部照明和信号装置	●	●	●	●	●	●
	轮胎	●	●	●	●		●
	号牌及号牌安装	●	●	●	●	●	●
	加装/改装灯具	●	●	●	●		

续表

序号	检验项目		适用车辆类型					
			载客汽车		载货汽车（三轮汽车除外）、专项作业车	挂车	三轮汽车	摩托车
			非营运小型、微型载客汽车	其他类型载客汽车				
5	安全装置检查	汽车安全带	●	●	●			
		机动车用三角警告牌	●	●	●	○		
		灭火器		○	○			
		行驶记录装置		○	○			
		车身反光标识			●	●	●	
		车身尾部标志板			○	○		
		侧后防护装置			○	○		
		应急锤		○				
		急救箱		○				
		限速功能或限速装置		○	○			
		防抱死制动装置		○	○			
		辅助制动装置		○	○			
		盘式制动器		○	○			
		紧急切断装置			○	○		
		发动机舱自动灭火装置		○				
		手动机械断电开关		○				
		副制动踏板		○	○			
		校车标志灯和校车停车指示标志牌		○				
		危险货物运输车标志			○	○		
		肢体残疾人操纵辅助装置	○					
6	底盘动态检验	转向系统	○	●	●		●	●
		传动系统	○	●	●		●	●
		制动系统	○	●	●		●	●
		仪表和指示器	○	●	●		●	●

续表

序号	检验项目		适用车辆类型					
			载客汽车		载货汽车（三轮汽车除外）、专项作业车	挂车	三轮汽车	摩托车
			非营运小型、微型载客汽车	其他类型载客汽车				
7	车辆底盘部件检查	转向系统部件	○	●	●	●	●	
		传动系统部件	○	●	●	●	●	
		行驶系统部件	○	●	●	●	●	
		制动系统部件	○	●	●	●	●	
		其他部件	○	●	●	●	●	
8	仪器设备检验	行车制动[a] 空载制动率	●	●	●	●	●	●
		空载制动不平衡率	●	●	●	●	●	
		加载轴制动率			○	○		
		加载轴制动不平衡率			○	○		
		驻车制动	○	●	●	●	●	
		前照灯 远光发光强度	●	●	●		●	●
		远近光束垂直偏移		●	●			
		车速表指示误差		●	●			
		转向轮横向侧滑量	○	○				

注1："●"表示该检验项目适用于该类车的全部车型，"○"表示该检验项目适用于该类车的部分车型。

注2：对于适用车辆类型为"非营运小型、微型载客汽车"的，"○"对应的检验项目适用于面包车、7座及7座以上车辆，以及使用年限超过10年的车辆。

注3：对于申请更换发动机、车身或者车架的变更登记检验时，参照在用机动车检验项目；对于申请因质量问题更换整车的变更登记检验时，参照注册登记检验项目。

注4：a 三轴及三轴以上的货车，采用并装双轴及并装三轴的挂车测试加载轴制动率和加载轴制动不平衡率。

四、检测线工艺布局与检测方法

（一）检测线的工艺布局

检测线的工艺布局关系到检测的速率，车间内的空气污染，检测结果的准确性和车间长度尺寸面积等，如果布局不合理将给检测带来很多困难和不便。

1. 工序顺序

在检测工艺设备平面布置设计上，尽可能采用直通顺序检测方式。一是要考虑废气排出的难易性，排污较大的检测项目应靠近车间入口处，如车辆废气检测工位和速度表检测工位应设置在车间入口处,并在主风向的下风位,有利于废气迅速排出,减少车间内部污染;二是要考虑前照灯检测对车间内光线的要求,前照灯检测应布置于车间中央,避免阳光照射影响检测精度等;三是要考虑每个工位的检测等时性,使各工位检测时间尽可能相等,同时使后面工位比前面工位检测的时间短一些,以保证线上车辆检测顺畅;四是要考虑在空间布置上的合理性,保证绝大部分车型不会受到空间上的干扰;五是在检测车间基础设计时,室内地面水平一定要高于站场地面水平,避免雨天排水困难和电缆沟、设备基础进水的弊端。

2. 线内设备的布置

第一工位和最后工位的布置必须参考当地的气象资料,要保证绝大多数情况下雨水不能飘入车间内而影响设备的正常工作;同时还要综合考虑检测线进出口的场地情况和转弯半径,设置的位置应利于大型车辆进出,尽量避免因大型车辆进出困难而造成某些设施、设备的损坏。

各设备之间的距离应考虑到常用车型的车身长度和轴间距离,切忌出现一辆车同时占用两个工位,如侧滑检测台、车速表检测台、制动检测台、前照灯检测仪、地沟之间的距离应综合各种车型的轴距和车身总长,不能有一个轴的车轮在制动工位检测,一个轴的车轮处在侧滑检测台或车速表检测台上,这样既影响检测精度也影响设备的使用寿命,同时延误了检测时间;同时从安全角度考虑,应使前后工位检测车辆的间距保持在 2 m 以上。一般情况下,在一条线内能同时检测 4 辆车。所以各工位要有相应的检测空间,检测工艺应布置合理,各工位检测时互不干扰。设计设备之间的距离时,尽量以保障区域内大多数车辆的轴距和总长作为设计依据。

需要指出的是,某些汽车保有量比较多的地区(如北京)已经实施了简易工况法检测汽车尾气排放。此时车辆检测站的尾气检测工位应单独设置。

在检测线设备布置设计时,还有一个重要环节,是管道及线缆布置和工位机等设施的布置。通常要注意以下几点:第一,一般采取电缆沟和预埋线缆管式的组合设计,布置要顺畅和简捷,避免过多交叉点;第二,管、线布置要安全可靠,便于检查维护,尽可能采取强、弱电分置,屏蔽隔离的走线方法;第三,工位机、光电开关和程序提示显示屏(或点阵屏)位置布置要保证检测车间内通道空间的整洁和开阔。

3. 检测线设计的环保及安全设计要求

(1) 废气。检测设备本身不产生废气,废气由检测车辆排出,利用自然风对流或车间内强制排风,产生废气严重的车速、烟度测试位于检测车间的一工位,这样废气将直接排出到车间外。厂房两侧要多开窗,并配有多台排风扇,以利于进排气。在设备布局时,要把尾气排放大的项目安置到靠车间两头的位置,如烟度检测、废气检测、底盘检测、大灯检测、发动机综合检测等项目。

(2) 废水。废水主要因清洗车辆产生,按国家排放标准排入公共下水道。

(3) 检测线两旁必须设置护栏,工作时间线内不得有任何人进入,以防人身事故或触发红外信号。

(4) 检测车间内张贴禁止吸烟、非工作人员禁止入内的警告标志。

(5) 按消防部门要求在每台设备旁设置灭火器。

（二）检测方法

1. 检测流程

检测流程即某一汽车接受检测的全过程。根据 GB 21861—2014《机动车安全技术检验项目和方法》的相关规定，车辆检验的主要流程包括车辆预检、登记，车辆唯一性检查，联网查询、车辆特征参数检查、车辆外观检查、安全装置检查、底盘动态检查、车辆底盘部件检查，仪器设备检验以及检验结果审查签章，最后车辆出站，具体汽车安全技术检验流程如图 6-1-1 所示。

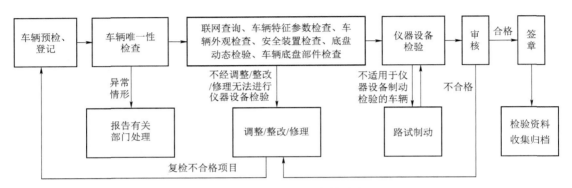

图 6-1-1　汽车安全技术检验流程

首先，车辆驾驶员在指定的窗口进行车辆检验登记，登记完毕后，由检验人员对该汽车进行唯一性检查。若唯一性检查不合格，应责成送检人对汽车进行整改或移交有关部门处理，此次车辆检验终止；若唯一性检查合格，则进行下一步检验流程，即联网查询。

联网查询无异常后，开始进行车辆特征参数检查、车辆外观检查、安全装置检查、底盘动态检查、车辆底盘部件检查。若在此检查过程中发现汽车不经调整、整改或修理无法进行仪器设备检验的情形（如车辆存在严重漏油、漏水、漏气等可能会损坏检验设备的情形，轮胎严重磨损、轮胎胎冠花纹深度不符合标准要求的情形或汽车底盘积有较多泥土且泥土在检验过程中很容易掉在检验设备上的情形时），应责成送检人对汽车进行调整、整改或修理，待汽车被调整、整改或修理好后再次进行车辆检验登记；若汽车轮胎气压严重不足（可能造成检验数据失实），则应将轮胎充气至整车出厂时规定的气压后再进入检验流程。

若送检汽车的轴荷超过检测线检验设备的最大允许轴荷，或送检汽车为线内检验设备无法检验的多轴汽车，则汽车不应进入"仪器设备检验"流程或仅进行仪器设备允许检验项目（如前照灯发光强度和照射位置、喇叭声级、底盘地沟检查等）的检验。对于能够路试检验的项目（如制动性能、车速表指示误差等），应进行路试检验。

仪器设备检验包括车速表指示误差、制动、侧滑、前照灯发光强度和远近光束垂直偏移量。

仪器设备检验完毕后，由授权签字人（主任检验员）进行审核。

① 经审核，车辆检验合格的，给予合格签章。

② 经审核，车辆被评判为合格（建议维护）的，需由送检人签字后，给予合格签章。

③ 审核不合格的，告知送检人对不合格项目进行调整、整改或修理；调整、整改或修

理完毕后重新登记，复检不合格项。

④ 对制动性能的台式检验有质疑，或无法利用仪器设备进行检验的车辆，应进行路试检验，检验结果由授权签字人（主任检验员）进行审核，审核不合格的，告知送检人对不合格项目进行调整、整改或修理；调整、整改或修理完毕后重新登记，复检不合格项。

检验结束后，车辆驶出检验机构。检验机构应收集归档相关检验资料并保存规定期限。在实际汽车安全技术检验工作中，检验机构可根据自身情况对检验流程适当加以调整。

2. 检验基本要求

送检机动车应清洁，无明显漏油、漏水、漏气现象，轮胎完好，轮胎气压正常且胎冠花纹中无异物，发动机应运转平稳，怠速稳定，无异响；装有车载诊断（OBD）系统的车辆，不应有与防抱死制动系统（ABS）、电动助力转向系统（EPS）及其他与行车安全相关的故障信息。对达不到以上基本要求的送检机动车，机动车安全技术检验机构应告知送检人整改，符合要求后再进行安全技术检验。

在用机动车检验时，应提供送检机动车的机动车行驶证和有效的机动车交通事故责任强制保险凭证。

机动车安全技术检验时，各检验工位应保证足够的检验时间。机动车安全技术检验各工位的最少检验时间如表 6-1-2 所示。

表 6-1-2　机动车安全技术检验各工位的最少检验时间　　　　单位：s

检验工位		最少检验时间		
		非营运小型、微型载客汽车	载客汽车（非营运小型、微型载客汽车除外）、载货汽车（三轮汽车除外）、挂车	摩托车、三轮汽车
人工检验	车辆唯一性检查、车辆特征参数检查、车辆外观检查、安全装置检查	120	240	90
	底盘动态检验	60	60	
	车辆底盘部件检验	40	100	
仪器设备检验	制动[a]	40	60	30
	前照灯	60[b]	60[b]	30
	车速	—	20	—

a　使用平板式制动检验台，最少检验时间对汽车为 15 s；
b　使用左右前照灯检测仪同时检测时，最少检验时间对汽车为 40 s。

3. 检验方法

机动车安全技术检验方法如表 6-1-3 所示。

表 6-1-3 机动车安全技术检验方法

序号	检验项目		检验方法
1	车辆唯一性检查	号牌号码/车辆类型*	目视比对检查，目视难以清晰辨别时使用内窥镜等工具；有条件时，可使用能自动识别车辆识别代号、发动机号码的仪器设备
		车辆品牌/型号	
		车辆识别代号（或整车出厂编号）*	
		发动机号码（或电动机号码）	
		车辆颜色和外形*	
2	联网查询		利用互联网信息系统查询车辆事故/违法信息
3	车辆特征参数检查	外廓尺寸	用长度测量工具测量，重中型货车、专项作业车、挂车应使用自动测量装置
		轴距	用长度测量工具测量；有条件可使用自动测量装置
		整备质量	用地磅或轴（轮）重仪等装置称量
		核定载人数*	目视检查，目测座椅宽度、深度及驾驶室内部宽度等参数偏小时使用量具测量相关尺寸
		栏板高度	用钢尺等长度测量工具测量
		后轴钢板弹簧片数*	目视检查
		客车应急出口*	目视检查。目测应急出口尺寸偏小的，使用长度测量工具测量相关尺寸
		客车乘客通道和引道*	目视检查。目测通道、引道偏窄或高度不符合要求时，使用通道、引道测量装置检查
		货厢*	目视检查。目测货厢有超长、超宽、超高嫌疑时，使用长度测量工具测量相关尺寸
4	车辆外观检查	车身外观*	目视检查。对封闭式货厢的货车、挂车应打开车厢门检查，目测有疑问时，使用透光率计、钢尺、手锤、铁钩及照明器具等工具测量相关参数
		外观标识、标注和标牌*	目视检查。目测字高偏小时，使用长度测量工具测量相关尺寸
		外部照明和信号装置	目视检查并操作
		轮胎*	目视检查轮胎规格/型号，目测胎压不正常、轮胎胎冠花纹深度偏小时，使用轮胎气压表、花纹深度计等测量工具测量相关参数
		号牌及号牌安装*	目视检查，目测号牌安装位置、形式，有疑问时使用长度测量工具测量相关尺寸
		加装/改装灯具	目视检查并操作

续表

序号		检验项目	检验方法
5	安全装置检查	汽车安全带*	目视检查
		机动车用三角警告牌*	目视检查
		灭火器*	目视检查
		行驶记录装置*	目视检查,目测显示功能异常存疑时,使用专用检验仪器
		车身反光标识*	目视检查,目测逆反射系数偏小时,使用专用检验仪器
		车身尾部标志板*	目视检查,目测逆反射系数偏小时,使用专用检验仪器
		侧后防护装置*	目视检查,目测防护装置单薄、安装不规范时,使用长度测量工具
		应急锤*	目视检查
		急救箱*	目视检查
		限速功能或限速装置	审查机动车产品公告、机动车出厂合格证、产品使用说明书等技术凭证资料
		防抱死制动装置*	打开电源,观察 ABS 指示灯,对于半挂车检查相关装置
		辅助制动装置*	审查机动车产品公告等技术资料凭证并操作驾驶室内操纵开关,有疑问时检查相关装置
		盘式制动器*	目视检查
		紧急切断装置*	目视检查
		发动机舱自动灭火装置*	目视检查
		手动机械断电开关*	目视检查。有疑问时操纵开关,观察是否断电
		副制动踏板*	目视检查。有疑问时踩下踏板,判断踏板工作是否正常
		校车标志灯和校车停车指示标志牌*	目视检查
		危险货物运输车标志*	目视检查
		肢体残疾人操纵辅助装置*	目视检查

续表

序号	检验项目		检验方法
6	底盘动态检验	制动系统	以不低于 20 km/h 的速度正直行驶，双手轻扶方向盘，急踩制动踏板后迅速放松
		转向系统	检验员操作车辆，起步并行驶 20 m 以上，利用目视、耳听、操作感知等方式检查。对方向盘最大自由转动量和转向力有疑问时，使用方向盘转向力-转向角检测仪测量相关参数
		传动系统	
		仪表和指示器	检验过程中，观察仪表和指示器
7	车辆底盘部件检查*	转向系统部件	车辆停放在地沟上方的指定位置，使用专用手锤等工具检查，并由驾驶室操作人员配合；大中型客车、重中型货车、专项作业车、挂车检查时应使用底盘间隙仪
		传动系统部件	
		行驶系统部件	
		制动系统部件	
		其他部件	
8	仪器设备检验	行车制动* 空载制动率	采用滚筒式反力式制动检验台、平板制动检验台检验，不适宜用制动检验台检验的车辆用便携式制动性能测试仪等路试设备检验，见 GB 21861-2014 附录 C
		行车制动* 空载制动不平衡率	
		行车制动* 加载轴制动率	
		行车制动* 加载轴制动不平衡率	
		驻车制动	
		前照灯* 远光发光强度	采用前照灯检测仪检验，见 GB 21861-2014 附录 D
		前照灯* 远近光束垂直偏移	
		车速表指示误差	采用车速表检验台检验，见 GB 21861-2014 附录 E
		转向轮横向侧滑量	采用侧滑检验台检验，见 GB 21861-2014 附录 F

所有检验项目应一次检验完毕，出现不合格项时，应继续进行其他项目的检验，但无法继续进行检验的项目除外。

仪器设备检验时，除检验员外可再乘坐一名送检人员或随车人员。

半挂牵引车可与半挂车组合成铰接列车后同时实施检验，也可单独检验。

机动车安全技术检验时，带"*"的项目应采用检验智能终端（PDA）等设备拍摄检验照片（或视频），其数量、内容和清晰度应能满足检验监管的要求。

4. 检验结果判定

（1）检验结果的评判。

授权签字人应该逐项确认检验结果并签注整车检验结论。检验结论分为合格、不合格。送检机动车所有检验项目的检验结果均合格的，判定为合格；否则判定为不合格。

（2）检验合格处置。

① 机动车安全技术检验机构应出具《机动车安全技术检验报告》，报告一式三份，一份交机动车所有人（或者由送检人转交机动车所有人），一份提交车辆管理所作为机动车安全技术检验合格证明，一份留存检验机构。

② 机动车安全技术检验机构应按 GB/T 26765《机动车安全技术检验业务信息系统及联网规范》、GA1186《机动车安全技术检验监管系统通用技术条件》的要求传递数据及图像。

③ 机动车安全技术检验机构应妥善保管《机动车安全技术检验报告》、《机动车安全技术检验表（人工检验部分）》、《机动车安全技术检验表（仪器设备检验部分）》、车辆识别代号（或整车出厂编号）的拓印膜或照片（注册登记检验时保存拓印膜，在用机动车检验时保存车辆识别代号照片）等资料，保存至本次检验周期届满前，但最短不得少于 2 年。

（3）检验不合格处置。

① 机动车安全技术检验机构应出具《机动车安全技术检验报告》，并注明所有不合格项目。

② 机动车安全技术检验机构应通过拍照、摄像或保存数据等方式对不合格项取证留存备查。

③ 机动车安全技术检验机构应按 GB/T 26765、GA1186 的要求传递数据及图像。

（4）异常情形处置。

① 发现送检机动车有拼装、非法改装、被盗抢、走私嫌疑时，机动车安全技术检验机构及其检验员应详细登记该送检机动车的相关信息，拍照、录像固定证据，通过机动车安全技术检验监管系统上报，并告知送检人到当地公安机关交通管理部门处理。

② 注册登记检验时，发现送检机动车的车辆特征参数、安全装置不符合 GB 1589、GB 7258 等机动车国家安全技术标准、机动车产品公告、机动车出厂合格证时，应拍照、录像固定证据，详细登记送检机动车的车辆类型、品牌/型号、车辆识别代号（或整车型号和出厂编号）、发动机号码、整车生产厂家、生产日期等信息，通过机动车安全技术检验监管系统上报。

第二节　汽车综合性能检测站

汽车综合性能检测站是对道路运输车辆进行综合性能技术监督检测、汽车维修质量监督检测、汽车性能诊断检测的技术服务机构，它是道路运输管理机构从事道路运输管理的重要技术基地。交通部《汽车运输业车辆综合性能检测站管理办法》（第 29 号部令）对汽车综合性能检测站的建设、管理、职责、基本条件、认定等都作了详细规定，是汽车综合性能检测站管理的法律依据。

一、检测站职能

汽车综合性能检测站是隶属于交通管理部门管理的检测站。主要用于对运输车辆进行技术状况的监督和综合性能检验。按照交通部 1991 年 29 号令的规定，综合性能检测站的主要任务是：

① 接受委托，对道路运输车辆技术状况及性能进行检验和评定。

② 接受委托，对车辆维修竣工质量进行检验。

③ 接受委托，对车辆改装、改造、技术评估以及相关新技术、科研鉴定等项目进行检验。

④ 接受交通、公安、环保、商检、质检、保险、司法等部门和机构的委托，依据相关标准对车辆进行规定项目的检验与核查。

可以看出，综合性能检测站的功能比安全—环保检测站要强一些，也是技术上比较权威的检验部门。

二、检测项目与参数

（1）汽车综合性能检测站应能够进行车辆唯一性认定，故障信息诊断，系统、总成及装置技术状况检验，动力性检验，燃料经济性检验，制动性能检验，排气污染物检验，转向操纵性检验，悬架特性检验，前照灯性能检验，车速表示值误差检验，车轮阻滞力（率）检验以及喇叭声压级检验等项目的检验。具体检验项目参数及检测仪器设备技术要求如表 6-2-1～表 6-2-13 所示。

表 6-2-1　车辆唯一性认定检验项目或参数及检测仪器设备一览

序号	项目或参数	检验方式	仪器设备及技术要求				计算机控制方式
			名称	测量范围	分辨力	准确度等级或允许误差	
1	号牌、车辆类型、品牌型号、车身颜色、发动机号、VIN 号、挂车架号	人工检验及测量	—	—	—	—	人工录入
2	外廓尺寸	人工检验及测量	钢卷尺或激光测距仪	与承检车型相适应	1 mm	Ⅱ级	人工录入
			汽车外廓尺寸检测仪	与承检车型相适应	分度值 1 mm	符合 JT/T 1012 的规定	联网
3	货车车厢栏板高度	人工检验及测量	钢卷尺	与承检车型相适应	1 mm	Ⅱ级	人工录入
			汽车外廓尺寸检测仪	与承检车型相适应	分度值 1 mm	符合 JT/T 1012 的规定	联网
4	客车座（铺）位数	人工检验及测量	—	—	—	—	人工录入

表 6-2-2 故障信息诊断检验项目或参数及检测仪器设备一览

序号	项目或参数	检验方式	仪器设备及技术要求				计算机控制方式
			名称	测量范围	分辨力	准确度等级或允许误差	
1	发动机排放控制系统	仪器诊断	汽车故障电脑诊断仪	通用型，具有 OBD 功能，符合 JT/T 632 的规定			人工录入
2	制动防抱死装置（ABS）						
3	电动助力转向系统（EPS）						
4	其他与行车安全相关的故障信息						

表 6-2-3 系统、总成及装置技术状况检验项目或参数及检测仪器设备一览

序号	项目或参数		检验方式	仪器设备及技术要求				计算机控制方式
				名称	测量范围	分辨力	准确度等级或允许误差	
1	工作性能：起动性能、柴油发动机停机装置、低/中/高速运转	发动机	人工检验	—	—	—	—	人工录入
2	密封性							
3	传动带：助力转向传动带、空气压缩机传动带/齿轮箱							
4	燃料供给：燃料管路、燃料箱							
5	行车制动：制动管路、制动泵（缸）气（油）路、制动报警装置、缓速器、弹簧储能装置、储气筒、制动踏板	制动系统	人工检验	—	—	—	—	人工录入
6	驻车制动							
7	部件连接	转向系统	人工检验	汽车悬架转向系统间隙检查仪	符合 JT/T 633 的规定			人工录入
8	部件技术状况							
9	转向助力装置			—	—	—	—	
10	车架	行驶系统	人工检验及测量	—	—	—	—	人工录入
11	车桥							
12	拉杆和导杆							
13	车轮及螺栓、螺母			检验锤	—	—		

续表

序号	项目或参数		检验方式	仪器设备及技术要求				计算机控制方式
				名称	测量范围	分辨力	准确度等级或允许误差	
14	轮胎	轮胎胎面状况	人工检验及测量	钢直尺	（0～300）mm	1 mm	Ⅱ级	人工录入
15		轮胎胎冠花纹深度		轮胎花纹深度尺	（0～30）mm	0.1 mm	2级或±0.02 mm	
16		同轴轮胎规格和花纹、轮胎速度级别	行驶系统	—	—	—	—	
17		轮胎气压		检验锤	—	—	—	
18		翻新轮胎的使用、轮胎类型、备用轮胎		—	—	—	—	
19	悬架	悬架弹性元件		—	—	—	—	
20		悬架部件连接		—	—	—	—	
21		减振器		—	—	—	—	
22	离合器		传动系统	人工检验	—	—	—	—	人工录入
23	变速器				—	—	—	—	
24	传动件异响				—	—	—	—	
25	万向节与轴承				—	—	—	—	
26	外部照明和信号装置		照明、信号装置和标识	人工检验	—	—	—	—	人工录入
27	前照灯远、近光束变换				—	—	—	—	
28	反射器与侧标志灯				—	—	—	—	
29	货车车身反光标识和尾部标志板				—	—	—	—	
30	导线		电气线路与仪表	人工检验	—	—	—	—	人工录入
31	仪表与指示器				—	—	—	—	
32	卫星定位系统车载终端				—	—	—	—	
33	胎压检测报警系统				—	—	—	—	
34	门窗及照明	车门应急控制器、应急门和安全顶窗、应急窗开启、玻璃破碎装置或安全手锤、门窗玻璃、客车车厢灯和门灯	车身	人工检验及测量	—	—	—	—	人工录入
35	车身外观	车身与驾驶室、车身外部和内部不尖锐凸起物、表面涂装、货车货箱、车门、栏板和底板、驾驶室车窗玻璃			—	—	—	—	
36		对称部位高度差							

序号	项目或参数		检验方式	仪器设备及技术要求				计算机控制方式
				名称	测量范围	分辨力	准确度等级或允许误差	
37	后视镜和下视镜		附属设备	人工检验	—	—	—	—	人工录入
38	风窗刮水器、洗涤器							
39	防眩目装置							
40	除雾、除霜装置							
41	排气管和消声器							
42	安全带		安全防护	人工检验	—	—	—	—	人工录入
43	侧面防护装置							
44	后部防护装置							
45	保险杠							
46	牵引装置和安全锁止机构							
47	安全架与隔离装置							
48	灭火器材、警示牌、停车楔							
49	微货运输车辆安全装置与标志	灭火器材、排气管、隔热和熄灭火星装置							
50		切断总电源和隔离电火花装置							
51		导静电拖地带							
52		标志和标识							
53		罐体有效检验合格证明或报告							
54		气瓶、可移动罐（槽）车辆的紧固装置							

表6-2-4 动力性检验项目或参数及检测仪器设备一览

序号	项目或参数	检验方式	仪器设备及技术要求				计算机控制方式
			名称	测量范围	分辨力	准确度等级或允许误差	
1	驱动轮轮边稳定车速	台架检验	底盘测功机	符合 JT/T 445 和 JJG 653 的规定			联网
			大气压计	80~106 kPa	0.1 kPa	符合气象仪表要求	
			温度计	-30 ℃~100 ℃	1 ℃		
			湿度计	0~100%	2%		

表6-2-5 燃料经济性检验项目或参数及检测仪器设备一览

序号	项目或参数	检验方式	仪器设备及技术要求				计算机控制方式
			名称	测量范围	分辨力	准确度等级或允许误差	
1	等速百公里燃料消耗量	台架检验	碳平衡油耗仪	符合JT/T 1013和JJG（交通）127的规定			联网
			底盘测功机	符合JT/T 445和JJG 653的规定			

表6-2-6 制动性能验项目或参数及检测仪器设备一览

序号	项目或参数	检验方式	仪器设备及技术要求				计算机控制方式
			名称	测量范围	分辨力	准确度等级或允许误差	
1	轮（轴）重量	台架检验	轮（轴）重仪	符合JJG 1014的规定			联网
2	制动力（率）		（1）滚筒反力式或平板式制动检验台（2）制动踏板力计	滚筒反力式制动检验台符合GB/T 13564和JJG 906的规定 平板式制动检验台符合GB/T 28529和JJG 1020的规定			
3	制动不平衡力（率）						
4	驻车制动力（率）						
5	制动特性曲线						
6	列车制动时序		（1）汽车列车制动性能检验台（2）制动踏板开关	符合JJG 1020的规定			人工录入或联网
7	列车制动协调时间						
8	列车制动力分配						
9	制动力距离	道路试验	非接触式速度计	符合JJG 1193的规定			人工录入
10	制动减速度（MFDD）		便携式制动性能检测仪	符合GB/T 28945和JJF 1168的规定			
			非接触式速度计	符合JJG 1193的规定			
11	制动稳定性		试车道路	符合GB/T 17993-2017中7.4.2的规定			
12	驻车制动		标准坡道	符合GB/T 17993-2017中7.4.3的规定			
			专用检测设备	—			

表6-2-7 排气污染检验项目或参数及检测仪器设备一览

序号	项目或参数		检验方式	仪器设备及技术要求				计算机控制方式
				名称	测量范围	分辨力	准确度等级或允许误差	
1	点燃式发动机	双怠速工况法（CO、HC、λ）	仪器检验	排气分析仪	符合JT/T 386、HJ/T 289和JJG 688的规定			联网
2		稳态工况法（CO、HC、NO）	台架检验	汽油车稳态加载污染物排放检测系统	符合HJ/T 291和JJF 1227的规定			
3		简易瞬态工况法（CO、HC、NO）	台架检验	汽油车简易瞬态工况法排气污染物检测系统	符合HJ/T 290、JJF 1385、JJF 1221的规定			
4		瞬态工况法（CO、HC、NO）	台架检验	点燃式发动机汽车瞬态工况法排气污染物检测系统	符合HJ/T 396、JJG 688、JJF 1221的规定			
5	压燃式发动机	自由加速法（光吸收系数）	仪器检验	压燃式发动机汽车自由加速法排气烟度检测系统	符合JT/T 506、HJ/T 395、JJG 847和JJG 976的规定			
6		加载减速法（光吸收系数）	台架检验	柴油车加载减速法排气烟度检测系统	符合JT/T 506、HJ/T 292、JJG 1221的规定			

表6-2-8 转向操纵性检验项目或参数及检测仪器设备一览

序号	项目或参数	检验方式	仪器设备及技术要求				计算机控制方式
			名称	测量范围	分辨力	准确度等级或允许误差	
1	转向轮横向侧滑量	台架检验	侧滑检验台	符合JT/T 507和JJG 908的规定			联网
2	转向盘自由转动量	人工辅以仪器检验	转向盘转向力/角测量仪	符合JJF 1196的规定			人工录入或联网

表6-2-9 悬架特性检验项目或参数及检测仪器设备一览

序号	项目或参数	检验方式	仪器设备及技术要求				计算机控制方式
			名称	测量范围	分辨力	准确度等级或允许误差	
1	吸收率	台架检验	汽车悬架装置检测台	符合JT/T 448和JJF 1192的规定			联网
2	左右轮吸收率差						

表6-2-10 前照灯性能检验项目或参数及检测仪器设备一览

序号	项目或参数	检验方式	仪器设备及技术要求				计算机控制方式
			名称	测量范围	分辨力	准确度等级或允许误差	
1	前照灯基准中心高度	仪器检验	机动车前照灯检测仪	符合 JT/T 508 和 JJG 745 的规定			联网
2	远光发光强度						
3	远光光束中心垂直方向上、下偏角（或偏距）						
4	远光光束中心水平方向左、右偏角（或偏距）						
5	近光光束明暗截止线转角或中心垂直方向上、下偏角（或偏距）						
6	近光光束明暗截止线转角或中心水平方向左、右偏角（或偏距）						

表6-2-11 车速表示值误差检验项目或参数及检测仪器设备一览

序号	项目或参数	检验方式	仪器设备及技术要求				计算机控制方式
			名称	测量范围	分辨力	准确度等级或允许误差	
1	车速表示值误差	台架检验	汽车车速表检验台或底盘测功机	车速表检验台符合 GB/T 13563 和 JJG 909 的规定，底盘测功机符合 JT/T 445 和 JJG 653 的规定			联网

表6-2-12 车轮阻滞力（率）检验项目或参数及检测仪器设备一览

序号	项目或参数	检验方式	仪器设备及技术要求				计算机控制方式
			名称	测量范围	分辨力	准确度等级或允许误差	
1	车轮阻滞力（率）	台架检验	滚筒反力式制动检验台	符合 GB/T 13564 和 JJG 906 的规定			联网

表6-2-13 喇叭声压级检验项目或参数及检测仪器设备一览

序号	项目或参数	检验方式	仪器设备及技术要求				计算机控制方式
			名称	测量范围	分辨力	准确度等级或允许误差	
1	喇叭声压级	仪器检验	声级计	符合 GB/T 3785.1、GB/T 3785.2 和 JJG 188 的规定			联网

（2）汽车综合性能检测站按 GB 18565—2016《道路运输车辆综合性能要求和检验方法》、GB 7258—2017《机动车运行安全技术条件》、GB 21861—2014《机动车安全技术检验项目和方法》、JT/T 198—2016《道路运输车辆技术等级划分和评定要求》、GB/T 18344—2016《汽车维护、检测、诊断技术规范》、GB/T 15746—2011《汽车修理质量检查评定方法》、GB 1589—2016《汽车、挂车及汽车列车外廓尺寸、轴荷及质量限值》等规定的要求开展检测工作，应采用计算机控制联网方式进行检测。

三、检测仪器设备要求

（1）汽车综合性能检测站应配备与检测项目或参数相应的检测仪器设备，检测仪器设备应能够满足车辆检测工作的需要。仪器设备主要技术要求应符合表6-2-1~表6-2-13的规定。

（2）汽车综合性能检测站配备的检测仪器设备应符合相应检测仪器设备计量检定规程和检测用标准要求的测量范围、分辨力、准确度等级或允许误差，满足相应仪器设备国家、行业产品标准的要求，使用的计量检测仪器设备应按法定周期进行计量检定或校准。

（3）汽车综合性能检测站配备的检测仪器设备应与被检测车辆的主要技术参数相适应，检测设备必须配置二次仪表（用来对联线计算机采集的数据进行比对）并预留计算机连线和联网接口，能够进行计算机联网控制，能够实现实时数据传输、监控。

（4）检测仪器设备能够适应国家和地方标准，并能随着国家和地方标准的调整而调整。新建汽车检测站在选择检测设备时应尽量考虑选择国内具有先进性的设备，尽可能避免新建设备因国家标准调整而不能使用。

（5）组合后的检测仪器设备应当具有高效性。在同一条检测线上，要尽可能地使各工位的检测时间均衡一致。若有一个工位占用时间过长，即使其他工位检测速度再快，也只能造成检测车辆的队列阻塞。

（6）检测仪器设备具备高稳定性和可靠性。设备在使用过程中应当运行平稳、准确可靠，平均无故障工作时间控制系统在一年工作期间内全部重大故障的间隔时间平均值（平均维修时间控制系统在一年工作期间内所有维修时间）与重大故障次数的比值等技术指标应达到规定要求。

（7）检测仪器设备应当具备一定的防护能力，如具备防雷、防鼠、防潮、防腐蚀、防尘和抗干扰等能力。有条件的汽车检测站可考虑配置 UPS 保护电源，使检测线在外界电源突然断电的情况下能够保证正在检测的车辆继续完成检测。

（8）设备生产厂家应能够提供长期、稳定的售后服务。

第三节　检测线计算机控制系统

汽车检测线计算机控制系统由控制硬件和测控软件两大部分组成，它和检测设备紧密结合完成车辆性能参数的检测任务。其中，测控软件具有登记待检车辆的车辆信息、控制各检测设备的运行、监控整个检测流程、打印检测结果报告单等功能。

一、控制系统主要功能

（1）数据采集、过程指示功能。可对数据自动采集、显示、传输。检测过程中，在工位上通过 LED 点阵屏等对检测员进行操作引导。

（2）车辆信息和检测结果管理功能。可对车辆信息、检测结果进行查询、统计、打印等处理，并可对上级主管机关传送数据。

（3）检测标准查询、设定功能。可对系统使用的检测标准进行查阅或根据新发布的标准对原标准更新。

（4）软件标定功能。对系统的模拟量输入通道进行软件标定。

（5）设备自检功能。对系统的部分硬件进行检查。

（6）数据库自动维护和修复功能。可以对系统的数据库自动进行备份、整理、修复。系统提供不同权限的账号，分别用于日常工作和系统维护。

二、控制系统的结构

汽车检测站检测控制系统的任务是数据采集、处理、判断、实时控制，一般由以下几部分组成：

（1）主控机。

主控机是全系统的指挥中心、调度中心，一般由 PC 类工业计算机担任。

主控机的任务是收集数据，并根据有关标准判断是否合格，然后显示、打印，并将数据存储，同时主控机还要根据报检机申报的数据和光电开关的信号决定检测过程，指挥各工位的运行和单机实验台动作。检测数据的打印一般也由主控机完成。

（2）控制系统服务器。

对于较复杂的网络结构的控制系统或需要管理两条以上检测线的控制系统，需要设置专用的网络服务器对系统进行管理。

（3）登录机。

主要用来输入被检车辆的主要参数和申报将要检测的类型，在一些检测系统中，报检机还作为当地车辆的技术档案数据库使用；只要输入车辆牌照号码，就能调出该车主要参数。

（4）进检选择机。

对于登录不在检测线入口的远程报检系统，由于登录和办理有关申验手续要在离检测线有一定距离的营业厅进行，登录顺序可能不会和进检测线的次序相同，选择机的作用就是确定已登录的车辆进场的先后。

（5）工位机。

工位机一般由工业控制计算机、网卡、接口板、信号调制板、输入输出板、驱动板和继电器板等组成。其主要作用是负责整个工位的检测、控制、驾驶员引导以及和主控机的通信。

（6）单机仪表。

单机仪表除了采集显示单机检测设备结果外，还应该担负向上位机传输数据的作用，单机仪表可以单独使用，但有的检测线工位机和单机仪表是一体的。

（7）附属设备。

为了完成检测系统的数据传输和自动控制功能，自动型检测线还有一些附属设备，它们主要有以下几种：
① LED 电子显示屏。该显示屏分吊装式和立柱式两种，指示引车员和工作人员的操作。
② 红外光电开关。由红外发光体和接受体及继电开关或电子开关组成，当汽车通过时，红外开关发生变化，把开关量信号传至工位机，通知工位机车辆到位情况。
③ 摄像机和监视器。通过电视监视系统可以观察全场或车辆各部位的情况，便于操作人员工作。
④ 供电系统。供电质量是关系到检测系统是否能稳定工作的重要一环。供电原则是：动力照明仪表计算机必须分别供电，并注意各相负载要均衡，要根据设备不同的要求，采用不同的稳压方式。

三、控制系统的技术要求

对于汽车检测自动控制系统而言，其所要求完成的性能有以下几个方面的内容：

（1）可靠性。检测的数据要求保证准确、公正、可靠。要特别注意单台试验设备采集处理数据的准确性，从机械设备到主控机应构成一个完整的系统。汽车检测系统在汽车审验期间不容许停机维修，必须保证高可靠性，从而达到比较高的运行效率。

（2）实时性。要求及时响应控制对象各种参数的变化，抓住时机进行控制，由于各种设备与多种事件均请求执行相应的任务，因此要求具备完善的中断系统，保证及时地中断响应。

（3）适应性。检测现场干扰大，供电系统常有波动，有些现场还有振动、腐蚀、尘埃、强光等，系统必须能适应比较恶劣的环境，特别是现场控制级的机器，对温度变化的适应范围要宽，防尘、防腐蚀。

（4）系统配套性。控制系统包括各种类型的过程 I/O 通道，如模拟量、开关量、脉冲量、频率量的实时采集处理、控制，为了方便操作和管理，设有人机接口设备。控制系统应具有人工检验项目和未能联网的仪器设备的检验结果录入功能。

（5）控制软件支持功能强。操作系统采用实时操作系统，为了提高可靠性，应具备在线及离线的诊断软件。

（6）系统通信能力。为了构成分层分级式管理控制系统或集散型控制系统，要求控制系统中的单机智能仪表或工控机具有较强的通信能力，从而将各控制系统有机地连接起来，构成高性能的大规模控制系统。

（7）信息共享。控制系统应能实现信息共享，并能实时、准确传输车辆检验的相关数据和信息。

四、控制系统的分类

汽车检测站检测控制系统按发展进程可分为手动方式、半自动方式、全自动控制方式三种。

（1）手动方式。

早期检测控制系统主要由单机仪表构成，测量结果也是人工记录，为完成测量所需要的简单控制，如举升台的升降和制动台电机的启停也由单机仪表上的按键手动操作完成。其特点是：

① 控制线路简单，操作方便。

② 需要较多的操作人员。
③ 检测结果不仅取决于单机仪表的精度，而且与操作员的熟练程度有关。
④ 由于全部是人工操作，需要时间长，检测效率低。
⑤ 无报检机、主控机、工位机、引导系统等，因此成本低廉。

（2）半自动方式。

为了解决报表的打印、检测车辆的数据统计等问题，在 PC 计算机出现的初期采用半自动控制方式。检测控制系统设有主控机和报检机，主控机和报检机采用网络通信，主控机和单机仪表采用 RS232 串行通信以接收现场采集数据，各工位没有自动诱导装置。其特点是数据的记录是自动完成的，所有数据都存储在主控机中，便于报表的打印、车辆数据的统计和查询等。

（3）全自动控制方式。

全自动控制方式是汽车检测控制系统的主流产品。按控制方式可分为如下三种：

① 集中式控制方式。集中式控制方式是由主控计算机直接负责整个检测系统中的设备控制、数据采集和处理、检测结果评价、控制、打印等全部功能。该方式具有结构简单易行、成本低的优点；其缺点是信号微弱，传输距离较远，传输质量较难保证；对主控机的依赖过大，一旦主控机发生故障，整个系统都要瘫痪。主控软件编写复杂，调试、维护困难。集中式控制系统特别适合在检测场地较小，设备较为集中的单工位或双工位上应用。如图 6-3-1 所示。

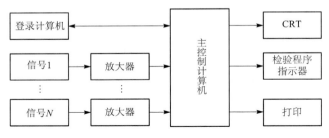

图 6-3-1　集中式控制方式

② 接力式。接力式控制方式由各工位测控计算机完成，如图 6-3-2 所示。工位测控计算机分布在各工位上，因而也被称为分布式控制方式。各工位检测信号经放大后送入工位测控计算机处理、判定、显示，并按顺序传送至末级工位测控计算机，全线检测数据和检测

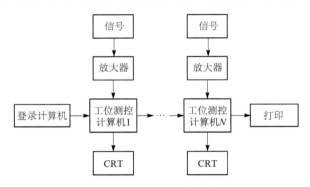

图 6-3-2　接力式控制方式

结果由末级工位测控计算机打印出检测结果报告单。这种方式的优点是结构简单，价格也较低，可靠性也较好；缺点是功能稍差，对较高程度的自动控制和较复杂的检测对象的适应性差。

③ 分级分布式。分级分布式控制方式是应用较为广泛的一种控制方式。图6-3-3是二级分布式控制方式框图，其第一级为测控现场控制级，由分布在各工位上的测控计算机完成，主要担负检测设备运行控制、数据采集和通信等任务；第二级为管理级，具有安排检测程序、担负全线调度、综合判定检测结果、集中打印检测结果报告单和管理数据库等功能。

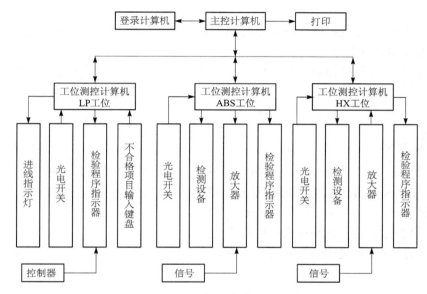

图 6-3-3　二级分布式控制方式

小　结

1. 汽车检测站是综合运用现代检测技术，对汽车实施不解体检测诊断的机构。它采用现代检测设备与方法，检测汽车各种参数，诊断可能的故障，为全面、准确评价汽车的使用性能和技术状况提供可靠的依据。

2. 按照服务功能，汽车检测站可以分为汽车安全环保检测站、综合性能检测站和维修检测站三种。

3. 安全环保性能检测主要包括两方面内容：一是检查与安全行车相关的项目，如灯光、制动、侧滑等；二是检查与环保相关的项目，如汽车尾气排放情况和噪声等。

4. 按照GB 7258和GB 21861的要求，汽车安全技术检测站主要检测项目包括车辆唯一性检查、联网查询、车辆特征参数、车辆外观检查、安全装置检查、底盘动态检查、车辆底盘部件检查、仪器设备检验等项目。

5. 综合性能检测站的主要任务是：接受委托，对道路运输车辆技术状况及性能进行检验和评定；接受委托，对车辆维修竣工质量进行检验；接受委托，对车辆改装、改造、技术评估以及相关新技术、科研鉴定等项目进行检验；接受交通、公安、环保、商检、质检、保险、司法等部门和机构的委托，依据相关标准对车辆进行规定项目的检验与核查。

6. 汽车综合性能检测站应能够进行车辆唯一性认定，故障信息诊断，系统、总成及装置技术状况检验，动力性检验，燃料经济性检验，制动性能检验，排气污染物检验，转向操纵性检验，悬架特性检验，前照灯性能检验，车速表示值误差检验，车轮阻滞力（率）检验以及喇叭声压级检验等项目的检验。

7. 汽车检测线计算机控制系统的功能包括数据采集、过程指示功能；车辆信息和检测结果管理功能；检测标准查询、设定功能；软件标定功能；设备自检功能；数据库自动维护和修复功能。

8. 汽车检测线计算机控制系统由主控机、控制系统服务器、登录机、进检选择机、工位机、单机仪表和附属设备组成。

9. 汽车检测线计算机控制系统可以分为手动方式、半自动方式和全自动控制方式三种类型。

复习思考题

1. 汽车检测站的定义是什么？按照服务功能，汽车检测站可以分为哪几类？
2. 汽车安全环保检测站线内检验项目包括哪些？路试检验项目包括哪些？
3. 综合性能检测站的主要任务包括哪些方面？
4. 汽车综合性能检测站的检测项目有哪些？
5. 汽车检测线计算机控制系统可以分为哪些类型？

第七章 试验

试验一　用发动机综合性能检测仪诊断发动机技术状况

一、试验目的

（1）通过发动机功率检测、点火系统工作状况检测来评价发动机的技术状况。

（2）学习发动机综合性能检测仪的使用方法。

二、试验仪器设备

下面以国产 EA-1000 汽车发动机综合性能检测仪为例，进行介绍。

1. 功能介绍

（1）汽油机检测。

① 检测分析点火系统点火提前角、触点闭合角、初级点火信号、次级高压、点火波形等。

② 无负荷测功。

③ 动力平衡分析。

④ 转速稳定性分析。

⑤ 温度检测。

⑥ 进气管真空度检测。

⑦ 起动机与发电机检测。

⑧ 废气分析（需附带废气检测仪）。

⑨ 数字万用表功能。

⑩ 示波器功能。

（2）柴油机检测。

① 检测喷油压力数据，观测、分析供油压力波形。

② 检测喷油提前角。

③ 无负荷测功。

④ 烟度检测（需附带烟度计）。

⑤ 起动机与发电机检测。

⑥ 转速稳定性分析。
⑦ 数字万用表功能。
⑧ 示波器功能。
（3）电控发动机检测。
① 转速检测。
② 温度检测。
③ 空气流量检测。
④ 进气管真空度检测。
⑤ 节气门位置检测。
⑥ 爆震信号检测。
⑦ 氧传感器检测。
⑧ 车速传感器检测。
⑨ 喷油脉冲信号检测。
（4）故障分析。
① 故障查询。
② 信号回放与分析。
（5）参数设定。
（6）数字示波器。显示波形、数值。

2. 功能特点

（1）动态测试。检测仪的信号采集系统和记忆存储系统，能迅速准确地捕获并存储发动机运转中各瞬变参数随时间变化的函数曲线。这些动态参数是对发动机工作性能和技术状况进行准确判断的科学依据。

（2）通用性。由于检测仪的测试、分析过程不依据被测发动机的数据卡，只针对发动机基本结构和工作原理的实际情况进行。因此，检测结果具有良好的普遍性，检测方法具有广泛的通用性。

（3）主动性。检测仪不仅能适时采集发动机的动态参数，而且还能主动地发出某些指令干预发动机的工作，已完成某些特定的试验程序，如发动机断缸试验等。

3. EA-1000 发动机综合性能检测仪的结构与组成

① 信号提取系统。
② 前端处理器。
③ 主电缆。
④ 机柜。
⑤ PC 主机。
⑥ 17 寸彩色显示器。
⑦ 打印机。

三、试验要求

（1）依据 GB 7258 的相关规定。
（2）依据 GB/T 15746—2011《汽车修理质量检查评定标准·发动机大修》附录 B 的规定。

四、试验条件

1. 基本准备工作
(1) 使用前应仔细阅读仪器的使用说明书。
(2) 在将信号提取系统连接到被测汽车前,事先开启仪器电源预热 20 min。
(3) 在连接仪器与发动机间的测试线时,发动机必须停止运转、点火开关置于 OFF。
(4) 按说明书要求接好测试线和传感器。

2. 主机系统准备工作

开启主机电源,系统将进入系统自检画面,通过系统自检后,首先进入用户数据录入界面,如图 7-1-1 所示,用户在这里输入被测试汽车的有关数据。

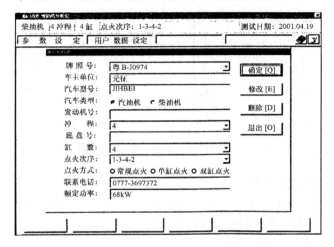

图 7-1-1 用户数据录入界面

用户数据输入后,单击"确定"按钮,系统将进入测试项目主菜单,如图 7-1-2 所示。其中左边是测试项目分类,右边是某个项目对应的测试子菜单。用户可以根据需要选择测试项目。

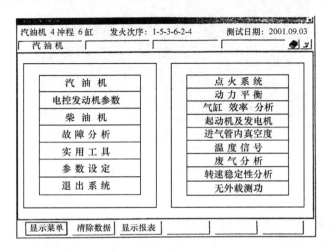

图 7-1-2 测试项目主菜单

五、试验方法

下面举几个测试项目的操作实例。

1. 点火波形测试试验方法

（1）对于传统点火系统，在检测之前，先将次级高压信号感应钳夹在高压中心线上，第一缸信号感应钳夹在第一缸高压线上，初级红、黑色夹分别夹在点火线圈接线柱上，如图 7-1-3 所示。

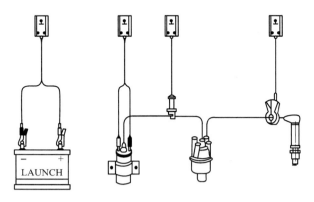

图 7-1-3　测试传统点火波形时的接线方法

（2）将发动机置于怠速状态。

（3）主机选择传统点火系统，可进一步选择初级或次级波形测试。当选择次级波形测试时，可分别观察到次级点火并列波（如图 7-1-4 所示）、平列波（如图 7-1-5 所示）或重叠波（如图 7-1-6 所示）等波形。

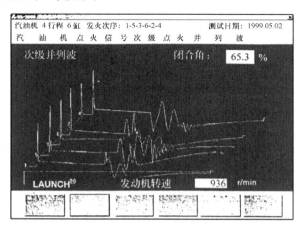

图 7-1-4　次级并列波

2. 无外载测功

（1）测试导线的连接。进行无外载测功一般只需要发动机转速信号。根据不同的车辆，发动机转速的取法也不相同，汽油机可以接标准缸传感器、点火信号初级传感器、振动传感器；柴油机则可以接外卡传感器、振动传感器。

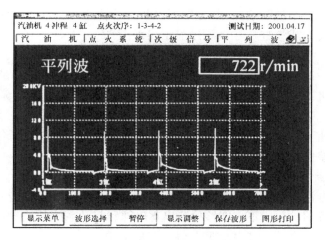

图 7-1-5　次级平列波

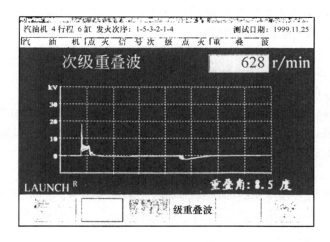

图 7-1-6　次级重叠波

（2）操作。在进行发动机无外载测功时，首先要根据被测车辆发动机参数，在发动机分析仪里输入转动惯量 J 或系数 K 以及加速区间 n_1、n_2 的值等数据（不同的发动机分析仪，所要输入的数据和具体操作方法可能不同，详细请参考分析仪的使用说明书），然后起动发动机，并将转速稳定在怠速。然后开始测试，当分析仪屏幕提示加速测试时，踏下离合器将加速踏板迅速踩到底，使发动机节气门处于全开状态，让发动机转速迅速升高。几秒后，分析仪屏幕显示出发动机无外载功率（当量功率）及加速时间的值。

3. 单缸动力性检测

（1）测试导线的连接。汽油机单缸动力性测试的连线基本与点火系统相同。注意一定要接上控制断火的断电触点传感器（点火线圈初级信号传感器）、标准缸传感器；柴油机由于没有点火系统，故只能用发动机各缸逐个断油的方法，但一般只能用手动方式进行断油，再分别接上柴油机转速传感器测量其转速，并与正常转速比较。

（2）操作。起动发动机分析仪的单缸动力性检测功能，分析仪自动控制对发动机进行逐缸断火（柴油机则要手动断油），并分别测出断火后转速与正常时的转速进行比较，计算出下降率，并按点火（或气缸顺号）顺序显示出来。

（3）数据分析。进行单缸动力性检测时，断火后下降的转速越多，下降率越大，说明该缸的动力性越好。对于四缸发动机，单缸断火后，转速下降 144~168 r/min 或更高为正常。对于六缸发动机，单缸断火后转速下降 96~109 r/min 或更高为正常。一般情况下，发动机的气缸数越多，则单缸指示功率占总指示功率的比率越少，加之缸多且工作均匀良好，所以单缸熄火后转速下降较小。也就是说气缸数目越多，用断缸法判断各缸工作性能的难度就越大，仪器的误差也就越大。

4. 起动系统参数及气缸的相对压力检测

起动时，由蓄电池提供能量，带动起动机转动，从而带动发动机进入工作循环。

通过对起动系统的检测，不仅能够检测出蓄电池和起动系统的技术状况，而且可以通过"相对缸压"，便捷地检测出个别气缸密封性不良的故障。

（1）测试导线的连接。

① 将电流传感器夹在蓄电池的负极搭铁线上，传感器上的箭头指向蓄电池的负极。注意，电流传感器不要和正极相碰。传感器夹子要紧密合缝，两爪对正，否则将严重影响测量的精度。

② 将电压传感器分别夹在蓄电池的正、负极上。

③ 接好断电触点传感器。

④ 如果要测实际的气缸压力，接上气缸压力传感器，如只测相对缸压，则可不接。

对于柴油机，基本上与汽油机相同，只是不接断电触点传感器，需要通过手动断油的方式，使发动机不能起动。

（2）测试。

起动发动机分析仪的起动系统测试功能后，根据屏幕提示，将加速踏板踏到底，将节气门全开，用起动机带动发动机运转 4~6 s，即可检测出起动系统的参数。

（3）起动系统参数分析。

① 起动电压。通过起动系统检测，可以看出蓄电池的充电情况以及是否有故障。发动机分析仪能测量起动前蓄电池端电压、起动过程中的电压降和蓄电池内阻等参数。

起动前蓄电池的端电压，是蓄电池在无负载状态下的端电压。

如果被检测的汽车刚刚行驶过，或蓄电池刚刚充完电，此时蓄电池表面电荷的电压高于正常电压，它不能代表蓄电池的真实情况，测试前应先清除蓄电池的表面电荷。为了消除这种表面电荷，可打开大灯的远光 1 min，关灯 2 min 后再进行测试。检测蓄电池电压的最好方法是负载测试，即蓄电池以 100 A 以上的电流放电时测试其端电压，可以使用放电叉或模拟放电器测量。

冬季蓄电池放电超过 25%、夏季超过 50%，应进行补充充电。即有负载检测时，蓄电池端电压在 9.6 V 以上为良好，9~9.6 V 勉强合格，低于 9 V 必须进行补充充电。

充电不足和有故障的蓄电池加载时，端电压会迅速降低 2 V 以上，并在加载期间不断下降。按照这一规律，起动过程中的电压降如果大于 3 V，检测仪将判断蓄电池亏电。检测出的蓄电池内阻大于 20 MΩ，将判断蓄电池有故障。

② 起动电流与气缸压力分析。当用起动机带动发动机旋转时，起动机产生的转矩是起

动电流的函数，并与气缸压缩力成正比。所以起动电流的变化和气缸压力的变化之间，存在着相对应的关系。在起动系统检测时检测仪打印出起动电流变化的波形图。它可以反映出按点火顺序排列的、各气缸压缩压力的相对值。如果接上缸压传感器，也能检测出接缸压传感器气缸的绝对气缸压力，并能根据各缸起动电流的关系，推算其他缸的绝对缸压。发动机分析仪还能计算出相对缸压不均匀度的百分数，相对缸压不均匀度应小于15%。

相对缸压检测操作简单，不用拆卸发动机的任何零件，对个别缸气缸压力低的故障检测十分方便。在进行发动机气缸密封情况检查时，可先检测相对缸压，根据相对缸压，初步判断是气缸压力低的毛病后，再进一步做深入的检查。例如，当某缸缸壁严重拉伤后漏气，从相对缸压波形上很容易看出来。

由于相对缸压的波形实质上是起动电流的波形，若出现太小波幅可说明气缸压力低，但在小波幅后面出现的幅度高的波形，并不说明这一缸的气压高。

一般汽油机的起动电流值为 100~200 A，柴油机起动电流值为 200~600 A。

5. 充电系统检测

充电过程实际是由发动机皮带带动发电机发电，产生比蓄电池电压高的电压，来向蓄电池充电，使蓄电池补充能量，达到电量充足状态的过程。

（1）测试导线的连接。

充电系检测时，发动机分析仪的测试连线基本同起动系统。但电压传感器既可接于蓄电池正负极，也可接于发电机的正负极两端（在接线允许的情况下，最好能接发电机的正负极）。

（2）测试。

起动发动机分析仪的充电系检测功能，将发动机的转速提高到 2 000 r/min，然后检测充电电压和充电电流。将发动机的转速提高，主要是为了测试充电系统的最大充电电流及最大充电电压，对于不同的发动机，其转速要求可能有所不同。有时为了检测调节器的性能，也可采用缓慢加速的方法，来测量发电机的充电电流及电压、转速及充电时间变化的曲线。

（3）充电系统数据及波形分析。

① 充电电压。汽油机 12 V 电系的充电电压在 13.5~15 V 为正常。柴油机 24 V 电系的充电电压在 27.6~29.6 V 为正常。在正确的充电电压下，蓄电池极板上的硫酸铅能较彻底地还原氧化为海绵状铅和二氧化铅，则蓄电池有最大的放电容量，使用寿命延长。

如果充电电压过低（12 V 电系的充电电压小于 13 V，24 V 电系的充电电压小于 26 V），蓄电池的充电过程会过早停止，使蓄电池经常处于亏电状态，时间一长，极板上会形成一层硫酸铅晶体，既会降低蓄电池的容量，增加了蓄电池的内阻，又会减少蓄电池的寿命。

② 充电电流。随着充电时间的增加，充电电流减小，最后接近于 0。正常情况下，350 kW 的充电机，最大充电电流为 10~25 A，对于其他功率的充电机，可按比例换算。

六、试验注意事项

（1）不同型号的发动机分析仪，使用方法也不尽相同，一定要认真阅读使用说明书。

（2）做无外载测功试验时，要特别注意当量转动惯量的选取。有的当量转动惯量值是在发动机台架试验时取得的，这种试验一般不带冷却风扇和空气滤清器等部件，与"就车式"试验（发动机不从车上拆下）条件不同。因此，必须使用有关部门提供的就车试验的当量转动惯量值。对于新型或初次试验的车型，必须经过大量的试验，并与出厂数据和发动机台架试验数据对比后，才能得出较为权威的当量转动惯量值。

试验二　用车轮定位仪检测车轮定位

一、试验目的

（1）通过本试验，对被测试汽车的车轮定位参数进行检测。
（2）掌握车轮定位仪的使用方法。

二、试验仪器设备

举升机，四轮定位仪。

三、检测内容

（1）车轮前束（前束角或前束值）。
（2）车轮外倾角。
（3）主销后倾角。
（4）主销内倾角。
（5）转向轮前展角。
（6）后轮推进角。
（7）包容角。
（8）前轮最大转角。
（9）轴距差。

四、试验条件

在检测汽车的车轮定位参数时，被检汽车应满足以下要求：
（1）前后轮胎气压及胎面磨损基本一致。
（2）车轮达到动平衡的要求。
（3）前后悬架系统的零部件完好不松旷。
（4）转向系统调整适当，不松旷。
（5）前后避振器性能良好，不漏油。
（6）汽车前后高度与标准值的差不大于 5 mm。
（7）制动系统正常。

五、试验方法

不同的四轮定位仪的使用方法各有不同，下面以下 KWA—300 3D 型四轮定位仪进行说明。
1. 车轮定位检测前准备工作
（1）检查轮胎气压、轮胎规格是否符合标准，两前轮花纹是否相同，两后轮花纹深浅是否一致，是否有严重的偏磨情况。

（2）仔细检查底盘各零部件，包括轴承、摆臂、减振器、拉杆球头和转向盘是否有松动及磨损。如有严重磨损及损坏，更换零部件以后再作调整。

（3）检查被检汽车制动性能是否可靠。

（4）行车检查汽车是否有明显的跑偏现象等。

2. 车轮定位检测程序

（1）用锁紧销锁紧转角盘，将汽车驶到举升机或定位平台上，使前轮位于转盘中心。

（2）车停稳后，使转向盘居中，将转向盘固定架放在驾驶员座椅上，压下手把使之顶住转向盘以锁定转向盘，松开手刹，用木楔固定车轮，确保汽车不移动和人员安全，并将汽车举升到车轮定位固定高度。

（3）将轮夹和标靶的合成体安装在四个车轮上，并旋转手柄以便锁紧轮夹。根据实际情况将卡爪固定在轮辋外圈或内圈，卡爪深浅应一致，并尽量避免卡在变形比较大的区域。并装上保险带，务必将轮夹固定妥当，以免意外坠落。

（4）运行车轮定位程序，输入被检车辆的信息，设置检测方式、检测项目等内容。

（5）根据操作提示，按照设置的检测项目及检测方式进行检测。

（6）检测完成后，可以查看检测结果，打印检测报告。

（7）检测完毕后，退出车轮定位检测程序，关闭主机。

3. 车轮定位参数的调整

（1）外倾角调整。车型不同，调整方法也不同。主要调整方法有：调整垫片、大梁角的槽孔、凸轮、偏心不同心球头、上控制臂、下控制臂等。

（2）前束值调整。调整前轮前束值时，应先将后轮前束值调整好。前轮前束值的调整方法是：调整可调式拉杆，在调整前先将左、右两边球头锁止螺栓松开，夹紧转向盘正中位置。再根据电脑提供的资料进行同时调整。如果原来的转向盘是在正中位置，同时调整前束，转向盘可能不会变动。直至调整到标准数值，然后路试看其是否有变动，如有变动应将其调正为止。正确的前轮前束值调整后，转向盘在汽车直行时是正的。

（3）后倾角调整。后倾角的调整，应根据车型不同，首先进行分析判断，然后进行调整，其调整方法有下列几种：调整垫片、不同心凸轮轴、偏心球头、大梁槽孔、平衡杆等。

（4）后倾角和外倾角同时调整。以上所介绍的都是改变其中一个角度，而另一个角度不会受影响。如果外倾角和后倾角同时需要调整，要先调整后倾角，再调整外倾角。

六、注意事项

（1）不同型号的四轮定位仪操作方法也不尽相同，检测前要仔细阅读使用说明书。

（2）传感器是电脑式四轮定位仪的核心元件，其内部有许多高灵敏度的电器元件，安装、拆卸时要注意轻拿轻放，避免磕碰。

（3）对于用远红外线作为信号传递的四轮定位仪，检测时要注意避免阻隔光束的传输。

（4）移动四轮定位仪时应避免使其受到振动，否则可能使传感器及电脑受到破坏。

（5）四轮定位仪应半年标定一次，标定时应使用专用标定器具，按规定程序进行。

（6）在检测四轮定位时，须进行车轮传感器偏摆补偿，否则会引起大的测量误差。

试验三 用车轮平衡机检测车轮不平衡量

一、试验目的

（1）通过本试验，对被测试汽车车轮的不平衡量进行检测。
（2）掌握用车轮平衡机给车轮作动平衡的方法。

二、试验仪器设备

车轮平衡机及其附件。

三、检测内容

（1）车轮不平衡质量。
（2）平衡块安装相位。

四、试验条件

（1）被检测的车轮表面应保持洁净，不得有泥沙、石块等，同时应将旧的平衡块去掉。
（2）在检测车轮的不平衡量时，被检车轮应满足 GB 7258 中的相关规定。

五、试验方法

（一）就车式车轮平衡机使用方法

1. 准备工作

（1）去掉车轮轮辋上已有平衡块，清除轮胎表面的泥土和花纹中的石子，检查轮胎气压并充至规定值，在轮胎侧面任意处贴上白色反光标志。
（2）用举升器顶起车桥，将车桥落座于车桥支架上，两边车轮离地间隙要相等；检查车轮转动是否自如，车轮轴承有无松旷，如松旷应进行调整。

2. 从动前轮静平衡检测

（1）用三角垫木塞进非测试车轮，将就车式车轮平衡机的测量装置推至被测前轮一端的前轴下，传感磁头吸附在悬架下或转向节下，调节可调支杆高度并锁紧。
（2）推平衡机至车轮侧面或前面（视车轮平衡机的形式不同而异），检查频闪灯工作是否正常，检查转轮的旋转方向是否使车轮的旋转方向与前进行驶时方向一致。
（3）操纵车轮动平衡机转轮与轮胎接触，起动驱动电动机带动车轮旋转至规定转速。
（4）观察频闪灯照射下的轮胎标记位置，从指示装置（第一挡）上读取不平衡量数值。
（5）操作平衡机上的制动装置，使车轮停止转动。
（6）用手转动车轮，使标记位置仍处于上述观察位置上，此时轮辋的最上部（时钟 12 点位置）即为加装平衡块的位置。
（7）按指示装置显示的不平衡量选择平衡块，牢固地装卡到轮辋边缘上。

（8）重新驱动车轮进行复查测试，指示装置用二挡显示。若车轮平衡度不符合要求，应调整平衡块质量和位置，直至符合平衡要求。

3. 从动前轮动平衡

（1）将传感头吸附在经过擦拭的制动底板边缘平整之处。

（2）操纵平衡机转轮驱动车轮旋转至规定转速，观察轮胎标记位置，读取不平衡量数值，停转车轮，找平衡块加装位置，加装平衡块和复查，方法与静平衡检查相同。

4. 驱动轮平衡

（1）顶起驱动车轮。

（2）用发动机、传动系统驱动车轮，加速至 50~70 km/h 的某一转速下稳定运转。

（3）测试结束后，用汽车制动器使车轮停转。

（4）其他方法与从动轮动、静平衡检测方法相同。

（二）离车式车轮平衡机使用方法

在以下情况下，需要做车轮动平衡检测：

（1）新的轮胎。

（2）把轮胎从轮辋上拆卸过。

（3）使用一段时间后，由于轮胎的磨损需要重新调整。

（4）如果用热胶补的轮胎，需要做动平衡；用胶条补（俗称打枪）就不用做动平衡了。

根据 GB/T 18505—2013《汽车轮胎动平衡试验方法》，用离车式车轮动平衡机检测车轮动平衡的方法和步骤如下：

（1）检测车轮的准备。去掉车轮轮辋上已有平衡块，清除轮胎表面的泥土和花纹中的石子，检查轮胎气压并充至规定值。

（2）接通主机电源。

（3）根据被测车轮轮辋中心孔大小选择合适的固定锥体，把车轮安装到平衡机转轴上，注意对中要准，并用快速旋转卡具装夹牢固。

（4）输入轮辋直径、车轮宽度和安装尺寸等参数。

（5）根据轮辋的结构进行模式选择。

（6）放下保护罩，自动进入平衡测试程序（有些平衡机需要按起动按钮）。当测量完成时，平衡机仪表会自动显示轮胎两侧的不平衡质量 m_1 和 m_2 及其相位。车轮自动制动直至停止，在车轮停止转动前不得打开保护罩。

（7）根据测量结果，在轮辋两侧边缘指示相位上分别装上相应平衡块。

（8）加装完毕后应再次检验，观察剩余不平衡量是否满足要求（一般要求 5 g 以下）。

六、注意事项

（1）离车式车轮平衡机的主轴固定装置和就车式车轮平衡机的支架上都装有精密的位移传感器和易碎裂的压电晶体传感器，因此严禁冲击和敲打主轴或传感器支架。

（2）开始平衡测试前，一定要检查台面上是否有工具、量具、平衡块等物，防止其滑落到转轴上，造成安全事故。轮胎安装时定心要准，装夹要牢固，否则影响平衡精度。在车轮旋转检测的过程中，不得打开防护罩。

（3）在检修平衡机时，传感器的固定螺栓不得任意松动。因为这一螺栓不是一般的紧固件，由它向传感器提供必要的预紧力，当这一预紧力发生变化时，电算过程将完全失准。

（4）车轮动平衡机的机械系统和电算电路都是针对正常车轮使用条件下平衡失准或轻微受损但仍能使用的车轮而设计的，对因交通事故而严重变形的轮辋或胎面大面积剥离的车轮不能上机进行平衡检测。一方面不平衡量过大的车轮旋转时离心力可能损伤车轮动平衡机的传感系统；另一方面超值的不平衡力可能溢出电算范围而使仪器自动拒绝工作。

（5）当不平衡量超过最大配重时，可用两个以上配重并列使用。但这时要注意因多个配重占用较大的扇面而使其有效质量低于实际质量。

（6）一般情况下，离车式车轮动平衡机和就车式车轮动平衡机是分别使用的。但对于高速行驶的汽车车轮而言，如果使用离车式车轮动平衡机平衡后装在车辆上行驶时仍可能会出现动不平衡现象。因此，使用离车式动平衡机平衡车轮后，最好能再用就车式车轮动平衡机进行校对。

试验四　汽车动力性能道路试验

一、试验目的

（1）测定有关加速性能试验参数，以评价汽车动力性能。
（2）学习试验方法。

二、仪器设备与主要测量参数

（1）非接触式车速仪或五轮仪——测量行驶过程中的速度、时间和距离。
（2）风速风向仪——测风速与风向。
（3）大气压力计——测环境气压。
（4）干湿温度计——测环境温度与相对湿度。
（5）标杆、钢卷尺。

三、试验条件

（1）一般试验条件按 GB/T 12543—2009《汽车加速性能试验方法》中有关规定执行。
（2）试验前应对试验车辆进行磨合，磨合里程不少于该车技术条件的规定。车轮胎面应留有至少 75% 的花纹，且胎面良好。试验前，所有轮胎均应经过至少 100 km 的磨合。车辆应该按照制造厂的技术要求进行检查及必要的调整。
（3）车辆试验质量及载荷分布按 GB/T 12543—2009 规定进行。

四、试验程序

1. 全油门起步加速性能试验

车辆由静止状态全油门加速到 100 km/h（如果最高车速的 90% 达不到 100 km/h，应取最高车速的 90% 向下圆整到 5 的整数倍的车速作为试验终了车速）。

车辆由静止状态全油门加速通过 400 m 的距离。

记录以上项目的行驶时间。

2. 全油门超越加速性能试验

车辆由 60 km/h 全油门加速到 100 km/h（如果最高车速的 90% 达不到 100 km/h，应取最高车速的 90% 向下圆整到 5 的整数倍的车速作为试验终了车速），记录行驶时间。

3. 变速器操作程序

（1）手动变速器。

① 全油门起步加速性能试验。车辆起步加速，应在车轮滑转最小的情况下使车辆达到最大加速性能。离合器的操纵及换挡时刻的选择应使加速性能发挥最大但不应超过发动机的额定转速。但车辆运动时触发记录装置。

② 全油门超越加速性能试验。加速前，车速应控制在 58~60 km/h 内保持匀速行驶至少 2 s，当车速达到 60 km/h 时触发记录装置。变速器在试验过程中不换挡。

M_1 类车辆和最大设计总质量小于 2 t 的 N_1 类车辆的挡位选择：对于 4 挡或 5 挡的手动变速器，挡位应置于最高挡和次高挡；对于 6 挡的手动变速器，挡位应置于第 4 挡和第 5 挡；对于 3 挡手动变速器，仅使用最高挡位。

M_2、M_3 类车辆和最大设计总质量不小于 2 t 的 N 类车辆的挡位选择：挡位应置于最高挡和次高挡。

（2）自动变速器。

① 全油门起步加速性能试验。在发动机怠速情况下（若有必要可踩下制动器），将变速器置于 D 挡，车辆起步加速，应在车轮滑转最小的情况下使车辆达到最大加速性能，当车辆运动时触发记录装置。

② 全油门超越加速性能试验。变速器置于 D 挡。允许在汽车变速器控制器的控制下换挡。试验前，车辆加速到 58~60 km/h 内保持匀速行驶至少 2 s。当车速达到 60 km/h 触发记录装置。

（3）手自一体变速器。分别进行自动模式和手动模式下的加速性能试验。

4. 试验数据

试验应往返进行，每个方向至少进行 3 次。若一次试验发生问题，则该往返试验均应重做。

5. 附加的操作

（1）在试验时应关闭前照灯。若汽车装有隐藏式车灯，则灯架应位于隐藏车灯的位置。为满足汽车行驶安全的需要可打开车灯，并进行记录。

（2）其他电器设备应置于关的位置。

（3）试验过程中应关闭所有车窗。

五、数据处理

1. 数据计算

计算所有有效试验数据的算术平均值、标准偏差和变化系数（标准偏差/算术平均值）。

$$\mu = \frac{\sum\limits_{i=1}^{n} T_i}{n}$$

$$SD = \sqrt{\frac{\sum_{i=1}^{n}(\mu - T_i)^2}{n-1}}$$

$$k = \frac{SD}{\mu}$$

式中 μ——算术平均值；
i——第 i 次试验；
T_i——第 i 次试验数据；
n——试验总次数；
SD——标准偏差；
k——变化系数。

2. 数据验证

全油门起步加速性能试验，变化系数不应大于 3%；全油门超越加速性能试验，变化系数不应大于 6%。

3. 数据表达

将数据记录在表 7-4-1 中，或做出速度-时间图、距离-时间图，或其他认为合理的表达方式。

表 7-4-1　加速性能试验数据

车辆生产厂_____　车辆型号_____　里程表读数_____km　车辆编号_____
车辆分类_____　发动机号_____　VIN_____　变速箱型式_____
整备质量_____kg　最大总质量_____kg　试验质量_____kg　使用燃油_____
厂定最高车速_____km/h　额定功率及转速_____kW/（r/min）
气温_____℃　大气压力_____kPa　风速_____m/s　风向_____
试验地点_____　试验日期_____　跑道方向_____　驾驶员_____
换挡转速 r/min（1-2）_____（2-3）_____（3-4）_____（4-5）_____
试验结果：

0~（__）km/h

项　目	第1组		第2组		第3组		…
	往	返	往	返	往	返	
	T_1	T_2	T_3	T_4	T_5	T_6	
算术平均值 μ/s							
标准偏差 SD/s							
变化系数 k/%							

0~400 m

项 目	第1组		第2组		第3组		…
	往	返	往	返	往	返	
	T_1	T_2	T_3	T_4	T_5	T_6	
算术平均值 μ/s							
标准偏差 SD/s							
变化系数 k/%							

60 km/h~(__) km/h __挡

项 目	第1组		第2组		第3组		…
	往	返	往	返	往	返	
	T_1	T_2	T_3	T_4	T_5	T_6	
算术平均值 μ/s							
标准偏差 SD/s							
变化系数 k/%							

60 km/h~(__) km/h __挡

项 目	第1组		第2组		第3组		…
	往	返	往	返	往	返	
	T_1	T_2	T_3	T_4	T_5	T_6	
算术平均值 μ/s							
标准偏差 SD/s							
变化系数 k/%							

备注：_____

试验五　汽车经济性能道路试验

按照 GB 12545.1—2008 及 GB 12545.2—2001 规定，汽车燃料消耗量道路试验包括等速行驶燃料消耗量试验和四工况、六工况燃料消耗量试验。

一、试验目的

（1）测定汽车燃油消耗量，以评价汽车的燃油经济性。
（2）学习试验方法。

二、仪器设备与主要测量参数

（1）燃油流量计。
（2）计时器。
（3）车速测定仪器。
（4）风速风向仪、干湿温度计、大气压力计。
（5）标杆、钢卷尺。

三、试验条件

按照第五章第三节路试检测经济性能要求进行。

四、试验方法

（一）等速行驶燃油消耗量试验

（1）在试验路段量取 500 m 作为测量路段，在两端竖立标杆作为记号。

（2）安装、调试仪器，测量记录有关环境参数和汽车参数，测量燃油密度（试验前后各测一次，取两次试验结果的均值作为本试验的环境条件），并做好记录。

（3）汽车用常用挡位，等速行驶，通过 500 m 的测试路段，测量通过该路段的时间及燃油消耗量。

试验指定车速从 20 km/h（最小稳定车速高于 20 km/h 时，从 30 km/h）开始，以 10 km/h 的整数倍均匀选取车速，直到最高车速的 90%，至少测定 5 个试验车速。

同一车速往返各进行两次，试验时间间隔尽可能短，以保持稳定的热状态，试验中不得打方向，汽车应以直线行驶。

（4）试验中利用所测参数和下列公式，计算汽车的实际行驶速度和百公里燃油消耗量，记入试验记录表中，并绘制实际车速—百公里燃油消耗量特性曲线。如果往返方向的曲线过渡圆滑，差值均匀，说明试验正常；否则需对异常试验点重新测量。

$$V = \frac{500 \times 3.6}{t}$$

$$Q = \frac{q}{5}$$

式中　V——实际车速，km/h；
　　　t——通过 500 m 的时间，s；
　　　Q——百公里燃油消耗量，L/100 km；
　　　q——通过 500 m 的燃油消耗量，mL。

（二）多工况循环燃油消耗量试验

根据 GB 12545.1—2008 及 GB 12545.2—2001 规定，M_2、M_3、N_2、N_3 类汽车适用于多工况循环燃油消耗量试验。

1. 工况循环

（1）四工况循环如图 5-3-5 所示，具体说明如表 7-5-1 所示，适用于城市客车和双层客车（包括城市铰接式客车）。

（2）六工况循环如图 5-3-6 所示，具体说明如表 7-5-2 所示，适用于城市客车及双层客车除外的车辆。

表 7-5-1　四工况循环试验说明

工况序号	运转状态／(km·h^{-1})	行程／m	累计行程／m	时间／s	变速器挡位及换挡车速／(km·h^{-1})	
					挡位	换挡车速
1	0~25 换挡加速	5.5	5.5	5.6	Ⅱ~Ⅲ	6~8
		24.5	30	8.8	Ⅲ-Ⅳ	13~15
		50	80	11.8	Ⅳ~Ⅴ	19~21
		70	150	11.4	Ⅴ	
2	25	120	270	17.2	Ⅴ	
3	(30) 25~40	160	430	(20.9) 17.7	Ⅴ	
4	加速行驶	270	700		空挡	

注：① 对于 5 挡以上变速器采用Ⅱ挡起步，按表中规定循环试验；对于 4 挡变速器Ⅰ挡起步，将Ⅳ挡代替表中Ⅴ挡，其他依次代替，则按表中规定试验循环进行。
② 括号内数字适用于铰接式客车及双层客车。

表 7-5-2　六工况循环试验说明

工况序号	运转状态／(km·h^{-1})	行程／m	累计行程／m	时间／s	加速度／(m·s^{-2})
1	40	125	125	11.3	—
2	40~50	175	300	14.0	0.20
3	50	250	550	18.0	—
4	50~60	250	800	16.3	0.17
5	60	250	1 050	15.0	—
6	60~40	300	1 350	21.6	0.26

2. 试验方法

（1）汽车尽量用高挡进行试验，当高挡位达不到工况要求，超出规定偏差时，应降低一挡进行，当车辆进入可使用高挡行驶的等速行驶段和减速行驶段，再换入高挡进行试验。换挡应迅速、平稳。

（2）减速行驶中，应完全放松加速踏板，离合器仍接合。当试验车速降至 10 km/h 时，分离离合器，必要时，减速工况中允许使用车辆的制动器。

3. 试验值偏差

试验车辆在多工况的终速度的偏差为±3 km/h，其他各工况速度偏差为±1.5 km/h。

在各种行驶工况改变过程中允许车速的偏差大于规定值，但在任何条件下超过车速偏差的时间不大于1 s，即时间偏差为±1 s。

4. 燃油消耗量的确定

每循环试验后，应记录通过循环试验的燃油消耗量和通过的时间。

当按试验循环完成一次试验后，车辆应迅速调头，重复试验。

试验往返各进行两次。取四次试验结果的算术平均值为多工况法燃油消耗量试验的测定值。

五、试验数据处理与结果表达

（一）试验结果处理

等速行驶燃油消耗量试验和多工况燃油消耗量试验，试验结果须经试验数据的校正、重复性检验和致信区间的计算。其方法见第五章相关内容。

（二）试验结果表达

1. 等速行驶燃油消耗量试验

根据测量往返方向的百公里燃油消耗量的校正结果，分别绘制往返的车速—百公里燃油消耗量曲线，并在曲线上取对应车速下的往返百公里燃油消耗量，将往返百公里燃油消耗量的均值作为相应车速下的百公里燃油消耗量，并将结果记入表中。

根据平均百公里燃油消耗量的校正值，绘制车速—等速百公里燃油消耗量曲线，如图 7-5-1 所示。

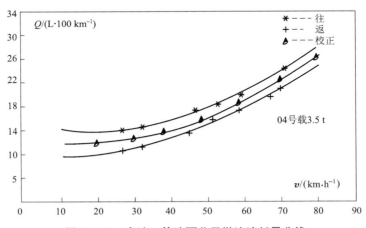

图 7-5-1　车速—等速百公里燃油消耗量曲线

2. 多工况燃油消耗量试验

取四次试验值的均值作为多工况燃油消耗量的试验测量值，该值经校正后即为本试验的结果。将试验结果记入表中。

试验六 汽车制动性能道路试验

汽车的制动性能考核通常进行以下试验：冷态制动效能试验、热态制动效能试验、制动管路失效试验、制动热衰退试验、涉水恢复试验、制动系统时间特性试验、驻车制动试验 7 项试验。本节主要介绍制动器冷态制动效能试验，并通过本试验考察汽车制动时的方向稳定性，其余各项试验所用仪器、试验方法与冷态制动效能试验基本相同，具体方法参照有关国家标准。

一、试验目的

（1）测定汽车冷态制动时的有关参数，考察冷态制动效能和制动时方向稳定性。
（2）学习试验方法。

二、仪器设备与主要测量参数

（1）非接触式车速仪。
（2）制动减速度仪。
（3）制动踏板力计。
（4）风速风向仪、干湿温度计、大气压力计。
（5）标杆、米尺。

三、试验条件

（1）制动系统各零件应符合有关技术文件之规定，对于制动系统可调节的部件（如制动摩擦片、摩擦块与制动鼓或制动盘的间隙）按制造厂规定进行调整。
（2）如需考察制动器温度时，可在制动蹄领蹄或摩擦块中心安装热电偶。
（3）其余条件同 GB/T 12534 规定。

四、试验方法（冷态制动效能试验）

（1）制动器初始温度不超过 90 ℃，制动初速度为 30 km/h 和 65 km/h，最高车速超过 100 km/h 的汽车，要增加初速度至 80 km/h 的试验。
（2）将踏板力计牢固安装在制动踏板上，并安装预热、调试其他试验仪器。
（3）测量记录有关汽车和环境参数（试验前后各测一次，取两次试验结果的均值作为本试验的环境条件），记入试验记录表。
（4）汽车以稍高于制动初速度的车速进入试验测试路段；待车速稳定在制动初速时，迅速分离离合器，并将制动踏板踏到底，直至停车；用五轮仪测量制动时的初速度、制动距离和制动时间，用制动减速度计绘制制动减速度曲线，并注意观察制动时的方向稳定性。看汽车是否超出 GB 7258 规定的跑道宽度，并将测量参数记入表中。
（5）待制动器温度低于 90 ℃，汽车掉头，重复上一步操作过程。

五、试验数据处理与结果表达

1. 制动距离的测量

这是制动试验中的基本性能试验，按标准定义：制动距离是指驾驶员开始触动制动控制装置时起到汽车停止时汽车所驶过的距离。如图 7-6-1 所示，制动初速度在极限偏差为 2% 的范围内。

试验方法可用印记法、喷白粉法、第五轮法和光学法等。

2. 制动减速度的测定

GB 12676—2014 定义的制动减速度为充分发出的平均减速度 MFDD（Mean Fully Developed Deceleration），是采用 ECER13 的规定。如图 7-6-2 所示。

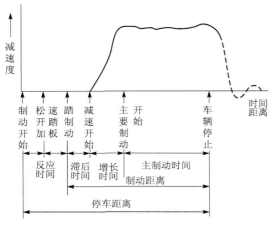

图 7-6-1　制动距离

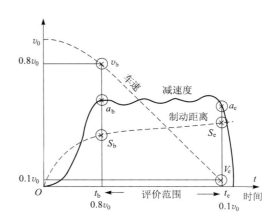

图 7-6-2　充分发出的平均减速度 MFDD 的定义

充分发出的平均减速度（MFDD）按下列公式计算：

$$MFDD = \frac{V_b - V_e}{25.92(S_e - S_b)}$$

式中　V——试验车制动初速度，km/h；

　　　V_b——0.8V 试验车速，km/h；

　　　V_e——0.1V 试验车速，km/h；

　　　S_b——试验车速从 V 到 V_b 的行驶距离，m；

　　　S_e——试验车速从 V 到 V_e 的行驶距离，m。

可用时间、距离测量装置测出相应的速度和距离。

3. 计算并记录

根据最大制动减速度，利用下式近似计算道路附着系数 φ：

$$\varphi = \frac{j_{\max}}{g}$$

式中　$j_{\max}$——最大制动减速度，m/s²；

　　　g——重力加速度，9.8 m/s²。

将经处理后的结果填入试验记录表。

必要时，应绘制制动过程曲线，即 V—S 或 V—T 曲线。

试验七　用底盘测功机检测汽车的动力性、经济性

汽车的动力性、燃油经济性、滑行性、制动性和车速表示值误差等，均可在测功机上测定，这里重点介绍用底盘测功机检测汽车的动力性、经济性。

一、试验目的

（1）用底盘测功机检测代替道路试验，检测汽车的动力性、经济性。
（2）学习底盘测功机的操作方法。

二、试验仪器设备

（1）底盘测功机。
（2）燃油流量计。
（3）三角挡（或牵引绳索）。
（4）冷风机。
（5）干湿温度计、大气压力计。

三、试验条件

（1）环境温度：0 ℃ ~ 40 ℃。
（2）环境相对湿度：小于 85%。
（3）大气压力：80 ~ 110 kPa。

四、试验内容

（1）驱动轮的输出功率和轮边稳定车速。
（2）加速时间。
（3）滑行距离和时间。
（4）等速燃油消耗量试验和多工况循环燃油消耗量试验。

五、试验方法

由于不同型号的底盘测功机操作方法不尽相同，这里以国产 DCG—10D（A）型测功机为例说明其操作方法。

（一）测试操作准备工作

1. 起动系统

接通电气及工控机电源，计算机自动进入系统主菜单，包括系统录入、系统标定、举升离合、查看和结果打印等五部分。每项又包含若干下拉式子菜单，可根据需要选择。

2. 系统录入

根据子菜单的提示，输入被测车的车牌号、汽车型号等项参数，以及选择底盘测功、加速测试、油耗测试等项目并输入相关参数（如测功点、加速区间等，经济性测试车速、综合阻力等）。需要在燃油管路中安装油耗计。

3. 举升器与离合器控制

在对应项目的子菜单中，"举升"用于控制举升器升降动作。"离合"用于结合或脱离飞轮之用。若准备做功率测试，先选"举升器升"，令举升器上升。

汽车驶入举升器板上，注意要保持车轮与滚筒呈垂直状态。再选"举升器降"，令举升器下降。

汽车停稳后，用挡块（三角铁）顶住非驱动轮，或用牵引绳索将车拉住。

将冷风机放置在汽车前方。

（二）测量操作方法

1. 功率测量

操作计算机系统进入测试状态，起动汽车，由低挡逐步换入直接挡，踩下加速踏板至节气门全开，同时测试将自动进行，汽车被逐渐加载，并可分别测量最大功率和最大转矩（或驱动力）等。测量结束后，可以显示或打印测量结果。

2. 加速性能测量

预先设定初始速度 n_1 和终止速度 n_2，例如选 $n_1 = 20$ km/h，$n_2 = 40$ km/h。驾驶员逐渐将车速提高到显示屏显示 20 km/h 时，即迅速将加速踏板踩到底，当速度升到 40 km/h 时，就可停止加速。显示屏将显示出从 20 km/h 到 40 km/h 的加速时间。

必须指出，为了在试验台上测试汽车的加速性能，需要模拟汽车的惯性。为此可在系统菜单选择中，将离合器置于接合位置，按照汽车的质量，挂上相应质量的飞轮来进行惯性模拟。

3. 滑行距离和时间测量

根据车型分类选定试验车辆滑行初速度 V_1 和终速度 V_2，在底盘测功机上设定 V_1、V_2 值。

将汽车驱动轮置量于测功机滚筒上，起动汽车，按引导系统的提示加速至高于规定滑行初速度 V_1 后，置变速器于空挡，利用车一台系统贮藏的动能，使其运转至车轮停止转动。

记录从 V_1 滑行到 V_2 的时间和距离。重复两次，取均值。

4. 经济性能（油耗）试验

底盘测功机测试经济性能包括等速燃油消耗量试验和多工况循环燃油消耗量试验。

（1）等速燃油消耗量试验。

为了测试汽车的每百公里油耗值，需配合使用油耗计。基本方法是：汽车在试验台上运转时逐渐给驱动轮加载，以模拟汽车在平直路面行驶时所受阻力。汽车等速行驶时，所受阻力主要包括车轮的滚动阻力和空气阻力，其数值可通过计算取得，或由资料提供经验数据。通过测试车速和试验时间，可以计算出对应行驶里程，同时，油耗计检测出燃油消耗量 L（升）。由此可以计算出该车的百公里油耗（L/100 km）。

（2）多工况循环燃油消耗量试验。

根据 GB 12545.2 规定，M_2、M_3、N_2、N_3 类汽车多工况循环燃油消耗量试验可在底盘测功机上进行。试验循环见第五节，其他试验条件参照 GB 12545.1 执行。GB/T 12545.1—2008《乘用车燃油消耗量试验方法》，规定了最大设计总质量不大于 3.5 t 的 M_1、N_1 类车辆燃料消耗量试验方法，其规定乘用车的工况循环燃油消耗量试验必须按照 GB 18352.3—2005《轻型汽车污染物排放限值及测量方法》附件 CA 规定的 15 工况在底盘测功机上进行，如图 5-3-4 所示；等速行驶燃油消耗量试验可以在底盘测功机上进行，也可在道路上进行。

GB/T 12545.2—2001《商用车燃油消耗量试验方法》，规定 M_2、M_3 类和最大设计总质量大于 3.5 t 的 N 类车辆燃料消耗量试验方法，其规定商用车的等速行驶燃油消耗量试验和多工况燃油消耗量试验可以在底盘测功机上进行，也可在道路上进行。其中城市客车和双层客车（包括城市铰接式客车）按四工况循环进行试验，如图 5-3-5 所示；其他车辆按照该标准规定的六工况循环进行试验，如图 5-3-6 所示。

六、试验注意事项

（1）不允许超过设备规定轴载质量的汽车进行检测或通过底盘测功机。

（2）汽车上底盘测功机前，应将轮胎上的泥砂石块清除干净，汽车轮胎气压应达到规定数值。

（3）被测试汽车一般应为空载状态。

（4）当汽车为前轮驱动时，应特别注意使汽车保持直线行驶状态。

（5）当用高速（>80 km/h）进行检测时，应特别注意安全操作，高速测试的时间应小于 2 min/次。

（6）测试中，汽车的前、后方严禁站人。

（7）测试过程中，严禁升起举升器。

（8）若进行测功试验，则在试验后应将设备空转 1 min 以上再停止，以保证测功机散热。

（9）当进行较长时间和大负荷试验时，应打开风机，使风吹向汽车以冷却发动机。

参 考 文 献

[1] 安相璧. 汽车检测诊断技术 [M]. 3版. 北京：北京理工大学出版社，2012.
[2] 余志生. 汽车理论 [M]. 6版. 北京：机械工业出版社，2019.
[3] 凌永成. 汽车检测诊断技术 [M]. 2版. 北京：清华大学出版社，2016.
[4] 但佳壁. 军用车辆检测 [M]. 北京：兵器工业出版社，2016.
[5] 王丰元，等. 汽车试验测试技术 [M]. 2版. 北京：北京大学出版，2015.
[6] 方锡邦，等. 汽车检测技术与设备 [M]. 3版. 北京：人民交通出版社，2015.
[7] 常红涛，等. 汽车四轮定位仪妙用手册 [M]. 北京：机械工业出版社，2010.
[8] 周建鹏，等. 现代汽车性能检测技术 [M]. 2版. 上海：上海科学技术出版社，2009.
[9] 冉广仁. 汽车检测与维修技术 [M]. 北京：中国水利水电出版社，2010.
[10] GB/T 17993—2017，汽车综合性能检验机构能力的通用要求 [S].
[11] JT/T 478—2017，汽车检测站计算机控制系统技术规范 [S].
[12] GB 7258—2017，机动车运行安全技术条件 [S].
[13] GB 18285—2018，汽油车污染物排放限值及测量方法（双怠速法及简易工况法）[S].
[14] GB 3847—2018，柴油车污染物排放限值及测量方法（自由加速法及加载减速法）[S].
[15] GB 21861—2014，机动车安全技术检验项目和方法 [S].
[16] GB 18565—2016，道路运输车辆综合性能要求和检测方法 [S].
[17] GB/T 18276—2017，汽车动力性台架试验方法和评价指标 [S].